本书获得中国法学会资金资助，特此感谢！

LEGAL REGULATION OF SHARED ECONOMY

共享经济的法律规制

甘培忠 ◎ 主编

中国法制出版社
CHINA LEGAL PUBLISHING HOUSE

本书获得中国法学会资金资助，特此感谢！

前 言

2017年10月27日至29日，中国商业法研究会2017年年会暨“共享经济与法律”研讨会在浙江省宁波市举行。本次研讨会由中国商业法研究会主办，宁波青藤酒店集团有限公司协办，来自国内外的100余位法学专家出席了会议。

随着现代信息技术的不断发展，移动智能终端已经在人们的日常生活中得到普遍使用，共享经济模式逐渐从萌芽初生走向茁壮成长，并呈现出旺盛的生命力。共享经济是一种所有权与使用权相分离的经济形态，它利用互联网技术提高分散闲置资源的利用效率，给人们的生活带来了极大便利，提升了全社会的整体经济福利。网约车、共享单车等共享出行模式有效弥补了公共交通的不足，共享民宿等在线短租模式为旅行者提供了不同于酒店的住宿体验，P2P、互联网众筹等共享金融模式提高了金融资源的配置效率。此外，共享汽车、共享雨伞、共享充电宝等新型共享经济模式也在不断涌现。可以说，共享经济为我国经济的转型发展注入了新的活力，各类经济元素特别是重要经济资源的共享时代已经到来。

我国正处于经济结构转型升级和新旧动能转换的关键时期，共享经济作为一种新的经济形态，正逐渐成为推动产业创新和供给侧结构性改革的重要力量，对稳定经济发展前景有着重要影响。早在2015年世界互联网大会上，习近平总书记便指出“共享经济”将作为国家经济战略加以推动。2017年7月3日，国家发展改革委等八部门联合印发《关于促进分享经济发展的指导性意见》，明确表示，各级政府在对共享经济进行监管时应当坚持包容审慎的原则，为共享经济的健康稳定发展扫清障碍。党的十九大报告也明确提出，应当将“共享经济”培育成经济发展的“新增长点”和“新动能”。

然而，共享经济在提升生活便利度和促进经济发展的同时，也催生了一系列法律问题。例如，网约车司机是否应该被认定为劳动法上的劳动者？共享民宿是否应该适用旅馆业的监管规则？共享单车押金及预付资金的监管规则是否适当？互联网众筹平台在信息披露上应该负有何种责任？共享经济中个人信息安全应该如何保障？共享经济中社会信用体系应该如何构建？传统法律建构的理论观念和实际规则很难对这些问题作出回应。这些问题如果不能在法律上加以回答和解决，既不利于维护共享经济模式中各方参与者的正当权益，也不利于共享经济的健康发展。

面对共享经济带来的冲击，法律理论和法律实践应该积极应对，从监管、强制信息披露、协调竞争、评价公共政策实施、平衡各方权益等诸方面穿透研究和思考。有鉴于此，中国商业法研究会将本次研讨会的主题确定为“共享经济与法律”，并且确定了“共享经济的法律监管”“共享出行法律问题”“共享民宿法律问题”“共享金融法律问题”等子议题。本次研讨会希望汇集众多法学专家对这些问题的真知灼见，形成对共享经济法律规制理念和具体规则的学界意见，从而为我国共享经济治理提供理论支持。

为了更好地展现本次研讨会的学术成果，中国商业法研究会决定将收集的部分论文编辑出版。我们相信本文集将有助于促进我国共享经济法律规制领域的学术交流，也有助于深化学术界对共享经济法律规制领域的研究工作，更有助于提升实践中政府运用法律对共享经济进行适度规制的能力。

我们真诚地感谢中国法学会为本文集的出版提供了精神和物质的支持，感谢中国法制出版社的任乐乐编辑付出的辛勤劳动。由于时间紧迫，本文集可能存在疏漏之处，还望各位读者理解并不吝指正！

甘培忠

二〇一七年十二月六日

目 录 CONTENTS

共享经济

共享出行

共享民宿

共享金融

共享经济

共享经济下的消费者权益保护问题探究

孙　颖[①]

共享经济，或称分享经济，是指利用互联网等现代信息技术，以使用权分享为主要特征，整合海量、分散化资源，满足多样化需求的经济活动总和。[②]分享经济作为新型经济模式，被写进了党的十八届五中全会公报和“十三五”规划建议，而且要求各有关部门高度重视分享经济在我国经济社会中的“生力军”作用，按照“鼓励创新、包容审慎”原则，审慎出台新的准入和监管政策。分享经济至少包含以下三个内涵：其一，分享经济是信息革命发展到一定阶段后出现的新型经济形态；其二，分享经济是连接供需的最优化资源配置方式；其三，分享经济是适应信息社会发展的新消费观和发展观，提升了消费者福利。分享经济典型特征是基于互联网平台，将商品、服务、资源及人才等分散的资源要素重新高效配置的一种社会经济体系。它广泛分布于房屋租赁、交通出行、酒店等领域，未来可能成为与消费者日常生活密切相关的社会主要商业模式。在其蓬勃发展的同时，分享经济也显现出了很多问题，特别是在消费者权益保护方面，产生了一些新问题。本文重点围绕分享经济带来的消费者保护问题，探讨在分享经济下如何保护消费者的合法权益。

---

① 孙颖，中国政法大学教授，法学博士研究生。

② 参见国家信息中心分享经济研究中心：《中国分享经济发展报告 2017》，http：//sic.gov.cn，最后访问时间：2017 年 7 月 3 日。

一、"共享经济"与"分享经济"的特征思考

在对共享经济的研究中，笔者发现现有文献资料中有"共享经济"和"分享经济"两种不同的称谓。二者的英文都是 sharing economy，[①] 但仔细斟酌，又发现二者还是有区别的。从检索出的文献对这两个词的使用情况来看，笔者认为分享经济更多地指闲置资源的重新配置和联结，如滴滴顺风车，是对存量资源的进一步利用，提高资源利用效率，但共享经济更多地强调共享的概念，即使用权不具有排他性；但共享经济整合利用的资源不一定是已有的闲置资源，或者说它是一种广义的闲置资源，是国家和社会进行整合的资源，仍然是通过新投入来促进经济的思路，如共享单车，共享单车都不是已有的闲置单车，而是企业重新购置的单车，从这个层面上看，共享单车更多的是国家或企业从宏观角度，为了提高资源利用效率，保护环境等的目的而出现的产物，与分享经济中闲置资源的再利用有很大不同。从交通部与十部委联合发布的《网络预约出租汽车经营服务管理暂行办法》(以下简称《网约车管理暂行办法》) 和《关于鼓励和规范网络租赁自行车发展的指导意见》(以下简称《指导意见》) 这两个规范性文件看，也没有使用"共享""分享"等字眼。故笔者认为"共享经济"与"分享经济"是有区别的，是两种不同的商业模式。以国内最大的网约车平台"滴滴出行"为例，真正符合分享经济特点的，只有滴滴顺风车和滴滴拼车，即以个人闲置资源与他人分享的经济模式，且不在交通部《网约车管理暂行办法》规定之列，其所占市场比重份额亦较小；共享单车更是挂着"分享"的名头，实为一种分时租赁，即互联网平台共享自行车使用权分时租赁的新型经济模式。[②] 共享经济产权层面的特点是所有者暂时让渡使用权以获取收入的租赁经济，是从"以买为主"向"以租为主"的消费模式发展，从一定要拥有资产所有权的时代，跨越到轻资产消费的时代。

---

① 参见董成惠:《共享经济：理论与现实》，载《广东财经大学学报》2016 年第 5 期。

② 参见唐清利:《"专车"类共享经济的规制路径》，载《中国法学》2015 年第 4 期。

共享经济最重要的特点是传统经济与互联网的结合，具体来说是个体经济借助于互联网平台重新回归。从经济发展的历史看，最初的个体经济因不能抵抗大型企业的竞争压力逐渐萎缩，但随着当前互联网技术的发展，互联网为个体经济提供了进行交易的平台，且减少了交易成本，可以说技术帮助个体经济重新回归市场。但也正由于这种互联网经济模式，很多传统经济中没有的问题出现了。本文着重于消费者保护问题，暂不对二者进行区分，下文从广义上统一称“共享经济”，一起进行研究。

二、共享经济中出现的消费者保护问题

基于上述共享经济的特点，共享经济出现了很多传统经济不会出现的问题。主要有以下几个方面：

（一）行业重新洗牌带来的垄断与不公平竞争问题

在共享经济最早发力的网约车市场，经营者正是看到了传统巡游出租车以特许经营的方式垄断了整个出租车行业，造成消费者打车难的弊端，故以维护消费者权益为名，采取疯狂补贴的免费消费方式成功打开了市场。网约车的出现受到消费者的广泛欢迎，在站稳网约车市场后，又立即取消补贴，采取高峰时段加倍收费的方式，招致消费者不满。网约车平台经营者打破了旧的垄断的同时，也有滥用市场支配地位、形成新的垄断之嫌。同时部分城市依据交通部《网约车管理暂行办法》出台的地方法规对网约车的市场准入和监管规定与传统巡游出租车有所差异，也引发了社会上的广泛诟病，被指违反《国务院关于在市场体系建设中建立公平竞争审查制度的意见》（国发〔2016〕34号）。

竞争法具有保护消费者的价值功能，限制竞争就是限制了消费者的自由选择权和公平交易权。[①]任何经营者的行为以及政府的行为，只要它侵害了消

① 参见孙颖：《消费者保护法律体系研究》，中国政法大学出版社2007年版，第115页。

费者的利益，破坏了公平竞争秩序，都必须被禁止。

（二）消费者的各项权益难以得到保障

共享经济模式下，消费者的人身安全、财产安全、信息安全以及知情权、公平交易权、求偿权等权益的实现存在诸多困难。以网约车为例，除神州租车和首汽约车采用劳动合同关系外，滴滴快车、滴滴专车与司机之间形成的是劳务合同关系，不直接聘用员工，不为其购买社保等，司机的行为不是平台公司的职务行为，平台公司不为其行为承担法律责任。[①] 在这种劳务关系模式下，消费者的人身安全保障权、财产权和求偿权都只能依赖保险制度，缺乏保障，极易受到侵害。通过在无讼案例网上的检索，涉及网约车的案件共728件，其中《网约车管理暂行办法》颁布之前的案例为142件，在新规颁布后案件数量激增，达到586件，这在一定程度上说明了新规对网约车领域法律规制的加强。同时，有616件为民事案件，98件为刑事案件，31件行政案件。[②] 其中涉及消费者权益保护的案件类型主要是：（1）欺诈扣费案件，这类案件主要有临时加价、虚拟行程扣费、退款不及时、因延误接送乘客导致的赔偿纠纷等；（2）暴力殴打、性侵、抢劫以及行凶杀人等故意犯罪案件以及泄露消费者信息和侵犯消费者隐私权等；（3）交通事故责任纠纷，案件类型主要包括网约车交通事故致乘客受害、网约车交通事故致第三人损害等类型。2015年滴滴司机郑某强奸女乘客案件、上海乘客使用打车软件被虚拟行程划走打车费案件，以及2016年北京的网约车交通案，是几个具有典型代表性的案件，分别涉及了消费者人身安全、财产安全及索赔权行使问题。再以Airbnb为例，这是一家联系旅游人士和家有空房房主的服务型网站。用户在使用该软件时，首先，从网站得到的房主的信息是有限的，不能完全了解自己将要住的地方；其次，房主只将空房租给别人几天，房主不会像酒店一样提前进行安全检查和维修，也就是说，房主无法定的安全保障义务，入住的用户的安全保障权

① 参见向春燕：《网约车平台与司机间法律关系问题研究》，载《法制与社会》2017年第4期。

② 无讼网，http：//itslaw.com，最后访问时间：2017年12月22日。

自然得不到保护；最后，当入住者的权利受到侵害时，该向 Airbnb 平台索赔还是向房主索赔呢？现实中更多的是平台和房主相互推卸责任，导致消费者的权利得不到保障。

共享经济作为互联网经济的一部分，互联网的缺陷也导致了一些现实问题，最明显的就是消费者的个人信息和隐私权受到侵害的问题。例如，在滴滴打车时，司机掌握了用户的手机号码，可能由于价格或者评分过低，给用户打电话进行骚扰，侵害消费者的生活安宁权，或者以乘车过程中的隐私要挟乘客等。另外，互联网支付系统的信息安全，以及海量用户信息形成的大数据信息合理使用问题也不容小觑。

（三）经营主体的法律责任不明确

在共享经济中，消费者权利受到侵害难以维权的一个重要原因就是经营主体的法律责任不明确。在共享经济的模式下，共享公司与平台劳动者的关系存在不同模式，有劳动合同模式、劳务合同模式（挂靠协议模式）和信息技术服务合同模式。共享经济中的经营主体主要是提供信息服务的网络平台与个体经济经营人。对于共享单车这种由政府或企业提供的商品或服务，消费者押金安全权的保障更需要在传统民事责任的基础上研究突破与发展，以解决实践中出现的各种损害消费者权益的新问题。共享单车平台经营者收取消费者 99~299 元不等的押金及预付款，对押金和预付款的使用与监管没有及时规定备付金的比例、存管和提取的相应制度，出现了严重的制度漏洞，导致平台经营者擅自提取、挪用消费者的押金和预付款，在公司倒闭破产后拖欠不还，积累了巨大的社会矛盾与风险。侵害了消费者的财产权，造成极其恶劣的影响。此外，在“互联网平台 + 个体经济”模式下，自然人个体是否为经营者？其承担责任是否应当有上限？互联网平台主张自己只是起搜索引擎的作用，对于实体交易中出现的侵害不应承担责任，而个体经济经营者只是短期让渡使用权以获得收入，有的甚至是无偿的，其并没有安全保障的意识或动力，且让个体经济经营人承担全部责任可能会超出这一群体的承受能力，从而导致这一模式萎缩。

目前我们需要探索一个合理的责任分配制度，既要保护消费者权利，使消费者受到侵害后能得到及时救济，同时也要注意保护这一商业模式的发展。例如，要求平台严格履行其资格审查义务和管理义务，在其没有尽到这些义务时，对消费者的损害须先行赔付。

（四）政府监管缺位问题

由于共享经济是新兴事物，政府监管还存在很大不足。首先，市场准入问题，即商品或服务的质量和标准化问题。传统的出租车行业，司机必须符合一定条件，获得许可证，才可以从事出租车工作。由于共享经济中实际提供商品或服务的人基本都没有专业的资质，没有受过专业培训，也无须许可证，存在很多安全隐患。例如，网约车的司机大多是私家车，在开车过程中可能有接单、接电话行为，以及车辆本身的性能问题都会产生安全问题。而Airbnb网站上，很多房主的出租房的卫生、安全问题堪忧，这些都需要在政府的监管与指导下，制定出相应的标准。其次，是人员资质问题。传统的出租车行业司机需要考取相应的资质，网约车司机也需要满足一定的条件才可以接单，以及对于类似Airbnb的房主是否也有相对应的资质。最后，市场运营规范问题。共享经济中的商品、服务提供者往往是非职业化，缺乏管制机制，易产生投机行为，从而扰乱市场秩序。例如，在恶劣天气条件下网约车涨价问题，传统的出租车在政府和出租车公司的双重监管下，这种情况相对较少。所以政府需要对其进行管理调控，避免社会经济秩序的混乱。

（五）法律存在真空地带与相关规制的缺位

法律的滞后性使法律不能及时对共享经济各类不同的经营模式进行及时的规制，由于无法可依，消费者权益保护和政府监管等方面都困难重重。但由于共享经济本身的模式复杂性，对其进行立法规制是对立法者的一次挑战，但共享经济要想继续繁荣发展，立法规制是不可缺少的。我国目前仅对网络预约出租车出台了管理暂行办法，立法层级上，属于在全国内具有法律效力的部门规章；对网络租赁自行车仅有一个鼓励和规范其发展的指导意见，不具有行政强制性效力。例如,《指导意见》关于要求押金设立银行专用账户的意见，许多银行并没有真正执行，押金仍然放在普通银行账户，对其在使用上的监管措施没有实施到位。其他共享经济领域法律仍有大片空白。

三、共享经济下保护消费者权益的几点建议

共享经济是典型的互联网创新经济，共享经济对消费的引领和冲击，在消费方式、消费内容、消费法律关系方面产生诸多变化。因此，研究共享经济模式下消费法律关系的变化，完善消费者权益的法律保护，对发挥消费在经济发展中的基础性作用具有重要意义。

（一）针对共享经济消费风险加快立法进程，弥补法律漏洞

共享经济消费模式下，消费者权益受损害的形态发生了变化，出现了新的风险来源。以共享单车为例，借助“互联网 +”打破传统的单车租赁模式，使得消费者能够接受随用随走的便捷服务。但是所带来的重大问题就是降低了经营者对于单车的控制力，单车质量安全受到各类复杂因素制约，消费者消费安全风险在消费的便捷化发展过程中被放大。人为破坏的风险、自然作用的风险以及单车本身损耗带来的安全问题，虽然在《产品质量法》以及《消费者权益保护法》能够得到相应的法律调整依据，但是却又是不充分的。另外，押金的性质是物权担保还是债权担保，如果是物权担保，属于质押，事实上则无实际质押物的存在，也没有发生物的转移占有，只是账户上货币数额的变化而已，依传统理论无法完全解释，大量押金沉淀在资金池中,《指导意见》中所说的“即租即押，即还即退”在现实中是否具有可操作性，押金是否应该收取，收取后如何严格控制其使用等，这些问题均有待法律规范。法律存在空白，使现实中的共享经济问题无法可依。必须加快立法进程，弥补法律漏洞。首先，在相关立法中，要在共享经济的背景下对消费者权利重新理解，使消费者得到更好的保护。其次，要对共享经济中新出现的法律主体（即互联网平台和个体经济人）进行法律定位，明确其权利义务以及需要承担的法

律责任，建立合理的举证责任分配制度，设计合理的诉讼制度。前文也阐述过，如何设计一个既能促进共享经济发展，不损害这些新兴主体的积极性，又能保障消费者权益的法律制度是一个难点，需要我们法律人继续探索。最后，政府的监管制度也要在法律中体现出来，以法律的形式将政府的责任和义务确认下来，同时避免政府监管过多，抑制共享经济的创新与活力。

（二）合作监管，政府建立监管体系

如前文所言，政府应对共享经济的市场准入、人员资质，市场运营状况进行一定的监管，由于共享经济不同于传统经济，政府必须创新监管理念和监管模式，找到与共享经济相适应的监管路径。在这一过程中，既要建立政府部门之间的合作监管机制，也要建立政府部门与平台公司之间的合作监管机制。要明确合作监管主体、监管内容、合作方式，避免政府各部门互相推诿责任。在政府监管中，可以通过政府各部门间的合作，利用互联网技术互通信息，建立统一的监管网络和信息共享网络，在这一合作监管的基础上，政府能更好地掌握市场信息，做出更加科学的决策，也能衍生出一系列高效的新管理平台，比如建立信用管理平台和统一的投诉平台及投诉处理机制，同时为消费者维护自己的合法权益提供一条救济渠道。在政府与企业的合作监管中，可以依托企业在技术上的优势，侧重于技术和信息的提供与对接。最后，对于网约车等共享经济，政府可组织建立保险制度，分担风险，为消费者提供多一层保障。

（三）发挥消费者保护组织的作用

消费者保护组织在共享经济中，应发挥其独特作用。一是针对有关共享经济的大量投诉案件，消费者保护组织要积极代表消费者提起公益诉讼，尽力帮助消费者解决问题，维护消费者的合法权利，成为消费者维护自身合法权益的重要渠道。二是消费者保护组织应利用自身优势，对自己掌握的有关共享经济的相关信息进行整合分析，与各大科研机构或高校合作，为共享经济的消费者保护问题提供智力支持。三是积极参与政府相关决策，代表消费

者发言，为促进更合理的政府决策与立法贡献自己的力量。

（四）消费者教育

随着共享经济的发展，我们也要重视消费者教育以及消费者责任意识的提高，向消费者普及共享经济下所涉及的消费知识、社会责任与义务及相关的维权途径，提高消费者在互联网经济的交易中自我保护的能力，减少消费者权益遭遇侵害的事件。在这一过程中，互联网技术和自媒体的发展可以发挥重要作用。

（五）分类研究网约车、共享单车等不同市场的竞争秩序规制与消费者权益保障

任何一种生产模式和消费模式的发展都会给社会带来新的风险。出行分享除网约车、共享单车等热点外，网络租车市场还在继续升温，其中以汽车分时租赁表现亮眼，布局者众多，尤其是主打新能源的网约车和汽车分时租赁正在快速起步，整体市场开始升温；住宿分享市场培育逐步成熟；服务众包、教育分享也获得资本青睐，为防范和避免以消费者保护为借口的过度竞争、不正当竞争以及不公平竞争和经营者过度集中问题的出现，最终不利于消费者权益的长远保护，应当对不同类型的市场竞争秩序严格规制，避免市场的大起大落。

四、结语

总之，共享经济尽管目前出现了很多问题，却仍具有繁荣发展的趋势，且共享经济的商业模式未来还可能发展到整合企业甚至整个国家的闲置资源，提高资源的利用效率。因此，我们应构建有效的消费者保护制度，从立法、政府监管、行业协会、消费者教育等多方面保护共享经济下的消费者的合法权益。消费者是市场经济发展有力的推动者，当消费者的权利得不到保障而对共享经济失望时，会严重影响共享经济的发展，反之，消费者会推动共享经济发挥更大的作用！

共享经济商业模式之边界

孟雁北①

一、问题的提出

共享经济（Sharing Economy），也称分享经济，最初是指个人、组织或者企业，通过社会化平台共享闲置实物资源或认知盈余，以低于专业性组织者的边际成本提供服务并获得收入的经济现象。我国电子商务研究中心发布的《2016年度中国“共享经济”发展报告》显示，2016年我国“共享经济”的市场规模达39450亿元，增长率为76.4%；我国“共享经济”的提供服务者人数约为6000万人，比上年增加1000万人；共享经济平台的就业人数约585万人，比2015年增加85万人。②2017年7月3日，为促进共享经济更好、更快地发展，国家发展改革委等八部门联合印发了《关于促进分享经济发展的指导性意见》，旨在为全球新一轮科技革命和产业变革下涌现的新业态、新模式指点优化发展的方向。

杰里米·里夫金（Jeremy Rifkin）说：“共享经济带来了一场改变人类生活方式的资源革命，它带来了经济生活的全新组织方式，将会超越传统的市场模式。”随着信息技术，尤其是移动互联网与电子支付系统的快速发展，可以利用网络技术解决原有产业信息不对称和原有市场供需不平衡，是共享经济

---

① 孟雁北，中国人民大学法学院教授，博士生导师，中国商业法研究会常务理事。

② 参见王怡苏：《“共享经济”在中国的发展现状和模式的研究：以共享单车为例》，载《当代经济》2017年第6期。

发展的重要契机。当今的共享经济商业模式已经不再是真正的社会闲置资源的共享，实现的不再仅仅是“人人为我，我为人人”的最初关于“共享经济”的理解和定位，主要可以分为：（1）C2C 模式，即每个人既可以是生产者，也可以是消费者，个体作为供需方直接对接；（2）C2B 模式，企业借助于社会化力量运作，如通过股权众筹获取社会化资金等；（3）B2C 模式，企业从销售产品向提供租赁服务转型；（4）B2B 模式，企业与企业之间共享其有形的闲置资产甚至无形的产能；（5）其他共享经济商业模式。

我国继共享单车之后，共享健身房、共享充电宝、共享雨伞、共享篮球、共享马扎等以互联网为依托的共享产品如雨后春笋般涌现。仅以共享充电宝为例，短短 40 天时间就获得 11 笔融资，近 35 家机构介入，融资金额约 12 亿元人民币。但人们在最初对共享经济商业模式表达欣喜之后，猛然惊觉共享经济商业模式本身可能带来的无序发展、资源浪费、影响公共秩序、侵害个人隐私等诸多问题；突然意识到经营者的竞争自由与创新自由必须以不侵犯他人的合法权益、不损害公平竞争秩序为边界；也渐渐开始观察和思考共享经济商业模式的构建和运行是有边界的而并不存在不受任何限制的自由。

二、共享经济商业模式之商品与服务的合法性边界

布茨曼和罗杰斯将共享经济概括为四大类别，即共享消费、共享生产、共享学习及共享金融，进而细分为九大领域，即共享出行（2000 年的 Zipcar、Uber 等）、共享空间（2008 年的在线短租分享公司 Airbnb 等）、共享资金价值（2005 年的 P2P 网贷公司 Zopa 等）、共享知识 / 教育（维基百科、MOOC、知乎等）、共享饮食（2010 年的 Eatwith 等）、共享医疗 / 健康（Pager 等）、共享物品（2005 年的 Etsy 等）、共享公共资源（2012 年的 Open Garden 等）、共享技能 / 服务（Task Rabbit 等）。[①] 共享经济商业模式反映了许多不同类型的动机整合，企业通过整合不同消费者分散的特定需求，实现协同消费和减少浪

① 何涛：《共享单车现象与共享经济发展探讨》，载《技术经济与管理研究》2017 年第 8 期。

费，从而产生利润。共享所有权、商品使用权或服务的供需双方与平台之间又形成了非常复杂的经济关系和依赖关系。①

无论共享经济商业模式如何复杂，共享的商品与服务均不能突破合法性的边界。首先，共享的商品与服务不得违反法律、行政法规的禁止性规定，能够共享的商品与服务必须是法律允许交易或流通的商品与服务，而如共享女友、共享男友等商业模式就不存在合法性基础。其次，共享的商品与服务不得违反法律、行政法规的限制性规定。目前，世界各国关于“网约车”的合法性、家庭住宿共享的合法性、众筹平台的合法性等都是在思考如何界定主体运营资质问题，专车与出租车大战的焦点其实也是专车在何种条件下具备载客营运的法定资质问题。最后，共享经济商业模式提供的商品与服务不得侵犯他人享有的合法权利，如隐私权、著作权等。尤为重要的是，共享经济商业模式下的资金交易是通过网络系统进行支付交易的，交易双方虽然利用网络支付系统建立起了信任，但是个人的隐私和信息安全却可能在网络平台上受到侵害。如“专车”平台公司掌握着大量的个人信息、具体地理信息、特定人员活动信息、经济信息和其他信息；共享单车企业均有自己的 APP 与二维码，使用者都需要下载 APP 并进行身份信息实名认证，定位系统绑定了每一辆单车，由此可能造成个人隐私信息的交付和泄露。在个人信息数据被公开、收集、聚合、分析、使用的规模之大早已经超出了人们的想象的当下，共享经济公司在开展用户数据挖掘分析中也可能存在侵犯个人隐私，甚至通过泄露、倒卖用户数据牟利的隐患。因此，维护共享经济参与者的信息安全对于共享经济商业模式的健康发展至关重要，我国《网络安全法》也要求网络运营者应当对其收集的用户信息严格保密并建立健全用户信息保护制度，这是共享经济商业模式的底线。

三、共享经济商业模式之产业规制边界

尽管共享经济商业模式对传统的产业规制体制与立法提出了诸多挑战，

① 参见唐清利:《“专车”类共享经济的规制路径》，载《中国法学》2015 年第 4 期。

有学者甚至认为现有的产业规制方法陷入了类比规制的窠臼，如果并试图将新兴的“互联网+”经济改造成为“+互联网”经济，这一拘泥于法条的做法不仅误解了共享经济的本质，也直接阻碍了新兴业态的持续发展，是一种典型的规制失灵。[①]但是，产业规制面临共享经济挑战的客观现实并不意味着共享经济商业模式不需要遵守产业规制的法律、法规。

以共享自行车为例，北京市为促进本市共享自行车规范、协调和可持续发展，解决市民短距离出行需求，维护良好的交通秩序和市容环境，于2017年9月15日率先出台了《北京市鼓励规范发展共享自行车的指导意见（试行）》（以下简称《指导意见》）。该指导意见共六个部分25条，对涉及政府、企业和承租人的各方责任、企业运营服务条件和退出机制、企业规范经营与管理、停放秩序与规定、监管与违规处罚、增设集中停放区车位、行业自律和社会治理等方面予以明确和规范。而且，北京市还正在根据《指导意见》的要求制定《共享自行车系统技术与服务规范》《自行车停放区设置技术导则》。[②]

当然，共享经济商业模式是否有市场进入与退出的要求，需要进行怎样的产业规制，这是由共享的商品或服务的性质所决定的，但可以肯定的是，共享经济各细分行业的监管或管制尽管面临挑战但仍不可或缺，这些产业规制措施也当然是共享经济商业模式的行为边界。

四、共享经济商业模式之手段正当性边界

我国共享经济的发展模式有时会受到质疑，如“专车”公司为了推广市场以吸引更多的供需双方，曾经采用对供需双方进行反向补贴的方式，由于其收取的费用远远不及对双方补贴的费用，这种手段对传统的出租车行业造成了极大的冲击，也引发了是否涉嫌不正当竞争的讨论。

---

① 彭岳:《共享经济的法律规制问题：以互联网专车为例》，载《行政法学研究》2016年第1期。

② 魏昕悦:《〈北京市鼓励规范发展共享自行车的指导意见（试行）〉出台》，来源：http://www.stardaily.com.cn/2017/0915/62460.shtml，最后访问时间：2017年9月16日。

反不正当竞争法作为现代竞争法的重要组成部分，对于维护市场交易活动的诚实信用原则，维护公认的商业道德，维护公平竞争的秩序，保障经营者和消费者的合法权益具有重要的作用。英美法国家也将“不劳而获”“不播种而收获”作为认定不正当竞争行为的基石，大陆法国家将诚实信用作为反不正当竞争法的基本原则。无论是“不劳而获”“不播种而收获”还是诚实信用原则，都具有浓厚的公认的商业道德色彩。在市场竞争中，符合公认的商业道德标准，意味着经营者实施市场竞争行为的出发点是善意的，竞争手段是诚实的、公正的、正当的，反之，则是不正当的。我国现行的《反不正当竞争法》目前也禁止十一种具体的不正当竞争行为，即市场混淆行为、滥用独占地位行为、政府及其所属部门限制竞争的行为、商业贿赂行为、引人误解的虚假宣传行为、侵犯商业秘密行为、以排挤竞争对手为目的的低于成本销售行为、搭售或附加不合理条件的行为、不正当的有奖销售行为、商业诋毁行为和串通招投标行为。

无论共享经济商业模式如何复杂和多样，市场经营或者市场竞争的手段都必须是正当的，这是市场经济和市场竞争的商业道德底线，也是共享经济商业模式的行为边界。

五、共享经济商业模式之行为反垄断边界

共享经济与传统经济最不相同的地方是利用现代互联网信息技术，通过建立一个平台公司把那些具有暂时且分散的供需信息的人员连接起来，由此促成供需双方建立不需要转移所有权的共享机制。共享经济企业越来越多地成为一个信息平台，将产品或服务同消费者精确匹配，如金融、租车、租房、医疗、教育等，该平台在一定程度上加速和便利了万物的联系，同时却可能背离互联网的初衷，成为一个更加中心化的商业帝国。[①] 国家信息中心《中国分享经济发展报告》推测，未来几年我国共享经济将保持年均 40% 左右的高

---

① 胡凌:《“连接一切”: 论互联网帝国意识形态与实践》，载《文化纵横》2016 年第 1 期。

速增长，到2020年，我国共享经济交易规模占GDP比重将达到10%以上，未来10年，我国共享经济领域有望出现5~10家巨无霸平台型企业。[①]

由于共享经济依托于互联网的先进技术，包括智能手机、在线支付、云计算、大数据和社交网络，将海量的供方资源和需求进行高效按需匹配，实现规模化的商业行为，共享经济领域的平台型企业极有可能具有市场支配地位。尤其是平台型公司不断地通过“烧钱”补贴或并购重组等方式去继续扩大市场份额和排挤对手，当平台型公司聚集了最多的供需双方后就更容易具有市场支配地位。共享经济平台型企业具有强大市场力量本身是合法的，但其在市场经营和市场竞争中应当需要遵循《反垄断法》设定的不得从事垄断行为的边界，尤其是不得滥用市场支配行为从事排除限制竞争行为。我国《反垄断法》也规定，禁止具有市场支配地位的经营者从事下列滥用市场支配地位的行为：以不公平的高价销售商品或者以不公平的低价购买商品；没有正当理由，以低于成本的价格销售商品；没有正当理由，拒绝与交易相对人进行交易；没有正当理由，限定交易相对人只能与其进行交易或者只能与其指定的经营者进行交易；没有正当理由搭售商品，或者在交易时附加其他不合理的交易条件；没有正当理由，对条件相同的交易相对人在交易价格等交易条件上实行差别待遇；国务院反垄断执法机构认定的其他滥用市场支配地位的行为。

六、结语

共享经济商业模式相比传统商业模式而言是一种巨大的商业模式变革，这需要相应的制度供给，而我国目前在共享经济商业模式的制度供给方面仍显仓促与不足，传统法律正面临共享经济带来的诸多挑战。但共享经济必须是对所有利益相关方负责任的经济，是法治经济，合法性问题仍是规制共享经济商业模式的重点内容，也是规制共享经济商业模式的最终目标。共享经济商业模式应当遵守法律和公认的商业道德，并不享有无限制的自由而必须恪守自己的行为边界。

---

① 何涛:《共享单车现象与共享经济发展探讨》，载《技术经济与管理研究》2017年第8期。

共享经济法律基础的初步解读

杨为乔[①]

一、问题的提出

或许什么社会经济现象背后都有可以追寻的“法律问题”，也都有可以纠结不止的“因果关系”。

近年来，共享经济的出现，在提高经济效益和生活便利的同时，人们也开始关注起它所带来的法律理论与实践上的挑战。

一般认为，这些挑战包括（但不限于）：“1. 共享经济的商业模式创新；2. 共享经济带来的组织法挑战；3. 共享经济带来的劳动法挑战；4. 共享经济带来的消费者保护问题；5. 共享经济带来的监管挑战”等。这些“挑战”在几乎涵盖市场经济法制所有方面的同时，却并未指明属于“共享经济”的核心法律问题到底是什么？即使是那些冠以“共享”名头的共享专车、共享单车、共享酒店或者民居（Airbnb）乃至共享融资（P2P 和众筹）等所谓共享经济现象，到底是不是真正的“共享经济”？或者与“共享经济”有多大的关系？其中又包含哪些具体法律问题，都不甚了了。

二、对共享经济的初步理解

目前，学界尚未对共享经济（又称为分享经济，英文是 Sharing Economy，

---

① 杨为乔，西北政法大学经济法学院副教授。

甚至有好事者发明了一个新的单词：Shareconomy）[①] 有统一、权威的认识和界定。一般认为，所谓共享经济就是基于共享社会关系而存在的一种社会经济样态；而这种共享社会关系是建立在对物（商品、资源等）与服务的共同利用、共同运营关系之上的一种人与人之间的社会关系；其核心之一便是对社会“闲置资源的重新利用”[②]。显然，用于共享的社会资源是否为闲置资源，是判定以此资源为基础所搭建的经济运作模式是否符合共享理念，是否是真正的“共享经济”的重要标准之一，而不仅仅是传统商业活动换了一件所谓“共享经济”的马夹而已。此外，对闲置资源的利用方法和途径本身，即以何种方式进行共享利用，也应当成为辨别“共享经济”真伪的标准之一；从规制角度来看，可能对闲置资源的利用方式加以监管，或许更具监管可行性。其实，只要观察早期人类社会中的分享关系，就可以获得某种启发。

（一）早期人类社会中的共享/分享关系

从广义的角度而言，人们之间的各种相互扶助关系，甚至赠予关系都可以看作一种共享经济现象。从这个意义上来说，所谓“共享经济”现象在人类社会早期便已存在。易言之，只要存在人与人之间存在分享关系，就有可能存在所谓的“共享经济”。当然这种人类社会早期的分享现象，不能与现今的“共享经济”同日而语，人类社会早期的分享现象，存在以下几个特点：

第一，分享主体范围的局限性。早期人类社会的分享关系，多发生在特定的人群之内，这些人群或存在血缘上的亲族关系，或存在地域上的近邻关系。他们之间存在生存关系上具有某种共同体利益关系；而辨别这种共同体关系的依据就是相对容易区分的血缘标准或者地域标准。

第二，分享目的的单向性。早期人类社会的“分享关系”绝大多数情况

---

① 此外，也有“共享经济现象”或者“共享经济模式”的表述。从严格意义上来讲“共享经济现象”与“共享经济模式”是两个完全不同的术语，前者强调作为一种社会经济样态的载体与表现；后者则强调这一经济样态的组织方式与运行规律。为行文方便与简洁，并未特意区别二者，均使用“共享经济”一词泛指代之。

② 参见彭冰、于莹教授在2017宁波中国商业法学会年会讨论中的发言。

下都是基于一方对某种共同利益关系的一种单方评价与判断，进而采取的单方／单向行为，典型如赠与。这种单方对于共同利益评价的做法，亦尚未形成为某种权力／权利义务关系；因为一旦进入某种权力／权利义务关系体系下，这种关系的“共享”属性就在很大程度上被掩盖甚至否定掉了。

第三，分享阶段的消费性。早期人类社会对于分享的认识基本限于“共同消费”，这种共同消费直接体现为对特定资源、物的直接利用与享用。现代人们根据共享目的的不同，将共享经济分为消费型、生产型和发展型三大类型。就此来看，早期人类社会的“共享经济”也就算是处于消费型共享经济阶段。当然，共享经济是否存在这样明确的阶段或者层次划分，值得讨论。

（二）现代共享经济与信息实时及无差别共享

从狭义角度而言，共享经济也被认为是一个含义广泛的概括性术语，通常用来描述那些通过互联网进行的各类在线交易现象或交易行为。[①] 显而易见，在这一极其概括性的表述背后，实际上是人们对共享经济这一经济现象应当包含的基本范畴、特征以及构成要素等基本规定性的粗糙认识。

或许，给共享经济下一个准确的定义更应当是经济学家应该完成的任务。不过，从一般法律人的角度观察，狭义的现代共享经济对信息传播的依赖显而易见。

无论是创新还是革命，狭义的共享经济都与互联网有着紧密的联系：没有互联网的大规模普及，就没有所谓现代共享经济的存在。互联网在其中扮演的是一个超级信息传播者的角色。所谓超级，一是指互联网将信息传播的范围无限扩大，其潜台词就是潜在的交易机会与交易对象无限扩大；二是信息传播的成本大大下降，这就意味着交易机会的倍数增加，“过了这个村，就没有这个店儿了”不再是交易双方可能会顾及的因素，多次比较、反复对比成为通过互联网交易的常态，有人把这称为之“民主化的市场手段”；三是信息传

① 这一术语被形象地表述为“umbrella term”，也许和中文里的“口袋名词”是一个意思吧。参见维基百科，https：//en.wikipedia.org/wiki/Sharing_economy，最后访问时间：2017 年 10 月 3 日。

播的对等性，这是相对于传统市场信息不对称 / 信息偏在而言，互联网信息传递几乎都可以看成点对点的信息传播，其中不存在第三方修改、影响原始信息内容的可能。类似表见代理等与意思表示有关的法律制度，在互联网信息传播与网络在线交易方式下，遇到了前所未有的有力挑战。

此外，开放源代码、免费 APP 软件以及网络虚拟社区的存在，也是现代共享经济得以发生、发展的重要客观物质依赖。同时，这也是为什么现代共享经济目前仍被限定于网络经济范围之内的一个基本原因：共享经济的前提是信息的实时、无差别共享。

（三）共享经济与自助利用

现代共享经济的另一个重要特征是共享者 / 利用者往往可以通过本人直接地对资源进行自助利用或者自助消费。自助利用，突出了共享者 / 利用者在这一经济模式中的主动、主导地位，在一定程度上反映出共享者 / 利用者对他人依赖程度的减少或减轻，使得共享者有机会提前介入或者直接参与到生产的前端与上游，从而模糊了市场供给与消费之间的截然分割，并隐隐预言了市场中介机制共享经济中的没落。就微观具体权利的实现机会而言，共享者 / 利用者实现权利将更多地依赖其自身的智识与能力。换句话讲，权利实现状况在很大程度上将依赖于其行为能力的提升。

一方面，自助利用或消费模式本身就体现了共享经济的效率优势：降低交易成本，降低资源的利用成本。这也是共享经济成为环境友好型经济模式主要原因：效率、成本、环保。例如，有日本学者观察到：由北陆高速向金泽市内的通勤车辆经常发生交通堵塞现象，而大部分的车辆都只是驾驶员一人使用，既没有乘客，也没有运输货物；假如，每一辆车内都有多名乘客，则不仅会减少出行汽车数量，而且也会减少道路拥堵现象，提高道路通行效率，减少能源消耗。

另一方面，自助利用或者消费必然在一定程度上对共享者 / 利用者的利用技能、能力提出了要求。例如，在共享汽车的场合，共享者即必须具备相应的驾驶技能，拥有对应车型的驾驶执照。再如，国内已经多次发生的未成年人因擅自不合理使用“共享单车”而出现人身损害事故等案例，都从不同的角度对共享经济条件下，自助利用或者自助消费风险责任、损害赔偿责任的认定、划分等都对现有《产品质量法》《消费者权益保护法》乃至《合同法》《侵权责任法》的有关制度设计提出了挑战。如传统合同法和消费者权益保护法很难在共享经济模式中给共享者 / 利用者带来足够的保护。

三、共享经济与市场经济之间的关系

从长远发展的眼光来看，共享经济势必将突破网络经济的桎梏，而延伸至实体经济领域，并实现共享经济的实体经济化（当然，也可以从相对的角度将此理解为实体经济的共享化或者网络化）。在可以预见的未来，可能呈现给我们的未来经济样态或将是共享与实体混合的某种样态，[①] 这种混合经济样态，或许向我们回证了共享经济与市场经济的以下关联：

（一）供求关系规律未发生本质变化

从微观角度来看，共享经济并未改变市场经济赖以存在的基本供求关系规律。市场经济孜孜以求地通过市场配置资源的基本供求关系原理和规律不仅依然有效，更在市场信息传递的环节得到了极大的加强。也就是说，在供给与需求不变的情形下，共享经济由于信息传递环节的高效与强化，使得供给变得更有针对性，同时需求也更容易获得及时的满足。从某种意义上来看，共享经济实际上更贴近包括斯密等人对于理想的自由竞争市场经济的最初设想。

---

① 共享经济具有与实体经济相混合的某种样态；不过在印度学者阿鲁·萨丹拉彻那里，这种“混合样态”却是标准市场经济与礼物经济的混合，在他看来，共享经济 / 分享经济的部分商业活动类似于相当标准的市场经济活动。但另一些交易更适合被归于“礼物经济”（gift economy）的范畴；这是因为这种被称之为共享经济的事物，不仅仅具有商业目的，还有着其他的社会和文化上的作用。大部分的交易看起来就像是市场经济和礼物经济的结合。分享经济自然地跨越了市场经济和礼物经济，成为它们之间的过渡态。参见［印］阿鲁·萨丹拉彻著：《分享经济的爆发》（Kindle 位置 559~563），周恂译，文汇出版社 2017 年版，Kindle 版本。

（二）市场参与主体更加广泛

任何人只要上网，都有可能成为共享经济的参与者。对于商品或者服务提供者而言，这一方面降低了进入市场的准入门槛，为任何愿意从事市场交易的主体，提供了参与市场的交易的机会；但另一方面这一事实也有可能使得现有的各种市场准入制度面临不攻自破的风险。对于商品或者服务的接受者而言，其选择交易的机会和可能大大地增加了，几乎可以达到："想要什么交易就有什么交易，想要交易什么就能够交易什么"的自由境界。同样对于自然人而言，借由互联网技术以及现代物流技术的扶助，人的行为能力对于其达成特定交易的影响在不断减少，甚至有关其权利能力与行为能力基本法律制度设计都能够重写。例如，最新实施的《民法总则》中有关民事行为能力年龄阶段设置的调整就是如此。

（三）市场价格发现能力增强

得益于互联网信息传递技术的帮助，即使在同等条件下，共享经济市场中的价格敏感度更为精准细腻。在传统市场中存在的各类价格欺诈、价格垄断等问题，在更为清晰透明的共享经济下生存空间日渐收窄、减少。但仍需说明的是，在共享经济下最终决定价格的依然是前文已经提到的供求关系规律；以及市场竞争关系规律的双重作用；换言之，共享经济能够更为及时、迅速地反映市场价格变化，但无法决定市场交易价格。作如此提示的目的在于：在共享经济条件下，政府要干预市场价格的依据依然是供求关系规律以及竞争关系规律；那种认为："在商业经济里'价格是资源分配主要的调节信息，也是重要动力'；但在分享经济里它却被'非价格因素的社会关系'所代替"[①]的观点，就不能不审慎推敲。

---

① ［印］阿鲁·萨丹拉彻著：《分享经济的爆发》（Kindle 位置 688~693），周恂译，文汇出版社2017年版，Kindle 版本。

（四）节约资源、减少交易成本

共享经济作为一种新的经济形态，正逐渐成为结构转型升级的驱动力量以及稳定经济发展前景的最优途径。这反映了人们普遍认为的："在共享经济的模式下，能做到无限节约资源，降低交易成本。"[①] 的确，在一些显而易见的领域，共享经济能够极大地节约资源、减少交易成本，从而提高了交易效率。相对于传统的交易方式而言，共享经济模式中交易效率的显著提高可能包括两个层面的意味：第一，达成交易或合同缔结的成功率，或曰签约率在提高；缔结合同变得越来越容易。第二，交易效率的提高，意味着随着签约率显著提高，对应地提升了合同的及时、完全履行。这似乎说明共享经济是有效率的。

实际上，节约资源、减少交易成本是提升共享经济背景系交易效率众多重要条件之一，但不能就此得出共享经济就一定是有效率的这种判断。可能的问题，一是共享经济的效率前提是需求的同质化。在市场需求多样化、个性化的条件下，共享经济到底能够在何种程度和范围上满足这种需求，尚待观察。二是现有的关于共享经济节约资源、降低交易成本的观察，往往是集中于生产消费的一段、一端，而不是从生产消费的全产业链来进行整体的观察与评价。最近，国内各大城市中的共享单车造成的闲置、浪费以及环境混乱问题恰恰提醒了人们需要重新评价共享经济可能带来的浪费与社会管理成本问题。

（五）市场中介机制发生变化

传统市场中介机构以及中介平台将不得不面临转型。各类实体中介机构将不断延展其中介业务链，传统的代客买卖、居间服务将更多地在客户终端由客户自主实施（至少从法律上来看）。当然，这是否意味着市场中介机构的

---

① 刘国华、吴博：《共享经济 2.0：个人、商业与社会的颠覆性变革》（Kindle 位置 2283~2294），企业管理出版社 2015 年版，Kindle 版本。

蜕化，或者所谓的“去组织化、去中介化、去中心化”[①]尚难定论。但基于互联网的共享经济的中介成本要远远低于现有市场组织的交易成本，因此现有市场中介机构的调整与发展将是不可逆转的，一种可能的发展方向是现有中介机构将不断演变为社区信息交易平台，更多地从事提供公告栏式的服务[②]；同时，其中介服务行为也将演变为基础性在线及时信息服务；从盈利的角度而言，提供信息服务本身很难继续成为中介机构的盈利来源，更多的获益将来自信息中介平台所提供的具有延伸性、针对性的增值类服务。

四、共享经济对“所有权”概念的影响

“所有权”概念过时了吗？

显然，市场经济不是人类经济发展的最终形态，但共享经济也并非替代市场经济的真命天子。共享经济只不过是市场经济交易组织方式的最新版本，它所能更新或者替换的充其量是市场经济中的某些“软体”部分。就像在芝加哥期货交易所里，交易员们手里漫天飞舞的纸片，变成了手中的电子终端一样。更多的情况下，人们更愿意把共享经济看作一种混合市场形态，这种介于公私之间的经济模式，或许会对“所有权”概念形成某种冲击。

“所有权”概念作为现代民商事法律制度、市场经济法律制度的基础性概念，已经不是第一次被人们所质疑了。近代以来，出于对工业社会生产关系的保护，所有权制度在整个财产法律制度体系中的地位得到了强化乃至扩张，尤其是在近现代物权制度中得到了巩固。然而，事情总是有两面性的，那位气宇轩昂地宣称“风能进，雨能进，唯独国王不能进”的流浪者，在秋雨绵绵里依然需要干燥的床榻与温暖的阳光。并在相应的财产权利无论是资本主义的私有化，还是计划经济的国有，都在一定程度上限制了经济领域内人们

① 刘国华、吴博：《共享经济 2.0：个人、商业与社会的颠覆性变革》，(Kindle 位置 2249~2262)，企业管理出版社 2015 年版，Kindle 版本。

② ［印］阿鲁·萨丹拉彻著：《分享经济的爆发》(Kindle 位置 410)，周恂译，文汇出版社 2017 年版，Kindle 版本。

"共享资源"的可能。无论是对所有权四项权能的分解，还是通过信托制度架设所有权与其用益权能的分离，其实都是对传统所有权概念的一次扩张，从而使得"所有权与使用权"的分离，获得理论上的合理性与正当性。这不仅无可厚非，相反却是理论自愈与自洽的一种正常现象。

（一）所有权的取得角度

共享经济条件下，或许人们取得所有权的目的不再是满足自己的实际消费或者直接使用，而是转而谋取某种获益的可能。取得所有权以作为生活资料的目的似乎削弱了，而使其在具有生活资料功能的基础成为某种生产资料的多目的性开始显现出来，这一点在 Airbnb 的运用中可以显而易见地表现出来。在海南各城市，尤其是三亚不是也有这样很多随着季节变化而迁徙的人们吗？然而，取得所有权目的的多样化，并不能直接说明所有权概念已经过时，或者所有权概念已经变得不重要。

实际上，在杰里米·里夫金在 2000 年出版的《使用权时代》（*The Age of Access*）中所倡导的"摒弃市场和产权交易，从观念上推动人际关系以实现结构性转变。这就是从产权观念向共享观念的转变"[①]。这种产权观念的更新，更多地是在强调共享经济条件下，"共享"行为在经济上是效率的，能够实现共享者与社会整体资源利用之间的"双赢"乃至"多赢"。其实，这种摈弃多种所有权多样性制度安排的"美好愿望"在计划经济倡导者那里早已不是新鲜的东西：全国社会财富只有一个所有者，那就是国家；国有企业、集体企业以及个人，都只是国家所有权下的使用者而已。只不过，共享经济倡导者实现这种"双赢"或者"多赢"的过程不再是靠计划和指令，而是借助于人们手里的手机而已。所以，共享经济对于"所有权"概念的冲击、更新，或许不像人们想象的那样巨大。反而，更需要人们警惕的是：不能通过对"共享"概念肯定而滑落至对计划经济的肯定。

---

① 转引自：刘国华、吴博：《共享经济 2.0：个人、商业与社会的颠覆性变革》（Kindle 位置 1497~1499），企业管理出版社 2015 年版，Kindle 版本。

（二）租赁权对所有权的影响

人们认为所有权的重要性已经被租赁权所替代。“分享经济经常代表了与传统的所有权的彻底分割……租借，与拥有不同，能在更大的人群中将更少的物质更有效地利用起来。”[①] 的确，从用益关系角度而言，仅由所有权人直接行使其权利的现象在一定程度上减少了。这是一个法律人格与对应财产关系的脱离过程，反映出人与物的基本关系的某种革命性变化：脱离物的限制，人格自由与自我实现不再依赖于其对物质财富的拥有与控制。

然而，这一切美好生活的实现，必须依赖一个更为广阔背景下，社会福利体系对特定个体的“供养”体系，没有这种体系的保障，租赁权就无法替代所有权成为个体赖以生存的必需。然而无论中外，这样的供养体系目前尚无法实现，所以我们看到的租赁权对所有权的冲击，也仅仅是在特定领域，尤其是对城市生活消费领域的“替代”或者“冲击”。尽管“使用但不拥有”确实存在潜在的巨大效率优势，但除了房屋和汽车之外，是不是所有的东西都适合发展成为规模化的点对点租用市场呢？它们的远期价值是否与所有权紧密相关呢？如果它们开始发展，将对经济产生什么样的影响呢？会不会因为出现更多的交易而推动经济发展呢？“冲动购物，再租出去”的情况会成为现实吗？经济会不会因为人们停止购买而发展减缓呢？

从某种意义上讲，共享经济的核心不过是在物之所有权与使用权分离基础上，因实时交易而存在的租赁关系／租用关系。这种租用关系在本质上尚未脱离租赁关系的基本权利交换结构。其中核心不过是“一破一立”：“破：所有权的局限性、专属性”；“立：租赁权的扩张”。而这恰恰在某种程度上印证所有权的不可替代性。

比较我妻荣先生 20 世纪就提出的“债权在现代法中的优越地位”的命题，现在关于共享经济条件下租赁权对所有权的冲击，仍未能超越我妻荣先生的

---

① ［印］阿鲁·萨丹拉彻著：《分享经济的爆发》（Kindle 位置 1203~1207），周恂译，文汇出版社 2017 年版，Kindle 版本。

视野，而另辟一个新的天地。

（三）“接入权”对所有权的冲击

“部分共享经济和协同消费研究者认为‘接入权’相比‘使用权’更准确地刻画共享经济。”[①] 显然，这里的“接入权”也被表述为“链接权”，是指在共享经济条件下，潜在交易者获得交易机会的权利。就此而言，这种“接入权”与传统实体市场交易中，在遵从法律和交易习惯前提下的缔约谈判权利而已，甚至更为简单，它不过是标准契约的谈判、签约权利。

从传统权利形态来看，所谓“接入权”与所有权分属不同的权利形态，没有可比性，甚至也没有进行比较的必要性。但其亮点在于“接入权”概念背后隐含的自治属性：取得“接入权”，须以接受相关 APP 服务协议为前提。有学者将这一过程看作共享经济的“造法功能”。[②] 或许，共享经济这种“造法功能”的出现，倒是真的拜传统法制的某种局限性所致：公权对于私权领域的过度介入。但就此断定或者期冀通过共享经济拥有这种“造法功能”就可以修正现实立法的某些缺陷，未免将立法以及司法实践中公权与私权博弈过程看得过于简单了。

之所以主张共享经济无法否定“所有权”概念的理由，一方面来源于对传统财产权利制度的尊重与不愿割舍。始终认为，法学应该是社会科学体系里仅次于神学的一门保守的科学。在法学领域，过多的“创新”往往适得其反。另一方面则是对这样一个问题的疑惑：在共享经济条件下谁来决定我们共享？如果依然离不开财产所有者意志的话，那么共享经济就不能否定“所有权”概念的存在；如果答案是相反的话，那就另当别论。

五、小结：共享经济的自治理念

共享经济从骨子里透出来的对自由意志和自由精神的追求，高度契合市

① 刘国华、吴博：《共享经济 2.0：个人、商业与社会的颠覆性变革》（Kindle 位置 1494~1495），企业管理出版社 2015 年版，Kindle 版本。

② 参见傅瑜教授 2017 年 10 月 12 日晚于西北政法大学的学术演讲。

场经济的价值取向：自主意思与自由竞争。换句话讲，共享经济的法律基础依然是自治理念。市场经济中的自治理念来之不易，但当下社会经济生活中私权自治的领域却越来越小。综观近代私法三原则：意思自治、权利平等以及所有权绝对等，皆系人类制度文明之产物与象征。在共享经济的规制问题中，应当重视并保护这种自治理念。前文中提到的共享经济中“去中心化”的现象一方面这可以理解为对传统管控机制的一种逃避，另一方面也可以理解为共享经济自治理念的具体体现。共享经济可以在去中心化之下获得发展，并非所有去中心化都是错的。需要指出的是，“自治”和“他治”两者实属并行不悖；同时，共享经济中的自治理念并非要新创一个自治体或自治机制。

共享经济的自治理念下蕴含对社会公益性的追求与肯定。从这个意义上讲，共享经济具有连带经济（日语“連帯経済”，れんたいけいざい）的某些特征，即以社会经济整体关联性为基础的经济运行活动的基础，这种社会关联性突破了传统市场经济法制中以资本为核心的制度设计，即以股东为代表的私权主体（资本主义的）的保护设计，而扩展至对劳动者保护、环境保护等更为广阔的社会生活领域。印度学者阿鲁·萨丹拉彻就将共享经济与群体资本主义画上了等号，在他看来共享经济不过是“雇佣的终结以及群体资本主义的兴起”而已。① 由此观之，共享经济的自治理念应是对传统私权自治理念的升华与更新，是对共享经济参与者个体利益与社会公益兼顾与平衡的结果。

另外，《哈佛商业评论》《金融时报》都曾经刊文认为：“共享经济”只不过是一种误称。《哈佛商业评论》曾经指出：广义的共享经济这个词的正确含义是“准入经济”。还有人提出：如果极端一点，也许我们今天津津乐道的共享经济，其实不过是一种协作消费而已。较之于共享经济的自治理念带来的冲击，传统的强化法律规制观念的惯性反弹，反而会更有可能成为阻碍共享经济发展的力量。

---

① ［印］阿鲁·萨丹拉彻著：《分享经济的爆发》，周恂译，文汇出版社 2017 年版，Kindle 版本。

共享经济蜕变背景下共享平台的法律性质问题分析

于 莹 张春旭[①]

共享经济是一种新型的商业模式，它凭借互联网的强大链接能力，实现点对点（Peer to Peer）的精准对接。它转变了传统的让渡使用价值实现价值的所有权转让型的商业模式，强调即需即用，彰显使用权的最大化。总结来看，共享经济主要具有网络化和共享化的特点。而正是网络化的特点让当今共享经济模式成为可能，因而作为网络化运营的主体——共享经济网络平台无疑成为共享经济的核心组成部分。而当前随着共享经济的发展，共享经济平台的样态越来越多元，如何看待共享经济平台的这种发展，又如何给予其法律性质上的评价是当前必须要探讨的问题。

一、共享经济的内涵与认识

（一）共享经济的内涵

共享经济，又称“分享经济”，是近年来新出现的一种商业类型，时至今日理论界尚未对其内涵达成确定的共识。如何认识共享经济，既有观点有共享经济的最早践行者者罗宾·蔡斯认为人人共享模型的核心要点：（1）利用过剩产能（分享资产）实现实际的经济效益；（2）科学技术可以让我们建立共享

① 于莹，女，吉林大学法学院教授、法学博士、博士生导师；张春旭，男，吉林大学法学院硕士研究生。

平台，使分享变得简单易行；（3）个人是具有影响力的合作者。[①]雷切尔·博茨曼和路·罗杰斯总结协同消费的四大核心原理为聚群效应、闲置产能、社会公共资源、陌生人之间的信任。[②]纽约大学阿鲁·萨丹拉彻教授则认为分享经济具有五个特征：（1）高度以市场为基础：在分享经济的市场里，商品得到充分交换，新的服务层出不穷，经济更具活力；（2）资本高效利用：分享经济给所有资产都带来新机遇，从各种设施、技能到时间、金钱，他们的价值都得到最大利用；（3）具有群体网络结构，而非中心化或层级化结构：资本和劳动力来自去中心化的个体人群，而不是来自公司或国家组织；商品交易的预期取决于群体分散的市场行为，而不是中心化的第三方组织；（4）个人行为与专业行为界限模糊：劳动力和服务的供应商经常将点对点的行为商业化和规模化；（5）全职与兼职、正式工与临时工、工作与休闲的界限模糊。[③]蒋大兴教授和王首杰倾向认同"共享经济是透过社交网站线上服务，基于非商主体之间获取、给予或分享商品和服务的经济活动"[④]的观点。总结起来，笔者认为共享经济的既有研究主要有四个较为共识性的特征：第一，利用闲置资源或者过剩产能；第二，建立网络共享平台；第三，是去中心化的点对点的交易结构；第四，资本或者资源通过使用权的频繁让渡得到高效利用。这种对共享经济的理解可谓是共享经济最本初的特征，是对狭义共享经济的理解。

然而，共享经济的迅猛发展，使得人们必须持续跟进其发展的最新状态。对于原有共享经济企业的认识，如 Inara Scott 和 Elizabeth Brown 所言，当今共享经济的概念已不同于曾经的理想主义范式。典型的共享经济公司 Uber 相比于原来是一个基于汽车共享集合的社区而言，现在似乎从事的是跨国出租车服务。Airbnb 曾经宣扬其作为一种在私人住宅中分享闲置房间的方式，现

---

① ［美］罗宾·蔡斯：《共享经济：重构未来商业新模式》，王芮译，浙江人民出版社 2015 年版，第 20 页。

② ［美］雷切尔·博茨曼、路·罗杰斯著：《共享时代：互联网思维下的协同消费商业模式》，唐朝文译，上海交通大学出版社 2015 年版，第 91 页。

③ ［印］阿鲁·萨丹拉彻著：《分享经济的爆发》，周恂译，文汇出版社 2017 年版，第 37 页以下。

④ 参见蒋大兴、王首杰：《共享经济的法律规制》，载《中国社会科学》2017 年第 9 期。

在它的业务中也包括一些专门用于商业目的房屋和公寓。[①]最初的共享经济企业为了自身的发展，也在不断突破原有共享经济的认识。比如国内传统共享出行企业滴滴出行，也在推行滴滴快车、滴滴专车，其车辆来自滴滴公司租得或者购得，司机来自向社会公开的招募。[②]这都突破了共享经济本来的利用闲置资源或者过剩产能的目的。而最近新兴的共享经济新类型比如共享单车、共享充电宝、共享办公空间等，则很大程度上突破了共享经济利用闲置资源的目的，转而使用共享经济平台企业租得或者拥有资源。共享经济正在发生蜕变。但是，无论是既有的共享经济类型还是新兴的共享经济类型，都仍然还是以及时性接入使用权为目标，笔者认为这使得共享经济仍旧可以称为“共享”，这保证了资源仍然可以“人人共享”，而非“专享”。另外，共享经济仍旧没有也无法脱离网络平台匹配信息，笔者认为这使得共享经济仍旧可以称为一种“经济”类型。因为网络平台化的存在，使得信息的匹配、资源的高效利用成为可能，这样才为资源利用方式从掌握所有权式向接入使用权式转变创造可能。可以说，当今共享经济的内涵应该做广义的理解。共享经济应该是借助网络平台实现资源接入与分享的商业模式。

（二）对共享经济的发展的认识

2015年，在中国共产党十八届五中全会公报中首次出现了“分享经济”一词，中国共产党十八届五中全会公报和“十三五”规划建议中更明确提出要“发展分享经济”。这使得共享经济的发展成为我国的国家战略，得到了国家政策的支持，说明了国家对共享经济鼓励、支持、引导的态度，这也符合鼓励创新的理念。在这种理念指导下对于共享经济的规制必须考虑到如何保

---

① Inara Scott and Elizabeth Brown，“Redefining and Regulating the New Sharing Economy” U. of Pennsylvania Journal of Business law，http：//heinonline.org/HOL/Page?handle=hein.journals/upjlel19&div=21&start_page=553&collection=journals&set_as_cursor=0&men_tab=srchresults，accessed November 9，2017.

② 参见滴滴官网，来源：http：//www.xiaojukeji.com/index/index，最后访问时间：2017年12月25日。

障共享经济的发展。在 2017 年 6 月 21 日的国务院常务会议上李克强总理主持部署促进分享经济健康发展，推动创业创新便利群众生产生活。他指出：发展分享经济，依托互联网平台对分散资源进行优化配置，化解过剩产能，培育壮大新动能，是推进供给侧结构性改革的重要举措。强调要清理和调整不适应分享经济发展的行政许可、商事登记等事项及相关制度，避免用旧办法管制新业态；要按照“鼓励创新、包容审慎”原则，审慎出台新的准入和监管政策。[①] 另外，党的十九大报告也提出“推动互联网、大数据、人工智能和实体经济深度融合”。作为依托互联网而产生的共享经济，是互联网、大数据、人工智能和实体经济深度融合的典范之一。国家政策层面对于共享经济的态度可以从“发展”“推动”这两个关键词洞悉，明确地看出对共享经济鼓励的态度。这不仅符合创新理念，也正确地看待了共享经济带来的有效利用资源、环境保护、方便人们生活等积极作用。正如学者指出的：新经济中政府规制的最大障碍在于规制主体往往会被传统行业所俘获，倾向于利用现有的规制理念和规制手段制定具体政策，从而限制了新兴行业的发展。[②] 基于这种政策引导，对于共享经济的规制应该考虑鼓励创新的要求，给予共享经济充分的发展空间，减少对共享经济的不必要束缚。

对于共享经济内涵的发展，笔者认为狭义的共享经济更利于资源的利用，更方便人们生活。而广义的共享经济虽然也具有进步性和创新性，但从整体社会资源的有效利用角度而言，从更加便利人们生活，从真正实现人人共享的社会而言，广义的共享经济显然不及狭义共享经济的。前者的核心在于“闲置”资源的重新或者有效利用；而后者在于使用权的有效利用。这种不同也应该在鼓励创新时表现出差异，对于前者的引导应该更强。这在共享经济平台的规制中也应表现出来。

---

① 来源：http：//www.gov.cn/guowuyuan/gwycwhy/20170621c18/，最后访问时间：2017 年 12 月 27 日。

② 参见沈开举、陈晓济：《分享经济视角下网约车政府规制问题研究》，载《湖北社会科学》2017 年第 5 期。

二、共享经济平台

共享经济的参与主体包括物品或者服务的提供者，物品或者服务的接受者以及共享经济平台。有学者认为，事实上，共享经济与传统经济最不相同的地方是利用现代互联网信息技术，通过建立一个平台公司把那些具有暂时且分散的供需信息的人员连接起来，由此促成供需双方建立不需要转移所有权的共享机制。[①] 另外有学者认为，实际上，共享经济更为重要的发展原因，在于数据收集和分析技术的进步，前所未有地降低了供需双方的匹配成本。[②] 可以说，学者们均看到了共享经济中平台的重要作用。平台企业的存在使得共享经济的发展成为可能，平台应是共享经济的核心。共享经济平台也集中体现着共享经济发展的模式和状态。由于平台连接着物品或者服务的供需两端，对外代表着共享经济，因此共享平台也成了共享经济矛盾汇集的焦点。因而，如何牵住共享平台——这个共享经济的“牛鼻子”，对于规制共享经济至关重要。当前学界对于共享经济的讨论多针对共享经济如何规制或者针对共享经济中某一类行业，如共享出行类网约车进行研究，很少对于作为共享经济核心的共享经济平台进行专门研究，而对于共享经济平台的研究应该首先充分认识到共享经济平台的类型与法律定性。

笔者倾向认为共享经济平台是共享经济公司为实现资源共享之目的依托互联网建立的虚拟信息平台。有学者认为平台经济是互联网时代的主要商业模式。平台经济为导致或促成双方或多方客户之间的交易提供了一种现实或虚拟的空间。在平台经济模式下，交易双方在平台提供者或平台企业的组织下，通过信息纽带缔结在一起，平台企业为供求双方提供信息空间、撮合市场交易、降低交易成本、提升交易效率。[③] 而正是基于此，笔者认为，共享经

---

① 参见唐清利:《“专车”类共享经济的规制路径》，载《中国法学》2015 年第 4 期。

② 参见蒋大兴、王首杰:《法律规制共享经济的事实前提》，载《扬州大学学报（人文社会科学版）》2017 年第 3 期。

③ 参见李凌:《平台经济发展与政府管制模式变革》，载《经济学家》2015 年第 7 期。

济亦属于平台经济的一种，而共享经济平台则是众多网络平台的一种，不同的是共享经济平台强调使用权的接入与获得。

三、共享经济平台的分类及其法律性质

（一）共享经济平台的分类

共享经济平台的样态既反映共享经济的运行模式，也是共享经济发展的集中体现。对于共享经济的分类，蒋大兴教授和王首杰认为：从功能角度，共享经济中的平台可分为四种类型：一为交易建构型（即一次性随机交易关系），车辆共享和房屋共享均属该种类型；二为协议建构型，如交换照顾孩子、经常性借车以及共享办公空间等；三为组织建构型，如共建社区、食物共享以及工具租赁组织等；四为基础设施建构型，如社区自行车共享项目等。[①]笔者认为，共享经济平台在当前存在不同的发展模式，对于共享经济平台的分类应该看到共享经济内涵的发展和具体共享经济平台的发展。首先，在传统狭义共享经济概念下，共享经济平台仅仅作为信息的中介，链接具有闲置资源的供方与物品或者服务需求者双方信息。共享经济较早的实践者 Airbnb 和 Uber 的运营模式即属这种类型。其次，当前广义共享经济概念下，笔者认为共享经济平台呈现出三种不同的形态：第一，作为链接供需双方信息的中介，但是供方资源并不限于闲置资源，扩大了利用资源的类型。如会唐网，它链接酒店或者会议中心的会场及其配套资源，实现会议资源的有效匹配。[②]第二，平台介入供需双方的交易，如控制价格，控制订单、培训服务人员等。如滴滴出行平台对平台下的网约车具有很强的管理能力。对于网约车和网约车司机有着严格的要求，对于网约车的服务价格，网约车的订单都可以进行控制。并且由于滴滴专车主打高端市场，对网约车还提出了更高的服务要求。[③]58 到家

---

① 参见蒋大兴、王首杰：《共享经济的法律规制》，载《中国社会科学》2017 年第 9 期。

② 来源：http：//www.eventown.com/，最后访问时间：2017 年 12 月 27 日。

③ 参见滴滴官网，来源：http：//www.xiaojukeji.com/index/index，最后访问时间：2017 年 12 月 27 日。

平台提供的上门服务项目，接入的服务资源在进行服务之前都要经过 58 到家平台的专业培训。[①] 第三，平台自身拥有资源，并利用自身资源提供服务。比如滴滴出行中的滴滴快车和滴滴专车，滴滴平台企业通过购置或者融资租赁的方式获得汽车，并与网约车司机签订协议，从事专门的快车或者专车的业务。另外，近年来，共享单车、共享充电宝、共享篮球、共享雨伞甚至共享马扎等新型共享经济类型异军突起，这些新兴共享经济类型都是通过自身平台拥有资源进行匹配实现运营的。

（二）共享经济平台类型变化的原因分析

共享经济平台呈现出多种类型的原因是多样的。首先，从共享经济自身而言，共享经济平台作为一个新事物，很难界定平台的法律性质。在现有法律法规模糊的状况下，平台为最大化减轻自身责任，尽量将自身定位为信息中介当然是最好的选择。比如，优步（Uber）专车在它的"服务协议"中强调，"为了避免疑问，特澄清如下信息：优步出行平台本身不提供汽车服务，并且优步也不是一家承运商。汽车服务是由汽车服务提供商提供的，您可以通过使用应用程序和/或服务发出请求。优步只是充当您和汽车服务提供商之间的中间人。因此，汽车服务提供商向您提供的汽车服务受到您与汽车服务提供商之间（将要）签订的协议的约束。优步绝不是此类协议中的一方"。[②] 可见，传统狭义的共享经济下，平台倾向于将自己定位为信息中介。其次，随着共享经济的发展，共享经济涉及的领域不断拓展，这时便产生了问题。共享经济是通过供需匹配收取佣金获得利润，但是如果这种供需匹配频率太低，共享经济就很难持续，因此共享经济得是规模经济。那么，扩大接入资源的类型就属必然了。这时共享经济平台就表现出了接入资源多元化的特点，以应对资源供给的不足。并且平台也扩大了资源需求方的范围，产生对公服务。同时，平台自己拥有资源的

---

① 来源：https：//cc.daojia.com/，最后访问时间：2017 年 12 月 27 日。

② 转引自侯登华：《共享经济下网络平台的法律地位——以网约车为研究对象》，载《政法论坛》2017 年第 1 期。参见优步专车《服务协议》第 1 条。

模式也出现，无论是原有共享出行等平台自营业务的出现，还是共享单车等新兴共享经济平台的出现都是如此。再次，共享经济由于其人人共享的理念和最初接入人们手中闲置资源的资源供给，导致共享经济实际服务质量不高，这对于共享经济也有很大的影响。因此，共享经济平台便出现了对资源的接入或者服务者提出了更高的要求的情形。平台对于资源提供方的管理也就越加深入。最后，由于共享经济极大地冲击了传统行业，因此传统行业奋起反击通过各种方式压制共享经济的发展，这也迫使共享经济平台做出改变。还有一点原因对于共享经济平台的发展至关重要，那就是政府政策对于共享经济的影响。以网约车为例，政府顾及安全和秩序等问题，从中央到地方纷纷对于网约车提出了诸多管理要求，而其规定的内容则主要针对的就是共享出行平台公司①。这使得平台公司不得不做出调整，从而加大了自身的管理功能，增加了自身责任。

（三）共享经济平台的法律性质

当前共享经济平台类型多样，如何认定不同共享经济平台的法律性质当是共享经济平台法律规制必须面对的问题。蒋大兴教授和王首杰认为，平台的法律地位存在三种可能性：类型一，平台不是交易主体，只是达成交易的辅助方，与买家和卖家仅存在较弱的法律联系，直接责任由买卖双方承担；类型二，平台是交易主体，与卖家一起属于运营方，二者共同向买家承担经营者责任；类型三，平台是直接的运营方，买家可要求平台对其承担经营者责任。②以网约车平台为例，有学者总结对该共享平台法律性质的认识有三种不同观点：第一，网约车服务平台的法律地位仅仅是交通信息的提供者，即信息供应商；第二，网约车服务平台

---

① 参见《网络预约出租汽车经营服务管理暂行办法》（交通运输部、工业和信息化部、公安部、商务部、工商总局、质检总局、国家网信办令2016年第60号）、《广州市网络预约出租汽车经营服务管理暂行办法》（2016年11月28日广州市人民政府令第144号）、《北京市网络预约出租汽车经营服务管理实施细则》（2016年12月21日）、《上海市网络预约出租汽车经营服务管理若干规定》（2016年12月21日上海市人民政府令第48号公布）、《深圳市网络预约出租汽车经营服务管理暂行办法》（2016年12月28日深圳市人民政府令第291号）等。

② 参见蒋大兴、王首杰：《共享经济的法律规制》，载《中国社会科学》2017年第9期。

促成乘客与网约车合意的达成，因此属居间人；第三，网约车平台是运输服务合同的提供者，即承运人。[①]而该学者最终认为：网约车运营体现了共享经济的理念，实现了网约车的人车合一经营模式，只有认定网约车平台承运人法律地位才能有效保障各方权益。[②]笔者认为上述两种对于共享经济平台法律性质的认识都各有其道理，但是也都存在不足。笔者以为对应上文共享经济平台的分类，根据平台类型对平台的法律性质进行逐一分析当更为全面合理。

首先，由于传统狭义共享经济概念下的共享经济平台仅仅提供信息平台、广义共享经济概念下仅仅作为信息中介的平台类型，笔者认为不是交易主体，仅作为交易辅助方提供信息。其次，对于不仅仅是信息发布，同时还管理供需双方信息，具有评价制度，完善交易条件，经常性利用各种优惠活动促进交易实现的共享平台，其促成交易收取酬金的行为，与《合同法》第 424 条规定的“居间合同是居间人向委托人报告订立合同的机会或者提供订立合同的媒介服务，委托人支付报酬的合同”中的居间行为类似。笔者认为该类共享经济平台符合居间人的法律地位。再次，对于平台介入供需双方的交易，如控制价格，控制订单、培训服务人员等，共享平台则是交易主体，与资源提供者一起属于运营方，二者共同向买家承担经营者责任。最后，对于平台自身拥有资源，并用自身资源提供服务的，平台即可直接认定为独立运营方，资源的使用方可要求其承担经营者责任。

四、共享经济平台法律性质的认定理念与法律适用

（一）共享经济平台法律性质的认定理念

共享经济平台类型多种多样，法律性质也各不相同。在具体认定共享经济

---

① 转引自侯登华：《共享经济下网络平台的法律地位——以网约车为研究对象》，载《政法论坛》2017 年第 1 期，第 162 页。

② 转引自侯登华：《共享经济下网络平台的法律地位——以网约车为研究对象》，载《政法论坛》2017 年第 1 期，第 164 页。

平台的法律性质的时候应该遵循几个理念：第一，应该顺应共享经济发展的现实，将发展的共享经济的平台类型纳入共享经济平台类型中来，认可其共享经济平台的地位，然后在共享经济平台的不同法律性质中进行归入。第二，共享经济有着自身的发展和嬗变。初始内涵下的狭义共享经济和发展了的广义共享经济存在着差异。初始内涵下的共享经济强调人人共享，利用闲置资源，可以说是具有重要的进步意义的；而发展了的共享经济虽也具有创新性和进步性，但是相较前者则更商业化。不同含义的共享经济中共享平台的法律性质必当不同。相较后者，对于前者应该给予更强的鼓励。第三，当前阶段，对于正在不断发生变化的共享经济平台的认定应该具体平台具体分析，具体看到平台的不同，予以法律定性，不建议简单以行业或者提供资源类型为标准进行粗暴地划分，进而以该种划分对所谓一类的平台进行统一定性。第四，鼓励共享经济的发展，应该尽量减轻共享经济平台的责任。在鼓励初始内涵下共享经济平台发展，引导共享经济更多在这个范围内创新发展的同时，在平台法律认定存在争议时尽量不认定平台为交易的直接相对方。第五，由于共享经济的发展，共享经济平台的多元化，除了不同平台存在差异以外，还表现为平台自身的多元化。如滴滴出行平台就是一个汇集这闲置车辆资源和专业租车资源的混合平台。而一直以平台拥有资源作为运营方式的共享单车领域发生着改变。如 ofo 将开启 C（consumer）端和 B（business）端的共享，对 C 端，ofo 将鼓励用户把手中的车放到平台上，先期在北京和上海开展试点。对 B 端，ofo 将建立一个开放平台，鼓励自行车生产商和其他自行车运营平台方接入，ofo 为其进行流量支持。[①] 可以说平台的混合运营模式是不断发展的。因此在对同一平台进行法律定性时也应该分清其不同业务中平台的不同角色，合理定性。

（二）共享经济平台不同类型的法律适用

共享经济平台的法律性质的确定对于平台的各项法律关系的确定、法律

---

① 来源：ofo 官网大事件专栏，http：//www.ofo.so/event/news-2.html，最后访问时间：2017 年 12 月 27 日。

问题的解决都有着重要的前提性作用。例如，对于不同类型的共享经济平台与资源接受方关系的处理上就各有差别。第一，仅作为交易辅助方提供信息的平台，正如杨立新教授指出的：互联网企业提供的网络，可以作为交易平台，也可以作为媒介平台。当网络作为交易平台时，在平台上进行交易的消费者受到网店的销售者或者服务者行为的损害，具备法律规定的条件，网络交易平台提供者应当承担赔偿责任。当网络作为媒介平台时，网络用户将该平台作为自媒体发表信息等，侵害了他人的民事权益，在符合法律规定的情形下，网络媒介平台提供者应当承担侵权责任。《消费者权益保护法》第 44 条和《侵权责任法》第 36 条规定的正是这样的。[①] 该类性质的平台应该适用《消费者权益保护法》第 44 条对“网络交易平台”和《侵权责任法》第 36 条对“网络服务提供者”的规定。第二，对于除信息发布职能外，还进行供需双方信息管理、评价，通过各种机制创造交易条件的共享平台，笔者认为其符合居间人的法律地位，在适用法律时，可以适用《合同法》第 424 条至第 427 条有关居间合同之规定，享有居间人的权利，承担居间人的义务。第三，当平台介入并且掌控供需双方的交易活动时，平台与资源提供者一起属于运营方，二者共同向买家承担经营者责任，则可根据资源使用方主张的不同适用《消费者权益保护法》有关“经营者”之规定共同承担经营者责任，适用《合同法》有关“当事人”之规定承担违约责任或者适用《侵权责任法》有关“侵权人”之规定承担侵权责任。而平台与资源提供者之间的责任分担，笔者认为应该是连带责任，并需要进一步的规定予以完善。第四，平台自身拥有资源，平台应认定为直接的运营方，资源的使用方可要求平台对其承担责任。则可如上述第三种平台性质一样根据资源使用方权利主张的不同，适用《消费者权益保护法》承担经营者责任，适用《合同法》承担违约责任或者适用《侵权责任法》承担侵权责任。只不过在此种情形下，平台是唯一的责任承担主体。

---

① 参见杨立新：《网络平台提供者的附条件不真正连带责任与部分连带责任》，载《法律科学（西北政法大学学报）》2015 年第 1 期。

五、结语

共享经济平台作为共享经济的核心，集中反映着共享经济的特征和发展变化，是对共享经济规制时的重中之重。共享经济平台随着共享经济的发展现阶段呈现出不同的样态。分析共享经济平台类型多样的原因可以发现其合理性，通过审视国家对共享经济的鼓励态度可以得到共享经济平台发展的有力保障。那么在鼓励共享经济发展的背景下，在共享经济蜕变的现实下，规制共享经济，抓住共享经济平台这个核心，对其进行分类，以合理的理念进行法律性质的认定，才能保障共享经济创新与发展，才能更好地处理共享经济涉及的各类法律关系。

共享经济中个人信息保护的民事立法研究

孙国程 [①]

一、共享经济面临的民商事法律问题

共享经济是脱胎于实践的一种全新经济模式。共享的理念一经获得共识，就迅速在美国、欧洲等信息技术发达的国家演变成了声势浩大的社会实践。在借助互联网的广泛普及的背景下孕育而生的新共享经济显示出了强大的发展趋势和潜力。据普华永道（Price Waterhouse Coopers，PWC）预测，到2025年，全球共享经济产值可以达到2300亿英镑，产业规模和发展潜力巨大。但从目前世界共享经济的发展，特别是中国的共享经济模式的不断创新，这种预测显然过于谨慎。共享经济带来了全新的生产模式、消费模式和企业运营模式，成为不可忽视的未来全球经济发展趋势。[②]

（一）共享经济对个人信息安全保护的挑战

随着互联网和大数据产业的发展，个人信息利用的实践形态出现了大量的创新，个人信息保护和治理的制度模式也面临着新的挑战，传统的私权治理模式必须反思和转型。在大数据时代，个人信息成为一种核心生产要素，对其设立私权，的确可能带来权利过于碎片化的问题，降低交易效率，提高

---

① 孙国程，北方工业大学2016级经济法学硕士。

② 参见汤天波、吴晓隽：《共享经济："互联网+"下的颠覆性经济模式》，载《科学发展》2015年第12期。

交易的成本。但是，无孔不入的个人信息收集和滥用等行为所带来的危害也是极具破坏性的。以共享单车为例，每天我们利用手机的移动平台使用其产品，我们的出行记录便会在云端数据存储，这个时代信息与每个人息息相关，它产生的大数据让个人信息无处藏身，如果不加以防范，我们将生活在一个毫无个人空间、毫无隐私可言的“透明”世界里。然而，离开了对个人信息的保障，法治也无从谈起。

（二）共享经济中个人信息保护存在的问题

共享经济建立的基础是互联网与大数据，会形成庞大的数据信息库，这些信息当中较多涉及社会公众个人的隐私信息，包括个人姓名、家庭住址以及其他较为保密的信息。共享平台在搜集到这些信息之后，应当对这些进行保密并尊重公众隐私，保证不外泄，保障个人信息安全。对个人信息的维护也是对公众人身财产安全的维护，同时更是对公共安全以及社会利益的一种保障。保护个人信息是信息社会健康发展的基础，能够使个人信息主体独立的生活，免于受到骚扰，从而实现“共享经济”所应追求的有序、安全与稳定。个人信息的良性使用是互联网经济的基石，更是共享经济成功必不可少的要素。互联网行业和产业发展的基本要素都依赖于大量的信息的收集和使用。共享经济时代个人信息的商业价值被发现和挖掘，如何促进个人信息的共享与有序流动，如何在行业、产业发展与个人信息保护之间寻求平衡，关乎着电子商务等互联网行业与产业的健康、有序、高效发展。

在信息社会，个人信息的电子化管理渗透到日常生活的方方面面。进行网络购物、快车服务、共享单车等业务都会要求用户提供部分真实注册信息，如身份证号、手机号码、地址等，一些APP应用软件经常会读取用户的手机通讯录、相册、短信内容、位置定位等信息。一些机构在办理业务和提供服务的过程中，大量收集其实与业务基本无关的各种私人信息。更有甚者通过绑定其他账户进行个人注册，从而扩大信息收集范围。另外，电商通过监控用户电脑的Cookie数据获知用户的搜索和交易记录，来推测这些潜在客户的购物需求，推送所谓个性化营销广告，骚扰消费者。再者，对消费者信息的肆意使用、非法买卖之风愈演愈烈，甚至形成了灰色产业链。一些机构及其工作人员，违反职业道德和保密义务，将大量个人信息出售或者随意泄露给他人，获取非法利益，这些都是我国目前网络信息完全领域一直以来的问题，在共享经济背景下，这些问题便被无限放大。

现实中，往往出现平台经营者于追求营业效益的固有偏好，往往倾向于不征得消费者同意而擅自处理消费者个人信息。经营者在谈判力量与获取资讯能力等方面明显强于消费者，按照日本学者青木昌彦的阐述，经营者与消费者之间存在非均衡（unbalanced game）关系。[①]

具体来说，针对共享经济时代的到来我国个人信息保护领域存在以下问题：

1. 基本法的缺失

由于诸多原因我国个人信息保护立法工作明显滞后于时代和社会的发展。直接保护个人信息安全的法律数量相对较少，有关条款散见于我国《宪法》《民法总则》《行政诉讼法》《刑法修正案（七）》等法律、法规和最高人民法院的司法解释中，并不系统。

目前，我国民法对个人信息保护主要采取的是分散保护的模式，如《民法通则》第99条、第100条、第101条分别规定了姓名权、肖像权等，2009年通过的《侵权责任法》中，隐私权便被列为“民事权益”。由于缺乏个人信息权相关立法，在某些具体案件中，法院只能借助隐私权来保护个人信息，个人信息无法受到独立的保护。然而，无论权利外延还是权利构成上，二者差异还是比较大的，个人信息所蕴含的人格、尤其是财产利益是隐私权无法承载的。[②]另外，《刑法修正案（七）》明确规定非法出售个人信息犯罪，但刑法保护是对于公民权利保障的终极选择，需要民事立法与之协调，民事立法中对个人信息权的规定缺位，很可能会使刑法保护成为“空中楼阁”。

近年来我国政府对公民的个人信息保护的重视度日益提高，《刑法》（修

① ［日］青木昌彦：《经济体制的比较制度分析》，中国发展出版社1999年版，第264页。

② 郝思洋：《大数据时代个人信息保护的路径探索》，载《北京邮电大学学报（社会科学版）》2016年第5期。

正案）、《消费者权益保护法》（修正案）及《网络安全法》（草案二次审议稿）中均新增了对个人信息保护的规定，《信息安全技术公共及商用服务系统个人信息保护指南》等指导性国家标准的出台，我们可以看出行业机构也通过推行自律标准等方式加强对个人信息的保护，但是，当下我国初步构建的个人信息保护体系，之于个人信息滥用问题依然严峻，数据交易的灰色链条盛行，严重影响公民的正常生活和社会秩序，制定统一的《个人信息保护法》的呼声得到多数学者肯定。

2. 个人信息权利属性的问题

在大数据时代下，需了解我们的个人信息到底是被何人收集、在什么时候什么人以什么方法可以访问这些信息、在什么情况下他人可以依法强制获取这些信息等。这些问题都需要回归到个人信息权的本源问题：个人对其个人信息是否享有权利？如果享有，这种权利性质如何？齐爱民教授认为，个人信息权是指本人依法对其个人信息所享有的支配、控制并排除他人侵害的权利。[①] 该定义以支配、控制、排除侵害等角度在定义中概括个人信息权的权能，既反映了个人信息权的积极权能也体现了消极权能。事实上，关于该权利的称谓，仍有许多不同的观点，有个人信息权、个人数据权、资料隐私权等。这些分歧大多基于学者们对我国当下个人信息权利的认识与其所参照国外立法与理论的差别。

关于个人信息权的法律属性有多种学说，概括而言，主要有以下几种：

第一，宪法人权说。国际组织的立法中，将个人信息权多被定义为一种基本人权，2000 年的《欧洲人权宪章》对个人信息权有所提及。同时，许多欧洲国家的个人信息保护的法源也为宪法中对于人权保护的要求，美国的个人信息保护是基于的隐私权，而隐私权也是宪法中的人权范畴，同时，我国也有学者认为，个人信息权利应视为“一种宪法基本权”。

第二，一般人格权说。不少学者同时认为，个人信息权属于一般人格权的

① 齐爱民：《个人资料保护法原理及其跨国流通法律问题研究》，武汉大学出版社 2004 年版，第 4 页。

范畴。马俊驹教授曾经指出，“个人资料体现的人格利益远远超出了具体人格利益的范围，这也是现有法律框架无法对个人资料提供切实、充分保护的根本原因。个人资料所体现的利益是人格尊严、人性自由、人身完整等基本利益，属于一般人格权范畴”。

第三，隐私权说。隐私权理论经历了从“独处权说”到“有限地接近自我说”再到“个人信息控制权理论”的发展过程。在这个过程中，个人信息逐步成为隐私权的保护的内容之一。当今，美国法上隐私权的保护范围就包括生育自主、家庭自主、个人自主、信息隐私四大方面。[①]

第四，新型权利说。人格权在权利内容上并不直接表现为财产利益，在表现方式上一般表现为消极的不受侵害的权利，在行使方式上与人身密不可分且不能成为交易客体，在救济方式上主要采取事后救济的方式实现。而个人信息权可直接表现为财产利益，以积极方式行使，个人信息可用以交易，救济方式结合事前与事后救济。因此，有学者认为个人信息权既不是人格权也不是财产权，是一种新型的复合性权利，具有人格和财产的双重属性。

第五，独立人格权说。是笔者颇为支持的一种观点，人格权是一种不断发展的权利。庞德（Roscoe Pound）所指，“人格权这一权利范畴一直在形成之中，至今也没有跨过这一阶段”。随着信息时代的发展，个人信息权的人格利益与财产利益的属性不断得到认可。在社会生活中，对个人信息保护的挑战与要求亦越来越高。作为一种独立人格权的个人信息权既保护个人信息的人格利益，也保护财产利益。一方面，个人信息权具有传统人格权的消极防御的一面，当个人信息被不当利用时可主张排除妨害、消除危险、赔偿损失。另一方面，基于个人信息的财产价值，该权利也有积极的面向，行使该权利可直接地支配、控制个人信息，在一定条件的限制下也可将个人信息用于交易。其积极的面向与其人格权的属性也并不相悖。故该学说颇具合理性。

从界定上述几种对个人信息权的法律属性，就能看出对于个人信息权界定的难度之大，当前对上述权利的关系的厘清，是我国个人信息立法必须应

① 参见张里安、韩旭至:《大数据时代下个人信息权的私法属性》，载《法学论坛》2016 年第 3 期。

对的一大挑战。

3. 行业自律发展的不足

行业自律模式，是由公司或者产业实体制定行业的行为规章或行为指引，为行业的网络隐私保护提供示范的行为模式。以美国为例，美国的行业自律模式主要有建议性的行业指引、网络隐私认证计划和技术保护模式。同时美国采取的行业自律，并不是完全放任自流，而是政府有紧密的沟通，也可以说是由政府进行引导，管控与自由相结合。

行业自律模式的优势在于：第一，科学技术永远不会停止前进的脚步，当出现一个新的行业即新产品时，行业自律模式能够灵敏地根据市场做出反应并进行调整，从而发挥重大作用。第二，在一定的程度、范围内确保信息交流的、利用的合法顺畅，对于单车、快车等“共享经济”产品具有积极的促进作用。第三，不同行业具有不同的特征，法律满足各种行业的需求并不现实，而行业自律模式则填补了这样的漏洞，能够更好地针对其特性进行规范。

当前共享经济的发展，更加需要互联网机构不断加强行业自律，是对个人信息安全的源头治理，各大互联网企业需出台严格的个人信息保护机制，这不光是对消费者负责的一种态度，更是为当前互联网大数据个人信息安全的严峻形势其所应当承担的一种义务，只有国家立法和行业自律才能从根本上解决个人信息安全这一问题，为共享经济的推广和发展不断助力。

二、国外个人信息保护立法模式比较研究

世界各国的个人信息保护立法模式各有不同，其中德国和美国的立法模式和价值取向各有特色，颇具代表性。美国、德国的立法模式的不同根源于两大法系观念的分歧：重尊严还是重自由。但是，从现阶段我国“共享经济”的发展趋势来讲、无论是偏重尊严还是自由，说到底都需要对人们人格利益加以保护。所以我国在未来制定自己的个人信息保护法时应对两国各自优缺点的客观分析和背后的立法精神并加以吸收与借鉴。

（一）德国统一立法模式

统一立法模式是指用一部系统的法律来规范信息利用主体对个人信息的处理行为。德国采取的立法模式便是统一立法模式，从世界各国立法模式来看，统一立法模式为越来越多的国家所采纳，其特点为统一立法模式对公共部门和非公共部门采取同一标准，有利于保证法律适用的统一性。

德国的个人信息保护法最为典型，对全部个人资料给予同等保护，充分考虑到个人信息保护的统一性，有助于在司法上采取同一标准，是大陆法系国家最有代表性的一部个人资料保护专法。

1. 德国个人资料保护的宪法基础

德国宪法法院在 1983 年《人口普查法案》判决依据德国《基本法》第 1 条第 1 项的“人性尊严”和第 2 条第 1 项的“人格自由发展”第一次使用了“信息自决权”这一概念，以宪法判例的形式使信息自决权成为德国个人资料保护的宪法依据。德国《基本法》第 1 条第 1 项规定：“人性尊严不受侵犯”，第 2 条第 1 项规定：“在不侵害他人权利和违反宪法秩序或公序良俗范围内，任何人均有自由发展其人格的权利。”个人资料属主对其个人资料的交付与使用的自由决定的权利应该得到法律的确认和保护，这种权利就是“信息自决权”。信息自决权包含了具体三重含义：（1）法律保护个人资料的权利基础一般人格权；（2）只有法律能对个人资料权利做出限制；（3）严格的、具体的、明确的目的限制是个人资料收集的基本原则。①

2.《联邦个人资料保护法》

德国 1977 年生效的《联邦个人资料保护法》，经过长期的适用和反复修订，其基本原则、本人权利、监督机关和损害赔偿等制度已日臻成熟，在理论与司法界得到了较高的肯定。德国《个人资料保护法》体系完备，第一章是“总则”，第二章对公权力机关的信息行为进行规范，第三章对市场主体的信息行

---

① 杨佶：《域外个人信息保护立法模式比较研究——以美、德为例》，载《图书馆理论与实践》2012 年第 6 期。

为进行规范，第四章和第五章列举一些不区分公私领域的特殊规定，明确地区分了基于行政侵权行为发生的损害赔偿和基于民事侵权行为发生的损害赔偿，分别规定了不同的归责原则和赔偿范围，完整而系统地规定了个人信息侵权的监督机制。

3. 德国一般人格权保护模式

德国的一般人格权制度是建立个人信息保护的重要权利基础。1954 年，德国联邦最高法院以“读者来信案”为契机，根据德国《基本法》第 1 条和第 2 条将“个人的要求尊重其人之尊严和要求发展个人人格的权利”作为一项一般人格权，通过司法判例弥补了一般人格权保护的重大空白。1983 年，德国宪法法院在《人口普查案》判决再次扩大使用了“信息自决权”的范围，从此信息自决权成为德国公民个人信息保护的宪法依据。德国法的“信息自决权”根植于德国宪法有关人格尊严的规定，宪法判决关于信息自决权的规定奠定了个人资料保护的宪法基础。此后，德国联邦最高法院又通过“骑士案”等四个经典判例承认了对人格损害的金钱赔偿，赋予每位公民对其隐私言论的“自决权”，最终在德国法上确立起了一般人格权制度。

总的来说，德国人格权制度逐渐由具体人格权向一般人格权过渡，通过建立一般人格权对需要得到保护的而现行法律条文没有规定的人格利益和伴随着不断进步信息技术的发展而产生的新型人格利益进行保护，从而弥补具体法律制度上相对滞后的本质缺陷。

4. 德国统一立法模式的有益借鉴

德国首次诞生了第一部以《资料保护法》命名的个人信息保护立法，个人信息的保护在德国法学界也一直是学者们较为关注的问题，其特点在于立法实践中区分对待市场主体和公权力机关的信息行为的立法模式，从而有别于欧盟 1995 年《资料保护指令》将市场主体和公权力机关信息行为混淆的立法模式。德国联邦个人资料保护法是大陆法系国家当中极具代表性的一部个人资料保护专法，它采取以信息自决权为宪法基础、一般人格权为民法基础的统一立法模式对个人信息给予保护。在立法体例上，德国联邦资料保护法采取的是“总分总”的格局，对公私领域的信息行为均加以规范。即首先界定适用范围、术语含义和基本原则，该部分内容对公、私领域同样适用。继而分章规定国家机关和非国家机关在个人信息收集、存储、处理和利用方面的要求。最后再统一规定法律责任机制。[①]

德国的统一立法模式对后来整个大陆法系的个人信息立法都产生了重大的影响，多数大陆法系国家仿效德国统一立法模式。甚至对个别的英美法系国家同样有较为深远的影响，譬如连英国立法模式也颇有德国个人信息保护法的影子。虽然统一立法模具有个人信息保护的统一性的特色，也区分市场主体和公权力机关的信息行为，有助于在司法上标准的统一，但德国政府对机构行业并没有雄厚的信心，没有采取自律模式，这使完全依赖国家权力的他律效果有所欠缺，在应对瞬息万变的信息领域，特别是“共享经济”盛行后，给信息保护方面带来新的挑战，所产生反应也相对不够灵活。

（二）美国隐私权保护的分散立法模式

作为另一种个人信息保护立法模式的极端，美国立法模式是分散的，美国对个人信息的保护主要体现两个方面：一方面是立法保护，立法保护主要适用于公共领域，即通过立法来控制政府机关收集、处理和利用个人信息，以隐私权的保护来维护个人信息的自由；另一方面则利用行业规范来保护私领域中对个人信息侵犯，即以行业自律的方式在个人信息保护与个人信息流动之间找到平衡。

1.《隐私权法》美国隐私权的立法保护

美国的隐私法起源于 Louis Brandeis 和 Samuel Warren 在《哈佛法律评论》上发表的《隐私权》一文。然而，一般都承认：经过一个世纪的法制发展后，它对今日美国司法实践价值甚微。随着信息社会的到来，美国隐私权由消极隐私权向积极隐私权转化，产生了信息隐私权这一偏向于积极隐私权的概念。信息隐私权指个人针对其信息所享有的权利，强调的是个人对其信息的决定

---

① 杨佶：《域外个人信息保护立法模式比较研究——以美、德为例》，载《图书馆理论与实践》2012 年第 6 期。

权、支配权和控制权。[①]1974年美国通过了《隐私权法》，1988年该法进行了修订，一般称之为计算机资料比对法案，与1966年《联邦信息公开法》共同成为保护个人信息隐私两大重要的法律。然而由于《隐私权法》仅仅只能适用于政府部级以上的机构，且没有一个常设机构来监督行政机关，导致了《隐私权法》在执行力度上较弱，存在不足。[②]

2. 行业自律模式

行业自律是笔者认为美国模式中最值得借鉴的，具有灵活的技术标准语和针对性强的规则两大优势，在前文中已有介绍，不再赘述。但是行业自律模式同样也存在不足：（1）强制力缺乏，行业规范没有国家强制力保证执行，又缺乏纠纷解决机制和司法保障；（2）覆盖性不足，由于行业自律是以企业的自愿加入为前提，虽然很多大企业都参与了行业自律，但很多企业仍然可以选择不加入；（3）消费者往往得不到损害补偿，因为处罚往往是取消资格，然而这样对于消费者本身的损害是于事无补的；（4）重视财产权忽略信息权，行业自律规范往往首要目的是保障自有信息的"财产权"；（5）实际执行效果不如人意，很多企业在防护措施和管理制度方面都十分欠缺。[③]

三、我国的个人信息保护民事立法模式的探讨

目前我国涉及个人信息保护的规定散见于宪法、刑法、民法等法律条文和一些部门或政府规章中，既存在彼此衔接不上，同时抽象缺乏可操作性，使得法律实施效果不如预期。[④]

---

① 张婧钰：《个人信息权初探》，载《新疆社科论坛》2006年第1期。

② 杨佶：《域外个人信息保护立法模式比较研究——以美、德为例》，载《图书馆理论与实践》2012年第6期。

③ 齐爱民：《美德个人资料保护立法之比较——兼论我国个人资料保护立法的价值取向与基本立场》，载《甘肃社会科学》2004年第3期。

④ 闫利平、马一超、刘翠莲：《"互联网+"时代个人信息保护法治化探讨》，载《浙江工业大学学报（社会科学版）》2016年第9期。

我国在很长一段时期里是把公民的个人信息作为隐私权来保护的。在我国，“个人信息”第一次作为一个法律概念出现，在2009年2月28日通过的《刑法修正案（七）》，该法案第7条增加了“出售、非法提供公民个人信息罪”和“非法获取公民个人信息罪”，却仍没有对“个人信息”作出法律上的定义。直到2012年11月我国首个个人信息保护国家标准，才由工业和信息化部颁布，见于指导性技术文件《信息安全技术　公共及商用服务信息系统个人信息保护指南》，将个人信息定义为“为信息系统所处理、与特定自然人相关、能够单独或通过与其他信息结合识别该特定自然人的计算机数据”①。该标准最显著的特点，就是将个人信息分为个人一般信息和个人敏感信息。

近年来，我国个人信息保护的相关研究和探索颇有进展，国内学者已有一些创新型研究成果。如喻名峰认为，应当采取三条路径进行个人信息保护，即明确个人信息的法律边界、完善个人信息保护的立法体系、优化个人信息保护的执法机制②；刘小霞、陈秋月重点从意识培养、立法监管、技术应用三方面提出了构建个人信息安全保障体系的构想③。总体来看，新时期我国如何保护个人信息还处于不断探索阶段。从研究角度看，在立法方面进行了很多探索，但总体情况依旧不容乐观，多是学习、借鉴国外的经验，提出的建议围绕呼吁国内立法和行业立法展开，而涉及“共享经济”时代个人信息保护更是少之又少。

如上所述，我国目前分散的以保护隐私权等一般人格权的法律规定难以有效地预防和打击滥用个人信息等违法行为，滥用个人信息已经成为严重的社会问题。因此，我国应当立足自己国情与法律传统，吸收、借鉴国外的立法经验，结合我国目前“共享经济”发展迅速的特点，尽快出台一部具有中国特色的《个人信息保护法》。

---

① 张娟、李仪：《电子商务环境下消费者个人信息保护危机与应对——以新制度经济学为视角》，载《重庆邮电大学学报（社会科学版）》2015年第5期。

② 喻名峰：《大数据时代个人信息的法律保护》，载《光明日报》2014年10月18日第10版。

③ 刘小霞、陈秋月：《大数据时代的网络搜索与个人信息保护》，载《现代传播——中国传媒大学学报》2014年第5期。

如前文所述，为了对各种类型个人信息处理行为进行规范、强化对个人信息的全方位保护，我国急切需要出台一部应对当前日益复杂的保护个人信息问题的基本法律——个人信息保护法。笔者在此不赘述体例上创新如何，且针对共享经济的盛行加剧大数据时代下的个人信息保护的压力，这一具体情况，对未来个人信息保护法中的互联网大数据信息保护给予具体建议。

1. 明确信息收集的主体责任

实践中，收集个人信息的主体大致包括自然人、企业、公权力机关三类。由于个人信息与财产利益关系日益密切，是一种新型的企业资源，收集和分析个人信息对企业决策和经营规划的影响越来越大，已经成为企业经营的重要环节之一。因而存在个人信息被恶意披露甚至出现非法买卖个人信息的灰色链条等种种现象，“注册信息买卖”就是典型例子，我们生活中，时常出现垃圾短信、推送等，费解它是如何掌握自己信息时，很可能便是你在某个互联网平台、APP上的注册信息被泄露了。未来“共享经济”不断地发展，单车、快车应用处理的信息无比得庞大，如对其信息的利用不加以规制，相信将来相应的案例也必然会出现，防患于未然，是法律本质功能之一。

另外，公权力机关在履行职能过程中也必然会涉及对个人信息的收集，公权力机关收集的个人信息遭到泄露，对公民个人权利的危害程度以及救济难度更大。因此，应建立专门的信息使用登记备案制度，明确信息收集的主体责任。对于公民的个人信息，不论其是否具有财产利益，都应做到“专收专用”，防止信息收集主体对信息的过量收集和滥用。

2. 确立个人信息权为独立人格权

美国和德国保护个人信息权益均从一般人格权或类似于一般人格权的隐私权出发。与美国不同的是，欧陆国家是将个人信息权的内容在一般人格权中逐渐具体化。

笔者个人更倾向于独立人格权这一学说，作为一种独立人格权的个人信息权既保护个人信息的人格利益，也保护财产利益。一方面，个人信息权具有传统人格权消极防御的一面，当个人信息被不当利用时可主张排除妨害、消除危险、赔偿损失。另一方面，基于个人信息的财产价值，该权利也有积极的面向，行使该权利可直接地支配、控制个人信息，在一定条件的限制下也可将个人信息用于交易。其积极的面向与其人格权的属性并不相悖。个人信息无可争议地具有一定的经济价值，也应属于能商品化的人格特征。随着人格权商品化理论的认识与发展，个人信息权具有如肖像权一样的积极权能并不过分。

综观个人信息权属性的主流学说，宪法人权说并不符合我国国情，一般人格权说忽视个人信息权的特性及发展需求，隐私权说更类似是美国法语境下的一般人格权说，财产权说与新型权利说均混淆了财产利益与财产权的区别并忽视人格权商品化的新发展。唯有独立人格权符合个人信息权的内在属性。

以大数据为依托的共享经济时代，社会情况已经发生了深刻变化。个人信息裂变传播方式已经成为信息传播的主要方式。在当今这个去中心化开元、共享的大数据时代，每个人只要拿起手机，都成为类似报纸、电台的传播媒介，使信息的流动呈几何增长的趋势。个人信息权以其独特的范围、内容，以其支配、控制、排除他人侵害的各项权能对各类个人信息在收集、存储、流通、交易的全方面予以保障，独立人格更能适应与时代发展的需要。尽快确立作为独立人格权的个人信息权，是大数据时代下保护个人人格的必然要求。

3. 制定行业标准的主要内容

当然要想加强“共享经济”下个人信息的保护，仅靠立法方面是不够的，效法美国，行业内部也需制定相应的标准与立法层面相配合。各行业中的经营者作为个人信息利用的重要主体，在法律的支持之下行业自律可应对复杂的行业信息管理，属于治标也治本的做法，同时也能节约较多的司法成本。对于企业来说，没有信息，就没有市场。建立健全信息行业的自律机制，有利于优化信息行业发展环境，促进信息技术与企业的良性互动与共同发展。同时应加强重点行业的自律意识，加强对个人信息的行业性保护力度。实践中观察，目前数据产业中已经形成了一些可供借鉴的行业标准化做法，包括一些企业最佳实践，以下列出框架作为借鉴。对于企业来说，没有信息，就没有市场。建立健全信息行业的自律机制，有利于优化信息行业发展环境，促进信息技术与企业的良性互动与共同发展。应加强重点行业的自律意识，加强对个人信息的行业性保护力度。

4. 全面落实用户授权机制

现实中由于个人信息利用存在众多的环节，最开始的注册授权往往不能覆盖全部利用环节，因此自律性规定中的原则性规定，需要有细化到每个环节的具体授权。在数据利用过程中，授权通常发生在信息初始采集时，但当后续使用需求与初始授权不匹配时，需要使用者采取相应的核实授权机制确认后续利用的授权。就如共享单车，如果对消费者的大量行程信息进行利用，制定个性化出行安排或者出售给专车公司，虽然一定程度上方便消费者，但这仅限于消费者同意的情况下，如果未经消费者本人同意授权使用，也构成对个人信息隐私的侵犯。

同时企业在与上下游行业展开合作时，也可以通过建立相应的机制来确保授权的全面有效性。如共享单车，如果对消费者的大量行程信息进行利用，制定个性化出行安排或者出售给专车公司，虽然一定程度上方便消费者，但这仅限于消费者同意的情况下，如果未经消费者本人同意授权使用，也构成对个人信息隐私的侵犯。

对于上游的信息提供者进行资质审核，对其数据安全保护能力、数据来源、信息源头业务合法性等方面进行全面评估，选择接入符合特定条件和资质的信息提供机构；在各项业务中对信息提供者进行合法性审查，同时与个人信息提供者签署的合作协议中明确约定其信息采集、使用规则和义务，如信息使用者必须对个人授权书中的涉及个人信息保护的内容进行提示，如加黑、加粗处理，从而起到显著性提示的作用。

对于下游的信息使用者，也可以对商户的用户信息安全保障机制及能力等各方面情况进行尽职调查，以评估是否与其合作，从而尽可能确保用户信息输出到合作商户后的用户信息安全。

5. 严格规范内部管控流程

企业在收集和存储个人信息过程中，应建立严格内部制度，采取有效技术方法保障信息安全；对其工作人员查询个人信息的权限和程序做出明确规定，对工作人员查询个人信息的情况进行登记，如实记载查询信息人员的姓名，查询的时间、内容及用途；对信息内部信息查询进行全方位监控。保证信息从采集到利用，对每一项数据的访问使用都必须经过特定的审批流程并保留相关记录信息，避免任何非必要的用户信息接触行为。此外，机构持续根据业务实际情况，不断根据信息社会出现的新产品，不限于“共享经济”产品给个人信息所带来的安全隐患，而对上述制度及技术实现进行优化，以保证各行业制度及流程的可操作性，避免实际操作与信息安全保障要求相脱节现象的发生。

四、结语

当下的共享经济模式是在互联网等新型技术催动下，而重新焕发生机，然而这就给我国本就脆弱的个人信息保护领域带来了前所未有的压力，可以说共享经济的时代呼唤《个人信息保护法》的到来，我们应借鉴国外个人信息保护的经验，但仍应结合我国特有的国情，特别是在像共享经济的发展我们已经走在世界的最前列，对共享经济的个人信息的保护，如此大规模的市场，国外的经验已不能全部适用，这就需要我们广大法律学者，不断地探索，不断地论证，从立法到政府管理再到行业自律，为我国互联网信息保护领域，织起一张，疏而不漏的法律之网，使违法侵犯“共享经济”消费者信息的行为无处藏身。

论共享经济的法律规制

李有星[①]

由于政府的鼓励创新与包容监管，我国互联网金融以及基于联网的共享经济有了迅猛的发展，给人民的经济生活带来了许多便利和好处，满足了许多需求，但是共享经济在发展过程中也遇到了一些问题需要研究解决。如果说共享经济本身全都是好的，没有问题，那么也就不存在法律规制的需要。我们讨论共享经济法律规制的基础是弄明白共享经济的内涵外延，以及它的基本理论和问题所在。

一、如何理解共享经济

共享经济是基于互联网技术，特别是移动互联网技术而发展起来的信任经济。共享经济最大好处就是闲置资源的合理配置。共享经济当中涉及三方当事人，分别是平台机构、供方和需方。平台机构起到交易纽带中介的作用，它是一个最主要的对公共利益负责的责任主体，同时也需要起到调节平衡保护交易各方当事人的权益作用。共享经济当中一定要有一个能为需方使用的具体的标的物。共享经济中的需方是多主体集合，按照一定规则在竞争使用供方提供的标的物。这种互联网平台机构对接供需双方，而目标对准闲置标的物，众多需方通过平台设置的交易规则竞争获得标的物使用权的原理，告诉我们理解共享经济的核心是“互联网 +”，而不是“行业 + 互联网”。

---

① 李有星，浙江大学法学院教授。

我们经常把互联网以及"+ 行业"没有理解清楚。如互联网金融，它不存在互联网"+ 金融"的说法，因为互联网金融本身就是数字技术产物，虚拟的数字与数字金融本身就是互联网金融的数字本质，而其他领域像共享经济领域就需要"互联网 + 实体物"，比如共享单车就是一个"互联网 + 实体物"的产物，原因在于它是一个线上线下结合的一个产物。如果从理论上去分析，共享经济并不是完全的虚拟世界，它也不是完全的实体世界，它是实体世界和虚拟世界结合的一个产物，这就是共享经济。而互联网金融是纯虚拟世界的产业，所以我们说互联网金融的"金融"能不能成为共享，在理论上还有疑义。如依据前面理论出发，笔者认为在虚拟世界即线上独立完整可以完成的，和单一的虚拟世界不能完成而需要借助线上线下结合才能够真正实现效用的，这两者间还存在着不同。

二、共享经济为什么要规制

从法律、经济学思想认识看，如果说一个新的经济产业，它完全符合公平效率的市场要求，其实它完全可以按照市场的规则去发展，也就是说市场可以完成自我调节无须其他外力干预。如果一种经济产业无法自身调节、存在负外部性，或者说发展中存在着与公平、正义、效率等价值取向发生偏离，它可能对公共利益或者社会秩序带来破坏的话，我们就需要用监管的力量去进行规制。

对共享经济之所以提倡规制理念，而不是禁止理念，在于共享经济有其特有的益处，那么共享经济到底有哪些益处？这个益处是很明显的。作为供方而言，能够借助共享经济中介平台在特定时间内以合理的价格转让闲置资源的使用权，或者是提供某种服务获取回报。就需方来讲，其所获得的不是所有权，而是获得使用权或被服务，以满足其需求。对于平台来讲，它可以获得数据信息、广告收入等各种利益。这些数据也为平台机构开展下一步的数据资源开发、利用的提供资源，也为一些平台后来的垄断提供了一种基础。

我们关心更多的是共享经济应该是怎样的，如果要规制共享经济必须找到正确的共享经济路线或价值取向。对于共享经济的应有模式或者应该的价值取向，我们不可能事先设定，只有当我们看到共享经济中出现的一些常态化、普遍性的问题以后，特别是涉及公共利益和秩序的影响时候，我们就需要对它进行规制调整。比如共享中出现个人隐私信息泄露、非法吸收公众资金、非法发行证券、垄断、不正当竞争、安全隐患、消费者权益受侵害等问题后，人们思考如何规制，以达扬善抑恶、规范发展的目的。有一些打着所谓的共享经济旗帜的企业，很多时候是以物的形态发行凭证或者说筹集资金。比如共享单车，它甚至不是以一物一押金的模式，而是一物对应着多份押金，一辆共享单车就收取了几百块钱的押金，如 100 个人甚至更多人对着同一辆自行车交押金，相当于向公众公开发行融资。据可靠推算有的共享单车平台有几十亿的押金，这些押金的性质不明，被平台控制占用。这样的问题，实际上就涉及共享单车企业是否在发行证券筹集资金。这些资金收集以后放在哪里、干什么用、如何管理等没有任何信息公示和说明。如此一来，怎能保证资金安全呢？一旦共享经济平台跑路，押金无法收回，造成公众事件。对于这样的情况，就应该有所规制约束。

三、共享经济的规制之路

共享经济运行中存在的问题，要求法律人寻求科学的解决路径和方案。我想作为规制本身应该是清晰的，那就是我们要通过一种制度的设计，通过外力的使用监管的开展，纠正共享经济行为的偏离，实现公平、正义和有效率的真正的共享经济。至于具体的解决方案，主要是经济法的几个方法。第一就是市场准入管理，要对共享经济平台的准入进行设定，对其行为和产生的结果进行监管。平台是对公共利益安全秩序负责的责任主体。当然这种准入根据各个共享经济本身对公共利益的相关性，进行不同的备案或者审批制。同时也要对平台的准入标准进行设定，包括技术标准、信息安全标准等。第二是日常共享经济行为管理，通过现代互联网技术，对共享经济行为进行监测、行为正当性合理性进行认定，对违法违规的共享经济行为进行处理等。

第三是平等保护共享经济参与者的合法权益。关于消费者权益保护的问题，共享经济有一个不同的观点，那就是不能光说消费者保护，应该是共同平等保护，共享经济参与者的各方利益都应该加以合法保护。比如对于供应商来讲，就是要让能够收取合理的费用，对于使用者来讲，要在使用时承担善良注意的使用义务。第四是建立共享经济的信用。共享经济同时也应当建立社会评价体系，运用大数据评价共享经济参与各方的信用，也可以借助如芝麻信用等，对不同信用者实行差别待遇，倒逼共享经济参与者注重信用积累，失信违规者失去共享经济的参与权资格，等等。

总之，共享经济利大于弊，运用法律手段合理规制共享经济行为，引导正向的共享经济文化和价值，共享经济使人类生活更加美好！

共享经济的数量规制

余今朝[①]

一、共享经济与数量规制

近年来，“共享经济”成为热门话题，继我国引入国外共享专车（如国外的 Uber 及国内的滴滴出行）、共享民居（如 Airbnb 及国内的小猪短租）后，ofo、摩拜单车等共享单车行业异军突起，并走出国门，成为我国“新四大发明”之一。此后，共享书屋、共享汽车、共享金融等词汇与产业如雨后春笋，似乎“共享”可以包罗万象，把所有的经济形态包含在内。

然而，“共享经济”一词存在诸多含义。从其起源而言，“Sharing Economy”一词本初含义来源于马丁·威兹曼的《分享经济：克服滞涨》[②]一书，探讨的是在滞涨的经济环境中，通过建立一套劳动者与企业的利润分享机制，从而实现解决高失业、高通胀和生产停滞的问题。20 世纪 80 年代以来，人们对共享经济的讨论日益增加，而共享经济一词的内涵也逐步发展。有人认为，共享经济是指“以现代互联网信息技术为依托，通过分享资源旨在实现资源利用最大化的商业范式”。[③]有学者提出了“分享价值”（Shared Value）的概念，并认为企

---

① 余今朝，男，北京大学法学院 2014 级本科生。中央财经大学法学院周游老师审阅了论文并提出宝贵修改意见，在此致谢。

② Martin L. Weitzman，The Share Economy：Conquering Stagflation. Cambridge：Harvard University Press，1984. 国内译作为［美］马丁·L. 威茨曼著：《分享经济》，林青松、何家成、华生译，中国经济出版社 1986 年版。

③ 刘权：《分享经济的合作监管》，载《财经法学》2016 年第 5 期。

业的价值便在于创造分享价值。[①]不论共享经济的定义如何发展，其核心都是如何解释“共享”一词。笔者认为，一方面，共享要求实现资源最大效率的利用，而近年这一目标借助网络平台的发展具备了现实可能性；另一方面，共享要求这种资源最大利用后的收益能够为各方所分享。

但是，如何界定共享经济，并非本文讨论重点。本文重点是监管部门如何应对这些自称为共享经济的经济形态，而相关的政策法规和新闻报告体现监管部门往往采用数量规制的监管方式。2016 年年底，北京、上海等地颁布网约车管理细则，要求从事网约车运营必须遵守“京人京车”“沪人沪车”的规定；[②]2017 年 8 月 18 日，上海交通委称暂停新增投放共享单车，同时，要求运营商解决违规停放车辆清理等诸多问题。[③]这些手段各不相同，有的通过禁止投放控制供给端，有的通过控制服务提供者的资质减少潜在供给源头，但其本质思路均为数量规制。

因此，本文将以数量规制为切入点，探讨我国的监管者运用该手段对共享经济的管制。需要说明的是，由于我国对共享经济的规制仍然处于探索阶段，相应的政策法规并不完善，本文分析的重心，将集中在网约车和共享单车之上。此外，本文所分析的数量规制，并不单指限定具体数额的数量规制——间接的规制方法，但本质上为达到数量规制效果的，也属于本文所讨

---

① Michael E. Porter，Mark R. Kramer，Creating Shared Value：How to reinvent capitalism—and unleash a wave of innovation and growth. Harvard Business Review：2011，89：62~77.

② 《北京市网络预约出租汽车经营服务管理实施细则》第 8 条：“在本市申请《网络预约出租汽车驾驶员证》的驾驶员，应当符合下列条件：（一）本市户籍……第 9 条：在本市申请办理《网络预约出租汽车运输证》的车辆，应当符合下列条件：（一）本市号牌且为出租汽车经营者或个人所有的车辆（机关企事业单位及社会团体非营运车辆不得从事网约车运营），满足本市最新公布实施的机动车排放标准，在车辆检验有效期内，没有未处理完毕的交通事故和交通违法记录……”

《上海市网络预约出租汽车经营服务管理若干规定（上海市人民政府令第 48 号）》第 8 条：“在本市从事网约车经营服务的车辆，除符合《办法》规定的条件外，还应当符合下列条件：（一）在本市注册登记……第 9 条：在本市从事网约车经营服务的驾驶员，除符合《办法》规定的条件外，还应当符合下列条件：（一）本市户籍……”

③ 央广网产经：《共享单车“总量控制”规定落地上海》，网址：http：//www.cnr.cn/chanjing/qiche/20170904/t20170904_523933127.shtml，最后访问时间：2017 年 12 月 15 日。

论的数量规制范畴。

二、数量规制的缘由

我国学者已对共享经济提出诸多监管理念和具体措施。张力教授认为，对于共享经济，应当采用“模糊性战略”，以地方分级实验为依托，使用“渐进、实验和灵活的规制技术和方法”；[①]唐清利教授则强调采取政府监管与行业自律并行的“混合规制模式”，并要发挥共享公司再分配和替地方政府执行公共职能的作用；[②]蒋大兴教授、王首杰博士从共享经济多个法律法律关系出发，区分平台作为不同商业功能的法律地位，并分别从平台和卖家的劳动/劳务规制、平台与买家的信息/信用规制、平台与政府的税收规制、平台与传统企业的竞争规制、平台与参与者的外部性规制多个角度描绘了共享经济的具体规制方法。[③]

数量规制则为我国监管者所青睐。例如，出租车行业，数量规制是各地政府均采用的规制策略。例如，《上海市出租汽车管理条例》第5条第2款规定：“出租汽车的数量、停车场（库）、营业站和调度网络等的发展规划和计划，由市交通局根据城市建设和社会、经济发展的实际情况编制，报市人民政府批准后实施。”《北京市出租汽车管理条例》虽然没有明确规定出租车的数量规制，但《北京市“十三五”时期交通发展建设规划》说明“实施总量动态调控机制，并与城市社会经济发展水平相协调”。总量控制似乎没有被人们怀疑是否为出租车行业合理的规制方式抑或规制目标。

而在新的经济形态中，数量规制也常为监管机构使用。不论规制理由为何，均需面临两步问题：其一，对于一种商业行为，政府缘何进行经济上的管控？邓峰教授总结了各国对共享单车的规制措施，认为规制理由本质是因为

---

① 张力：《共享经济：特征、规制困境与出路》，载《财经法学》2016年第5期。

② 唐清利：《“专车”类共享经济的规制路径》，载《中国法学》2015年第4期。

③ 蒋大兴、王首杰：《共享经济的法律规制》，载《中国社会科学》2017年第9期。

共享经济触碰到公共领域而超脱了私人事务的范畴，而这种公共性，可以理解为公共资源短缺、负外部性抑或产业引导需求。[①] 其二，为何采取数量规制的方法？在认为数量规制包含间接性数量规制的前提下，其缘由或包括下述几种。

（一）资源有限性

共享单车发展饱受诟病原因之一在于造成城市拥堵。但事实上，2017 年 6 月高德地图发布的数据表明，共享单车和网约车广泛发展后，2017 年第二季度全国城市拥堵出现下行拐点，一百座城市中 77% 的城市拥堵同比得到缓解，其中拥堵降幅超过 8% 的城市达 15 个。[②] 也即在共享单车出现后，城市拥堵得到了缓解（虽因果关系须进一步证明）。但分析共享单车资源限制问题时，将所有城市土地纳入分析范围是不妥的——问题集中于微观层面，即拥堵时段拥堵地段共享单车造成的拥堵和占道问题。例如，上班高峰期地铁站集聚出现的共享单车；又如，校园内的共享单车，事实上已经造成了道路的拥堵，并挤占了人行道等不应当用于自行车停放的位置。

资源的限制或可成为对数量进行规制的理由，但仍需解决：市场经济以资源稀缺作为特征，为何这在共享单车问题上便可成为政府直接规制的理由？第一种解释是国家的土地所有权——既然法律规定城市土地属于国家，国家自然有权对土地使用者进行规制。第二种解释是资源稀缺可能造成对公共利益的重大影响，如美国西部夏季对水资源的规制。[③] 而在共享单车的规制中，部分拥堵土地资源的稀缺，似乎难以构成对公共利益的重大影响；用国家土地所有权理论解释似乎更为有效。

---

① 参见邓峰：《对全球共享单车监管三种模式的思考》，载《财经》2017 年 5 月 15 日。

② 《高德地图 2017 年 Q2 中国主要城市交通分析报告》。

③ 美国东部水资源分配按照普通法传统的沿岸所有制，而西部采取的是审批用水的做法，规定水资源所有者必须按照规定用途使用水资源，不得将水挪作他用，不得出售水的所有权；除非与水资源所在的土地一起出卖。参见［美］巴泽尔著：《产权的经济分析》，费方域、毅才译，上海三联书店、上海人民出版社 1997 年版，第 125 页。

（二）防止过度竞争

一般经济学分析认为竞争有利于提高效率，但是过度竞争有可能会造成损害：从竞争的过程来看，由于规模效应的存在，后来者难以与形成规模的先行者竞争，这使得企业间的竞争从商品与价格的竞争转换为围绕尽早获得市场的竞争，使企业加大早期开发力度——这种技术抢滩行为不利于社会总体效率；此外，防御竞争者的投入也是无效率的。[①]

网约车和共享单车都存在过度竞争的问题。两种商业模式都经历多家公司参与激烈竞争（如补贴大战），最终淘汰成为寡头的过程。这是由平台的网络外部性决定的——一旦抢占市场份额，供给与消费两端均会对平台产生依赖，对于企业而言，前期最重要的工作就是抢占份额。但是，不论是滴滴快的的补贴大战，还是摩拜与 ofo 的疯狂投放，从社会总体收益而言均为资源浪费。此外，这种过度竞争造成了竞争手段的扭曲——网约车本来更应当注重安全性和便利性，竞争中却基本依靠补贴进行；单车竞争既要看数量也要看质量，过度竞争使运营商更多关注覆盖面和数量。同一地段常摆满各式各样的共享单车，而许多地段却都没有任何共享单车。进行数量规制，或许可以减缓恶性竞争问题，并将企业关注重心转移到提高服务质量上。

（三）维持传统的规制结构

网约车行业直接冲击的是出租车（也即网约车新政出台后的“巡游出租车”）行业的传统管制方式。上海、北京等地都曾以法规乃至政策直接控制城市出租车数量，出租车牌照成为一种总量控制下的特许。

共享民居冲击传统旅馆管制系统。根据《旅馆业治安管理办法》[②]，开设旅

---

① 参见吕政、曹建海：《竞争总是有效率的吗？——兼论过度竞争的理论基础》，载《中国社会科学》2000 年第 6 期。

② 《旅馆业治安管理办法》第 4 条第 1 款：“申请开办旅馆，应经主管部门审查批准，经当地公安机关签署意见，向工商行政管理部门申请登记，领取营业执照后，方准开业。”

馆需要经过主管部门批准，而各地也因此颁发了特种行业许可证[①]，而这种许可与卫生、消防等问题无关，后者有专门的许可需求。特种行业许可证虽无数量限定，但严格的审批制度可能带来数量控制的间接效果。而在某些情形下，监管部门可能采取直接的总量规制——例如《厦门市鼓浪屿家庭旅馆管理办法》第 5 条第 1 款规定："开办家庭旅馆首先必须符合鼓浪屿相关规划和景区有关规定，按照家庭旅馆专项规划实行总量控制，退一补一，并取得鼓浪屿管委会的规划审查合格证明。"

共享单车的出现则冲击了原城市公共自行车管理系统。城市公共自行车是指城市有桩式公共租赁自行车，2013 年至 2015 年间全国出现了城市公共自行车的规则制定高峰。总结这些规定，无非包括以下内容：其一，自行车道路规划的管制，主要由交通行政管理部门负责，思路上是行政规划，例如《广州市人民政府办公厅关于印发广州市公共自行车系统管理办法的通知》（穗府办〔2015〕50 号）对自行车道设施的规定。[②] 其二，公共自行车网点的管理，实体上的要求包括设置的地点、公共性的考虑、具体设施的建设等[③]；程序上

---

① 例如济南章丘。参见章丘政务服务大厅，网址：http：//www.zhangqiu.gov.cn/info/t697494695/front/zhengwufuwudating/sanji/serverhallthree.aspx?id=36815，最后访问时间：2017 年 12 月 16 日。

② 《广州市人民政府办公厅关于印发广州市公共自行车系统管理办法的通知》（穗府办〔2015〕50 号）第 6 条："在城市次干道以上等级道路、机动车和自行车交通量较大的支路，合理设置护栏、阻车桩、隔离墩等设施，防止机动车穿行自行车道或进入步行道，保障行人安全。"

③ 例如《晋城市人民政府办公厅关于印发晋城市城市公共自行车管理办法（试行）的通知》（晋市政办〔2014〕44 号）第 6 条："城市公共自行车服务站点的规划设置原则：城市公共自行车服务站点应当以行政机关、商业街区、住宅小区、公园广场、教育医疗、酒店餐饮、换乘枢纽等人流集中区域为依托，按照 300—500 米为服务半径，逐步形成网络。"

第 8 条："城市公共自行车服务站点的设置要求：（一）城市公共自行车服务站点应统一标准规划建设，合理布设站点，方便市民骑乘。（二）设置城市公共自行车服务站点应当利用市政公用设施场地、部分公共绿地、单位用地以及居民小区内的公共场地等设置城市公共自行车服务站点，原则上不占用道路两侧人行道设置城市公共自行车服务站点。（三）城市公共自行车服务站点设施包括标识牌、自行车、锁桩及管理箱、管理亭、候车棚、自助查询服务终端系统、监控通讯系统等其他配套管理服务设施。"

要求经过听证调研等[①]；网点的规划建设由行政机关决定，资金也由财政提供。[②] 其三，对公共自行车运营的规定，相比于网点设置的行政主体性，一般规定自行车运营由企业（或是模糊的“单位”）进行，并履行相应的管理、维护等义务。[③] 三种规制方式总结起来就是由行政规划建设网点，由企业运营自行车。

虽无直接数量规制，但公共自行车网点的限制实际上起到限制自行车总量的作用，显而易见，自行车数量客观上无法超过车桩的数量。而共享单车的进入，导致这种规制失效——共享单车企业可以自行决定自行车投放量，而这又导致了拥堵和占道问题。监管机关对共享单车泛滥的担忧，很大程度可能上来源于其对传统公共自行车管制方式的冲击。

（四）减少共享经济的负外部性

共享单车带来的负外部性直接体现为在某些时段某些地段的拥堵和占道问题；共享单车也可能带来威胁交通安全等问题。网约车将大量乘坐公共交通

---

① 《南京市公共自行车管理办法》（南京市人民政府令第 311 号）第 9 条第 2 款：“设置公共自行车服务网点应当征求公众意见。”

② 《广州市人民政府办公厅关于印发广州市公共自行车系统管理办法的通知》（穗府办〔2015〕50 号）第 12 条：“公共自行车系统的前期建设及设备购置费用由市、区两级财政资金按一定比例出资，具体由市政府统一确定。”

第 13 条第 1 款：“公共自行车服务网点建设根据公共自行车系统服务网点规划，由市交通行政主管部门负责，公共自行车运营管理单位结合现场实际条件实施，各相关职能单位应当积极配合。”

③ 《晋城市人民政府办公厅关于印发晋城市城市公共自行车管理办法（试行）的通知》（晋市政办〔2014〕44 号）第 10 条：“运营企业应当履行下列职责：（一）负责城市公共自行车服务站点智能化管理系统的维修、保养、更新，定期检查系统安全和网络稳定状况，确保设备正常使用。（二）按照管理部门的要求，完善有关标志、标线、标牌等设施，同时保证城市公共自行车服务站点场地整洁，通道畅通。（三）运营企业应当对员工进行相应的城市公共自行车日常管理、维修、保养、操作技能等培训，培养员工熟练掌握操作规程，树立良好的职工道德形象，提高城市公共自行车服务水平。（四）运营企业应当在城市公共自行车服务站点适当部位设置必要的警示性与提示性标志或标识。（五）运营企业应建立日常城市公共自行车调配制度及应急预案。当单个站点城市公共自行车数量小于锁桩数量 20% 或大于锁桩数量 80%，应立即组织安排车辆调度。”

工具的消费者引导至网约车，可能加剧城市道路的拥堵，[①] 而缺乏严格规制的网约车可能在安全和信用等方面发生风险。共享民居则可能带来噪声等问题，对周围居民的生活产生不利影响。[②] 负外部性是经济规制存在的重要理由，但负外部性并不代表需要采用数量规制。然而，数量规制在某种程度上或可解决负外部性问题。极端而言，控制数量必然带来价格的提高，最终将消费者驱赶回原有的消费模式。

（五）维护既得利益

共享经济的出现压缩了原有行业既得利益者的获利空间。最典型的案例是网约车——出租车司机对网约车的抵制乃至暴力对抗的新闻在 2015 年前后充斥着我们的眼球。共享民居抢夺了酒店行业经营者的市场，同时也扩大了房屋供给，损害出租方的利益。数量规制的方式无疑会受到既得利益者的欢迎——减少网约车的供给，自然更多人会重新乘坐出租车。若既得利益者能对决策产生影响，这可能成为监管者进行数量规制的理由。

（六）社会规制目标

透彻解释共享经济数量规制的缘由，必须超越经济规制的视角，与监管机构所欲达成的总体社会规制目标相配合。究其本质，“京人京车”政策实质配合了北京市控制人口数量的政策导向。2016 年 3 月颁布的《北京市国民经济和社会发展第十三个五年规划纲要》要求到 2020 年，“全市常住人口总量控制在 2300 万人以内，城六区常住人口比 2014 年下降 15% 左右”，而依据艾媒咨询发布《2016 中国网约车新政对市场影响度监测报告》，北京市网约车司机中具有本地户籍的仅占总数 3.6%。若“京人”政策得以实行，相当于剩余 96.4% 的网约车司机将暂时失业，并可能因此搬离北京。相比较而言，云南、

---

① 高永、安健、全宇翔:《网络约租车对出行方式选择及交通运行的影响》，载《城市交通》2016 年第 5 期。

② 钱瑾:《“分享经济”的监管思路——以在线短租为视角》，载《金融法苑》2016 年第 1 期。

重庆等地的网约车管理办法对网约车司机户口没有要求，[①] 而这些地方也没有过大人口压力。此处，数量规制服务于政府的社会规制目标。

三、共享经济数量规制的手段

基于上述理由，监管部门积极运用数量规制的手段对共享经济进行管制。现有手段包括：

（一）直接数量控制

直接控制共享经济产业的数量，典型体现于沿袭出租车规制思路的网约车。兰州市对网约车的规制最开始试图采用直接数量规制的模式——2016 年 8 月 9 日，兰州市城市交通运输管理处张建彪处长新闻媒体通气会上表示，该处已经制定了网约车相关实施细则，对网约车进行了数量规制，正待市政府批准；[②] 而相关新闻报道显示，兰州市相关负责人表示兰州市运营车辆饱和度为 1.5 万辆，媒体计算得出其中留给网约车的仅有 3000 辆。[③] 而根据 2017 年 2 月 7 日公布的《兰州市网络预约出租汽车经营服务管理实施细则（试行）》，仅模糊规定“网约车数量根据市场发展和群众需求，综合考虑道路资源承载能力、环境保护等因素，建立动态监测和调整机制，逐步实行市场调节”。据媒体报道，兰州市运输委、运输管理处负责人在说明会中指出，“我市网约车实行动态监测和调整机制，具体到网约车的规模，要充分征求各方意见，由第三方的专业机构进行科学的市场调查，测算出我市出租汽车的总量需求，并结合城市规划的情况，制定近期、中期、远期的发展规划，报市人民政府批准后实施。总量上也没有

---

① 参见云南省《深化改革推进出租汽车行业发展的实施意见》（云政办发〔2016〕112 号）与《重庆市网络预约出租汽车经营服务管理暂行办法》。

② 兰州市城市交通运输管理处：《兰州市城运处举行新闻媒体通气会通报网约车管理新规在兰州落地实施情况》，网址：http://www.lzscyc.com/info/1002/1246.htm，最后访问时间：2017 年 12 月 16 日。

③ 新浪财经：《网约车数量限制或引发牌照腐败》，网址：http://finance.sina.com.cn/roll/2016-09-10/doc-ifxvueif6473300.shtml，最后访问时间：2017 年 12 月 16 日。

规定要上多少辆车，根据兰州市经济发展水平、动力、出租车市场保有量等条件确定数量”。[①] 虽没有文件表明兰州市政府规定何种具体数量，但可见在短期规划中，兰州市以直接数量控制作为规制手段。

（二）增量控制

增量控制的手段最典型的案例是北京等地对共享单车的“暂停投放”令。据新闻媒体报道，2017 年 9 月 7 日，京市交通委召集各区管理部门和 15 家共享自行车企业负责人，并研究决定暂停共享单车投放；与此同时，上海、深圳、广州等 12 座城市先后宣布暂停投放共享单车。[②] 年底，福州、厦门等地甚至开始清理共享单车，厦门共清理各类共享单车逾 10 万辆，而福州预计在 2017 年年底前撤离 20 万辆共享单车。[③] 暂停数量增长乃至清理对增量进行控制，虽非直接对数量进行规定，但最终效果依然是数量控制。

（三）目标与手段不匹配的市场准入规制

市场准入有着多种目的，如安全要求、资本要求、卫生资质要求、管理人员要求、人员技能要求等，不能认为市场准入控制就是数量控制。但是，特定的准入规制必定包含特定的规制目标——例如，北京市对网约车司机的资格限制，从第二项到第七项都不难理解，即为了保证驾驶员的技术和谨慎。[④]

---

① 中国青年网：《兰州网约车：数量未定上限价格市场调控》，网址：http://news.youth.cn/jsxw/201704/t20170412_9458590.htm，最后访问时间：2017 年 12 月 16 日。

② 网易新闻：《12 个城市暂停新增投放 共享单车何去何从？》，网址：http://news.163.com/17/0913/02/CU69PCOQ00014AEE.html，最后访问时间：2017 年 12 月 16 日。

③ 林先昌：《共享单车“寒潮”？》，载《福建日报》2017 年 12 月 5 日。

④ 《北京市网络预约出租汽车经营服务管理实施细则》第 8 条：“在本市申请《网络预约出租汽车驾驶员证》的驾驶员，应当符合下列条件：（一）本市户籍；（二）取得本市核发的相应准驾车型机动车驾驶证并具有 3 年以上驾驶经历；（三）未达到法定退休年龄，身体健康；（四）无交通肇事犯罪、危险驾驶犯罪、暴力犯罪记录，无吸毒记录，无饮酒后驾驶记录，最近连续 3 个记分周期内没有记满 12 分记录；（五）经指定考试机构考试合格；（六）申请之日前一年内无驾驶机动车发生 5 次以上道路交通安全违法行为；（七）从事过巡游车服务的，未被列入出租汽车严重违法信息库；（八）法律法规规章规定的其他条件。”

而某些目标与手段不匹配的市场准入规制方式，本质上发挥着数量规制的作用。例如，北京市对“京人”的规定。既然北京市从事网约车运营的驾驶员绝大多数并非京籍，而政府又要求对每位从业人员进行考核和身份备案，难以想象要求北京户籍对网约车规制目标的意义。更合理的解释是“京人”本质上发挥着数量控制的作用。而京籍车辆、轴距等要求也类似。①

（四）比例控制

比例控制即不直接限制共享经济的数量，但限制共享经济产业在整体产业中的比例。例如，2017 年 8 月 15 日，北京市交通委员会运输管理局出租汽车管理处副处长李松透露，北京将严格把控小客车中出租车的规模，2020 年包括网约车和巡游车在内的出租车占交通出行比例要控制在 3%~4%。② 由于巡游出租车的数量向来受到政府严格管制，比例控制事实上是网约车数量控制。

（五）其他控制方式

还有两种达到数量控制效果的规制方法。第一种方式是对价格规制以间接影响投放量——但我国对共享经济的规制尚未出台价格管控，网约车价格规制基本也未实行。第二种方式是控制平台的数量——不论是直接控制，还是通过目标与手段不匹配的准入规制。网约车目前的管理规则中确有对平台资质提出要求，但没有直接限制平台数量，而依照目的和手段相符合的原则

---

① 《北京市网络预约出租汽车经营服务管理实施细则》第 9 条第 1 项、第 2 项：“在本市申请办理《网络预约出租汽车运输证》的车辆，应当符合下列条件：（一）本市号牌且为出租汽车经营者或个人所有的车辆（机关企事业单位及社会团体非营运车辆不得从事网约车运营），满足本市最新公布实施的机动车排放标准，在车辆检验有效期内，没有未处理完毕的交通事故和交通违法记录；（二）5 座三厢小客车车辆轴距不小于 2650 毫米（含新能源车），排气量不小于 1.8 升；7 座乘用车排气量不小于 2.0 升、轴距不小于 3000 毫米。”

② 网易财经：《网约车“遭遇”总量控制红线 企业多方谋出路》，网址：http://money.163.com/17/0816/07/CRUO3CQR002580T4.html，最后访问时间：2017 年 12 月 16 日。

进行审查，也不存在疑似数量控制的规则。[①] 因此，目前国内对共享经济的数量规制主要是上述五种途径。

四、数量规制的缺陷

对于某些目标而言，数量规制会产生立竿见影的效果：例如，对于既得利益者的保护，控制网约车驾驶员资格，自然减少了网约车的供给，从而降低了出租车行业的竞争压力。但是数量规制可能导致下述的问题：

（一）损害消费者福利

网约车数量的限制，直接引发就是损害消费者福利的后果，不论体现于数量、质量抑或价格。在北京上海等地颁布网约车管理细则征求意见稿后，滴滴公司曾回应称，严格执行这些规制措施将导致专车价格高涨甚至达到出租车的两倍以上。[②] 而在生活中，消费者也常发现网约车新政出台后打车难、打车贵现象重新出现（但也有人分析认为价格上涨并非受数量限制影响，而是企业逐渐取消补贴大战的结果，而价格上涨才是真正遵循市场定价的结果）。[③] 但数量控制导致价格上涨和供给不足是简单的经济学分析结论——若

---

① 《网络预约出租汽车经营服务管理暂行办法》第 5 条："申请从事网约车经营的，应当具备线上线下服务能力，符合下列条件：（一）具有企业法人资格；（二）具备开展网约车经营的互联网平台和与拟开展业务相适应的信息数据交互及处理能力，具备供交通、通信、公安、税务、网信等相关监管部门依法调取查询相关网络数据信息的条件，网络服务平台数据库接入出租汽车行政主管部门监管平台，服务器设置在中国内地，有符合规定的网络安全管理制度和安全保护技术措施；（三）使用电子支付的，应当与银行、非银行支付机构签订提供支付结算服务的协议；（四）有健全的经营管理制度、安全生产管理制度和服务质量保障制度；（五）在服务所在地有相应服务机构及服务能力；（六）法律法规规定的其他条件。外商投资网约车经营的，除符合上述条件外，还应当符合外商投资相关法律法规的规定。"

② 新浪新闻：《网约车新政刚出消费者：打车费直接翻倍》，网址：http://news.sina.com.cn/c/2016-10-09/doc-ifxwrapv1154182.shtml，最后访问时间：2017 年 12 月 16 日。

③ 雪球网：《网约车新政带来的影响》，网址：https://xueqiu.com/2740206494/73033288，最后访问时间：2017 年 12 月 16 日。

控制数量高于市场均衡数量，则相当于无数量规制；若低于市场均衡数量，必然结果是供给不足和价格上升，最终导致消费者剩余的减少。此外，一旦网约车采用了类似传统出租车的数量管制模式，出租车行业存在的服务质量低下等问题也都会重现。

（二）对既有竞争结构的过度保护

对既有竞争结构的过度保护分为两个层次：其一，对传统行业竞争结构的过度保护，如对共享民居、网约车的数量规制会对传统的酒店和出租车行业发生保护作用，降低其竞争压力。

其二，数量规制还会对既已形成的新经济模式竞争结构产生保护作用。如共享单车暂停投放政策，使既有的投放量和投放共享单车的平台维持既有规模，小平台和新进入者却无法扩大自身规模。控制数量和比例的政策必然引发各平台间的“分赃”问题，而“分赃”标准要么是参考既定的竞争结构，要么通过某种招投标手续，但不论采用何种渠道，现有的大企业都有强烈的竞争优势。

这种过度保护，事实上是以行政机关的公权力为私营企业背书，并用行政手段维持既有市场参与者的利益。若竞争结构已形成寡头抑或垄断的竞争态势，这种以公权行为维护垄断的做法更是荒谬。

（三）寻租

数量限制意味着牌照资源的稀缺性，行政控制的稀缺易诱发寻租。在配额的分配环节，大企业和与监管机构存在裙带关系的企业更容易获得配额。在运营环节，这些企业又有可能通过各种规避禁令的方式转让牌照，构成“倒卖指标”。

（四）规制目标合理性与手段目标匹配性

该问题存在两个层次：上述的规制目标是否合理；数量规制能否完成上述目标，抑或是否有成本更低、负外部性更弱的规制手段。资源有限性总体上或许是合理的规制理由，但以国家所有权作为严格数量控制的基础在逻辑上还值得探讨。防止过度竞争并不一定需要通过数量控制的方式解决，规制者可以对具体的企业行为进行规制，如对补贴的限制、对恶意竞争行为的限制等。维持传统的规制思路乍看是政府的惰性行为，实际上依然具有合理性，传统规制手段和带来的秩序是公共产品，一旦改变重建的成本巨大——但是，对待新经济，似乎可以采取更为宽容的措施，容许进行一定的探索，而不是以行政命令禁止。解决共享经济的负外部性问题，更合理的措施是根据具体的问题采取具体手段，如共享单车乱停乱放的问题，更适当的方式是对其停放位置（及其违法行为的追责）的规制。维持既得利益似乎不是一个妥当的规制目标，尽管实践中很难避免。其他社会规制目标则多种多样，具体到“赶人”的政策目标，在政治基础上往往被认定为存在不合理性；而若有其他的社会规制目标，也应当做具体的判断——但是经济规制机关是否需要考虑社会规制目标，仍有待讨论。

五、结论：慎用数量规制

综合上述分析，笔者认为，共享经济的数量规制现实存在，也具有合理性，但也存在诸多弊端。本文并非否认数量规制在任何领域实施的必要性——但具体到共享经济，贸然使用传统的数量规制，仍需更多支撑理由。在决定如何规制共享经济的问题上，笔者认为应当遵循以下的推进逻辑：

第一，在共享经济规制的法律基础上形成自洽逻辑。对共享经济的规制，究竟是基于对新经济模式的恐惧、对既得利益者的保护抑或就新问题提出的解决方案？国家介入商业活动需要一定缘由，共享经济的公共性是否足以呼唤政府对私人自治的介入？若缺乏自洽逻辑，易导致规制手段上反复和自相矛盾。不同逻辑基础导向不同规制方式，数量规制手段严苛，需要更为坚实的逻辑基础，如资源短缺达到严重影响公共利益的程度——而共享经济管制的逻辑基础不足。

第二，确立合理的规制目标。目前，监管机构将网约车的规制目标确立为“更好地满足社会公众多样化出行需求，促进出租汽车行业和互联网融合发展，规范网络预约出租汽车经营服务行为，保障运营安全和乘客合法权益”，[①] 将共享单车的规制目标确立为“深化供给侧结构性改革，有效推进‘互联网 +’行动计划，鼓励和规范互联网租赁自行车发展，提升互联网租赁自行车服务水平，优化交通出行结构，构建绿色、低碳的出行体系，更好地满足人民群众出行需要”。[②] 从规定看，这些目标一方面基于发展新经济、绿色经济的产业政策，另外基于保障群体利益或公共利益的需求，并试图将共享经济纳入良好社会治理的整体目标中。这些目标本身并不存在“控制规模”“控制数量”的表述，也不导向“控制规模”“控制数量”目的。

第三，采取与规制目标相匹配的规制措施。若将规制目标确定为消费者权益保护，那么必然采取倾向于消费者的具体措施；若规制目标是一种促进绿色出行的社会规制目的，就应当对共享经济采取一定的宽容政策。目前的数量控制，却与规制目标不相符合——例如，“京人京车”政策，或有助于规范经营服务行为、有助于保障乘客利益，但其关联如此虚弱，使人怀疑其本质目的在于控制服务提供者数量。这实际上是监管部门在法定规制目标之下，另隐藏有规制目标。

最令人担忧的结果是数量规制发生异化，从维护公共利益转变为对既有竞争结构的保护。此时，数量规制便成为国家保护下又不受价格规制的垄断——这种双重监管的缺失是极其危险的。

---

① 《网络预约出租汽车经营服务管理暂行办法》第 1 条。

② 交通运输部等 10 部门《关于鼓励和规范互联网租赁自行车发展的指导意见》指导思想。

共享医疗的模式分析及监管方向

牛馨雨[①]

共享经济成为现在街头巷尾热议的话题。Uber、滴滴打车、Airbnb、摩拜单车等共享平台让人们实现了不转移物品所有权、只暂时转移使用权的合作式消费。除了共享汽车、共享单车、共享民宿等共享领域，共享医疗也悄然兴起。共享经济的核心是通过互联网利用闲置资源，提高过剩资源的配置，共享医疗也不例外。众所周知，我国医疗行业的供需矛盾突出，很多医疗资源存在大量闲置，却有不少患者抱怨就医难。通过共享经济的模式，将医生、医疗设备等资源实现共享，激活医疗剩余资源、满足患者需求是共享医疗的目标。本文拟分析共享医疗的商业模式及对应的法律属性，并在此基础上指出共享医疗可能存在的问题，尝试提出相应的监管对策。

一、共享医疗的产生背景

总体来看，我国的医疗资源存在供给总量小和供需不平衡、资源配置不合理的局面。从数量上看，我国的医疗资源供给严重不足。2004~2014 年，我国全国范围医疗卫生机构总诊疗人次由每年 39.91 亿人次增加到 76 亿人次，年复合增长率为 6.65%；住院人数由每年 6657 万人增加到 2.04 亿人，年复合增长率 11.87%。与人民群众日益增长的服务需求相比，我国的医疗资源总量却供给不足，每千人口执业（助理）医师数、护士数、床位数相对较低。

① 牛馨雨，北京大学法学院 2016 级经济法学硕士研究生。

2013 年医护比仅为 1∶1，护士配备严重不足。每千常住人口拥有医疗卫生机构床位 4.55 张、执业（助理）医师 2.06 名和注册护士 2.05 名。[①] 这样的供给规模远远不能满足我国日益增长的患者就医需求。

而且，我国十分有限的医疗资源供给存在着结构不均衡的问题。一方面，我国存在着医疗资源的地域分布不均衡问题。和其他资源的分布情况相似，我国的优质医院集中于东部沿海、特别是北上广。据 2015 中国卫生和计划生育统计年鉴数据显示，东部三甲医院占 46%，西部占 23%；2016 年发布的首部医院蓝皮书《中国医院竞争力报告（2016）》显示顶级医院集中在北京、上海和广州，其中北京以 17 家医院居首。与之相比，我国的中西部地区缺乏优质的医疗资源。

另一方面，我国医疗资源存在不同级次医院之间的不均衡问题。我国的医院主要分为三个级别。从医院数量上看，我国的一级及以下医院占比 66%，二级医院占比 26%，三级医院占比 8%。然而，从接待的患者规模来看，三级医院的诊疗人次占比 37%，住院人数占比 41%，病床使用率占比 102%；一级及以下医院的诊疗人次和住院人数比例分别只有 17% 和 13%。也就是说，占比三分之二的基层医院却只承担了不到五分之一的患者。

这缘于我国医疗保险和定点医院挂钩的体系，优质医生集中于发达地区三级医院的现状和患者一味追求大医院的理念。调查显示，我国只有 8% 的患者会首诊选择社区医院，53% 的患者就医首选知名公立医院，43% 的患者首诊时会直接选择特需门诊或专家号。[②] 在我国，“小病进大医院”成了常态，原本定位于“收治急危病症、疑难杂症和人才培养”的大医院却大小疾病通吃，这对于数量占比本身不高的大医院而言供需矛盾越发紧张，而普通医院及基层医疗机构则呈现出相反的态势。因此，核心医院的医疗资源紧张，医患矛盾频发，而大量基层医疗资源被剩余闲置。

---

① 中国产业信息网：《医疗 + 分享，会擦出怎样的火花》，http：//www.cnii.com.cn/informatization/2016-08/10/content_1764706.htm，最后访问时间：2017 年 12 月 15 日。

② 中国产业信息网：《医疗 + 分享，会擦出怎样的火花》，http：//www.cnii.com.cn/informatization/2016-08/10/content_1764706.htm，最后访问时间：2017 年 12 月 15 日。

可以说，是医疗资源供需结构的不平衡导致了我国不充足的医疗资源仍有大量剩余的现状，这些剩余的医疗资源主要包括医生和护士等人力资源以及医疗设备和病床等设施资源：

从医师资源角度来看，我国三级医院中有 39.7% 的医师每周工作超过 60 小时，52.1% 每周工作时间在 40~60 小时；在二级医院，每周工作时间达 60 小时以上的只有 24.9%，一级医院的这一比例更是只有 10.7%。一级医院甚至有 33.6% 的医师每周工作时间不足 40 小时。一般来说，每周工作时间不足 40 小时，即意味着医师的工作时间不饱和，在工作日和休息日均有时间分享自己的专业技能；每周工作时间在 40~60 小时之间的，可能在工作时间之外的闲暇时间分享。平均算下来，我国一共有 14.4% 的医师每周工作时间在 40 小时以内，即每工作日低于 8 小时，结合我国目前近 289 万执业（助理）医师数量，至少有近 42 万医生能够在工作闲时进行分享。除此之外，有 52.7% 的医生每周工作时间 40~60 小时，这部分医生数量达 152 万，假设他们愿意在工作时间之外的闲暇时间分享，则医疗分享的潜在医生资源共达 194 万。

从医疗设施资源角度来讲，我国基层医疗设备的使用率不足 40%，即有 60% 的基层医疗设备能够进行分享。我国三级医院病床使用率已超过 100%，二级医院 88%，一级医院及基层医疗机构的病床使用率只有 60%，这些床位资源若能利用起来，则能够进行分享的床位数达 95 万张。

因此，医师资源和医疗设施资源存在结构不均衡下的剩余，亟待得到盘活利用；而日益增长的患者端又存在着无法获得充足医疗服务的问题。医疗服务的共享事业在这样的供给和需求下，自然产生。

二、共享医疗的商业模式与盈利模式

（一）共享医疗的四种商业模式

由于共享经济的核心是分享闲置资源，因此共享医疗的商业模式依赖于存在闲置、能够进行共享的医疗资源。如上所述，能够共享的医疗资源包括医师、护士等人力资源和医疗设备、病床等设施资源，存在闲置、能够共享激活的医疗资源主要集中在二级及以下医院。因此，根据分享的内容和分享的方式，共享医疗的商业模式主要包括以下四种：①

1. 在线问诊模式

在线问诊指的是医护人员利用闲置时间，通过图文、语音、电话、视频等线上形式，提供健康咨询和诊后随访等服务。在线问诊分享的是闲置时间下医护人员的专业技能，分享方式是通过互联网进行线上的诊断和治疗。这是一种完全在线模式，患者通过移动应用或在线平台发出需求，医护人员直接在线提供诊疗服务。其突破了医生的时间和地域限制，分流了轻度病症、慢病管理等问诊需求，促进了互联网的分级问诊，同时也方便了患者的就医。有些轻微、常见的病症完全不需要前往医院诊疗，患者在互联网上陈述症状就可以得到诊断和用药指导，省时省力。现在的“好大夫在线”“寻医问药网”等都属于在线诊疗的模式。

2. 医护上门模式

该模式类似于滴滴打车，由有需求的患者在互联网平台下单，平台分配当前有时间的医护人员，有医护人员提供上门医疗、诊后康复等按需到家服务。患者无须再亲自前往医院就能享受到同等质量的医护服务，对于那些由于健康状况无法出门的老年人等患者，家里有儿童或残疾人等需要照顾、不便出门的患者，以及为了节约时间、避免就医排队的患者而言，医护上门模式都极大地便利了他们接受医护服务。一方面节省了患者的时间和精力，另一方面也解决了其不能出门的实际困难，大大方便了患者的生活。2015 年 10 月 15 日，阿里健康和滴滴出行、名医主刀共同宣布，在北京、上海、杭州、南京四个城市推出“一键呼叫医生，随车上门咨询”的免费服务，该服务就属于医护上门模式；除此之外，Go 健康、医护道家、看中医、宣太医、预健科技、陪爸妈等都采用的是上门提供医护服务的模式。

① 中国产业信息网:《医疗 + 分享，会擦出怎样的火花》，http://www.cnii.com.cn/informatization/2016-08/10/content_1764706.htm，最后访问时间：2017 年 12 月 15 日。

3. 线上与线下诊疗相结合的模式

该种模式下，参与医疗资源分享的主体不仅包括医护人员，也包括线下的医疗设施；参与医疗资源分享的方式不仅包括线上的诊疗服务，也包括线下提供手术等实体诊疗服务。线上医护人员利用闲置时间提供诊疗，并且整合线下实体医疗资源，该模式为患者提供了更全面到位的服务，一定程度上突破了线上问诊难以全面诊断、线上治疗只能简单开药的不足。比如目前的春雨医生和丁香园等就从单纯的在线问诊模式向线下众包诊所合作模式拓展，打通了线上到线下的医疗服务。类似的还有名医主刀、易康就医等，可以精准对接相关领域的名医专家。

4. 医疗设施分享模式

前三种共享医疗模式的共享内容都主要集中在医师、护士等人力资源，而医疗设施的分享模式则集中在医疗设备和病床床位的共享。由于设备和床位只能物理占有，因此分享的方式只能是在线下医疗机构之间共享。该种模式的国外代表是号称“医疗设备领域 Uber”的初创企业 Cohealo，它允许医院之间分享彼此昂贵的医疗器械。Cohealo 作为第三方平台，建立了一个集中化管控的云平台来跟踪注册医院的设备，医院的临床运营团队可以基于平台搜索、预订所需设备。在我国，易康就医是该模式的代表。其提供基于移动互联网的 O2O 医疗就医服务，如果三甲医院住院病床已满，它可以提供有闲置病床的二甲医院转诊服务，由三甲医院医生为其提供治疗，但患者实际居住在二甲医院。

（二）共享医疗尚在探索的盈利模式

共享医疗的盈利是从事该领域的创业公司最关注的问题之一。以在线问诊模式和医护上门模式为例，其盈利途径尚在摸索阶段，但也不乏已经获得初步成效的案例。

作为在线问诊平台的代表企业，春雨医生日咨询均值 33 万次，算下来一年 1.2 亿次；平安好医生，按日咨询峰值 25 万次，一年 9125 万次，未来的市场潜力还有待进一步释放。[①] 整体来看，在政策有所限制、付费用户（企业）数量不足，优质医疗资源活跃度不高面前，如何在增值服务之外，开源新的支付方，建立更加成熟的商业模式，是摆在我国在线问诊平台面前的挑战。在线问诊平台在尝试的从线上问诊向线下实体机构拓展，从用户需求更加高频和刚性的慢病管理或母婴市场切入，积极与保险企业合作拓展商业健康险产品，开拓企业客户市场等。从直接的收费方式来看，在线问诊总体上有两种收费模式：

第一种是直接面向用户收费。目前国内外的在线问诊服务中，无论是轻问诊还是视频问诊都有成功进行对用户收费的案例。其收费模式也存在一次性沟通收费和包月收费两种。许多在线问诊创业公司往往前期都以免费模式切入，在积累到足够大的用户群之后把部分高价值用户切入付费模式，并同时加强服务的专业性。通常，在线问诊平台提供的免费服务起到吸引流量的基础功能，提供以问答式为基础的医疗健康资讯，这些问题和回答都相对简短，很多复杂的问题在免费问答环节无法彻底解决，转而进入付费环节或寻求线下解决。往往对时效性、互动性、针对性要求更高的用户需要进入付费板块来获取更专业、更全面的服务。例如，在免费付费转化和结合上做得非常成功的 HealthTap 提供的服务有免费在线问答、即时聊天工具支持下的小额付费微咨询，以及 99 元包月付费的视频问诊，最终的收益由平台与医生共享。

第二种是在 B2B 的模式下面向雇主收费。在为医疗支出埋单的群体中，企业雇主是不可忽视的重要角色。许多大公司往往长期为员工购买医疗保险，以及有关健康的其他福利。在线问诊服务正在向这个庞大的需求群体渗入，这种服务模式在美国市场已日趋成熟。例如，视频问诊公司 Doctor On Demand 被投资者看好的原因正是可以打开企业市场，该公司目前已经开始为美国电信巨头 Comcast 的员工服务，提供远程就诊，每次视频就诊的费用为 40 美元。

---

① 中国产业信息网：《医疗 + 分享，会擦出怎样的火花》，http://www.cnii.com.cn/informatization/2016-08/10/content_1764706.htm，最后访问时间：2017 年 12 月 15 日。

另一家 Sherpa 更是从创立之初就瞄准了雇主市场。由企业支付在线诊疗价款，供企业内部的所有员工享受在线诊疗服务的方式，于雇主而言也是增加招聘竞争力的一种手段。

此外，基于庞大的在线问诊用户来挖掘数据价值或与医院或药店合作引流也是正在探索的盈利模式。[①] 比如，导医模式就是通过在线问诊的线上平台将用户患者引入线下医院就诊和治疗，医院向在线平台支付佣金作为回报，但人满为患的大医院缺乏动力参与合作。导药模式是指平台充当药品导购的角色，通过在线问诊平台服务后，用户需要选购药品，平台能引导用户在附近的医院或药房购药，为客户寻找最便利的购药地点。平台甚至可以直接通过药店的电商平台，实现在线购药，送药到户，导药盈利模式的关键点在于能否有效整合药店资源。在与医院和药店的合作引流中，平台的盈利来源于介绍用户所提取的佣金。

医护上门的盈利模式采用的就是简单的收费方式。医护上门的发展空间与可持续性在根本上取决市场的需求。一种观点认为，医护上门挑战不容小觑，是伪需求。[②] 主要原因在于：第一，我国全科医生严重短缺。第二，上门医疗的事故责任尚无界定，执业医师在患者家里进行诊断，尚处于法律模糊地带。而且还面临着上门医疗的医护人员资质和安全问题等。第三，相对于宝贵而有限的医护资源，上门服务在提供便利性的同时，无疑降低了诊疗效率。

另一种观点认为，上门医护是一种真正的需求，其理由在于：第一，社会老龄化有助于推动居家型的上门医疗。[③] 第二，大众对于上门医疗服务的市场认知度和接受度也较高。据艾瑞咨询显示，上门诊疗服务是中国网民最希望获得的家庭医生服务类型（71.5% 的用户选择），且愿意使用上门诊疗服务的

---

① A5 创业网：《模式、终端迭代与风险：360 度解剖在线医疗》，http://www.admin5.com/article/20141029/568638.shtml，最后访问时间：2017 年 12 月 15 日。

② 中国产业信息网：《医疗 + 分享，会擦出怎样的火花》，http://www.cnii.com.cn/informatization/2016-08/10/content_1764706.htm，最后访问时间：2017 年 12 月 15 日。

③ 物联中国网：《人口老龄化趋势下，智能养老成下一个风口》，http://www.50cnnet.com/show-91-117309-1.html，最后访问时间：2017 年 12 月 15 日。

网民中，超过 7 成愿意为上述服务付费，慢性病网民的付费意愿更强烈。[①] 第三，老年群体也是国内现有的上门服务平台主攻的目标群体，面向的人群以老年人、母婴、慢病人群、复健人群为主，提供的服务也主要包括常见病和多发病的诊断、健康管理和康复治疗，这些日益增长的细分人群，似乎从某种程度上印证上门服务的未来发展。[②]

总之，从前景来看，共享医疗的发展值得期待，但更多的盈利模式也仍需探索。如何提供更高质量与更便捷的服务，如何开发更大的用户需求，恐怕是共享医疗未来发展的立足之本。

三、共享医疗的法律属性

（一）在线诊疗的法律属性

在线诊疗的本质仍是医生应患者请求，为患者提供有关健康的医疗咨询服务，和传统的患者上门的服务而言，只是增加了第三方平台匹配医患信息的环节。因此，患者和医生之间的关系和传统的医疗服务关系相同，都属于民法上的契约关系，具体而言是医疗服务合同关系。但鉴于在线诊疗在我国目前受到一定限制，第三方开设的在线诊疗平台上医生不能开具处方，因此在线诊疗中医生和患者之间是限于咨询内容的医疗服务合同关系。

至于提供在线诊疗的平台与医生和患者之间的关系，应当区分平台的类型。若在线诊疗提供者是第三方平台，则其只是一个信息中介的作用，是沟通医生和患者的桥梁、提供信息汇集、整理和传递的功能，因此第三方平台与医生和患者之间都是居间合同关系，适用《合同法》中关于居间合同的规定。若在线诊疗提供平台是实体的医院，平台上的医生也是医院自有的医生，则

① 三九养生堂：《互联网 + 医疗为什么会爆发　世界只有 5% 人健康》，http：//www.39yst.com/xinwen/320935.shtml，最后访问时间：2017 年 12 月 15 日。

② 中国产业信息网：《医疗 + 分享，会擦出怎样的火花》，http：//www.cnii.com.cn/informatization/2016-08/10/content_1764706.htm，最后访问时间：2017 年 12 月 15 日。

互联网平台是实体医院提供医疗服务的一种在线形式，相当于医院的远程医疗服务，平台与医生之间的关系等同于医院与医生的关系，视医院的性质而构成劳动合同关系或人事聘用关系；平台与患者的关系等同于医院与患者的关系，直接构成医疗服务合同关系。

（二）医护上门的法律属性

与在线诊疗的法律属性相似，医护人员与患者之间的关系与传统的医患关系相同。医护上门只是改变了传统诊疗的地点，由医院变为病人指定的地点，通常是病人的住所，除此之外没有其他改变。因此医护上门模式中，医护人员与下单的患者之间仍是医疗服务合同关系。学界主流观点将医患法律关系认定为民事法律关系，且是一种非典型性契约关系。医院为患者提供的医学技术专业性服务活动构成了医疗服务，其本质是一种技术服务，根据其法律特征，医患法律关系应属于一种双务的、有偿的医疗服务合同，一方面具有一般合同的特征，另一方面又有其自身的独特性。医护上门的模式与在线诊疗的模式相比，其提供的医疗服务更多，不仅包括在线问诊，因此医护上门模式中，医患关系所包含的合同内容要比在线问诊的合同内容更丰富。

互联网平台与医患双方的关系也与在线诊疗的模式相同，如果平台是由第三方提供、只起到信息撮合和沟通媒介的作用，则第三方平台与医护人员和患者构成的关系都是居间合同关系；若平台是由提供上门服务的医护人员所在的医疗机构提供，则医护人员和平台之间的关系就是医护人员和自己执业机构的关系，根据医院行为分别是劳动合同或人事聘用关系；平台和患者之间的关系等同于医疗机构与患者之间的关系，是医疗服务合同关系。

（三）线上与线下诊疗相结合的模式

首先是医生与患者之间的关系，无论是在线提供诊断的医生，还是线下提供治疗的医生，其与患者之间的关系都是医疗服务合同关系，视各自提供的服务类型确定合同范围。其次是平台与双方的关系，仍要将平台进行类型区分。有些互联网企业直接介入了属于医生服务范围的部分诊疗服务，包括互联网门诊、互联网分诊、互联网转诊、药品售送服务等；比如分诊服务，即建议患者挂哪个科，找哪个科看病，或建议患者找哪个医生看病，这都是属于医疗服务范围，属于与患者构成了医疗服务合同关系，与其雇佣的医生构成了劳动合同关系，应当接受国家有关医疗机构的监管。

若平台本身就是医院提供的，则与医生和患者分别构成如前所述的劳动法领域关系和医疗服务合同关系，但线上提供诊断的医生和线下提供治疗的医生若分属于不同的医院，则还涉及医院之间的合作关系，目前很多医疗机构之间为了加强资源的协作，开展了各种形式的合作，形成了大型医疗集团。其合作形式结合互联网的线上咨询与线下诊疗服务的，就属于线上与线下相结合的共享医疗模式。

（四）医疗设施分享模式

医疗设施的分享包括医疗设备的分享和病床资源的分享。医疗设备的分享主要是各医疗机构之间对相应医疗设施的使用权的分享，不涉及所有权的转移。因此提供医疗设备的医院与使用医疗设备的医院之间构成租赁合同关系，其具体的权利义务视双方之间达成的租赁合同内容而定，并遵守《合同法》有关租赁合同的规定。为其提供信息的互联网平台与医院之间构成居间合同关系，适用居间合同的相关规定。

在病床资源的共享中，通常是病床资源供给小于住院患者需求的三级医院向病床资源闲置的二级及以下医院寻求共享，在三级医院完成基本诊断与治疗的病人在二级及以下医院的住院部住院康复。由于病人康复过程中占用的不只是医院的床位，同时还享受到了所住医院护士提供的 24 小时服务以及医生提供的定期查房、紧急情况救治等综合医疗服务，因此病床资源的共享不宜理解为病床床位的租赁关系，医院之间构成民事上的合作关系，其合同的主要内容是将符合条件的患者由转出医院送往转入医院提供住院期间的医疗服务。病人与两个医院之间分别构成医疗服务合同关系，只是合同内容不同，患者与提供诊疗服务的医院；其合同内容集中于诊断和治疗；患者与提供住院服务的医院，其合同内容主要限于住院期间对应的医护服务。

需要强调的是，在共享病床的情况下，医院之间并不构成“转诊”的法律关系。转诊是法定情形下的法律行为，我国《医疗机构管理条例》第 31 条规定：“医疗机构对危重病人应当立即抢救。对限于设备或者技术条件不能诊治的病人，应当及时转诊。”《乡村医生从业管理条例》第 27 条也规定：“乡村医生应当如实向患者或者其家属介绍病情，对超出一般医疗服务范围或者限于医疗条件和技术水平不能诊治的病人，应当及时转诊；情况紧急不能转诊的，应当先行抢救并及时向有抢救条件的医疗卫生机构求助。”除了这两部行政法规之外，《医院工作制度》《医疗机构传染病预检分诊管理办法》等行政规章中对转诊行为也有类似规定。因此，转诊的行为前提是病人超出了医师的治疗能力，只有此时医生将病人转送具有治疗能力的其他医院才叫作转诊，也只有此时，最初的接诊医院才产生转诊义务，送出医院和转入医院构成转诊关系，适用与转诊制度相关的一系列法律规范。在共享病床的情形中，寻求病床资源的三级医院并不存在无法诊治患者的情况，只是为患者寻求物理空间上的病床床位与住院期间所需的基本医护服务，不属于转诊制度适用的前提，不构成转诊关系。

四、共享医疗的问题及监管

（一）共享医疗中可能存在的问题

1. 互联网平台的主体资质问题

如前所述，在共享医疗细分的四种商业模式下，互联网平台提供的都应是居间合同服务，充当的是信息中介的角色，而不应超出居间平台的服务范围，直接参与到分诊、售药等医疗机构才能提供的服务当中。根据《医疗机构管理条例》的规定，单位或者个人设置医疗机构，必须经县级以上地方人民政府卫生行政部门审查批准，并取得设置医疗机构批准书；医疗机构执业，必须到批准其设置的人民政府卫生行政部门办理登记，领取《医疗机构执业许可证》。任何单位或者个人，未取得《医疗机构执业许可证》，不得开展诊疗活动。另外，我国卫生行政管理部门还为各类医疗机构的设立提出了具体标准，包括《医疗机构基本标准》《诊所基本标准》《护理院基本标准》等规范性文件。无论是从审批程序和执照领取程序上，还是设立医疗机构需要满足的实质标准上，大多数互联网平台企业都不符合法律规范，然而，当其超出信息中介的服务范围、涉足实质的医疗服务后，就涉嫌未经许可而设立医疗机构的违法行为。

2014年8月，卫计委发布了《关于推进医疗机构远程医疗服务的意见》(国卫医发〔2014〕51号)，对远程医疗进行规范。其中规定，“非医疗机构不得开展远程医疗服务”。2017年5月，国家卫计委又出台《关于征求互联网诊疗管理办法（试行）(征求意见稿）和关于推进互联网医疗服务发展的意见（征求意见稿）意见的函》。其中对互联网诊疗活动的定义是利用互联网技术为患者和公众提供疾病诊断、治疗方案、处方等服务的行为。该函强调只有“医疗机构间的远程医疗服务和基层医疗机构提供的慢性病签约服务”才能进行互联网诊疗活动，其他形式的互联网诊疗活动“不得开展”。可见，目前线上的共享医疗提供平台只有取得医疗机构牌照，才能实质开展互联网诊疗服务；而医疗机构自身开展的互联网诊疗服务在未来的制度趋势下也只限于对另一医疗机构间的，有严格的程序规定；只有基层医疗机构可以开展直接对患者的慢性病签约服务。第三方平台在共享医疗的模式中很容易超出居间服务范围、涉嫌非法提供医疗服务。

2. 医师多点执业的合法性问题

2009年之前，我国完全不允许医师进行所谓的多点执业。截止到2017年才废止的《医师执业注册暂行办法》和《执业医师法》通过将医师的执业机构定义为执业地点，并对执业地点进行严格审核、注册管理的情况下，使得医师一旦在非执业地点行医就属于非法行医。尽管法律允许医师在某些情形下到其他执业机构工作，但针对的都是经原机构批准的进修、学术交流等情况。外出会诊也要遵循《医师外出会诊管理暂行规定》中的严格审批程序，且所得收入不属于会诊的医师，必须上交给执业机构。这些都体现了对医师执业地点的严格把控，体现出对医师在所属医疗机构之外提供医疗服务的禁止。

在2009年至2011年，我国执业医师进行多点执业改革的试水时期，某些试点地区允许医师在同省3家以内的执业机构执业，但要获得原执业单位的批准和卫生行政管理部门的审核注册，远远不是自由流动的多点执业。2014年，卫计委、发改委等多部委联合推出了《关于印发推进和规范医师多点执业的若干意见的通知》；2017年，我国颁布《医师执业注册管理办法》，取代了原来1999年的《医师执业注册暂行办法》。这两部规范使我国执业医师的多点执业改革取得了很大进步：在行政管理上，实现了同一省级行政区划内，由无法多点执业到审核注册执业再到备案即可多点执业的变化；与原执业机构关系上，从必须取得其书面同意的批准制也变为了知情报备即可的备案制；在对医师资质要求上，从要求具有中级职称以上、非医院领导到所有执业医师均可；在执业机构数量上，从不超过3个执业机构，到同一省内不设上限。

虽然改革有了很大进步，但目前我国的医师多点执业仍没有完全放开。根据2014年的意见，医师进行自由的多点执业仍只在试点地区展开，试点之外需要执业机构的批准，试点之内也需要医师向原执业机构履行知情报备手续。无论是在试点内或试点外，拟多点执业的医师都需要向批准其多点执业医疗机构的行政部门分别申请备案，注明所在执业机构的名称。

如果共享医疗的平台提供者是医院，而提供服务的医师是其他医疗机构的执业医师，那么目前在互联网平台上提供医疗服务的医师存在大量未履行多点执业报批手续的行为，包括取得原执业机构同意或对其知情报备，以及到卫生行政部门备案。2014年的《关于推进医疗机构远程医疗服务的意见》中也再一次强调："医务人员向本医疗机构外的患者直接提供远程医疗服务的，应当经其执业注册的医疗机构同意，并使用医疗机构统一的信息平台。"该规定同样遵循了医师多点执业需取得所在执业机构同意的规定。

如果提供在线问诊等医疗服务的平台是非医疗机构，且其只是作为居间服务提供者存在，那么医师在该平台上直接对患者进行诊断，相当于脱离了执业机构的概念。根据多点执业的改革，医师可以在超过一个的执业机构执业，但前提是这些执业机构都是经国家合法审批、获得牌照的医疗服务机构，即使多点执业，也需向批准该执业机构的行政主管部门备案；医师不存在个人执业的情形，除非按照申请开办个人诊所。因此，在线上开展的共享医疗模式，执业医师甚至超越了多点执业改革允许的模式，既然互联网平台企业不是经过合法批准的医疗执业机构，医师就无法到行政主管部门开展备案，变成既非在原执业机构执业，又非在多点执业机构政策下的执业，变成脱离执业机构、在互联网平台提供信息下的个人执业，违反我国目前的医师执业制度。

3. 消费者权益保障问题

患者在共享医疗服务中虽然享受到了很多传统医疗模式所不具有的便捷，但也面临着更多的风险，从医师质量到诊疗效果再到患者的个人信息保护，作为消费者的患者都需要更多的权益保障。

（1）医师质量问题

作为虚拟互联网构建的诊疗平台，线上提供医疗服务的医师质量难以保证。首先是医师资质难以保证。传统模式下，正规医疗机构中的医师都是取得执业资格、每年进行考核的执业医师；在共享医疗的模式中，若互联网平台违规组建医师团队提供医疗服务，患者很难确保其医师是取得资质、考核合格的执业医师，短时间内，消费者无法对线上提供服务的医生个人身份进行验证；甚至可能存在“挂羊头，卖狗肉”的行为，即互联网平台宣称合作医师中请到了著名三甲医院的某主任医师，当消费者申请该医师的医疗服务时，互联网另一端实际提供服务的并非该主任医师，而是其他普通医师或没有任何资质的非执业医师。这些情况在共享医疗模式中都有可能出现，而消费者难以识别。

另外，如本文第一部分所述，共享医疗的产生正是由于医疗资源的不平衡所致。中西部地区的医疗资源剩余多，二级及以下的基层医疗机构资源剩余多，东部发达地区以及实力雄厚的三甲医院处于医疗资源供不应求的状态，其中的优质医师也处于超负荷状态。因此，能够在共享平台上提供服务的医师基本是三级医院以下、实体医疗服务中被患者需求较少、闲置时间较多的医师。这些医师的专业素质和执业经验相对三级医院中的优秀医师而言存在一定差距，未必能提供高质量的医疗服务。这一点可能被共享医疗模式中的部分患者明知而无奈接受，也可能被某些患者忽略，这些患者没有注意到该问题的所在。因此，共享医疗中的医师质量无论是从执业资质还是执业素质上都可能无法满足患者需求。

（2）诊疗效果问题

共享医疗模式中的实际诊疗效果也与传统医疗存在一定差距。传统医疗中，“望闻问切”等手段会综合使用，无论中医还是西医，向患者本人询问症状都只是诊断的辅助手段之一，甚至不是核心手段。毕竟患者自身不是医学专业人员，在描述症状的时候很可能存在偏差，此时需要医生结合各项检查进一步判断。比如抽血、核磁共振、超声、切片活检等种种措施都大量使用在实体的医疗服务中；即使是脱离设备、单纯靠医生本人的检查手段也十分关键，比如对疑似肝癌的病人进行腹部拍打和按压，根据其是否感受到疼痛以及疼痛的程度进行病情判断。最简单的感冒病症中，医生通常也会观察脸色、用听诊器听肺部杂音、观察扁桃体状况等种种方法辅助诊断。而单纯的线上问诊完全无法依靠这些手段，只能靠患者自述。即使有丰富医学知识的患者也无法使得线上的医师仅凭文字描述而全面获知其健康状态，更不要说大多数缺乏医学知识的普通患者。因此，这样的问诊几乎只能针对最简单的病症，且由于缺乏各种辅助手段，难以保证诊断质量。

即使在医护上门的模式中，病患也无法获得如同实体医院那样的医疗服务。比如，由于很多大型昂贵的医疗器械不便移动，上门服务的医护人员只能携带轻便的医疗工具，能提供的诊疗范围极其有限；而且很多治疗手段需要在无菌或特殊灯光的环境下操作，普通患者家中也不具备该等条件。因此，医护上门模式中，尽管医护人员可以和患者实际见面，采取某些简单的检查措施，但受制于医疗设备的不便携带和患者家中的医疗环境，略微复杂的病情即无法展开诊疗，能提供的医疗服务项目和质量都大打折扣。

并且，互联网平台上提供服务的医师很可能是某一科的专科医师，却大量接受的是其专业领域之外的问题，充当了全科医生的角色，这样的医疗服务质量也很难保证。比如，眼科医生很难提供专业的儿科服务；肝胆外科的医生对泌尿外科的问题也难以把握。互联网平台上如果没有按照医生的专长进行分类，很容易出现医生专长与患者问题不匹配的情况，也会影响诊疗质量。

（3）信息保护问题

有关个人的健康问题是公民的绝对隐私，比如我国《征信业管理条例》第 14 条第 1 款规定："禁止征信机构采集个人的宗教信仰、基因、指纹、血型、疾病和病史信息以及法律、行政法规规定禁止采集的其他个人信息。"我国在《人口健康信息管理办法（试行）》中第 5 条第 2 款规定："各级各类医疗卫生计生服务机构（含中医药服务机构，下同）负责人口健康信息的采集、利用、管理、安全和隐私保护，是人口健康信息管理中的责任单位。"第6条规定："责任单位采集、利用、管理人口健康信息应当按照法律法规的规定，遵循医学伦理原则，保证信息安全，保护个人隐私。"

互联网平台提供者主要提供的是居间服务，不属于各级各类医疗卫生计生服务机构，然而却收集了大量注册用户的健康情况、病情病史等信息，掌握了消费者的核心个人隐私。我国目前存在的对公民个人信息的一般保护不足以完全杜绝互联网平台存储、加工、泄露患者这些健康隐私的行为。所谓的大数据盈利模式，利用的正是患者在平台上留下的问诊数据，对其进行深度的分析，已经涉及消费者隐私内容的探知和利用。然而，互联网医疗平台目前却缺乏对患者隐私利用的有效监管，消费者的个人信息存在泄露风险。

4. 执业医师的劳动权益保障问题

目前在我国劳动法上，受保护的双重劳动关系处于极其狭窄的范围。我国《劳动合同法》第 39 条规定了用人单位单方解除劳动合同的情形，被概括为"过失性辞退"，其中，第 4 项即劳动者同时与其他用人单位建立劳动关系，对完成本单位的工作任务造成严重影响，或者经用人单位提出，拒不改正的。这是对劳动者开展双重劳动关系最大的障碍，只要用工单位不同意或者法院认为对本单位的工作任务造成严重影响，劳动者都会因给其他单位提供劳动的行为而被辞退。尽管非全日制用工，企业停薪留职人员、未达到法定退休年龄的内退人员、下岗待岗人员以及企业经营性停产放长假人员，科技人员等的兼职存在法律依据，但其他兼职仍可能因雇主拒绝而带来解雇风险，甚至有的法院直接认定中国只能有单一劳动关系，不存在一般情形的双重劳动关系。[①]

虽然执业医师领域进行了数年的多点执业改革，但改革确定的主要成果只是允许执业医师在行为上到其他单位执业；但在法律关系上，《关于印发推进和规范医师多点执业的若干意见的通知》明确规定医师与其他执业机构签订的是“劳务协议”。劳务协议属于合同法管辖的范畴，双方的权利义务均需在签订的劳务协议中确定，有很大程度的意思自治，在加班、解雇等特殊情形发生时，也不存在法定的强制补偿。而劳动关系则不同，劳动关系适用的是《劳动合同法》等有关劳动的法律，强制性较明显，体现在劳动合同未订立时的双倍工资赔偿，解除劳动合同的限制和赔偿、经济补偿，试用期、休假、工作时间、最低劳动报酬，工会制度、强制社会保险制度、劳动仲裁等特殊争议解决方式，这些都是劳动者在劳动合同法下享有的权利。如上所述，大多数医师在网络平台上提供服务并没有遵循多点执业所需程序，属于违法的自由执业；即使办理了多点执业手续，也无法与本职单位之外的共享医疗企业形成劳动关系。因此执业医师在共享医疗的执业当中缺乏劳动法领域的相应保护，其社会保险也是由原单位缴纳，原单位自然也没有动力鼓励医师参与共享医疗。

5. 医疗保险制度的衔接问题

我国医疗保障形成的是以基本医疗保险为主，辅以各种形式的补充医疗保险，社会医疗救助为底线的多层次医疗保障体系的基本框架：第一板块是基本医疗保险，第二板块是补充医疗保险，第三板块是医疗救助。其中基本医疗保险在2016年前包括三类：第一类是1998年确立的城镇职工基本医疗保险，第二类是2003年确立的新型农村合作医疗制度，第三类是2007年确立的城镇居民医疗保险。2016年1月，国务院印发《关于整合城乡居民基本医疗保险制度的意见》，决定推进城镇居民医保和新农合制度整合，在全国范围内建立起统一的城乡居民医保制度。我国的基本医疗保险制度存在很多问题，其中很受诟病的一点就是定点制度问题。医疗保险辅助机构目前包括定点医院

---

① 参见（2016）赣民再83号周国华与江西乔家栅食品有限公司劳动争议案的裁判文书。

和定点药店，只有医保覆盖群体在各自医保对应的定点医院和药店进行就医和卖药，才能享受到医疗保险待遇。目前，在共享医疗的模式中有免费也有收费，收费模式下，患者在网络平台上缴纳的费用没有纳入医保体系，不利于鼓励患者选择使用共享医疗，也在实质上造成实体医院与共享医疗不公平的竞争格局。

（二）对共享医疗的相应监管

1. 规范共享医疗平台的服务范围

如前所述，共享医疗平台提供的服务有两种，一种是纯粹的信息中介，仅仅为沟通患者和医师的信息提供桥梁，充当的是居间平台的角色；另一种是直接为患者提供分诊等医疗服务，实质上开展的是医疗机构业务。由于医疗行业在我国是需行政许可才能设立的行业，需要医疗机构满足详细的成立标准、经审批核准拿到牌照。因此，在今后的监管中，应当加强对共享医疗平台的主体资质审核，若其未取得《医疗机构执业许可证》，则只能允许其开展信息中介的活动，应当对其提供的医疗机构服务进行禁止，清理整顿现有的无牌照开展医疗机构业务的平台。

然而，卫计委近年的规范性文件体现出的监管导向是只有“医疗机构间的远程医疗服务和基层医疗机构提供的慢性病签约服务”才能进行互联网诊疗活动，对共享医疗的范围进行了极大的限缩。首先，其提供主体上限于医疗机构；其次，其提供服务的对象原则上应当是接受远程医疗服务的其他医疗机构，只有基层医疗机构才可以对患者直接提供慢性病签约服务。这样的监管范围限制太窄，虽然有利于保证就诊质量，却也实际上扼杀了共享医疗的活力。在今后的监管中，应当允许各种模式的共享医疗存在，但需要守住的红线是未经审批获得医疗机构执业许可的平台不得实质提供医疗机构核心业务。

2. 规范执业医师的多点执业行为

虽然目前允许多点医师执业，但仍有相应的手续需要办理。医师对原单位知情报备即可开展多点执业只存在于个别试点，试点之外仍需要执业机构的批准。无论是在试点内还是试点外，拟多点执业的医师都需要向批准其多点执业医疗机构的行政部门分别申请备案，注明所在执业机构的名称。因此，在现行法上，应当要求共享医疗的互联网平台对合作医师增加审核义务，审核其是否已按要求取得原执业机构同意或进行知情报备，是否在相关卫生行政部门依法备案。未履行这些程序的医师不应在互联网平台上提供服务。

另外，应当进一步改革医师的多点执业制度。一方面，将取得原单位批准的条件由试点地区推广到全国范围，应在所有医院实行知情报备制度。另一方面，应当明确医师在互联网平台上直接对患者进行诊疗的合法性，若认为属于个人执业，则需增加法律上有关个人执业的规定；若认为属于其所在医疗机构提供的服务，则需将患者的咨询纳入该医疗机构的挂号体系，明确患者与该医疗机构建立了医疗服务合同关系。总之，应当在未来给执业医师在网上提供服务的行为给予合法的地位和便捷的程序。

3. 增加对消费者权益的保障

互联网诊疗平台的监管核心和监管目的都是要增加对消费者的权益保障。在提高执业医师质量方面：首先，平台应当严格审核合作医师质量，确保其是取得执业资质、考核合格的执业医师。其次，应当真实、准确、完整地披露医师执业信息，禁止虚假宣传，确保提供服务的医师与患者在平台上看到的姓名相对应；并且禁止夸张宣传，应真实显示医师的执业类别和执业范围，专科医师不得提供全科医师的服务。最后，应明确显示医师执业所在医院的性质，二级医院不得冒充三级医院；还应尽可能选择医院中执业经验丰富、患者评价较高的医师，对医师质量进行筛选。

在确保诊疗效果方面：首先，应当进行充分的风险提示，提醒患者互联网平台诊疗的局限性；其次，可以考虑由卫生主管部门列出一份详细的目录，明确哪些诊断可以在互联网平台上提供，哪些诊断必须到实体医院完成；最后，应当遵循互联网平台不得对首诊患者进行诊疗的规定，[①] 增加平台对患者是否前往实体医院进行首诊的形式审核义务，确保平台上提供的诊疗服务是简单的复诊。

---

① 《互联网诊疗管理办法（试行）（征求意见稿）》（国卫办医函〔2017〕420号）第14条。

在保护个人信息方面：应当出台专门的规定强调互联网诊疗平台的保密义务，禁止其泄露用户信息，并制定相应的罚则。对于存储、分析、利用患者信息的行为也应加以限制，具体可比照医疗机构对患者信息的使用规定进行制定。①

4. 保护执业医师的劳动权益

在今后多点执业的改革中，若互联网平台取得了医疗机构牌照，而合作的执业医师在互联网平台上提供的服务与互联网平台之间满足了实质的劳动关系，则应给予执业医师劳动法下的保护，对于其他多点执业机构与执业医师的关系，也应从劳务关系变为劳动关系。对于劳动关系的确定，劳动和社会保障部在2005年曾发过一个专门的通知，规定用人单位和劳动者即使未订立劳动合同，但只要同时具备三种情形，就成立劳动关系：（1）用人单位和劳动者符合法律、法规规定的主体资格；（2）用人单位依法制定的各项劳动规章制度适用于劳动者，劳动者受用人单位的劳动管理，从事用人单位安排的有报酬的劳动；（3）劳动者提供的劳动是用人单位业务的组成部分。同时可参照这些凭证进行确定：工资支付凭证或记录（职工工资发放花名册）、缴纳各项社会保险费的记录；用人单位向劳动者发放的“工作证”“服务证”等能够证明身份的证件；劳动者填写的用人单位招工招聘“登记表”“报名表”等招用记录；考勤记录；其他劳动者的证言等。②雇佣双方只要事实上符合劳动关系的构成，都应当被视为劳动关系。

与之对应的是，在执业医师个人的社会保险上，应当统一账户，分头缴纳，并账处理，即应在执业医师拥有统一社会保险账号的基础上，各执业机构按照实际发放给医师的工资为基数，依法按比例为执业医师缴纳社会保险。除了社会保险，劳动合同未订立时的双倍工资赔偿，解除劳动合同的限制和赔偿、经济补偿，试用期、休假、工作时间、最低劳动报酬，工会制度、劳动仲裁等特殊争议解决方式都是劳动者在劳动合同法下享有的权利，多点执业

---

① 《人口健康信息管理办法（试行）》（国卫规划发〔2014〕24号）第6~19条。

② 参见《劳动和社会保障部关于确立劳动关系有关事项的通知》（劳社部发〔2005〕12号）第2条。

的执业医师也同样应当在与其构成劳动关系的互联网平台处享有这些权利。

5. 改善医疗保险的定点机构制度

由于医疗保险实行与定点医院和定点药店相挂钩的制度，导致患者在互联网诊疗平台收费模式下的诊疗费用无法报销。对此，长远来看，应当从根本上废除医疗保险的定点报销制度，实现患者自由选择的医院均可覆盖医保的体系。从目前来看，可以暂时做出一些改动：若提供服务的医师所在的执业机构本身就是互联网平台上接受该医师服务的患者所属的医保定点机构，则应纳入其医保报销体系，可以通过纳入挂号体系处理；进而可以做的改变是在同一省级行政区划内的所有医保机构的医师可以和本省的患者自由匹配，都可纳入医保体系；再进一步的改变是突破省级行政区划的限制，真正实现全国范围内医保定点机构和任意患者的匹配。最后，有可能的话可以取消定点机构制度，实现医保全覆盖。虽然改革的成本很高，实现过程很遥远，但是可以一步一步推进，逐渐提高对城乡居民的医疗保障，保障互联网诊疗平台上的患者权益，使其与实体医院患者享受同样的医保待遇，也保证实体和线上的服务提供者有公平的竞争环境。

五、结语

共享医疗与其他共享经济类似，都是在不转移所有权的模式下对闲置资源的充分利用，其突出特点是共享内容的很大一部分是医护人员的人力资源。共享医疗的兴起源于我国不足的医疗供给体系下的供需结构不平衡，中西部地区、二级及以下医院有大量的医疗资源被闲置，包括医护人员的人力资源和医疗设备、病床等设施资源。由此展开的共享医疗也主要涵盖了在线问诊、医护上门、在线与线下相结合以及病床、设备资源共享四种模式，也逐渐形成了患者或雇主付费、导医导药等盈利模式。在共享医疗中，患者与提供服务的医护人员之间形成的仍然是传统诊疗中的医疗服务合同关系，互联网平台视性质而定，若其提供了实质诊疗服务，则与患者和医护人员分别构成医疗服务合同关系和劳动法上的关系；若提供信息中介的作用，则与医患双方构成的都是居间合同关系。

共享医疗在逐渐发展的过程也凸显出了不少问题，包括：未取得医疗机构执业许可的互联网平台超越居间范围、实质开展诊疗服务；医师未遵循多点执业手续，以及脱离原执业机构、直接面向患者提供服务，在现行法下没有依据；共享医疗平台上的医师质量、诊疗效果和个人信息保护问题；医师个人在互联网平台上提供服务时，其多点执业中的劳动关系不被认可，缺乏劳动法的保护；医疗保险中的定点机构制度使得共享医疗平台上的患者无法享受到医疗保险待遇等。与这些问题相对应，未来的监管举措应从规范共享医疗平台的服务范围、规范医师的多点执业行为、保障消费者权益、保护医师的劳动权益和改善医疗保险的定点机构制度入手，真正让共享医疗惠及百姓，蓬勃发展。

共享出行

将共享单车市场纳入法治轨道的思考与建议

刘俊海①

分享经济为新常态下我国市场经济的发展注入了崭新的商业模式，受到党和国家的高度重视。习近平总书记在第二届世界互联网大会开幕式上提出“推动网络经济创新发展”的主张，强调“发展分享经济”。李克强总理在2017年《政府工作报告》中强调“支持和引导分享经济发展”。党的十八届五中全会指出，要实施“互联网+”行动计划，发展分享经济。分享经济是法治经济。作为分享经济理念下的创新实践，方兴未艾的共享单车市场纳入法治轨道。

一、共享单车的发展态势与内在风险分析

作为解决城市出行“最后一公里”难题的创新接驳方式，共享单车展现出诸多优势。既缓解了交通拥堵，又压缩了“黑车”“摩的”等非法运营车辆的盈利空间；既降低了消费者的出行成本，提高了资源的利用效率，又间接促进了自行车制造等实体经济产业的发展；既弘扬了“绿水青山”的发展理念，又遏制了汽车尾气所造成的空气污染，实现了社会效益、经济效益与环境效益的统一。在此综合效益下，共享单车显示出巨大的发展潜力。2016年以来，共享单车在市场规模、用户数量、覆盖范围等方面发展迅速。2016年共享单车市场规模达12.3亿元，用户规模达0.28亿人；预计2017年其市场规模将达

---

① 刘俊海，中国人民大学法学院教授。

102.8 亿元，用户规模将达 2.09 亿人。各类平台企业已在全国逾 40 个城市共投放超过 400 万辆共享单车。[①]

与此同时，共享单车市场呈现出市场风险、道德风险与法律风险相交融的特点。市场风险诱发道德风险，道德风险诱发法律风险，法律风险又反向诱发道德风险。一方面，多元竞争格局致使平台企业经营失败的市场风险不断积聚，极易诱发其见利忘义、唯利是图的道德风险，并进而诱发不正当竞争、变相揽储、侵犯消费者合法权益等法律风险。长时间免费骑行、不合理充值返现等经营策略、经营行为，具有构成《反不正当竞争法》第 11 条规定之低价倾销的风险；汇集巨额押金，且不在明确其法律性质与用途的前提下规范存管，具有构成《商业银行法》第 11 条第 2 款规定之非法开展商业银行业务的风险；未按时检修、定期淘汰共享单车，导致消费者因车辆故障遭受人身损害的情形，具有违反《消费者权益保护法》第 7 条规定之安全保障义务的风险。另一方面，共享单车的公共性和高流动性极易诱发消费者不文明用车的道德风险，进而诱发其侵权、违法停放等法律风险甚至盗窃、侵占等犯罪风险。通过恶意喷污二维码导致车辆功能性损毁或通过恶意破坏车座、车把等导致车辆物理性损毁，具有构成《侵权责任法》第 19 条规定之侵犯财产权的风险；乱停乱放以致阻碍通行，具有违反《道路交通安全法》第 59 条规定之依法停放非机动车的风险；加装私锁、藏匿单车等行为，在满足“数额较大”的要件时，具有构成《刑法》第 264 条规定之盗窃罪或第 270 条规定之侵占罪的风险。

二、共享单车要骑得更远、更稳必须纳入法治轨道

上述分析表明，共享单车利弊相伴、优劣并存。唯有坚持兴利除弊的基本原则，秉持打造消费者友好型共享单车生态环境的理念，贯彻契约精神与公平竞争的法治精神，才能使共享单车在发展与规范相互协调的法治轨道上“骑得更远”“骑得更稳”。

---

① 数据来源：《2017Q1 中国共享单车市场研究报告》，艾媒咨询 2017 年 3 月 29 日发布。

规范共享单车的发展要坚持兴利除弊的基本原则。监管部门要充分认识到分享经济模式在供给侧结构性改革背景下的重要意义，支持与鼓励共享单车的发展，最大化地实现其综合效益。同时，共享单车市场绝不能成为法外之地、失信之地。监管部门要正确理解发展与规范的辩证关系，在发展中规范、在规范中发展，打造多赢共举、诚实信用、法治理性、可持续发展的市场生态环境。

规范共享单车的发展要秉持打造消费者友好型的共享单车生态环境的理念。消费是财富之源，也是分享经济可持续稳定发展的动力来源，而消费者正是源头活水。打造消费者友好型共享单车生态环境不仅能够纠正现阶段共享单车行业野蛮生长的状态，而且有利于提升共享单车的诚信度和公信力，从而使共享单车市场实现诚信培育信心、信心促进消费、消费拉动需求、需求刺激投资、投资繁荣经济的良性发展，形成消费驱动投资、投资助推消费、消费与投资相均衡的良性互动。

规范共享单车的发展要贯彻契约精神与公平竞争精神。作为市场经济的创新形态，分享经济的本质是法治经济、契约经济、竞争经济，理应贯彻契约精神与公平竞争精神。就契约精神而言，契约自由要求监管部门充分尊重和保障契约双方的理性合意，进而鼓励市场创新、激发市场活力；契约正义要求契约双方权利义务的对等，反对霸王合同，主张形式平等之上的实质平等；“民有私约如律令”，契约严守要求契约双方尊重生效合同的法律效力，履约守信。“宝贝租车”不按约退还押金的行为不应为平台企业所效仿。要保护双边实质的契约自由，以契约正义矫正契约自由的形式化与单边性，并最终落脚于契约严守。“流水不腐，户枢不蠹。”“鹬蚌相争，渔翁得利。”就公平竞争精神而言，公平的市场竞争机制既是分享经济的活力之源，也是维护消费者合法权益的有效保障。应积极鼓励公平竞争，反对垄断行为和不正当竞争行为，以《反垄断法》和《反不正当竞争法》为依据维护共享单车市场公开、公平、公正的竞争秩序与交易秩序。

三、建议打造消费者友好型的共享单车市场协同共治体系

规范共享单车的发展要综合考虑立法相关部门、监管部门、法院、行业

协会、平台企业及消费者等多方主体，打造消费者友好型的共享单车市场协同共治体系。

良法是善治的前提。建议由交通运输部牵头，与公安部、工商总局、质检总局、国家网信办、中国人民银行、银监会等多部门携手联动，共同推出部门规章，对共享单车予以细化规定。要坚持开门立法、民主立法、透明立法的原则，充分调研并总结推广地方层面的可供复制推广的成功经验。目前，深圳已正式出台《关于鼓励规范互联网自行车发展的若干意见》，南京、成都也已分别发布《南京市促进网约自行车健康发展的若干意见（征求意见稿）》《成都市关于鼓励共享单车发展的试行意见（征求意见稿）》。以上地方规章有以下三点值得借鉴：其一，确立了人为本、鼓励创新、市场配置、政府规范的原则，为具体条文的解释与适用提供了指导。其二，明确划分了政府各有关部门的监管职责，使其分工明确、权责明晰，避免监管的错位、缺位、越位与失位现象。其三，详细规范了共享单车企业的经营行为，包括用户的实名制管理、押金的第三方存管、意外伤害保险及第三者责任险的购买、隐私权的保护、不正当竞争行为的禁止、车辆安全性的保障等。鉴于上述规范并未对消费者与平台企业间的法律关系以及平台企业的法律责任进行规定，建议明确消费者与平台企业间的特殊租赁合同关系，并盘活《消费者权益保护法》《合同法》《侵权责任法》《刑法》等立法资源，切实强化平台企业的法定义务与社会责任。

监管部门要积极创新监管与服务方式。建议监管部门实行全程监管、协同监管、能动监管，建立健全消费者友好型行政监管体系。全程监管强调事前、事中、事后监管的合理配置与良好衔接。要对平台企业的市场准入实行备案制，强化对押金存管、车辆安全性等重点事项、重点环节的监管并加强对违法违规行为的行政处罚力度。协同监管强调各相关监管部门在明确分工与职责的前提下，在监管过程中形成高效、协调的多元执法机制。能动监管强调监管部门在监管过程中的主动性、策略性，利用大数据等技术，通过分级管理、现场检查、行为指导等方式提升监管效果。既要提升监管效能，也要改善行政服务，尤其要尽快解决由于城市管理思路落后而导致的共享单车停放中存在的散乱现象。

法院要对各类共享单车领域的民事纠纷采取“开门立案、凡诉必理”，建立健全消费者友好型司法救济体系。法官在认定事实的过程中，要充分利用手机应用程序及企业信息终端所记录的电子合同、行车记录、报修信息等相关电子证据，从而正确认定合同关系与侵权中的因果关系等法律争点。法院要在明确消费者与平台企业间特殊的租赁合同关系的基础上，在适用一般性规范的同时把握其特殊性，尤其要考虑消费者在格式合同下的弱势地位及短期租赁所放大的不确定性。在此基础上，明确《合同法》《侵权责任法》与《消费者权益保护法》之间一般法与特别法的关系，依“特别法优于一般法”的原则准确适用法律。

行业协会既要加强行业自律，建立健全行业规范和标准，也要引领行业文化，弘扬企业的商业伦理与社会责任理念。目前，上海市自行车行业协会和天津市自行车电动车行业协会牵头发布了《共享单车团体标准（征求意见稿）》，从产品质量和安全要求、车辆维护、押金存管、损害赔偿等方面确立了相关行业规范和标准，值得肯定。

平台企业要树立“一心（对消费者的感恩之心）二维（盈利合理化思维与社会责任思维）三品（产品、企品与人品的三品合一）四商（智商、情商、法商与德商的四位一体）”的经营理念，兼顾近期财产利益与远期品牌利益，践行契约精神，规范经营行为，主动承担先行赔偿责任以及保险理赔不足时的补充赔偿责任。特别地，《道路交通安全法实施条例》第 72 条明确规定，驾驶自行车必须年满 12 周岁。虽然平台企业通过身份验证等技术手段限制不满 12 周岁的儿童注册账号，并在电子合同中约定使用者须符合上述年龄要求，但并未有效控制儿童违规骑行的风险。平台企业要完善技术，通过用智能锁替代机械锁等方式有效遏制儿童私自开锁的行为，同时要建立健全失信惩戒机制，加强对用户违规为儿童开锁等行为的失信惩戒力度。家长也应谨慎认真地履行监护人职责，不因自身疏忽而导致儿童人身安全的损害。若不满 12 周岁的儿童骑行共享单车发生事故，应视具体情形由平台企业、监护人或者其他过错方承担相应责任。

消费者在遭受人身或者财产损害时要选择公平高效的维权策略。其一，消费者倘若因共享单车的质量问题而遭受人身、财产损害，消费者可以依据《消费者权益保护法》向平台企业要求赔偿，也可以向单车生产者要求赔偿。属于生产者责任的，平台企业赔偿后，有权向生产者追偿。属于平台企业责任的，生产者赔偿后，有权向平台企业追偿。其二，消费者倘若因机动车驾驶者、非机动车驾驶者或行人违反《道路交通安全法》而遭受人身、财产损害，可依据该法与《侵权责任法》向过错方主张侵权损害赔偿。其三，消费者倘若因产品质量、机动车驾驶者、非机动车驾驶者或行人过错等多个原因而遭受人身、财产损害，要视具体情形分别依据《消费者权益保护法》《道路交通安全法》及《侵权责任法》中的相关规定主张损害赔偿请求权。

共享单车保险的反思与重构

李　华　郭志鹤[①]

一、问题的提出

在常用的共享单车中，ofo 小黄车为用户提供保险保障，其他共享单车并不提供保险。除此之外，支付宝为通过支付宝扫码开启并使用的共享单车用户赠送保险。[②] 因此，本文也以 ofo 小黄车和支付宝为共享单车提供的保险为主要研究对象对共享单车保险进行研究。ofo 小黄车和支付宝为共享单车提供的保险主要是意外伤害保险和意外伤害医疗保险，其主要保险条款均为一般的意外伤害保险和意外伤害医疗保险条款。通过阅读 ofo 小黄车和支付宝提供的保险条款，引发的思考是：1. 一般的意外伤害保险和意外伤害医疗保险能否完全适用共享单车保险。共享单车保险人是否应该根据共享单车的特性设计保险条款，为用户提供充分的保险保障。2. 共享单车保险属于典型的互联网保险，共享单车保险人对保险条款的内容以及内涵，还应该履行那些说明义务。3. 共享单车保险所涉意外伤害保险和意外伤害医疗保险往往与其他社会保险或商业保险并存，发生保险事故时，被保险人对于多种保险是否可以兼得以及保险的理赔顺序如何确定。本文主要围绕上述问题展开讨论研究。

---

① 李华，南京大学法学院副教授；郭志鹤，南京大学法学院研究生。

② 以南京地区为例，目前在支付宝中支持扫码骑行获取保险的单车有 ofo 小黄车、永安行单车、小蓝单车、优拜单车、哈罗单车、funbike 单车和 7 号电单车。

二、现行共享单车保险条款之检讨

ofo 小黄车所提供的保险和支付宝所涉共享单车保险主要为意外伤害保险和意外伤害医疗保险。支付宝 APP 上附有完整的共享单车保险合同条款，ofo 小黄车仅仅在 APP 上提供了主要保险责任条款。鉴于 ofo 和支付宝共享单车保险责任条款基本相同，本文主要以支付宝所提供的共享单车保险合同条款作为考察依据。

（一）对意外伤害保险条款的检讨

1. 对“意外伤害”的界定。意外伤害保险是指被保险人在保险期间因遭受意外事故而使身体受到伤害，或者因此致残、致死之时，保险人依照合同约定给付保险金的人身保险。① 意外死亡给付和意外伤残给付是意外伤害保险的基本责任，其派生责任包括医疗给付、误工给付，丧葬费给付等责任。《中华人民共和国保险法》(以下简称《保险法》)第 95 条明确了意外伤害保险属于人身保险险种之一，但是,《保险法》未提供判断意外伤害事故的具体标准,《最高人民法院关于适用〈中华人民共和国保险法〉若干问题的解释（三)》(以下简称《保险法司法解释（三)》) 第 25 条也仅仅确定了导致被保险人的损失的事故原因难以确定时的司法裁判处理规则。只有 1998 年出台的《中国人民银行关于航空旅客人身意外伤害保险有关问题的通知》第 12 条将意外伤害定义为：“遭受外来的、突发的、非本意的、非疾病的使身体受到伤害的客观事件。”在实务中，保险公司在保险条款中也大致以此作为对“意外伤害”的解释。②ofo 小黄车和支付宝共享单车保险条

① 温世扬主编:《保险法》，法律出版社 2016 年版，第 220 页。

② 例如安邦保险公司《安邦安顺 1 号意外伤害保险条款》第 6.4 条规定：“意外伤害指遭受外来的、突发的、非本意的、非疾病的使身体受到伤害的客观事件，并以此客观事件为直接且单独原因导致被保险人身体蒙受伤害或者身故，碎死不属于意外伤害。”（http：//www.iachina.cn/IC/tkk/01/ebe1cf41-76a4-4fbd-834b-85acd1f8c9c6.html，最后访问时间：2017 年 6 月 25 日。）华汇人寿保险公司《华汇人寿个人综合意外伤害保险条款》第 8.1 条规定：“意外伤害是指遭受外来的、突发的、非本意的、非疾病的使身体受到伤害的客观事件。”（http：//www.iachina.cn/IC/tkk/01/1d0b7b76-11b2-4bca-b7c4-7d59d113aab4.html，最后访问时间：2017 年 6 月 25 日。）

款都明确："本保险所称意外伤害，指以外来的、突发的、非故意的和非疾病的客观事件为直接且单独的原因致使被保险人身体受到的伤害。"①

2. 对"使用过程中"的理解。支付宝所涉共享单车保险和 ofo 小黄车保险条款叙述保险条件都要求在"使用过程中"，支付宝保险条款更是解释为"当次扫码开锁时起至当次到达目的地止"。②争议在于用户已经扫码开锁还未实际使用或者使用者在使用过程中已实际脱离使用的车辆（例如临时有事而将车紧靠在路边，但并未结束使用）时，是否属于"使用过程中"。笔者认为共享单车保险是为实际骑行者提供保险保障，对于已经扫码开锁，但是并未实际使用的情形不应纳入共享单车保险的范围，"使用过程中"应该做狭义的解释，理解为"骑行过程中"，而不包括已经扫码开锁但并未实际骑行的情形。因此，建议共享单车保险提供者将保险条款改写成"骑行过程中"。

3. 不同伤残认定标准的适用。对于伤残认定标准，不同的保险所依据的伤残认定标准不一样，如社会保险、交强险和商业保险对意外伤害导致残疾的认定标准不同。具体而言有：（1）工伤伤残鉴定一般适用国家技术监督局发布的《劳动能力鉴定职工工伤与职业病致残等级》（GB/T 16180–2006）；③（2）交通事故中致伤残的鉴定一般适用国家质检总局发布的《道路交通事故受伤人员伤残评定》（GB18667–2002）；④（3）意外伤害保险伤残鉴定一般适用中国保险行业协会联合中国法医学会发布的《人身保险伤残评定标准》以及中国保监会

---

① 本文所涉及的 ofo 小黄车保险条款详细参见"ofo 共享单车"APP，具体指引：个人中心——使用指南——保险相关；支付宝所涉共享单车保险条款详细参见"支付宝"APP，具体指引：我的——保险服务——我的。

② 支付宝所涉共享单车保险条款叙述保险条件为："被保险人在通过支付宝扫码开启并使用共享单车的过程中（当次扫码开锁时起至当次到达目的地止）。"ofo 小黄车保险条款所述为："在本保险的保险期间内，使用 ofo 共享单车官方平台提供车辆骑行过程中。"

③ 国家标准化管理委员会批准发布于 2007 年 5 月 1 日实施《劳动能力鉴定职工工伤与职业病致残等级》（GB/T16180—2006）；劳动与社会保障部门发布的《关于新旧劳动能力鉴定标准衔接有关问题处理意见的通知》（劳社部发〔2007〕8 号）。

④ 国家质量监督检验检疫总局（简称质检总局）于 2002 年 12 月 1 日发布的《道路交通事故受伤人员伤残评定》（GB18667−2002）。

《关于人身保险伤残程度与保险金给付比例有关事项的通知》。[①]

支付宝所涉共享单车意外伤害保险指定的伤残鉴定标准是中国保险监督管理委员会发布的《人身保险伤残评定标准及代码》(标准编号为 JR/T 0083-2013);[②]ofo 共享单车意外伤害保险指定的伤残鉴定标准是中国保险监督管理委员会发布的《人身保险伤残评定标准》(中保协发〔2013〕88 号)。被保险人应该根据不同的情形选择正确的鉴定标准。[③]

4. 关于免责条款。ofo 小黄车通过 APP 提供的保险条款中并没有免责条款,是否意味着 ofo 小黄车提供的意外伤害保险和意外伤害医疗保险不存在免责事由,也即只要骑行 ofo 小黄车发生意外事故,ofo 小黄车提供的保险都应该予以理赔?(1)依据保险合同,保险人没有与被保险人约定免责事由,则保险人无免责事由,发生保险事故,保险人应该依据约定予以理赔。因此 ofo 小黄车提供的保险无免责事由,也即只要发生保险事故就应该予以理赔。(2)如果 ofo 小黄车提供的保险有免责事由,只是没有在 ofo 小黄车 APP 上的保险条款中予以说明。ofo 小黄车只通过官方 APP 提保险条款,被保险人无法通过其他途径知晓保险免责条款,则说明 ofo 小黄车保险没有向投保人或被保险人履行保险免责事由的说明义务,依据《保险法》第 17 条第 2 款:"对保险合同中免除保险人责任的条款,保险人在订立合同时应当在投保单、保险单或者其他保险凭证上作出足以引起投保人注意的提示,并对该条款的内容以书面或者口头形式向投保人作出明确说明;未作提示或者明确说明的,该条款不产生效力。"即是 ofo 小黄车保险原本具有保险免责事由和条款,在此也不产生效力。因此,建议 ofo 小黄车通过 APP 提供包括免责条款在内的完整的保险合同。

---

① 中国保险行业协会联合中国法医学会于 2013 年 6 月 8 日共同发布的《人身保险伤残评定标准》(行业标准,中保发〔2013〕88 号);中国保险监督管理委员会 2013 年 6 月 4 日发布的《关于人身保险伤残程度与保险金给付比例有关事项的通知》(保监发〔2013〕46 号)。

② 保监会于 2014 年 1 月 17 日发布的《中华人民共和国金融行业标准——人身保险伤残评定标准及代码》(JR/T 0083-2013)。

③ 中国保险行业协会联合中国法医学会于 2013 年 6 月 8 日共同发布的《人身保险伤残评定标准》(行业标准,中保发〔2013〕88 号);中国保监会 2013 年 6 月 4 日发布的《关于人身保险伤残程度与保险金给付比例有关事项的通知》(保监发〔2013〕46 号)。

5. 对免责条款的检讨。

支付宝为所涉共享单车提供的保险具有完整的保险合同，也具有免责条款，但部分条款具有争议。

（1）支付宝共享单车保险条款第 6 条第 1 款规定："投保人的故意行为。"对"故意行为"存在多种理解。

第一，故意自伤或自杀行为，其第 6 条第 2 款中已经明确规定"被保险人自伤、自残及自杀"的属于保险人免责范围。

第二，故意制造意外事故的行为，依据《保险法》第 43 条规定："投保人故意造成被保险人死亡、伤残或者疾病的，保险人不承担给付保险金的责任……"因此，此时保险人也不应该承担保险责任。

第三，投保人骑行共享单车闯红灯、逆行或不走非机动车道等一般违反交通规则的故意行为。这与前两种故意情形有本质的区别，前两种故意直接导致事故的发生，促使保险理赔条件的成就；而此处的故意只是增加了保险事故发生的可能性，也即增加了风险。我国《保险法》第 52 条[①]关于保险标的危险程度显著增加，被保险人有及时通知保险人义务的规定，只适用财产保险，不适用人身保险。而且我国现行保险立法将危险增加的内涵界定持严格限定的态度，界定为"危险程度显著增加"。

理论界对于危险程度显著增加被保险人的通知义务是否适用人身保险存在争议。有学者认为，人身保险中，危险增加的情况也时有发生，从维护保险合同对价平衡的角度出发，应肯定危险增加通知义务在人身保险中的适用。[②]而且德国、韩国、我国澳门特区、意大利以及我国台湾地区保险法均将危险增加通知义务规定于总则部分，其不仅适用于财产保险合同而且适用于

① 我国《保险法》第 52 条规定："在合同有效期内，保险标的的危险程度显著增加的，被保险人应当按照合同约定及时通知保险人，保险人可以按照合同约定增加保险费或者解除合同。保险人解除合同的，应当将已收取的保险费，按照合同约定扣除自保险责任开始之日起至合同解除之日止应收的部分后，退还投保人。""被保险人未履行前款规定的通知义务的，因保险标的的危险程度显著增加而发生的保险事故，保险人不承担赔偿保险金的责任。"

② 温世扬主编：《保险法》，法律出版社 2007 年版，第 111 页。

人身保险合同。[1] 日本也分别在损害保险、生命保险以及伤害疾病定额保险中规定了危险增加的通知义务。[2] 危险程度增加，被保险人负有通知义务的法理基础主要在于诚实信用原则和对价平衡原则，[3] 其通常具备三个界定标准：第一，重要性，“危险”是指对保险人继续承保或者提高保费有重要影响的危险；第二，持续性，如果危险只是一时的变化，继而又恢复原状的，则不构成危险增加；危险改变这一状况须持续一段时间，对价平衡受到破坏，投保方需履行通知义务；第三，不可预见性或是未被估价性，即危险增加必须是当事人订约之初未曾预料到，保险人未估算在危险之内的危险。[4]

如果说危险程度显著增加被保险人有通知义务适用于人身保险合同，那么，骑行人违反一般交通规则是否属于“危险程度显著增加”呢？骑行人违反一般交通规则，确有增加意外事故发生的风险，对保险人继续承保或者提高保费有影响；但是，这个危险不是一种持续状态，只是很短时间内的危险程度增加。而且共享单车保险中，保险人应该对使用者骑行共享单车可能闯红灯、逆行等一般违反交通规则的情形有预见性，因为骑行单车违反一般交通规则并非一种不常发生的、不可预见的事件，这种危险的增加并非不在保险人预估的危险范围之内。所以，笔者认为骑行人违反一般交通规则不属于危险显著增加的情形，既是《保险法》第52条规定之情形也适用于人身保险，违反一般交通规则的被保险人也不负有通知保险人的义务。

综上，笔者认为支付宝共享单车保险条款第6条第1款规定：“投保人的故意行为。”并不包含投保人骑行共享单车时闯红灯、逆行或不走非机动车道等一般违反交通规则的故意行为。建议共享单车保险将“投保人的故意行为”的表述明确化，如果保险人欲将骑行人违反一般交通规则纳入共享单车保险免责范围，必须在保险合同中予以明确约定和说明。

---

① 高燕竹：《被保险人危险增加通知义务若干问题探讨》，载《法律适用》2010年第8期。

② 孙宏涛：《我国〈保险法〉中危险增加通知义务完善之研究——以我国〈保险法〉第52条为中心》，载《政治与法律》2016年第6期。

③ 张学凡：《保险标的危险增加通知义务新探》，载《佳木斯教育学院学报》2013年第11期。

④ 彭乾芳：《论危险增加通知义务在新〈保险法〉实践中的适用》，载《上海保险》2010年第11期。

（2）支付宝共享单车意外伤害保险条款免责事由属于一般的意外伤害保险免责事由，但是并不全面，而且基于单车特性而特有的部分事由没有包含其中。第一，应该增加“被保险人故意犯罪或者抗拒依法采取的刑事强制措施”和“被保险人醉酒或服用、吸食、注射毒品”[①]属于一般意外伤害保险免责事由的条款。第二，第12项规定：“被保险人从事潜水、跳伞、攀岩运动、探险活动、武术比赛、摔跤比赛、特技表演、赛马、赛车等高风险的活动。”但是从事潜水、跳伞、攀岩运动和摔跤比赛以及赛马活动都不可能与骑行共享单车相关联，将其作为共享单车意外伤害保险免责事由没有任何意义。笔者建议应该将与单车特性有关的，高风险的事由作为免责事由予以列举，如骑行共享单车追逐竞驶、嬉戏打闹；骑行共享单车进行比赛活动；骑行共享单车在山区或者风景区进行探险或旅游；利用共享单车进行销售等营利性活动；利用共享单车搭载他人等。

（二）对意外伤害医疗保险条款的检讨

支付宝共享单车意外伤害医疗保险和ofo共享单车意外伤害医疗保险都明确其提供的意外伤害医疗保险为补充性保险。[②]也即共享单车意外伤害医疗保险将被保险人还从其他保险计划获得医疗费用补偿，排除在保险范围之外。

1.支付宝共享单车意外伤害医疗保险并没有列明排除范围。本文认为应该理解为支付宝共享单车意外伤害医疗保险的排除范围是其他所有的能够获

---

① 详细参见：安邦保险公司《安邦安顺1号意外伤害保险条款》第2.5条（2）（3）规定，网址：http：//www.iachina.cn/IC/tkk/01/ebe1cf41-76a4-4fbd-834b-85acd1f8c9c6.html，最后访问时间：2017年6月25日。华汇人寿保险公司《华汇人寿个人综合意外伤害保险条款》第2.4条（2）（3）规定，网址：http：//www.iachina.cn/IC/tkk/01/1d0b7b76-11b2-4bca-b7c4-7d59d113aab4.html，最后访问时间：2017年6月25日。

② 支付宝提供的共享单车保险在《国泰财产保险有限责任公司附加共享单车意外医疗保险条款（B）》第3条第3款规定“被保险人如果已从其他途径获得补偿，则保险人只承担合理医疗费用剩余部分的保险责任。”ofo共享单车提供的意外伤害医疗保险条款第2.3条规定：“本保险为费用补偿型保险，适用医疗费用补偿原则。若被保险人除本保险外还可从其他保险计划（包括农村合作医疗保险、社会基本医疗保险、工作单位、本公司在内的任何商业保险机构等）获得医疗费用补偿，保险人以意外伤害医疗保险金额为限，对被保险人获得补偿后的医疗费用的余额按照约定给付保险金。”

得医疗费用补偿的保险，包括农村合作医疗保险、社会基本医疗保险、工伤保险、交强险以及其他任何商业保险等。

2. ofo共享单车意外伤害医疗保险列明了排除范围包括农村合作医疗保险、社会基本医疗保险、工作单位、本公司在内的任何商业保险机构。但并没有把工伤保险和交强险的保险金给付列为免责范围。从医疗费用保险的损害补偿原则来看，应将工伤保险和交强险对医疗费用的保险金给付列入保险除外责任范围。

3. 共享单车意外伤害医疗保险承担补充赔偿责任，也即第二位责任，如果其他保险亦约定承担补充赔偿责任，简言之，如果多个保险都约定承担第二位责任时，应该如何处理，对此将在后文予以说明。

4. 关于保险代位求偿权。共享单车意外伤害医疗保险能否适用保险代位求偿制度。根据保险学原理，保险代位原则是保险损失补偿原则的派生原则，代位追偿是代位原则的重要组成部分。因此，首先必须明确共享单车意外伤害医疗保险能否适用于损失补偿原则。损失补偿原则是指在财产保险合同中，当被保险人具有保险利益的保险标的遭受了保险责任范围内的损失时，保险人要对被保险人的经济损失给予补偿，且补偿的数额以恰好弥补被保险人因保险事故而造成的经济损失为限，被保险人不能获得额外利益。①

依据《保险法》第95条第1项规定，保险公司的人身保险业务，包括人寿保险、健康保险、意外伤害保险等保险业务。可见意外伤害医疗保险属于人身保险。第46条："被保险人因第三者的行为而发生死亡、伤残或者疾病等保险事故的，保险人向被保险人或者受益人给付保险金后，不享有向第三者追偿的权利，但被保险人或者受益人仍有权向第三者请求赔偿。"直观而言，人身保险不适用损失补偿原则，因此共享单车意外伤害医疗保险也不能适用损失补偿原则，共享单车意外伤害医疗保险保险人也就不享有保险代位求偿权。但是该条的适用规则向来具有争议，而且从其他的条例和法律规范中，

---

① 孙蓉、李婷玉：《费用补偿型医疗保险的代位追偿问题探讨》，载《甘肃社会科学》2015年第1期。

可以找到医疗保险能适用损失补偿原则依据。

首先，依据保监会2009年发布的《关于推进投保提示工作的通知》中"人身保险投保提示工作要求"第7条的规定以及"人身保险投保提示书基准内容"第8条的规定，[①] 投保人和保险人可以就投保人购买的健康保险产品是否有医疗费用补偿原则进行约定，对于费用补偿性质的健康保险，保险公司给付的保险金可以约定相应扣除被保险人从其他渠道所获的医疗费用补偿。ofo小黄车和支付宝为共享单车提供的意外伤害医疗保险条款也明确："被保险人如果已从其他途径获得补偿，则保险人只承担合理医疗费用剩余部分的保险责任。"此项约定即为关于医疗费用补偿原则的约定，该约定应属有效。

依据中国保监会2006年发布的《健康保险管理办法》第4条，[②] 费用补偿型医疗保险是指，根据被保险人实际发生的医疗费用支出，按照约定的标准确定保险金数额的医疗保险。费用补偿型医疗保险适用补偿原则和保险代位制度，非补偿性医疗保险不适用补偿原则和保险代位制度。共享单车意外伤害医疗保险属于费用补偿型医疗保险，应该适用补偿原则和保险代位制度。

其次，上海市高级人民法院2010年印发的关于《关于审理保险代位求偿

① 中国保监会2009年6月3日发布的《关于推进投保提示工作的通知》（保监发〔2009〕68号）"人身保险投保提示工作要求"第7条规定："如果投保人购买了健康保险产品，销售人员应就条款是否有医疗费用补偿原则的约定、是否有免赔额或赔付比例的约定、是否有疾病观察期约定、是否有保证续保的约定等内容主动告知投保人，并将有关约定逐一进行详细解释。""人身保险投保提示书基准内容"第8条规定："健康保险产品是具有较强风险保障功能的产品，既有定额给付性质的，也有费用补偿性质的。定额给付性质的健康保险按约定给付保险金，与被保险人是否获得其他医疗费用补偿无关；对于费用补偿性质的健康保险，保险公司给付的保险金可能会相应扣除被保险人从其他渠道所获的医疗费用补偿。"

② 中国保监会2006年发布的《健康保险管理办法》（2006年第8号）第4条："医疗保险按照保险金的给付性质分为费用补偿型医疗保险和定额给付型医疗保险。""费用补偿型医疗保险是指，根据被保险人实际发生的医疗费用支出，按照约定的标准确定保险金数额的医疗保险。""定额给付型医疗保险是指，按照约定的数额给付保险金的医疗保险。""费用补偿型医疗保险的给付金额不得超过被保险人实际发生的医疗费用金额。"

权纠纷案件若干问题的解答（一）》的通知中明确指出，[1] 在保险代位求偿权纠纷中，法院确定保险合同明确约定本保险适用补偿原则、“以实际支出医疗费作为赔付依据”等内容的，保险人在向被保险人支付保险赔偿金后，有权向第三者行使保险代位求偿权。共享单车提供的意外伤害医疗保险条款明确适用补偿原则，因此，保险人享有保险代位求偿权。

最后，依据《社会保险法》第 30 条第 2 款规定：“医疗费用依法应当由第三人负担，第三人不支付或者无法确定第三人的，由基本医疗保险基金先行支付。基本医疗保险基金先行支付后，有权向第三人追偿。”这说明，我国在社会医疗保险领域，《社会保险法》已经赋予保险人法定代位追偿权。

因此，笔者认为共享单车意外伤害医疗保险可以适用于损失补偿原则，共享单车意外伤害医疗保险人应该享有保险代位求偿权。

三、共享单车保险问题扩展：多重赔偿

共享单车保险所涉意外伤害保险和意外伤害医疗保险往往与其他社会保险或商业保险并存。当多种保险并存时，会出现被保险人对于多种保险是否可以兼得和保险的理赔顺序如何确定的问题。

（一）共享单车意外伤害保险与其他保险计划并存

人身保险基本理论认为，人的生命与身体健康并不能用金钱来衡量。《保

---

① 上海市高级人民法院 2010 年印发的关于《关于审理保险代位求偿权纠纷案件若干问题的解答（一）》的通知（沪高法民五〔2010〕2 号）指出：“根据中国保险监督管理委员会《健康保险管理办法》第二条、第四条的规定……补偿性医疗保险适用补偿原则和保险代位制度，非补偿性医疗保险不适用补偿原则和保险代位制度。”“在保险代位求偿权纠纷中，法院应根据保险合同的约定，确定系争保险是否属于补偿性医疗保险。”“保险合同明确约定本保险适用补偿原则、“以实际支出医疗费作为赔付依据”等内容的，保险人在向被保险人支付保险赔偿金后，有权向第三者行使保险代位求偿权。”“保险合同明确约定本保险为定额给付保险或不适用补偿原则等内容的，保险人在向被保险人支付保险赔偿金后，无权向第三者行使保险代位求偿权。”“医疗费用保险合同对是否适用补偿原则未作约定或约定不明的，视为非补偿性医疗保险，保险人无权向第三者行使保险代位求偿权。”

险法》第46条规定“被保险人因第三者的行为而发生死亡、伤残或者疾病等保险事故的，保险人向被保险人或者受益人给付保险金后，不享有向第三者追偿的权利，但被保险人或者受益人仍有权向第三者请求赔偿。”可见法律对于人身保险并无重复投保的限制。对于被保险人死亡或伤残，保险人按照保险合同的约定进行保险金给付，是基于保险的大数法则，根据保险精算原理，确定一个合理的赔偿数额。这些数额并不能用来衡量死亡和伤残的损失。故在共享单车意外伤害保险与其他保险计划并存的情况下，如果没有保险合同的约定，被保险人能够获得多种方式的保险金给付。

保险金给付的标准是根据人身伤残标准，而关于残疾的认定标准并不一致。不同伤残的认定标准有可能导致伤残等级认定标准会有差异，进而会影响到保险金给付数额的确定。但不论如何，对于因死亡或伤残引起的保险金给付，在无特别规定和特别约定的情况下，被保险人可以获得多重给付。

（二）共享单车意外伤害医疗保险与其他保险并存

通说认为，医疗费用保险属于损害补偿保险，适用保险法的损害补偿原则。[①] 在用户使用共享单车过程中发生意外事故并产生医疗费用，但同时用户又有基本医疗保险、工伤保险、机动车第三者强制责任保险（以下简称交强险）以及人身意外伤害保险的保障，此时，用户拥有多个请求权，这些请求权该如何实施，需要进一步分析。共享单车意外伤害医疗保险条款明确指出：本保险为费用补偿型保险，适用医疗费用补偿原则。

1. 共享单车意外伤害医疗保险与基本医疗保险并存

共享单车保险条款规定，若被保险人除本保险外还可从其他保险计划（包括农村合作医疗保险、社会基本医疗保险、工作单位、本公司在内的任何商业保险机构等）获得医疗费用补偿，保险人以意外伤害医疗保险金额为限，对被保险人获得补偿后的医疗费用的余额按照约定给付保险金。因此，共享

---

① 康雷闪：《医疗费用保险适用损失补偿原则之研究》，载《云南社会科学》2015年第5期；焦红丽：《意外伤害医疗保险的重复赔偿问题探讨》，载《渤海大学学报》2012年第3期。

单车意外伤害医疗保险与基本医疗保险并存时，被保险人如果已从其他途径获得补偿，则保险人只承担合理医疗费用剩余部分的保险责任。《社会保险法》第 30 条规定，应当由第三人负担的医疗费用，不纳入基本医疗保险金支付范围。第三人不支付或者无法确定第三人的，由基本医疗保险基金先行支付。基本医疗保险基金先行支付后，有权向第三人追偿。此处的第三人是否包括共享单车的保险人争议颇大。换言之，如果把《社会保险法》第 30 条规定中的“第三人”解释为包括保险公司，则共享单车的用户从共享单车保险那里获得医疗费用保险给付，基本医疗保险应该不能双重给付，用户可以选择就医疗费用部分请求共享单车的保险人或基本医疗保险给付保险金。但如果“第三人”不包括保险公司，如果共享单车的保险人给付保险金后，则基本医疗保险还应给付保险金。根据保险关于医疗费用的补偿原则，似乎应将共享单车的保险人纳入《社会保险法》第 30 条规定的第三人的范围，否则在实务中会因第三人范围的界定歧义产生给付保险金的争议。

2. 共享单车意外伤害医疗保险与工伤保险并存

如果共享单车的用户在上下班途中发生事故，则用户构成工伤，此情况下存在着共享单车意外伤害医疗保险和工伤保险并存的情形。共享单车保险条款把用户从本单位的赔偿排除在给付保险金范围之外，但并没有把工伤保险的给付纳入其他保险计划的范围。《社会保险法》第 42 条规定：“由于第三者的原因造成工伤，第三人不支付工伤医疗费用或者无法确定第三人的，由工伤保险基金先行支付。工伤保险基金先行支付后，有权向第三人追偿。”此处的第三人应指造成工伤的第三人。而共享单车的保险人并非造成用户事故的第三人。故从实际情况来看，用户如果从其所在单位获得赔偿，则共享单车意外伤害医疗保险只承担单位赔偿后的补充责任。但如果其主张工伤保险，则其既能够从共享单车保险获得医疗费用给付，也能依据工伤保险获得工伤保险金的给付，虽然这个结果有违医疗费用的损害补偿原则。

3. 共享单车意外伤害医疗保险与交强险并存

用户在骑行共享单车途中与机动车发生碰撞，通常情况下交强险的保险人在责任限额内对机动车交通事故的受害人（共享单车用户）就医疗费用部分承担责任。交强险作为政策性保险，其主要功能是为交通事故中的受害人提供及时救助，具有一定的社会保障功能。[①]交强险不考虑机动车驾驶人有无过错，以救助受害人为目的，在交通事故中救助受害人时发挥着积极的作用。[②]从功能来看，交强险对受害人赔偿医疗费用，并不考虑受害人是否有其他保险计划的存在。共享单车意外事故医疗保险也没有将交强险的赔付排除在保险赔付之外，故在实践中，共享单车的用户（机动车交通事故中的受害人）还是能够从交强险和共享单车保险人处获得医疗费用的双重给付，当然这个结果亦有违损害补偿原则。

4. 共享单车意外伤害医疗保险与商业性医疗费用保险并存

在共享单车用户还投保个人商业性医疗费用保险时，此时两个商业性保险都能够提供保险保障。根据共享单车保险条款，如果存在其他保险计划，只承担获得补偿后的医疗费用的余额。易言之，共享单车意外伤害医疗保险承担的是第二顺序的保险责任。被保险人首先应该寻求商业性医疗费用保险的保障，不足部分才由共享单车意外伤害医疗保险予以保障。这一制度设计看似能够贯彻损害补偿原则，解决医疗费用双重给付问题，但问题在于，如果其他商业保险计划也在条款中声称其承担的是第二顺序的保险责任，则必然使被保险人在寻求保险金给付时面临困难。为解决这一问题，可以赋予被保险人选择权，由其选择谁第一顺序给付保险金。

四、结语

共享单车保险条款本身存在诸多争议和不完善之处，通过对共享单车保险条款进行解读和认知，并提出完善意见，不仅维护共享单车使用者权益，也为共享单车提供者提供参考。依托互联网发展兴起的共享单车，共享单车

---

① 姜强：《交强险的功能定位及其与侵权责任的关系——审理机动车交通事故损害赔偿案件的制度背景》，载《法律适用》2013年第1期。

② 李霞：《“交强险”促进交通安全意义重大——保监会财产保险部负责人答本刊记者问》，载《道路交通管理》2007年专题报道。

保险也是互联网保险的重要组成部分，解读共享单车保险背后更大的话题是互联网保险的健康发展。如何促使互联网保险健康发展，依法保护互联网保险消费者权益是互联网保险兴起所带来的新挑战。例如，互联网保险消费者将面临个人信息权更容易受到侵犯、知情权保护难度更大、维权成本增加等新困境。如何从立法、监管、信息披露和说明义务规制、纠纷解决机制建立等方面出发维护互联网保险消费者合法权益已经成为重要研究课题。

从“网约车”到“共享单车”看共享经济与社会公共治理的耦合①

郑　翔②

共享经济是在互联网技术发展的大背景下诞生的一种全新商业模式，是“新经济”的一种重要形态。从政府监管共享经济的角度来看，以对“网约车”的监管到对“共享单车”的监管规则分析中，可以看出政府监管的思路也在变革。面对新型经济形态的迅猛发展，政府的角色应该如何承担，政府监管规则应如何变化，是值得深思的问题。本文认为分析共享经济的本质，会发现共享经济与社会公共治理机制存在着耦合③。可以从完善社会公共治理机制的角度来探讨政府监管的应有地位和作用。

一、引言

共享经济的迅猛发展，在交通领域有两个突出的标志性现象，一个是“网约车服务”，即政府定义的“网络预约出租汽车”（以下简称网约车），虽然实

① 基金支持：北京市社科基金课题《京津冀交通一体化法治协同问题研究》，北京市法学会课题《北京市公共交通安全法律问题研究》（BLS（2017）B007-1）；北京交通大学基本科研业务费项目《大型城市治理交通拥堵法律问题研究》（J17JB00020）。

② 郑翔，北京交通大学法学院副教授。

③ 所谓耦合在物理学上是指两个或两个以上的体系或两种运动形式之间通过各种相互作用而彼此影响，以至于联合起来的现象。借此推而广之，在社会科学领域中，我们也可以把两种社会现象通过某种条件，使二者有机结合起来共同发挥作用的客观现象，称为耦合。徐孟洲：《论财政法与财政政策的耦合》，载《法学杂志》2011年第5期。

际上像“滴滴出行”的服务平台早已经不限于专车服务，在平台上可以预约顺风车、定制公交，还可以预约巡游出租车、汽车代驾、自驾租车。甚至与ofo平台相衔接，可以使用共享单车。另一个就是“共享单车”，即政府定义的“互联网租赁自行车”。

网约车服务，是指以互联网技术为依托构建服务平台，整合供需信息，使用符合条件的车辆和驾驶员，提供非巡游的预约出租汽车服务的经营活动。为规范网约车，交通部联合多个部门在2016年制定了《网络预约出租汽车经营服务管理暂行办法》(以下简称《网络约车暂行办法》)。该规章对于正确处理政府和市场关系，强化法治思维，完善出租汽车行业法规体系，依法推进行业改革，维护公平竞争的市场秩序，保护各方合法权益，具有重要的实践意义。随后各地纷纷依据该规章，制定了更为细致的地方性的具体管理办法。①

共享单车，即互联网租赁自行车，是移动互联网和租赁自行车融合发展的新型服务模式。共享单车发展非常迅速②，其在满足公众出行需求、有效解决城市交通出行“最后一公里”问题、缓解城市交通拥堵、构建绿色出行体系等方面发挥了积极作用。但使用中也存在引发争议的问题，如车辆乱停乱放，挤占公共道路和地铁站口等位置造成交通拥堵；车辆运营维护不到位，车辆损坏得不到及时修理；共享单车运行平台没有及时调度，造成使用不方便；消费者预先支付的押金资金安全和个人网络信息安全风险等问题。为监管共享单车，2017年8月交通部牵头下10个部门共同制定了《关于鼓励和规范互

---

① 2017年7月28日，在网约车政策实施一周年之际，交通运输部公布了各省份政策推进落实情况。据公开数据显示，截至7月26日，除直辖市外，河南、广东、江苏等24个省(份)发布了网约车实施意见；北京、上海、天津等133个城市已公布出租汽车改革落地实施细则，还有86个城市已经或正在公开征求意见。其中，直辖市、省会城市、计划单列市等36个重点城市中，有30个已正式发布实施细则。已正式发布实施细则或已公开征求意见的城市，其涵盖的新业态市场份额已超过95%。参见张扬:《网约车政策落地一年市场发生了哪些变化》，载《北京晚报》2017年8月9日。

② 2016年为共享单车发展元年。大量资本涌入共享单车领域，单ofo就完成了五次融资。2016年下半年，TMT领域最疯狂的资本盛宴转移到了共享单车，分享这场共享单车盛宴的玩家们已达数十家，百车大战的局面拉开。据中国电子商务研究中心监测数据显示，截至2016年年底，共享单车用户规模达1886.4万人，相比于2015年245万人，呈7倍的爆发式增长。预计2017年用户规模将达到4965万人。

联网租赁自行车发展的指导意见》(以下简称《指导意见》)[①]。

必须注意到在“共享单车”发展之后，已经出现了“共享汽车”。[②]交通运输部也已经发布《关于促进小微型客车租赁健康发展的指导意见》，鼓励发展汽车共享。意见肯定了小微型客车租赁服务的优点，即在一定程度上缓解城市私人小汽车保有量快速增长趋势以及对道路和停车资源的占用，为城市出行提供了一种新的选择，有助于减少个人购车意愿。

“网约车”和“共享单车”以及“共享汽车”是由“交通共享”信念和力量所催生出的全新出行模式，正不断地改变人们的出行方式。但是随之而来的相关问题也使得政府面对新生事物不断更新自己的监管理念和监管措施。需要注意的是“共享汽车”会不会重蹈问题暴露出来才能治理的覆辙，有没有可能在分析共享经济本质的基础上提供一个政府监管的框架设计，这是本文思考的起点。

二、“网约车”和“共享单车”政府监管的比较

对网络预约出租车的管制已经运行近一年，对相关管制规则的争议并未停息。批评意见主要在于认为该《网络约车暂行办法》限制新经济的发展，有学者认为该暂行办法，既没有上位法，也不符合行政许可法规定的权限[③]。与充满争议的网络预约出租车政府管制不同，《指导意见》一经发布，获得一致的好评声。这一方面是由于相对于网络预约出租车而言，共享单车的法律

---

① 2017年8月3日，交通运输部、中央宣传部、中央网信办、国家发展改革委、工业和信息化部、公安部、住房城乡建设部、人民银行、质检总局、国家旅游局10个部门联合出台了《关于鼓励和规范互联网租赁自行车发展的指导意见》。

② 据报道，沈阳街头出现了1500辆“共享汽车”。这些“共享汽车”全部是崭新的BMW 1系轿车，这种“共享宝马”不需要客人自己加油，全部由平台负责。资费标准是每公里1.5元，每天200元封顶。车内还配备了诸如车载WiFi、人脸识别、智能语音等科技。张平：《“共享汽车”模式到底能够走多远？》，财经，2017年8月，http://www.cb.com.cn/zhangping/2017_0816/1195081.html。

③ 邓峰：《专车新规的经济法审查》，财经，2015年10月，http://yuanchuang.caijing.com.cn/2015/1020/3988852.shtml。

关系相对比较简单，另一方面是从《网络约车暂行办法》到《指导意见》可以比较清晰地看出，政府对交通领域的共享经济政府监管理念和监管规则的变化。

（一）“网约车”和“共享单车”监管的比较

1. 监管理念的比较

《网络约车暂行办法》的监管理念重点是落在规范网络预约出租汽车经营服务行为[①]方面，对“网约车”这种共享经济的基本本质和基本规律把握不够准确，在监管理念中存在着偏差。政府监管的理念还是将“网约车”这种新型的出行方式纳入出租车管理的范畴。为与传统出租车接轨，将出租车分为网络预约出租车和巡游出租车，这在实践中是不严谨的。传统巡游出租车其实也可以接入互联网平台，通过网络预约方式进行运营，这在实践中也非常普遍。而实践中网络预约出租车在路上巡游，虽然不合法，但是真正要查处却很难，执法成本也非常高。而且按照《网络约车暂行办法》所设定的框架，各地纷纷出台的相关地方规则比交通部的规则更为严格。

在对共享单车进行监管的《指导意见》中，明确确立的基本原则[②]是坚持服务为本，坚持改革创新，坚持规范有序，坚持属地管理，坚持多方共治。多方共治原则的提出，表明政府对“共享单车”的规律有了进一步认识。“共

---

① 《网络预约出租汽车经营服务管理暂行办法》第 1 条规定：为更好地满足社会公众多样化出行需求，促进出租汽车行业和互联网融合发展，规范网络预约出租汽车经营服务行为，保障运营安全和乘客合法权益，根据国家有关法律、行政法规，制定本办法。

② 《关于鼓励和规范互联网租赁自行车发展的指导意见》中明确基本原则是：坚持服务为本。树立以人民为中心的发展思想，维护各方合法权益，为公众提供更安全、更便捷、更绿色的出行服务。——坚持改革创新。以“互联网 +”行动为契机，发挥市场在资源配置中的决定性作用和更好地发挥政府作用，激发企业创新动力和活力，促进行业健康有序发展。——坚持规范有序。坚持问题导向，实施包容审慎监管，形成鼓励和规范互联网租赁自行车的发展环境，落实企业主体责任，依法规范企业经营，引导用户守诚信、讲文明，维护正常运行秩序。——坚持属地管理。城市人民政府是互联网租赁自行车管理的责任主体，充分发挥自主权和创造性，因地制宜、因城施策，探索符合本地实际的发展模式。——坚持多方共治。充分调动各方面积极性，加强行业自律，引导公众积极参与，形成政府、企业、社会组织和公众共同治理的局面。

享单车”作为共享经济的新生事物，参与到交通道路资源的分配中，对社会各方面都会造成影响。政府监管只能是多方共治中的一个重要组成部分。多方共治在其根本性质上就属于社会公共治理。

2. 监管规则的比较

《网络约车暂行办法》共分 7 章 40 条，涵盖总则、网约车平台公司、网约车车辆和驾驶员、网约车经营行为、监督检查、法律责任，以及附则 7 方面内容。其总体思路是设定行政许可，不仅网约车平台公司需要获得《网络预约出租汽车经营许可证》，在网约车平台上提供服务的车辆和驾驶员也都要取得相应的许可。而且授权给地方政府确定具体的许可条件。所以才出现北京市制定了《网络预约出租汽车经营服务管理实施细则》，要求网约车“京人京籍”①。上海市制定《网络预约出租汽车经营服务管理若干规定》，要求“沪籍沪牌”②。这些规定引发了是否涉嫌“户口歧视”的争议③。从监管规则性质来看，这是“属地管理”的行政配套机制催生的政策。此外，多个地方政府制定的网约车管理相关规则都强调政府监管，而且制定了相对繁复的监管规则。

在《指导意见》中所确定的管理规则，包括科学确定发展定位，引导有序投放车辆，完善自行车交通网络，推进自行车停车点位设置和建设，加强互联网租赁自行车标准化建设，规范企业运营服务，加强停放管理和监督执法，引导用户安全文明用车，加强信用管理，加强用户资金安全监管，加强网络和信息安全保护，明确责任分工，加强社会公众治理，建立公平竞争市

① 参见《北京市网络预约出租汽车经营服务管理实施细则》第 8 条规定：本市申请《网络预约出租汽车驾驶员证》的驾驶员，应当符合下列条件：（一）本市户籍……第 9 条：在本市申请办理《网络预约出租汽车运输证》的车辆，应当符合下列条件：（一）本市号牌且为出租汽车经营者或个人所有的车辆（机关企事业单位及社会团体非营运车辆不得从事网约车运营），满足本市最新公布实施的机动车排放标准，在车辆检验有效期内，没有未处理完毕的交通事故和交通违法记录……

② 《上海市网络预约出租汽车经营服务管理若干规定》第 8 条：（网约车车辆条件）在本市从事网约车经营服务的车辆，除符合《办法》规定的条件外，还应当符合下列条件：（一）在本市注册登记……第 9 条：（网约车驾驶员条件）在本市从事网约车经营服务的驾驶员，除符合《办法》规定的条件外，还应当符合下列条件：（一）本市户籍……

③ 陈晨：《“京人京车”“沪籍沪牌”引热议 网约车新政是否过严？》，载《南方日报》2016 年 10 月 10 日。

场秩序。从这些规则可以看出，针对共享单车关注的热点问题都给予了回应。针对乱停乱放，提出推广运用电子围栏等技术，综合采取经济惩罚、记入信用记录等措施；针对车辆质量则一方面确定车辆标准，另一方面要求企业规范运营服务；针对使用不便，这要求合理配备线下服务团队，加强车辆调度、停放和维护管理；针对押金资金安全和个人网络信息安全风险，提出实现注册实名制，禁止向未满 12 周岁的儿童提供服务。鼓励采用免押金方式，押金和预付资金须有专门账户管理，实施专款专用，而且特别提出了社会公众治理的基本构想。

（二）监管效果的比较

《网络约车暂行办法》实施一年多以来，有两个较为明显的变化。一是市场规模，从过去的无序状态在逐步向有序规范发展，城市交通拥堵情况得到了一定的缓解；二是从车辆、人员的准入门槛来看，对乘客权益的保护、安全机制在逐步落实[①]。但是由于不少司机纷纷退出加上网约车司机考试“过难”，导致运力有所缺失，“打车难”“打车贵”等现象又在各地有所出现。以北京为例，由于北京网约车整体调控，目前只有 6000 多辆获许可[②]。北京乘客感觉到约车变得不容易，而且不得不面对更高频率的加价。

从网约平台角度来看，经过了新政过渡期，网约车平台仍在继续进行不合规人员及车辆的清理工作，同时也继续进行符合条件人员、车辆相关许可办理工作。各地网约车考试的试题难、试题奇怪等问题也颇受争议。

从交通部门监管角度来看，网约车行业的许可与管理，跨交通、公安、通信、工商、工信、质检等多个部门，同时跨部、省、市等多个层级。但是这些部门还没有建立起联合监管机制；在实际管理工作中，并没形成合力，基本上是靠交通部门独自管理。网约车平台公司还未和交通管理部门进行真实、

---

① 高蕾、陈成志：《网约车新政一周年：走向规范发展　仍有“三难”待解决》，载中国青年网，http：//news.youth.cn/gn/201707/t20170727_10389873.htm，最后访问时间：2017 年 7 月 27 日。

② 曹晶瑞：《北京网约车整体调控目前 6000 多辆获许可》，载《北京晨报》2017 年 8 月 17 日。

及时的数据接入；监管部门对网约车平台公司违反《网络约车暂行办法》的行为处罚手段和力度有限；针对网约车监管的法律依据仍然存在缺失。

《指导意见》刚刚发布，监管效果还未充分显现，但是从发布后的反应来看，多方治理的思路获得称赞，相关监管规则的科学性也受到肯定。

（三）对“网约车”监管存在问题的反思

“网约车”的监管出现了始料未及的后果，根本原因在于以“网约车”和“共享单车”为代表的共享经济，其根本特征不同于原有经济形态，法律关系更为复杂。对相关主体权利义务的设定不能简单地套用传统经济的管理方式。

从监管主体来看，需要多方合作，如网约车平台形成的庞大公众信息数据库，要实现有效监管，必然需要有通信、网信等各个部门等积极参与，需要有一个强有力的部门统筹开展各项工作。

从共享经济平台来看，大的平台公司都需要进行跨区域经营，传统的属地监管原则催生出来的地方许可证，导致经营成本增加，发展速度不得不放缓，规模效应难以得到充分发挥。“京人京车”“沪籍沪牌”这种监管思路模式既不符合现实需求，也增加了执法成本。违法行为的普遍存在，使得法不责众，也使得法律难以得到真正实施。

从监管方式和手段来看，共享经济最本质性的竞争模式之一，是认知领先和环境通吃，这也是滴滴公司、ofo公司和摩拜（mobike）公司大力通过补贴抢占市场的原因。这种补贴是否属于恶性竞争，是不是涉嫌滥用市场优势，政府是不是应该一律加以禁止？哪些互联网技术手段能够帮助政府不需要采取规则而实现管理的目标，这是监管措施完善需要回答的问题。

三、共享经济与社会公共治理的耦合

社会公共治理是社会多元主体综合运用现代治理方式，协作为社会成员提供社会服务，协同管理公共事务，协调利益群体关系，化解社会矛盾的过程。社会治理的基本任务由此可以抽象为两大类：社会服务（产品）供给 + 社会（公共）事务管理[①]。社会公共治理的最终目标应该是：促进社会力量协同参与社会供给，提升社会服务（产品）供给数量与质量，增加社会力量有序参与社会（公共）事务管理的机会，优化社会资源的配置结构，维护社会稳定、实现社会繁荣。

共享经济模式改变了经济形态，人人参与的点状经济结构取代了原有的以企业为主体的块状经济结构，其整合碎片化社会力量，激活个体化的社会成员，促进社会资源进行点对点的按需匹配。共享经济是信息革命发展到一定阶段出现的新型经济形态，是连接供需的最优化资源配置方式，同时还是适应信息社会发展的新理念。以“网约车”“共享单车”为代表的共享经济的发展，已经对传统规制方式提出了挑战。共享经济与社会公共治理具有共同性，在社会公共治理机制不断完善的过程中，可以使二者有机结合起来共同发挥作用。

（一）共享经济的本质分析

所谓共享经济，也称为分享经济，是指将社会上分散在个人、组织或者企业手中的海量闲置资源（包括闲置物品和资金、碎片时间、闲置空间以及未被充分使用的知识与专长、技能和经验、关系与服务等），通过基于互联网、信息通讯技术、云计算、大数据等的社会化平台，进行高效按需匹配并实现规模化，以低于专业性组织者的边际成本提供服务并获得收入，从而创造新的经济与社会价值的经济现象，其本质是资源的支配权与使用权分离，以租代买[②]。广义上包括利用平台进行商品租赁或提供服务并获得收益的经济形式；狭义上指分散的供给者通过互联网平台的撮合在没有所有权转移的情况下与消费者形成交易的经济业态。[③]商务部认为共享经济是通过信息系统上的平台匹配供需双方，利用基于用户的打分系统控制质量，必须利用技能或资产来

---

① 唐双捷：《分享经济给社会治理带来哪些助益》，载《人民论坛》2017 年第 2 期。

② 蓝蔚青、王淑翠：《分享经济：机遇、挑战和治理建议》，载《决策咨询》2016 年第 6 期。

③ 杨超、刘明伟：《分享经济的中美比较及启示》，载《中国物价》2017 年第 7 期。

提供服务的一种经济门类。我国国家发展改革委的《分享经济发展指南（征求意见稿）》中提到“分享经济主要是指利用网络信息技术，通过互联网平台将分散资源进行优化配置，提高资源利用效率的一种新型经济形态”；国家信息中心、中国互联网协会将分享经济定义为“利用互联网等现代信息技术整合、分享海量的分散化闲置资源，满足多样化需求的经济活动总和”①。共享经济的特征主要是：

1. 共享经济是通过信息平台对资源的共享行为。智能手机、移动支付、大数据云计算、社会征信和数字货币的快速发展，为共享经济奠定了实现基础。共享的物理实现是以网络为基本媒介的，在“网约车”和“共享单车”中都存在着基于公共需求的大众生产使用和基于私人所有的平台之间的冲突。

2. 共享经济的供给是个体利用已有的闲置资源进行共享。当社会剩余资源通过平台与网络进行共享，其便具备了社会性，促使共享实现从“行为”到“经济”的跨越。在此过程中，社会多元主体既是需求者也是供给者，社会供给主体与社会服务产品的多样性大幅提升，社会主体的交易活动边界得以扩展，同时，社会资源加速流动，社会资本也得以培育。“网约车”争议的一个核心关键点就在于个人私有的汽车转为共享，则属于经营行为，是“黑车洗白”吗？还是需要重新定义“营运”给予这类“共享行为”一些“容错空间”？对这些问题的回答，需要深刻理解共享经济的特征。

3. 共享经济的在线“隐身”和虚拟组织特征。共享经济的隐形特征优势，使其区别于工业社会实体经济，使共享经济得到了资本的支持，资本痛下血本，通过价格刺激或开拓夺取市场空间，冲击了政府系统对传统行业的规制政策②。“网约车”是否应跨境运营？“网约车”是否涉嫌不正当竞争和垄断？对这些问题的争论，关键点是对共享经济特征的认定的犹疑。“共享经济”通过隐形网络连接广大人群形成新型社群，通过供给和需求的信息匹配，改变

---

① 信息化研究部：中国分享经济发展报告（2016），2016 年 2 月 29 日。

② Kristofer Erickson，Inge Søfrensen. Regulating the sharing economy. Internet policy review，2016，5（2）：5~6.

了传统的商业模式与企业终端，促进了社会产品供给的去中心化。

（二）共享经济对社会公共治理机制的挑战和助推

社会治理机制既是共享经济发展的客观要求，也是其必然结果。每一个参与其中的主体，包括政府、企业、社会组织、消费者都应该为形成有效的社会公共治理秩序规范自己的行为，发挥推进新制度形成的作用。从长期来看，共享经济为众多弱势群体参与社会创新系统提供了前所未有的条件和机遇，有利于促进社会公平与进步。

1. 在组织层面，共享经济对现有的层级监管体系造成了冲击

以“网约车”“共享单车”为代表的共享经济，是以虚拟网络平台为基础并用平等参与方式直接聚合资源主体，从而形成了扁平的组织结构：平台型组织[①]。这种平台型组织很难适用现有监管体制的等级层级管理，也很难适用属地管辖。人为地将平台型按等级、区域等进行分割管制的话，必然就会造成平台型组织的控制力下降，就会增加监管成本，就会造成社会资源的浪费。

2. 共享经济推动社会诚信体制的完善

由于“共享经济”是信息不对称条件下的陌生自然人之间的交易，交易的效率从根本上取决于社会的诚信水平，社会成员之间的信任程度越高，则交易成本越低，交易效率越高。[②]。从“网约车”到“共享单车”“共享汽车”，可以看出由于所有权和使用权的分离，对使用者的素质和社会诚信度提出了很高的要求。共享经济已经建立了用户点评、芝麻信用等多样化的信用评价体系，以阿里巴巴为例，其对所接入平台的商家采取了多种信用评价和信用管理措施，如开发支付宝提供交易担保功能，买卖双方公开评价功能，累积店铺信誉和个人芝麻信用分数等。因此加快实现企业内部信用信息与社会诚信体系建设的衔接，则有利于推动社会诚信机制的完善。

---

① 谢新水、刘晓天：《共享经济的迷雾：丛生、真假及规制分歧》，载《江苏大学学报（社会科学版）》2017 年第 7 期。

② 凌超、张赞：《“分享经济”在中国的发展路径研究——以在线短租为例》，载《现代管理科学》2014 年第 10 期。

3. 共享经济提高了社会公共治理的安全度

从理论上看，共享经济的开放透明和全程可追溯性为实现安全发展提供了有利条件。从实践上看，共享平台安全保障机制也在不断完善中，发展初期出现的一些安全问题，更多的是暴露或放大了原本就存在的问题，但从未来发展，共享经济将有助于从根本上解决安全问题。

（三）社会公共治理机制对共享经济形成制度约束

1. 社会公共治理机制带动政府监管角色的转变

在共享经济中，承担着私人投资的平台公司由于开放竞争的环境，在维护平台秩序和信誉方面，具有比政府强烈得多的积极性、知识经验以及管理手段，他们既有管理好平台上的个体的利益刺激，也有相关的手段和能力。政府应摈弃直接监管社会个体的做法，通过结合网络平台这一最有效的协调主体，减少公共服务的负担，提高政府的管治威望。

政府的主要角色应转变到为共享经济发展创造宽松环境和处理共享经济不断创新引发的利益平衡矛盾方面。政府关注的重点应该是建立和完善补位性、底线性和保障性的制度及规范，如尽快完善适应新业态发展的社会保障机制。参与到共享经济中的劳动者很多是隐形就业或者以自由职业者身份就业，这种劳动关系难以被现有的劳动法律制度和社会保障制度所涵盖，一旦发生劳动争议，则无法可依。政府应该完善社会保障制度，保障参与到共享经济的劳动者的合法权益。政府还应推进公共数据开放和社会信用体系建设，积极利用大数据等新技术手段实现精准治理。

2. 社会公共治理机制要求共享型企业承担自我监管职责

社会公共治理机制的有效实施，需要赋予共享型企业承担自我监管职责。共享型企业通过加强自我监督，主动履行社会责任，以获得公众信任和塑造品牌。社会公共治理赋予了共享型企业的平台职责，要求其利用大数据等高科技手段加强平台运营管理，承担更多的公共服务功能。以"共享单车"为例，天津市公安交通管理局 2017 年 8 月 16 日正式启用了共享单车交通违法信息交互平台，共享单车企业通过与天津市交管局的信息互通，对违法骑行人给予至少禁用共享单车一周的处罚。郑州交警发现骑行共享单车出现交通违法行为的，将对非机动车驾驶员通过“体验式站岗的感受教育、学习交通法规的法律教育、书写守法承诺的自我教育和采集交通违法者的详细信息并记录在案”等“三教育一采集”的方式进行教育处罚；同时共享单车企业也将对骑行人予以信用扣分、提高单次用车成本、短期禁骑直至终身禁骑的处罚措施。[①]共享型企业的自我规范，也可以为构建多方参与的协同治理模式提供经验积累、技术与数据支撑。[②]

四、完善社会公共治理　促进共享经济发展

共享经济的资源“共享”强调的是成员对资源的共同拥有以及共同治理。共享资源收益是由群体内个体共同享用，而对共享资源维持的投入也应该由所有个体共同承担。因此社会公共治理也就成为促进共享经济发展的必由之路。

（一）理解共享经济的本质实现社会公共治理目标

有学者认为共享经济能推动实现社会治理供给侧的“三降一去一补一改”：降低社会产品供给的边际成本，降低社会剩余交换的交易成本，降低社会产能的无效供给；去社会供给的中心化；弥补社会正式制度的短板；改善社会关系弹性[③]。共享经济的发展，要求将与互联网链接的所有因素作为一个统一的相互影响的系统来加以调整和规范。共享经济下的交通领域社会治理机制的设计，必须深刻理解，在这一系统中的每一个因素的变化都会影响到系统其他因素。而且交通领域的共享经济还受到多种外部性因素的影响，如产能过

---

① 宋宝慧：《天津规范共享单车使用：违法者将被禁用至少一周》，新华社，http://news.sina.com.cn/o/2017-08-18/doc-ifykcirz2893543.shtml，最后访问时间：2017年8月18日。李颖：《郑州治理违章骑车，严重者不能再用共享单车》，http://henan.sina.com.cn/news/2017-08-24/detail-ifykiuaz0487348.shtml，最后访问时间：2017年8月24日。

② 王峰：《分享经济倒逼社会协同治理》，载《人民邮电》2016年4月11日，第005版。

③ 唐双捷：《分享经济给社会治理带来哪些助益》，载《人民论坛》2017年第2期。

剩、进入市场的低门槛以及竞争者之间的道德素质。要使得这些因素组合成为有机、有序的整体，不是单靠政府监管就能实现，而是要通过社会治理机制的完善来加以实现。社会公共治理是国家的权力向社会的一种回归，这个过程其实就是通过国家与社会、政府与公民之间的良性合作，来实现还政于民。治理之目的是在各种各样的制度关系之中控制、规范以及引导公民的各种行为、活动，以此来最大限度地增加公共利益①。

（二）运用互联网思维和法治思维创新监管理念

在社会公共治理体制中，通过政府主体、社会主体和市场主体之间的相互协商合作，形成了一个由多权力中心的治理网络。这意味着政府的角色的转变，意味着政府监管理念的变革。运用互联网思维，意味着要发掘认识分析理解适应和尊重互联网经济规律，把握开放共享协作共治的理念，包容创新、尊重创新、鼓励创新，在制度设计中注重发挥市场配置资源的决定性作用。包容、尊重、鼓励创新，在社会公共治理机制中就需要创新主体能够参与到治理机制中，能够有表达利益诉求的渠道和方式。政府应以“开放包容”的态度认识和对待共享经济，支持和鼓励创新将成为政府监管与各项制度设计的基本原则，政府监管的尺度要留出新经济业态的发展的“容错空间”。

运用法治思维，意味着要遵从法治原则，比例原则的基本原则，科学合理，设计制度规范，明确权力行使边界，规范权力运行程序，保障基本权利自由维护法律秩序统一。面对互联网时代不断涌现的新情况，类似“网约车”“共享单车”这样的重大公共民生政策制定和市场监管除了要坚持以公共利益为导向，明确公共权力的谦抑；建立静态的权力边界，还需建立动态调节机制。

（三）发挥共享经济的信息技术和大数据优势提高社会公共治理的能力

在共享经济中，政府通过传统的行政许可方式进行监管总是力不从心，

---

① 俞可平:《治理和善治：一种新的政治分析框架》，载《南京社会科学》2001 年第 9 期。

例如，如何确定城市所需“共享单车”的规模，不能靠简单的数量控制。需要考虑自行车的生产成本、维修成本、日骑率、单车押金绑定人数、城市公共交通的承受能力、短途出行的实际需求量等数据来确定该城市“共享单车”的投放饱和边界。运用信息技术和大数据优势，可以解决一些监管制度设计中的一些难题。例如，用电子围栏技术解决共享单车乱停乱放问题，就比简单粗暴的罚款等处罚等措施更为有效。社会公共治理需要充分发挥各参与者的智慧，根据数据监测结果进行量化分析，就比纯靠理论推演更为有效和准确。

（四）通过个人诚信机制来推进共享经济与社会公共治理机制的耦合

社会公共治理体制的运作方式包括协商、谈判等，但关键是要依托社会成员自己的道德素质，来对社会行为进行规范，对社会关系进行协调，最终解决社会问题。社会治理的核心是通过政府和公民合作来对公共生活进行管理。这种合作管理关系的基础是政府和公民之间能够相互信任、相互尊重[①]。社会公众所扮演的角色不应该仅作为政府所提供的公共服务的消极消费者，更应该是有着积极能动性的诚信公民。在社会公共治理中，诚信有其十分独特的地位。社会普通公众的诚信对社会在自我组织、管理层面上，有着积极的意义。社会公共治理体制，其本质是社会诚信自治，征信机制与社会诚信监督机制是国家和社会进行合作的主要范畴。在共享经济网络中，除了要求国家来负责统一整合诚信信息（尤指公共信息）之外，还需社会组织与经济组织广泛的参与对私人信息的征集。共享经济模式是高度依赖信用的商业模式，必须有一个严格的、可以保证交易双方进行安全交易的信用评级系统。共享经济的活跃程度与信用评级的建立和完善紧密相关，共享经济的健康发展也会增强社会信任。

---

① 沈记、郑翔：《社会诚信体系与社会公共治理体制的关系探究》，载《四川行政学院学报》2017 年第 3 期。

五、结语

对共享经济的监管目标是多样化的，包括解决就业、提高税收、繁荣经济、可持续发展、创新创业等多方面。但是要保障这些目标相互不冲突，使得共享经济所链接的各个因素之间达成有效有序的整体，需要建立多主体互动的社会公共治理体系，使得共享经济的每个参与者，包括政府、共享型企业、网络平台、社会机构、消费者等多方力量参与其中。让各主体通过社会公共治理机制在共享前、共享中、共享后都能保护好各自的权益，以弥补法律监管的不足。共享经济的发展已经引发许多新现象和新问题，如在市场概念的内涵确认方面和市场边界的界定标准方面，在国民经济的统计核算的方法方面，都需要重新明确和核定，才能准确理解共享经济对整个社会的影响。而社会公共治理要充分利用现有的信息技术和大数据，通过技术的发展解决制度难以解决的问题，引导共享经济的各利益相关方履行社会责任，实现社会公共治理社会公益最大化的目标。

共享单车押金问题及其法律对策研究

赵树文　王海燕①

共享单车是指企业利用互联网平台为城市居民提供自行车共享服务，是一种分时租赁模式。“十三五”以来，创新、协调、绿色、开放、共享五大发展理念是全面建成小康社会决胜纲领的灵魂，其中“共享”理念是我国实现经济发展、产业结构升级、社会转型的重要理论依据。共享单车的出现符合城市低碳、绿色和可持续发展理念，是对“十三五”规划纲要中“共享”发展理念的切实贯彻实施。环境问题是近年来困扰人们生活的一大重要难题，共享单车低碳、绿色、便捷出行方式有效缓解因机动车尾气排放导致的大气污染问题，同时还能缓解城市拥堵，打造城市慢行体系。

一、共享单车发展现状

共享单车作为新兴事物，发展迅速的同时一系列问题也不断暴露，如骑行安全问题、恶意损坏问题、押金安全问题等。自2017年6月以来，悟空单车、3Vbike等多家共享单车企业均以“单车被偷光”为由相继停运，业界人士认为，这预示着共享单车“倒闭潮”已经显现，未来可能会有更多的共享单车企业步其后尘。一直以来备受关注的押金问题又被摆上台面，押金的收取、使用与退回情况一直遭受诟病，法律对其并无明确规定，经营者也多采取回避态

① 赵树文，河北大学政法学院副教授、法学博士研究生；王海燕，河北大学2015级经济法学硕士研究生。

度，确立押金管理及监管制度势在必行。[①]2017 年 8 月 2 日，在交通运输部的牵头下十部委联合发布了《关于鼓励和规范互联网租赁自行车发展的指导意见》(以下简称《指导意见》)。《指导意见》从总体要求、发展政策、规范服务、信息安全、发展环境五大方面和十七项具体问题入手，力求促进共享单车健康、有序发展。《指导意见》第 12 条明确指出："鼓励互联网租赁自行车运营企业采用免押金方式提供租赁服务。企业对用户收取押金、预付资金的，应严格区分企业自有资金和用户押金、预付资金，在企业注册地开立用户押金、预付资金专用账户，实施专款专用，接受交通、金融等主管部门监管，防控用户资金风险……"

部分共享单车企业顺应免押金趋势，竞相出台一系列免押金政策。例如，摩拜单车推出"免押金试骑"活动，在全国超过 150 个城市内，新用户通过微信小程序注册摩拜单车账户即可参加免押金试骑活动，每周享受 5 次免押金骑行。

共享单车企业的另一巨头 ofo 共享单车截止到 2017 年 8 月 7 日相继在上海、杭州、广州、深圳、厦门、南昌、金华、威海八个城市开启信用免押金服务，用户芝麻信用分值达到 650 分及以上均可享受信用授权免押金的骑行服务。其他共享单车企业均是通过信用值等类似手段免收用户押金。由此可见，共享单车企业免收押金门槛较高，大部分费用仍需交纳。因此，对共享单车押金管理进行监管十分必要，有助于防范沉淀资金诱发的风险，妥善解决沉淀资金使用与收益问题。[②]

二、共享单车押金概述

(一) 共享单车押金的概念

共享单车押金是用户在使用单车前向共享单车运营商支付的一定数额的

---

① 参见翟业虎、刘田鑫:《共享单车租赁的法律问题》，载《扬州大学学报(人文社会科学版)》2017 年第 4 期。

② 参见宋佳儒:《共享单车押金资金沉淀的监管问题探析》，载《甘肃金融》2017 年第 4 期。

保证金，用户用车结束即可申请退还。该押金是一种财力担保，是保障租赁合同关系双方履约的一种重要形式。

（二）共享单车押金的法律性质

1. 动产质权说

人们通常所称的“押金”即为“保证金”，学界的主流观点认为押金属于一种特殊的“动产质权”。单车企业收取押金的目的在于对双方之间的租赁合同起到一定的担保作用，既可以督促承租人正当使用租赁物，也可以确保发生不当损害时，出租人可以优先受偿。天津师范大学法学院教授郝磊认为，用户每一次的骑行均为一个独立的合同，即在每一次扫码开锁至上锁的这一个过程为一个租赁合同，共享单车的押金是用户在一次租赁用车时应交纳费用，用户在当次骑行结束，与共享单车企业之间的合同履行完毕，共享单车企业应即时将押金退还用户。

2. 公共融资平台说

共享单车拥有庞大的用户群，截止到 2017 年 7 月，共享单车行业两大巨头摩拜单车和 ofo 共享单车分别以 2625 万人和 2568 万人占据中国共享单车 APP 新增活跃用户数前二，[①] 共享单车用户交纳的押金形成大量的沉淀资金。并且在实际操作中，押金退还周期越长，衍生的利息越多，共享单车企业的收益越高，所以共享单车企业均在用户注册协议中规定退还押金需要 1~7 个工作日不等，押金退还期间，用户无法使用单车。由于共享单车本身的便捷性，用户使用单车的频率较高。为了方便用车，用户在一次用车完毕便不退押金，长此以往，由押金衍生的利息及收益大为可观。根据《物权法》第 213 条规定：“质权人有权收取质押财产的孳息，但合同另有约定的除外。”所以，由押金所衍生的利息和收益都归属于共享单车企业。

共享单车押金“一车多押”模式使得更多资金汇入“资金池”。同济大学

---

① 《Quest Mobile 数据：摩拜持续领跑共享单车列第一》，2017 年 8 月 4 日，比特网：http：//news.chinabyte.com/58/14243058.shtml。

法学院副教授刘春彦认为，“本是一对一的租赁模式，变成了一对多的押金，就产生了金融属性，应该由第三方监管”。[①]“一车多押”的押金模式，使得单车企业可以短期内汇集巨额资金，由此，共享单车运营平台极易形成资金池。[②]单车企业盈利模式表面上是通过分时租赁来部分变现，但实际上是通过收取押金来回收资本，实现现金流并进行扩张。共享单车企业收取巨额押金和“一车多押”模式使得企业具有了公共融资平台性质。

（三）共享单车押金支付方式

目前市场上的共享单车企业以共享单车的成本和经营成本为标准收取押金（见表一），押金数额从 99 元到 299 元不等，除少部分单车企业押金支付方式包括银联支付外，像摩拜单车、ofo 共享单车等的押金支付方式仅限于微信、支付宝。由于共享单车押金的支付是通过第三方支付机构，共享单车运营者在回应押金退还问题时也明确退款经由第三方支付渠道原路退还给用户，从微信和支付宝两家平台提现均要收取手续费，这就无形之中增加了消费者的负担。

共享单车企业和第三方支付平台的合作不仅限于押金支付和退还，早在 2017 年 2 月，摩拜单车宣布用户通过微信“扫一扫”扫描摩拜单车车身上的二维码，可以直接开锁使用单车。支付宝和各大共享单车运营商的合作更为紧密，从 4 月 29 日开始，ofo 共享单车、永安行单车、小蓝单车、哈罗单车等 6 家共享单车品牌与支付宝达成合作，用户直接通过支付宝首页的“扫一扫”，即可解锁上述品牌共享单车，并赠送骑行保险的服务。部分单车品牌与芝麻信用开展合作，在不同城市根据信用值不同开启单车免押金活动。

---

① 记者刘红霞、周琳、杰文津等：《数十亿元　共享单车押金该由谁来监管？》，2017 年 3 月 27 日，新华网：http：//news.xinhuanet.com/fortune/2017-03/27/c_1120703036.htm。

② 参见侯登华：《共享经济下网络平台的法律地位——以网约车为研究对象》，载《政法论坛》2017 年第 1 期。

表一

	押金数额	押金支付方式	押金退还期限（工作日）	租　金
摩拜单车	299 元	微信、支付宝	2~7	1 元 /30 分钟
ofo 共享单车	199 元（师生用户免押金）	微信、支付宝	3	1 元 /60 分钟（师生 0.5 元 /60 分钟）
小鸣单车	199 元	微信、支付宝	1~7	1 元 /30 分钟
优拜单车	298 元	微信、支付宝	2~7	1 元 /30 分钟
小蓝单车	99 元	微信、支付宝	1~7	0.5 元 /30 分钟
永安行单车	99 元	微信、支付宝、银联支付	微信、支付宝 1~3 银联卡 1~7	60 分钟内不收费；超过 60 分钟 1 元 /60 分钟
哈罗单车	199 元	微信、支付宝	1~7	1 元 /30 分钟
骑呗单车	200 元	微信、支付宝	2~7	0.5 元 /30 分钟

三、共享单车押金存在问题分析

（一）押金安全性问题

2017 年 6 月，“悟空单车”成为首家倒闭的共享单车企业。共享单车行业发展不易，大量单车被人为恶意破坏、被盗、被改装私占，多家共享单车企业先后停运，但存活下来的企业也收益颇丰。租车费用是单车企业收益的重要组成部分，但最主要的收益来源仍然是收取的用户押金。第三方数据机构易观发表了一份关于共享单车两大巨头企业摩拜单车和 ofo 共享单车的数据报告。①数据显示截止到 2017 年 7 月，摩拜单车和 ofo 共享单车的用户量分别为 2625 万人和 2568 万人，根据上述数据，摩拜单车累计可得 78 亿元押金，ofo 共享单车可得 25 亿元押金。

① 王晨曦：《易观：2017 年 4 月中国共享单车市场市场竞争趋于白热化车辆管理成发展难点》，2017 年 6 月 10 日，易观：https：//www.analysys.cn/analysis/22/detail/1000787/。

巨额押金的去向一直是大家关注的焦点，面对众多的质疑，摩拜单车官方回应称，目前已开立了存放押金的银行账户，百分百确保押金的资金安全，专款专用。当共享单车用户用车完毕申请退还押金时，押金立即原路退还给用户；ofo 共享单车官方也表示，用户押金为专款专用且已“封存”，未在其他方面使用。但官方回应闪烁其词，并未拿出让广大用户群信服的依据，往往会引发更大的质疑。

不少人认为共享单车企业打着“单车租赁”的幌子从事融资活动，通过利用用户集合起来的庞大数额的押金去从事投资，理财等金融行为，这就使得共享单车企业有了非法吸收公众存款的嫌疑。区分共享单车企业收取押金合法经营与非法吸收公众存款主要通过“有无真实的商品或服务内容”和“是否以未来的回报为目的”这两条标准来判断。[①] 但是我国相关法律并不完善，押金监管不到位，“未来回报”这一概念很难界定，所以在司法实践中存在很多问题，这也就引发了很多学者的讨论。目前，只有交通部等十部委联合发布的《指导意见》以及各地出台的鼓励规范发展共享自行车的指导意见，对于共享单车押金及预付款的监管仍未确立，若共享单车企业出现投资失败、资金链断裂或进行金融诈骗等违法犯罪行为，必将损害广大用户的合法权益。

（二）押金返还程序问题

日前，由南京铁拜网络科技有限公司运营的“町町单车”疑似倒闭，用户的押金并未退还，消费者拨打客服热线无法接通，企业也已经人去楼空，上百名维权者已尝试向当地工商部门、消协和警方寻求帮助，但目前尚未有相关部门愿意接手此事。“町町单车”一事引起了广大影响，多个共享单车APP 用户反映，押金、余额难退还，客服电话更难打通。

以摩拜单车为例，不少用户称摩拜单车在支付时可立即到账，但退押金时却迟迟不到账，“有的人等了 10 天还没拿到钱”，这与用户注册协议中注明的退款时间为 2~7 个工作日不相符。对此摩拜单车的声明，退款延迟问题与

---

① 朱冰:《浅议非法集资行为的刑法规制标准》，载《法制与经济（下旬刊）》2013 年第 10 期。

网络第三方支付平台的产品设计有关。更有单车运营商直接以服务器故障为由拖延或拒绝退还押金，并且将相关条款落实到用户注册协议中。

可返还性是共享单车押金担保制度的一个重要特征，用户在一次租赁共享单车使用完毕并支付租金后，单车企业返还押金。但是共享单车的经营模式决定了它是间断性租赁，使用频次高、骑行时间短。依据共享单车用户一次租赁而退还押金并不符合市场经济的高效性，因此，共享单车的运营方在用户归还租赁单车的同时并未归还相应的押金，导致押金返还时间与传统的押金制度产生了偏离。

（三）押金利息归属问题

利息是债务人支付给债权人的报酬，是债权人暂时让渡货币使用权所得的收入。[①]储户将资金的使用权让渡给银行是银行支付储户利息的前提和基础，银行支付的利息是其使用原属于储户的货币之对价。共享单车企业存放在银行的沉淀资金是所有用户交纳的押金，虽然沉淀资金保存于共享单车运营者名下银行账户中，但其所有权依旧属于用户，因此作为押金之对价所产生的利息应属于用户。

虽然押金属于一种特殊的“动产质权”，质押财产的孳息由质权人获得，但是结合上文分析的共享单车押金“一车多押”情况，共享单车企业依法有权获得一份由共享单车押金产生的利息，但在该共享单车上存在多份押金的情况下，在用户未使用单车时，该份押金产生的利息并不属于共享单车运营者。目前，消费者、专家及相关人士均表示对押金所产生的利息作何用途有疑问，摩拜单车只是回应共享单车押金的使用路径，未回应押金利息用途，其他共享单车企业也均未回应该问题。

根据上文数据，摩拜单车累计可得 78 亿元押金，ofo 共享单车可得 25 亿元押金，按照中国人民银行活期存款利率 0.35% 计算，摩拜单车每年可得利息 27300000 元，ofo 共享单车可得利息 8750000 元。巨额押金产生的利息被

---

① 参见曹冬媛:《论利息法律关系》，载《山东社会科学》2013 年第 2 期。

共享单车企业进行了占用，用户与平台之间就此并未达成协议，且商家占用押金利息也无法定依据。押金的孳息归属应当通过双方进行确认，经营方在没有明确约定利息归属的情况下，对押金所产生的孳息实质是非法占有。

四、共享单车押金问题的法律对策

（一）规范共享单车押金监管，建立押金托管机制

押金监管必须有法可依、有法必依才能保持监管的权威性、严肃性、强制性和一贯性，才能保证押金被有效监管。[①] 权力机关有效监管是共享单车企业安全稳健的管理押金的核心要素，如今大火的共享单车和当年的第三方支付制度处于相类似的阶段，监管缺失与法律空白让押金成了行业的风险点。[②] 同济大学法学院副教授刘春彦建议，共享单车押金应该像第三方支付那样，实现银行监管，缴纳一定比例备付金。[③] 押金托管是对受托资产履行资产保管、资金清算、会计核算、投资监督、信息披露的职责，相对而言是一种更严格、更规范的资金管理方式。[④] 共享单车企业采取押金托管模式，可以有效防范金融风险，实现低风险、高收益，有效升级共享单车系统、改进经营管理模式，以福利性政策回报广大用户。笔者认为，有关部门应早日建立完善的押金监管机制，对押金的托管、结算、合法性、风险控制及增值等方面做详细的规定。因此建立健全资金监管、结算、托管的制度应是押金监管的应有之义。

---

① 参见黄达:《金融学》，中国人民大学出版社 2003 年版，第 193 页。

② 参见朱玛:《第三方支付机构沉淀资金的权属争议及法律监管——兼谈“余额宝”的创新与风险》，载《西南金融》2013 年第 12 期。

③ 罗小霞:《共享单车押金沉淀存风险 专家: 应实现银行监管》，载《人民日报》，http: //yuqing.people.com.cn/n1/2017/0328/c209043-29174723.html。

④ 滑丽萍:《国内资产托管业务发展研究》，载《消费导刊》2015 年第 11 期。

（二）明确共享单车押金用途

共享单车的押金所有权属于用户毋庸置疑，保证押金安全是共享单车企业应尽义务，在保证用户押金安全的同时，关于平台是否可以使用押金进行经营性活动这一问题，在学界及用户群中有两种不同意见。

中国政法大学知识产权研究中心特约研究员李俊慧称，共享单车企业要求用户用车前交纳押金并支付预付费，且用车结束后押金不自动退还的规则，属于不当占有资金且有募集资金的可能性。[①]故共享单车押金应专款专用，不得用于共享单车企业的经营活动。信托法专家柏钦涛认为，因押金是用户提供的一种保证金，虽然第三人可能根据占有来推定所有，但用户的本意显然不是让渡资金的所有权，由此产生的收益不应归单车企业，同时单车企业也不得将押金用于任何公司经营性活动。

与上述观点相反，中国人民大学法学院副院长杨东认为，单车押金从法律上讲属于物权法所规定的“动产质权”。经用户同意后企业将客户押金用于投资理财的，投资收益的分配应与客户协商一致后决定。对于未经客户同意擅自将用户押金进行投资盈利或企业经营的，损失应当由企业承担。吴沐暄等认为，押金资金是共享单车企业盈利模式创新的核心资源，应支持共享单车运营企业采用押金方式提供租赁服务，并允许共享单车运营企业利用部分押金资金开展经营性活动，提高押金资源的配置效率，促进共享单车良性发展。[②]笔者认为，共享单车因用户交纳押金形成大量的沉淀资金，押金作为一种担保，所有权属于用户，它要求出租人在租赁结束并返还相应租赁财产时返还押金，共享单车运营者无权私自使用押金进行经营性活动。但大量的沉淀资金需投入市场才能激发市场活力，共享单车企业应和用户达成协议，押金存放应开设专门账户，留足备用金，将小部分押金投入运营，改善并提高

---

① 刘蠓子：《盈利模式模糊，共享单车会否死在押金上？》，2017 年 3 月 3 日，搜狐：http://www.sohu.com/a/127830300_255697。

② 吴沐暄、程楠、李玲：《从租金和押金看共享单车的公益性和经营性》，载《价格理论与实践》2017 年第 5 期。

共享单车经营模式，剩余部分做理财管理，购买银行、信托机构等提供的风险小、周期短的保本企业理财产品。

（三）设立押金冻结制度

共享单车押金和预付金应分别设立账户管理，押金管理设立“押金冻结制度”。共享单车用户缴纳的押金应存储于共享单车平台，单车企业为了防范与减少风险，各共享单车企业均表示押金已在银行开设独立账号封存，专款专用。

用户要提现押金，需向共享单车平台发出退还押金指令，但由于该款项已转换成沉淀资金由共享单车企业以其自身名义存放于银行，并由共享单车企业实际支配和控制，那么单车用户只能是向共享单车平台发出指令，而后由企业以自己的名义再向银行发出指令，从而实现押金的退还。中国财政科学研究院应用经济学博士后盘和林表示，共享单车企业存在人为拖延退还押金行为，按照共享单车的使用规则，用户扫码上锁付费，相当于租赁合同的主合同完成，押金应自动退还。[①] 而共享单车押金却需要消费者去申请退还，明显是增加消费者退还的难度。笔者认为，共享单车押金应实行冻结管理制度，在用户扫码开锁的同时，双方租赁合同成立，押金冻结在消费者选择的第三方支付账户中，在用户上锁完毕的同时，租赁合同解除，押金自动解冻，免除用户申请退还押金的烦琐程序。

（四）明确单车企业监管主体，建立完善的进退机制

共享单车现有的运行模式很容易发展为非法集资或者集资诈骗，我国并未建立共享单车监管制度，相关的监管主体也不明确，新成立的共享单车企业琳琅满目，但因行业特征公司倒闭也时有发生，一旦平台公司跑路面临的则是大面积用户损失的群体事件。交通部发言人吴春耕指出，交通运输部鼓励并且支持这种“互联网 + 交通出行”的创新方式，但是政府要加强规范和

---

① 参见杨立新：《合同法专论》，高等教育出版社 2006 年版，第 230 页。

指导工作，企业要承担管理责任，公众要文明出行，一起促进共享单车的发展。

城市中共享单车的投放数量和布局应与用户的需求相匹配，共享单车数量供过于求将导致资源的浪费，相反，共享单车数量供不应求将无法满足用户需求，使“共享”成为空谈。共享单车经过“野蛮生长”阶段，其保有率在各地有所偏差，但大部分城市单车的保有量已接近饱和，进入了稳步调整阶段，需要直面运营过程中产生的各类问题，进入更加精细化的管理和运营模式。

共享单车主管部门应提高共享单车企业的准入门槛，以企业注册资金为例，共享单车企业注册资金不得少于3000万元，实缴资金不得少于1000万元。此外，企业必须为共享单车用户购买人身意外伤害保险、首次投放市场的共享单车不得低于1万辆、提供用户押金的使用报告、单车的合格检测报告等。共享单车企业退出运营前要向社会公示，退还承租人押金。明确单车企业市场进退机制有利于规范市场竞争，促进行业良性发展，企业市场准入标准的提高，能切实解决城市人群出行问题，构建城市慢行系统。[①]

五、结语

共享单车是“互联网+”时代下的产物，单车企业采用线上、线下结合的方式充分发挥市场资源配置作用，使资源利用最大化，对共享经济发展具有引导和促进作用。不可否认，共享单车的押金收取和押金孳息归属存在较大法律风险及道德隐患，对共享单车押金的收取和存放进行监管具有理论和现实意义。共享单车企业的该种经营模式也必然需要建立集企业、政府与公众三方为一体的协调运营机制，将其置于现行法规和监管框架之下，实现多方面理论创新与制度突破。

---

① 参见张伟：《中小企业市场准入的法律问题研究》，中山大学2009年硕士学位论文。

共享单车"底线竞争"问题探究及防治

谭 袁[1]

如果要选出一个互联网给2017年第1季度带来的最大话题，"共享单车"[2]毫无疑问是最大的热点。围绕着共享单车所带来的便利及引发的相关问题，社会各界都展开了激烈的讨论。共享单车是共享经济的典型模式。其实在共享单车出现以前，许多地方政府已经在大力发展公共自行车，有的地方取得了较好的效果，但大多数地方受制于公共自行车的模式而没有得到多大的发展。但是，随着民间资本的进入，以互联网为平台的共享单车却在短短的时间内就取得了巨大的成绩，可以说，共享单车目前已经成为许多城市的一道亮丽风景线。共享单车之所以能够取得如此大的成绩，与其自身的优势密不可分。共享单车采用了"无桩"的模式，这与政府所推广的"有桩"模式的公共自行车存在本质的区别，而这也正是共享单车能够取得成功的最主要原因。"无桩"模式极大地方便了使用人，提高了使用的自由度。另外，共享单车可以通过手机来注册使用，手续简便，能够做到即时使用；共享单车的使用费用很低，大多0.5元或1元每半小时，绝大多数使用者都能够承受。基于以上方面的原因，共享单车成为解决市民"最后一公里"出行困难

---

① 谭袁，中国社会科学院大学法学院讲师，法学博士。本文系北京市社会科学基金项目"北京市反垄断法实施面临的困境及应对问题研究"（15FXC051）的阶段性成果。

② 需要说明的是，笔者反对使用"单车"这一词，因为在中国大陆传统上一直使用的就是"自行车"这一词，这并不是笔者矫情，而是确实没有必要用"单车"来代替"自行车"。从某种意义上来说，使用"单车"一词是文化不自信的一种表现。因此，笔者更愿意使用共享自行车来指代共享单车。但鉴于"共享单车"这一表述在实践中已被广泛使用，本文亦仅在讨论该问题时暂予以采纳。

的重要途径。

但是，作为一个新生的事物，共享单车也面临着许多问题。乱停乱放、安装私锁、恶意损坏、投放量过大等现象时有发生，共享单车在给人们提供方便的同时，也造成了许多严重的社会问题，甚至严重影响了正常的社会秩序。可以说，如果这些问题得不到解决，共享单车的进一步发展将面临严重的挑战，甚至可能因为这些问题得不到解决而使得共享单车的前景黯然失色。社会各界从各方面展开了讨论。有观点认为，应当加强使用者的教育，提高其素质；也有观点认为，政府应当加强监管，对违规使用的行为展开执法，及时纠正各种损害共享单车的行为；还有观点认为，共享单车的运营者应当控制共享单车的投放数量等。上述各种观点对于解决共享单车引发的问题自然是有所帮助的。但是，可能都没有涉及问题的本质，都只是治标不治本之法。本文认为，作为共享单车发展的主导者，运营商的自律性监管缺失，是导致共享单车发展中所出现问题的重要原因。具体而言，从竞争的角度来看，共享单车运营商之间的“底线竞争”，是导致共享单车发展过程中出现诸多问题的重要原因。本文将运用监管理论中的“底线竞争”理论，分析共享单车发展过程中存在的问题，探讨如何通过规制共享单车运营商之间的竞争、避免“底线竞争”行为，希冀通过研究为以共享单车为代表的共享经济的良性发展提供有益借鉴。

一、关于底线竞争及其危害性理论研究

（一）底线竞争的界定

“底线竞争”理论最早是由美国前证券交易委员会主席 William Cary 提出的。他认为，各个州之间为了吸引公司在本州设立而展开的竞争，促使各州争相制定有利于公司管理层而非股东利益的公司法。各州之所以这么做，主要是因为在本州设立公司将能够增加本州的税收收入。由于发起设立公司的是公司的管理层，股东通常都会批准管理层的提议。因此，只要公司法能够

迎合管理层的利益，管理层就会倾向于将公司设立在相应的州。[①] 事实上，在我国，地方政府之间也存在着这种“底线竞争”。各地方政府之间为了吸引资本、劳动力生产要素流入本地，通常会在税收上展开竞争，即提供更具有吸引力的税收政策。这实际上就是一种规制竞争。只不过这种规则的竞争是为了迎合规则相对人而展开的一种竞争。这就有可能出现一种危险，即规则制定者纯粹为了迎合规则相对人而争相推出更为宽松的规则，这很有可能会完全违背制定规则本身的目的，使得规则失去了基本的约束力。

（二）底线竞争的构成要件

如何认定是否构成底线竞争，需要依据一定的标准，也即要满足相关的构成要件。目前竞争法学界对于底线竞争问题尚没有关注，对底线竞争的探讨主要集中在规制理论中，但亦没有涉及底线竞争的构成要件，从而使得底线竞争的理论相对匮乏，这不利于对实践中所存在的种种涉嫌底线竞争行为进行认定并予以规制。本文在借鉴传统相关构成要件理论的基础上，结合竞争领域中的底线竞争行为特征，认为可以从以下几个方面来判定是否构成底线竞争。

1. 主体方面：参与底线竞争的主体是在某些领域或某些交易中有权（亦有义务）对其他主体（相对方）进行管理或规制的机构或企业。这些机构或企业在各自的权限范围内能够对相对方提出具体的监管要求，从而以保障和维护基本的秩序。这种监管权应当是分散的，而不是由统一的主体所享有。否则，机构或企业之间就不存在监管政策方面的竞争。

一般来说，理论界普遍认为底线竞争的主体仅为地方政府或其他公共管理机构，作为私主体的企业并不能成为底线竞争的合格主体，但其实不然，对于部分企业而言，尽管它们是市场经济中的私主体，但这并不影响它们之间所现实存在和展开的底线竞争。底线竞争与主体的“公”“私”无涉。虽然

---

① 转引自 Note，The Case for Federal Threats in Corporate Governance，118 Harv. L. Rev. 2726，p2727（2005）。

底线竞争理论大多数情况下被用以分析存在监管竞争的公主体，但这绝不意味着底线竞争仅存在于公主体之间。对于某些企业而言，消费者在使用其产品或接受其所提供的服务时，必须要遵循一定的规则，正如相对人必须接受相关公主体的监管一样，在这种情况下，这些企业之间也会存在着规则的竞争，主要是规则方面的底线竞争。例如，在19世纪后期，美国的许多州都对保险公司提出了强制性的政策，旨在解决保险公司之间所存在的底线竞争。在20世纪初期，许多保险公司都破产了，美国当时成立了专门的梅里特委员会（Merritt Committee）探究破产的原因，发现之所以有如此多的保险公司破产，是因为保险公司之间展开的恶性竞争。这些保险公司为了追求利润，采取设置过低的保险费这一具有高度风险的战略：如果损失很小的话保险公司将获得大量的利润，但是如果损失超过所收取的保险费的话，则最终将由投保人承担风险。这导致系统性的保险费不足，因此在出现大的灾难以后许多保险公司都破产了。梅里特委员会设立了具体的局，以根据所有保险公司的总损失来确定保险费数额，这样就能防止保险公司之间的恶性竞争，确保保险费能够最好地反映未来的损失。①

在上述案子中，各保险公司之间就存在着底线竞争。为了争取投保人，各保险公司都竞相降低保险费，但在这种底线竞争之下所形成的保险费并不能反映未来的风险，因此一旦发生风险将导致投保人的损失无法得到赔偿，保险公司也将大量倒闭。保险公司之间的底线竞争引发了社会问题，因此需要政府介入，以使保险费的确定能够真正反映未来的风险。

2. 主观方面：参与底线竞争的主体具有通过在监管力度方面的竞争，准确来说是竞相放松监管标准，以促使相对方选择自己而非竞争对手的意图。从事底线竞争的主体对于自身所从事的底线竞争行为是明知的，并且通常是积极主动所追求的。当然，有些主体也是为了应对其他主体所实施的底线竞争行为，而不得不参与到底线竞争中来。因此，可能是消极被动地实施的，但

① Daniel Schwarcz，Reevaluating Standardized Insurance Policies，78 U. Chi. L. Rev.1263，pp.1270~1271（2011）.

这并不影响其具有从事底线竞争的意图的认定。

有观点可能会认为，只要企业没有违反相关的法律规定，那么最大程度地争取消费者应该是正常的商业竞争行为，不能将其归为底线竞争。确实，目前没有，事实上也不可能有相关法律对企业最大程度争取消费者的行为是否构成底线竞争作出规定，因为法律不可能规定如此详尽而新出现的问题。法律制定之后，应当更多地寻求通过解释法律的方式来使得法律得以实施。反垄断法反对企业从事掠夺性定价行为，即企业不得在没有正当理由的情况下以低于成本的价格进行销售。事实上，企业从事规则方面的底线竞争行为与掠夺性定价中的“低于成本”在本质上是类似的，都不是一种正常的竞争性行为，虽然在短期内对于消费者而言都是有利的，但从长期来看必然会损害消费者的利益。因此，企业最大程度地争取消费者也必须是在一定规则范围内进行争取。

3. 客体方面：底线竞争损害的是参与底线竞争的主体应当依法或依自律进行监管所维护的监管秩序。底线竞争会导致监管权的放松，极端情况下会出现监管真空。监管标准降低或监管真空会使得被监管主体可能因没有足够的监管约束而从事违法违规行为，这会对正常的社会秩序以及公共利益造成损害。

4. 客观方面：参与底线竞争的主体从事了底线竞争的行为，这既可能表现为积极主动地制定、修改监管标准，以使其尽可能的低，尤其是低于竞争对手的监管标准，也可能表现为对于相对方违反监管要求的行为采取容忍的态度，不对其进行相应的处罚，不及时纠正相对方违法违规的行为。因此，客观方面既可能表现为作为，也可能表现为不作为。但无论何种情形之下，都损害了正常的监管秩序以及社会公共利益。底线竞争参与者通过底线竞争获得了暂时性的利益，但却将底线竞争所造成的长期性的损害转嫁给社会。

（三）底线竞争的危害

底线竞争有可能最终导致无底线的竞争。规则制定者之间为了争夺规则相对人，纷纷降低规则的底线，竞争的结果对于规则相对人而言是“有利”的。

因为规则相对人可以获得最为“有利”的条件。例如，对于共享单车的使用人而言，就可以随心所欲地乱停乱放，而无须受到共享单车运营商的惩罚。对于拟设立公司的发起人而言，其可以获得最为宽松的公司法，或获得最为有利的税收优惠。但是，这虽然“有利于”规则相对人，却会严重损害社会利益或其他相关方的利益。社会管理秩序会因为共享单车的乱停乱放而变得混乱不堪，有利于公司的公司法、税收政策却很有可能给制定该公司法的地方或提供更加优惠税收政策以外的其他地方造成损害。换言之，底线竞争可能是一种“多输”的结果。

1. 底线竞争不利于底线竞争的获胜者。尽管从短期来看，底线竞争的获胜者达到了自己的目的。但是，从长远来看，这种以牺牲规则权威性为代价换来的规则相对人的“忠诚度”必然是不牢靠的。而且，在规则方面展开的底线竞争，会使得规则制定者忽略了核心竞争力的提升。

2. 底线竞争对于未参与竞争者是不公平的。如果某些竞争者不参与底线竞争，则许多顾客会转向那些规则更为宽松的竞争者。尤其是在那些新兴的行业中，如果竞争者无法在短期内获得一定的市场份额，就很有可能永远无法获得较大的市场份额，很有可能导致该竞争者不得不退出市场，严格执行规则的竞争者反而遭受不利后果。

3. 底线竞争会损害社会公共利益。竞争必须是在一定的规则之下展开的竞争。如果没有规则的约束，则竞争所带来的就不是繁荣，而是毁灭。规则之下的竞争能够促使各个竞争者努力提高自己的产品品质，降低产品的价格，这在客观上是有利于社会整体利益的。但底线竞争将破坏这种规则，损害社会公共利益。

4. 底线竞争会损害短期内享受底线竞争好处的消费者的利益。在短期内，某些消费者会因为运营商之间的这种底线竞争“受益”。因为这满足了这些消费者任意使用的需求，但是这些消费者也会因为其他违规使用行为而受到损害，而且底线竞争会侵蚀共享单车行业发展的根基，甚至可能会使得共享单车行业的发展难以为继。届时，那些违规使用共享单车的消费者也会因此而受到损害。

总之，底线竞争是一种趋劣性的竞争，它与我们通常意义上所言的竞争存在巨大差异。这种底线竞争并不能带来更好的产品、更低的价格。相反，它会促使参与底线竞争的竞争者不断放低规则的底线，从而陷入一种不断向下的竞争过程，这种竞争对于各方利益都是不利的。

二、共享单车运营中的底线竞争问题

虽然可以从不同的视角去反思共享单车为什么会出现种种问题，但我们认为“解铃还须系铃人”，最能解决共享单车问题的主体恰恰是共享单车的运营商。之所以会引发乱停乱放等违规使用的问题，除了部分使用者的素质问题外，我们认为，更主要的原因是与共享单车运营商不严格执行监管规则有关，也即共享单车运营商之间存在底线竞争的问题。

（一）共享单车运营商底线竞争的论证

对于共享单车运营商之间在监管规则方面是否存在底线竞争这一问题，本文“大胆假设、小心求证”的原则进行深入分析。我们将依据底线竞争的构成要件来判别共享单车运营商之间是否涉及底线竞争。

1. 共享单车运营商作为共享单车的经营者，有权利也有义务对用户使用共享单车的行为进行规定，避免各种违规使用的行为，维护共享单车正常的运营秩序。目前，大多数共享单车运营商都制定了相关的规定，对用户使用共享单车的行为提出了具体的要求。例如，摩拜单车公司在其制定的《摩拜单车租赁服务协议》中，详细规定了公司与用户之间的协议内容，其中“使用规则”部分，明确列举了用户必须遵守的规则和不得从事的行为。ofo 公司制定了《ofo 共享单车服务协议》《ofo 共享单车使用协议》等，也对用户的使用行为作出了规定。不同的共享单车运营商可以自行制定相关的规则，没有而且也不可能要求所有的共享单车运营商采纳统一的服务协议。因此，对于共享单车的运营商而言，具体的监管权都是各自所享有的，因而也是分散的。

2. 共享单车运营商主观上具有放松监管的意图和意愿。如果监管规则更严，则用户极有可能会选择其他品牌的共享单车。基于此种担心，共享单车运营商往往惮于制定严格的使用规则，或者惮于严格执行使用规则。“从企业的角度看，对于市场占有率的渴望导致企业内部缺乏监管动力。因为只有提供更加便捷的服务，企业才能更有效地占领市场，为此甚至不惜突破规则。”① 总之，在共享单车市场竞争异常激烈的情况之下，共享单车企业不具有进行严格监管的动机。

3. 共享单车运营商之间的底线竞争助长了用户违规使用共享单车的行为，乱停乱放、占用行车道、加装私锁等行为普遍存在，这不仅严重破坏了共享单车运营商所应当维护的监管秩序，使其监管规则形同虚设，而且也严重影响了正常的社会秩序，损害了社会公共利益。例如，北京某些公交车站被上千辆共享单车“围困”，严重影响了公交车的运行；小长假期间西湖景区有两万多辆共享单车涌入，使得正常的浏览秩序陷入“瘫痪”。这些都不是个案，而是全国的一种普遍现象。

4. 共享单车运营商从事了底线竞争的行为。由于共享单车仍是一个新生事物，其所引发的诸多问题也刚刚显现。因此，并没有大量的证据能够直接证明共享单车运营商从事了底线竞争，正如有学者所指出的那样，“在很长一段时间内，关于底线竞争的经验证据都是极为不足和没有定论的”。② 并且共享单车运营商也不会主动承认自己从事了底线竞争。我们认为，证明共享单车运营商是否从事了底线竞争，并不以理论上的文献证据为必要，而应当深入实践予以检验。“实践是检验真理的唯一标准。”虽然主要的“共享单车”的运营商都制定了相应的使用规则，鼓励对违规使用的行为进行举报，并对违规使用的行为进行处罚。尽管如此，不难发现在实践中这些规则是否真正得到了严格执行还有观察。以本人的亲身经历为例，本人曾举报违停在小区

---

① 一然：《共享单车监管，手段亟须创新》，载《人民日报》2017 年 4 月 12 日。

② Michael G. Faure，Jason Scott Johnston.，The Law and Economics of Environmental Federalism：Europe and the United States Compared，27 Va. Envtl. L.J. 205，p.246（2009）.

内部的摩拜共享单车[①]。然而，运营商的受理非常慢，即便受理了，违停的现象并没有得到缓解，小区内反而出现了越来越多的违停共享单车。如果使用规则得到严格执行、违停使用者受到相应的处罚，则违停的使用者必然不会日复一日地在小区内违停了。也有很多人对共享单车不严格加强监管的做法提出了质疑。“我们公司楼下一辆摩拜被加私锁，我看到一个星期了，我举报了三次，每次都说已经受理还给我加了信用分。但是下楼一看那车还在，私锁还在。”[②]可见，运营商并没有严格执行其使用规则。从客观方面来看，这就是运营商从事底线竞争的直接体现。

当然，鉴于共享单车目前给社会秩序造成的损害主要集中在乱停乱放等方面，因此我们也主要讨论了共享单车运营商在惩戒乱停乱放行为方面所存在的底线竞争，但这并不意味着运营商之间的底线竞争仅存在于该领域。事实上，在其他许多领域中也存在着底线竞争，如在收取的押金方面，有的运营商为了迅速抢占和扩大市场份额，采取免收押金的方式。虽然这也是企业的自由，但免收押金的方式不利于共享单车运营商对用户形成较强约束。因为免收押金意味着选择该品牌共享单车的用户，其违规成本低，甚至可以说违规成本为零，如此，违规用户将不会面临金钱损失所带来的实质性制约。

（二）共享单车运营商底线竞争的生态

作为新生事物，共享单车就如同之前的网络约车一样，在发展初期有大量的资本涌入，相应地市场也会出现众多的竞争者。例如，共享单车目前就包括摩拜、ofo 等十几个品牌。在发展初期，各运营者都希望通过“跑

---

① 摩拜单车在其《用户指南》中明确规定，“严禁停放在小区、地下及室内车库、胡同以及收费停车区域”。我们认为，共享单车应当停放在公共区域，只有这样才能真正发挥其共享的功能。将共享单车停在小区之内，会严重限制其他人使用共享单车，与共享单车的公共性不符。尽管停放在小区内部也有利于同一小区的其他人使用，但这就只是小区内部的共享，是违背共享单车的社会共享性质的，而且在许多小区是封闭小区的情况下更是如此。

② 《北京 20 多万辆共享单车的违停成了城市亟待解决问题》，载《北京青年报》2017 年 3 月 10 日。

马圈地”的方式尽快地占有一定的市场份额，抢占先机。这样就会导致许多运营商因害怕失去顾客而对使用者的违规使用行为采取容忍的态度，如此一来就助长了许多使用者的违规使用行为，由于违规的成本很低或几乎没有违规成本，这进一步导致违规的行为骤增。此时，如果运营商对违规行为严厉处罚，则将失去大量的顾客，从而又被迫继续容忍使用者的违规行为。这就陷入了一种恶性循环。运营商之间争夺市场的竞争使得其都提高了对违规行为的容忍度，扩大后的市场占有率又会使得运营商不敢严格执行规则。运营商之间的这种竞争实际上就是一种底线竞争，即竞争看谁的规则更为宽松，对违规行为的容忍度更高。这从短期来看对运营商是有利的。因为可以通过迎合使用者的方式迅速提高市场占有率。但是，这种底线竞争将产生严重的社会问题，正如目前共享单车所引发的社会问题一样。而且从长远来看，对于运营商自身来讲也是有害的。因为运营商市场份额的提高不是通过提供更好的产品、更优质的服务，而是建立在更宽松的规则之上，当这种底线竞争所引发的社会问题严重到一定程度时，甚至会危及运营商的生存。

三、底线竞争的预防及纠偏

显然，底线竞争是市场中自发形成的一种竞争方式，依靠市场自身的力量是无法自动消除的，而且即便是能够自动消除，也会需要很长的时间。而且长的时间“失序现象”对于社会而言是难以承受的，就如同某些疾病虽然不经过治疗依靠人体自身的机理能够痊愈，但是这时间的痛苦却往往是难以想象的一样，社会中出现的失序现象必须得到尽快的消除，否则，可能会引发严重的社会问题，或造成社会利益不可挽回的损失。底线竞争引发的社会问题，实际上就是参与底线竞争的运营商将其成本转移给社会的一种表现。对于市场中出现的市场失灵现象，往往需要政府及时介入，通过政府的“有形之手”来纠正市场“无形之手”所造成的无序。

（一）形式上避免底线竞争

从形式上来看，要避免底线竞争问题，政府必须从总体上制定相应的规则，对共享单车的发展和使用形成制度性的约束①，在此基础上要求共享单车的运营商必须依据政府的规则制定其自身的使用细则。虽然目前多家共享单车运营商都制定了使用规则，对乱停乱放等违规使用的行为如何进行处罚作出了具体的规定，这至少在形式上表明其不存在底线竞争的意图，但是还有许多共享单车运营商尚未制定相应的规则，更没有建构起相关的自律性监管制度。相对于那些已经制定了自律性监管规则的运营商而言，这些尚没有引入规则的运营商实际上就是在进行一种底线竞争，这种底线竞争更为明显。因为对没有自律性监管规则的运营商实际上就没有“底线”。这也表明这些运营商更看重在市场发展初期尽快获得较大的市场份额，而漠视共享单车不规范发展给社会所带来的巨大成本。要坚决反对这种更为严重的底线竞争，对于政府而言，就是要在制定的相关规范性规则中要求共享单车运营商制定严格的自律性规则，以此作为市场准入的标准之一。

虽然共享单车是一个新生事物，但其在发展中所可能存在和引发的问题已经基本上都得以暴露。这为政府从总体上规范其发展提供了可能。但是，“政府之手”不能伸得太长，否则将会严重阻碍共享单车的发展，就如同有些地方政府对网约车作了过多不必要的限制从而窒息其发展一样。我们认为，政府对共享单车的规范，应当集中在避免共享单车的无序发展引发社会性问题方面，而不应当对共享单车运营商之间属于市场竞争方面的内容进行限制。具体而言，政府可以从以下几个方面对共享单车运营商提出具体性的规范要求。

首先，市场准入方面，共享单车应当符合一定的标准，这种标准的设定

---

① 目前已有相关政府已经制定或正在制定规范共享单车发展的规则。如2017年4月6日，深圳相关部分发布了《关于鼓励规范互联网自行车发展的若干意见》，对加强互联网自行车的规范发展作出了具体规定。上海市质量技术监督局制定了《共享自行车服务规范（征求意见稿）》，北京也正在制定规范共享单车发展的指导意见。

应当是基于维护社会公共安全和正常的社会秩序而必须满足的。例如，共享单车的安全性应当符合相关的标准，或者经过第三方机构检验合格。共享单车是基于互联网而产生的一种共享经济，其监管也应当主要转移到“线上”，传统的“线下”的监管是无法对这种“线上”的共享经济进行有效监管的。从某种意义上说，对于共享经济而言，“线下”的监管是一种落后的监管方式。因此，为了实现“线上”监管，政府必须对共享单车能够满足“线上”监管相关硬件条件作出规定。其中最主要的，就是共享单车应当具有精确定位的功能。

其次，在市场运营方面，共享单车的使用不应当影响正常的社会秩序。政府可以对区域内共享单车的投放量作出原则性规定[①]，避免某一区域内的共享单车数量过多，同时要求共享单车运营商实时调剂不同区域内的共享单车。政府可以要求运营商对共享单车的规范使用加强监管，要求运营商制定相关的政策对违规使用的行为予以惩戒，并建立相应的信用评价体系，对用户形成有效的约束。例如，可以要求运营商对禁停的区域作出规定。此外，政府还应当要求运营商对共享单车进行日常维护，以保障共享单车的正常使用。

最后，在市场退出方面，共享单车的退出不应当损害用户的利益。共享单车的退出是一种正常的现象，对比并不用过于担心，而真正应当关注的，是防范共享单车的退出损害用户利益情形，要避免类似于 P2P 借贷平台“跑路”事件的发生。大多数共享单车都会收取一定的押金，积少成多，对于某些共享单车运营商而言，其所收取的押金数额可能高达数十亿元。为了保障用户的利益，政府应当要求共享单车运营商对所收取的押金进行资金托管，并且在用户提出退还押金请求时及时办理退款。虽然这是为了避免因共享单车退出而损害用户利益的发生，因此我们在市场退出部分探讨，但实际上资金托管以及及时退款

---

① 我们认为政府不应当规定具体的最大投放数量。因为一方面，市场是不断发展的，政府确定的某一区域内共享单车的最大投放量不一定就符合市场的需求；另一方面，一旦政府确定了最大投放量，这将诱使共享单车运营商抢先投放，对后投放的运营商来说是不公平的，如果政府在不同运营商之间分配市场份额，则又是通过行政手段划分市场、限制竞争的表现。

都是市场准入及市场运营过程中运营商所必须满足的要求。

政府可以要求共享单车运营商将以上具体规范性要求体现在其自身的规则之中，从而最大化地发挥其正外部性，减少其负外部性。对于其他属于共享单车运营商之间的市场竞争领域，如价格竞争等，政府不应当予以干预。

（二）实质上避免底线竞争

仅满足于形式上避免底线竞争还远远不够。因为即便共享单车的运营商都主动或按要求制定了相关的自律性规则，其是否会严格执行这种规则也是存在很大疑问的。我们认为，要从实质上避免底线竞争，就是要避免共享单车运营商不严格执行自律性监管规则，甚至是竞相放松执行的力度，以达到迎合消费者目的的做法。例如，摩拜单车公司针对违规使用单车的行为规定了较为严格的惩戒措施，对于违停一次的行为，即将单车停放在小区、地库等非路边白线区域时，将会被扣 20 分（注册用户默认获得 100 信用分），当信用分低于 80 分时，用车价格将会提高到 100 元 / 半小时（信用分高于 80 时，根据车型不同使用价格为 0.5 元 / 半小时或 1 元 / 半小时）。但是，在现实生活中随处可以发现，被摩拜单车公司认定为违停的区域内停放了大量的摩拜单车。相对于其他品牌的共享单车而言，摩拜单车的科技含量要更高，每一辆摩拜单车都使用的是电子锁而非机械锁，并且都安装有 GPS 定位芯片。因此，在大数据时代，摩拜公司对于大多数违停行为显然是能够予以识别的，但是仍然存在如此之多的违停行为，唯一可能的合理解释是摩拜单车公司不具有严格执行使用规则的意愿。

解决上述问题，需要政府通过各种措施督促运营商严格执行已经制定的自律性规范，以确保共享单车的发展进入一个良性循环的过程。如果说政府在形式上消除底线竞争是一种事前的监管，则在实质上避免底线竞争则是一种事中的监管。从某种程度上来说，事中的动态监管要比事前监管更为重要。因为事中的监管可以避免事前监管的“一劳永逸”，事中的“时时”监管要比事前的“一时”监管更为有效，对被监管者的督促作用也更大。正是因为如此，政府逐渐认识到了转变市场监管理念的重要性，其中最为重要的体现就是提出要加强事中、事后的监管。[①]

从实质上避免底线竞争，就要求政府对共享单车运营商存在的种种不严格执行自律性规范的行为进行查处，一旦发现运营商故意不对违规使用行为进行惩罚，严重到一定程度，政府应当暂停该运营商的运营资格。有观点认为，共享单车运营商的工作人员少，苛求其对每一个违规使用共享单车的行为都及时作出回应是不现实的。不可否认，这确实是共享单车发展初期所面临的一个普遍问题。但是，这并不能成为运营商不严格执行自律性规范的理由。因为如果承认这种理由具有正当性，则任何企业都可以不加强自我完善，并将由此而造成的问题转嫁给社会。

四、结语

共享单车作为共享经济的一种新的形式，其发展具有远大的前景。但是，这需要有制度的保障，只有将共享单车的发展纳入制度化的轨道，其才有可能得到健康的发展。否则，其发展过程中所暴露出来的问题将严重威胁共享单车所带来的社会价值。在共享单车发展初期，各共享单车运营商都希望能够尽可能地占据更大的市场份额，彼此之间存在着激烈的竞争，这种竞争也包括规则方面的竞争，但主要是规则方面的一种底线竞争。各运营商为了迎合消费者，不惜放松规则，默许各种违规使用的行为。从长远来看，这将严重侵蚀共享单车行业发展的基础。为了避免运营商之间的这种底线竞争，必须从形式上与实质上两个方面进行努力。具体而言，在形式上避免底线竞争，就是要求政府促使共享单车运营商制定与政府规则相适应的自律性规范；在实质上避免底线竞争，就是要求政府督促运营商严格执行其所制定的自律性规范。唯有如此，才能够避免运营商在规则方面所进行的底线竞争，才能够最大化地发挥运营商自律性对共享单车良好运行至关重要的规范作用。

---

① 张汉东：《强化监管、优化服务、做好新常态下价格监管和反垄断工作》，载《价格理论与实践》2016年第6期。

共享经济背景下社会信用体系构建之省思

——以共享单车治理为视角

周　游　杨淑君[①]

一、背景与问题

共享单车在短短的一年多时间里，似已成为国人生活不可或缺的通行工具。以摩拜单车为例，其在上海的10万辆投放量前后只用了近八个月的时间，而同样的投放量在广州更是只用了不到三个月。[②]在融资方面，摩拜单车也颇受投资者青睐，两年内已获得超过10亿美元的融资。[③]当然，在行业蓬勃发展的同时，与之相应的问题也逐渐涌现：一方面，用户行为不当，乱停放、加私锁、损坏单车、横冲直撞等不当行为频繁发生，渐次体现出对城市治理带来的负面影响；另一方面，共享单车公司行为堪忧，对用户之不当行为疏于管理是首先引发的问题；而更重要的症结在于越加凸显的公司之非良性发展：一是轻服务而重融资，如故障车越来越多而未得以及时修理，与之形成巨大反差的是公司的融资规模不断攀升以及押金减免和租金优惠上的缩水；二是企业

---

① 周游，中央财经大学法学院讲师、博士后研究人员，法学博士；杨淑君，交通运输部科学研究院助理研究员，法学博士。周游负责拟定提纲及撰写初稿，杨淑君负责选题、搜集重要资料及审校全文，论文内容为作者个人学术观点，不代表交通运输部科学研究院。

② 参见《发展史：Mobike的发展历程》，载摩拜单车网，网址：https://mobike.com/cn/timeline/，最后访问时间：2017年9月2日。

③ 参见《摩拜完成超6亿美元融资，两年内已获超10亿美元融资》（2017年6月16日），载钛媒体网，网址：http://www.tmtpost.com/2634784.html，最后访问时间：2017年9月2日。

/平台间的不正当竞争，如在未对用户需求及城市容量进行充分考虑之前提下盲目增加投放量。部分实力小的平台因无法融到资金遭遇洗牌，相继开始退出市场，更有单车企业涉嫌带着押金跑路。[①]

两个方面，本质上呈现的其实都是信用的问题：个人信用与企业信用。

因应共享单车行业的迅猛发展，中国自行车协会在 2017 年 5 月设立了共享单车专业委员会。[②] 不仅如此，相关部委及时出台了若干规范性文件，这些文件都不同程度地反映了国家对社会信用体系构建的重视。例如，2017 年 7 月国家发改委等八部门联合发布《关于促进分享经济发展的指导性意见》（发改高技〔2017〕1245 号），其中指出要积极发挥全国信用信息共享平台及相关系统、数据库的作用。2017 年 8 月，交通运输部等十部门联合发布《关于鼓励和规范互联网租赁自行车发展的指导意见》（交运发〔2017〕109 号），其中规定要加强信用管理，加快互联网租赁自行车服务领域信用记录建设，建立企业和用户信用基础数据库，定期推送给全国信用信息共享平台。

与社会信用体系构建相关的规范性文件其实出台得更多、更早。例如，国务院于 2014 年 6 月下发《社会信用体系建设规划纲要（2014~2020 年）》（国发〔2014〕21 号），并于 2016 年 5 月下发《国务院关于建立完善守信联合激励和失信联合惩戒制度加快推进社会诚信建设的指导意见》（国发〔2016〕33 号），继而，于 2016 年 12 月下发《国务院办公厅关于加强个人诚信体系建设的指导意见》（国办发〔2016〕98 号）等。社会信用体系的构建源于应对公司资本制度改革、大数据广泛运用等新形势，但以共享单车为代表的共享经济发展更进一步彰显社会信用体系构建的必要性与迫切性。中央部委的相关文件在宏观上为这一体系的构建提供了较为全面的顶层设计，而在微观层面，具体制度的建立与施行仍然留下非常广阔的商榷空间，对此，深圳、黄石、

① 参见《共享单车第三例“死亡”案：车还在，老板和用户的押金不见了》（2017 年 8 月 11 日），载每日财经新闻网，网址：http://www.nbd.com.cn/articles/2017-08-11/1137527.html，最后访问时间：2017 年 9 月 2 日。

② 参见《中国共享单车专业委员会在上海成立》（2017 年 5 月 7 日），载中国新闻网，网址：http://www.chinanews.com/cj/2017/05-07/8217643.shtml，最后访问时间：2017 年 9 月 2 日。

石家庄、镇江、北京等地推出的政策可资借鉴。[①]

而在斟酌如何理性构建社会信用体系之前，对共享经济的本身的利弊分析也必不可少。雷切尔·博茨曼与路·罗杰斯在《我的就是你的》一书中充分论证了共享经济发展的可能性及其价值。饶有趣味的是，汤姆·斯利针锋相对地撰写了《你的就是我的》一书，对共享经济之当下与未来都抱有深深的忧虑。归结起来，两书矛盾的焦点，仍在于信用之争。本文试图首先理顺这一争论的实质，继而，从分析法律结构出发，探讨共享单车治理与社会信用体系构建之间的逻辑联系，并由此引申出当前我国社会信用体系构建面临的主要问题，最后提出社会信用体系构建的若干初步设想。

二、共享经济与信用的逻辑关联

（一）两本书的有趣争论：究竟是你的还是我的

在《我的就是你的》一书中，博茨曼与罗杰斯围绕协作消费（collaborative consumption）展开讨论，并认为，若要实现这种消费模式，陌生人间的信任（trust between strangers）就是其中一项重要原则。[②] 作者对共享经济的前景非常看好，认为共享经济好处多多，如交易成本将大大降低，供需关系更趋合理，循环利用而实现零消耗（unconsumption）、互助等。[③] 当然，为了维持陌生人间的信任，信用体系的建立也是必不可少的，作者认为中介在此过程中起到了非常重要的作用，而将构建信用体系的任务主要交由中介来承担是英美等国的一贯做法。[④]

---

① 深圳、黄石、石家庄、镇江、北京先后于 2017 年 4 月、5 月、6 月、8 月、9 月推出与共享单车相关的地方规定。

② See Rachel Botsman and Roo Rogers，What's Mine Is Yours：How Collaborative Consumption Is Changing the Way We Live，HarperCollins，2011，p.75.

③ See Rachel Botsman and Roo Rogers，What's Mine Is Yours：How Collaborative Consumption Is Changing the Way We Live，HarperCollins，2011，pp.124~132.

④ See Rachel Botsman and Roo Rogers，What's Mine Is Yours：How Collaborative Consumption Is Changing the Way We Live，HarperCollins，2011，pp.91~93.

应当说，虽历经数年，本书的诸多观点仍体现出巨大的价值。

与之争锋相对的是斯利于2015年出版的《你的就是我的》一书。在企业层面，斯利认为，参与共享经济的几乎都是得到大量风险投资支持的科技企业，这些企业为了财富聚集，不断鼓吹放松管制的口号。[①] 至于用户层面，最严重的问题是评价系统失灵，斯利指出，意图用“算法规制”来取代消费者保护法的做法是错误的，此举将导致我们的社会将沦为告密者的社会。[②]

归结起来，斯利反对共享经济的核心在于这种发展模式往往只是企业利用共享的噱头而不断圈钱的手段，同时还将导致人与人之间的关系更加淡漠无情，亦即依然是企业失信与个人失信的问题范畴。斯利警告称，共享经济已经演变成为“公关秀”，[③] 这的确应当引起我们注意。不过，以下两点也同样不容忽视：其一，企业在发展初期尽量聚焦于特定范围的经营，有利于塑造企业的核心竞争力，并以此捕获外部人的投资，的确无可厚非；而当盈利规模达到一定量级后，扩充企业经营范围，尽可能地拓宽融资渠道，同样也是企业发展的常态。因此，这并非共享单车企业的独有特征，也难以将其称之为共享经济发展的一种弊病。其本质上，仍是信用的不足。其二，斯利所言之评价系统存在的问题，更多是由于企业自身的操纵行为所致，同时对于用户的评价行为也欠缺必要的规制措施，在本质上反映的是单纯依赖中介或脱离公权力所构建的信用体系可能隐含的弱点。这一点对于我国相关制度的设计极具意义。

（二）信用的来源：关系 vs. 制度

郑也夫在《信任论》中根据信任的结构不同将之分为人格信任与系统信任，前者是对某个具体人物的信任，后者是对匿名者组成的制度系统的信任。[④] 在本文的语境下，两者可对应为关系信用与制度信用。

熟人社会并非完全没有制度的存在，只不过，倘若人与人之间的关系已然

---

① See Tom Slee，What's Yours Is Mine：Against the Sharing Economy，OR Books，2015，pp.19~28.

② See Tom Slee，What's Yours Is Mine：Against the Sharing Economy，OR Books，2015，pp.91~108.

③ See Tom Slee，What's Yours Is Mine：Against the Sharing Economy，OR Books，2015，pp.163~164.

④ 参见郑也夫：《信任论》，中信出版社2015年版，前言。

能够起到很好的激励或惩戒效应，那么社会对于制度需求也将减弱。不难发现，互联网所联结的人际关系必将加速熟人社会的瓦解，并渐次形成所谓的陌生人社会。当使用共享单车时，用户几乎不可能知道谁在此之前使用过同一辆车。

而熟人社会的遏制策略往往诉之于道义谴责，可在陌生人社会当中，纯粹的道义谴责根本无法起到很好的效果，原因在于行为人往往无须为其行为所遭致的谴责而付出何种实质性的代价。例如，某用户以加私锁的方式将单车占为已有，其他用户意图使用该车时，即便心生不满，但因为投诉或采取其他追责行为都可能带来高额的代价，所以在大多数情况下，置之不理是绝大多数用户的理性选择。

同时，群体参与的规模与因为道义谴责所带来的代价之间也往往呈负相关。道义谴责主要是为了减少个体行为可能对利益相关者所产生的负面影响。而在群体规模极为庞大的情形下，个体行为对其他个体利益之影响也将减弱。延续上一段的例子，理性的用户对于不当行为置之不理后，往往会找寻另一辆单车。

更不容忽视的是，基于道义谴责失灵而造成的损益失衡，群体中的相当一部分人甚至会对不当行为加以仿效。勒庞指出，群体具有易受暗示和轻信的特性；同时，群体的道德也是多变的。① 由此产生的从众行为无疑进一步弱化关系信用的影响力。一旦越来越多的用户认为损毁单车或者占为已有等行为所带来的收益远远超过其付出的代价，整个共享单车行业的发展都可能遭受严重打击。

因此，在缺乏制度治理传统的社会，一旦熟人社会的固有结构被打破，那么制度供给不足很可能诱致机会主义行为的涌现。互联网时代若要实现是“你的”同时也是“我的”之美好愿景，关系信用显然难以奏效，只能通过制度信用才能实现。

三、从法律结构省察共享单车治理的主要问题

在进一步探讨共享经济如何影响社会信用体系的构建之前，有必要先行

---

① 参见［法］古斯塔夫·勒庞著：《乌合之众：大众心理研究》，冯克利译，中央编译出版社2000年版，第28~29、41~43页。

明晰共享单车行业发展较为独特的法律结构。这一法律结构与共享汽车等传统共享经济的法律结构存在显而易见的差异，而这些差异也可能影响到共享单车治理的特殊策略选择。

（一）果真是共享经济的体现

要将一种业态归入共享经济的范畴，需要满足一定的条件。例如，根据《我的就是你的》一书的观点，这一消费模式需要满足产品服务系统（product service system）、再分配市场（redistribution market）与协作生活方式（collaborative lifestyles）三个条件，以及临界群聚（critical mass，即要有足够的参与人数，且其中要有忠诚而高频的使用者之核心群体）、闲置产能（idling capacity）、对公有物的信念（belief in the commons，主要是遏制公地悲剧）及陌生人间的信任四项原则。[①] 国内有学者在总结共享经济相关前言文献的基础上将共享经济模型的要素归纳为消费观念、技术要素、信任机制、环境变迁四个方面。[②]

在法学语境下，我们尝试将共享经济的特征 / 要素大致归纳为主体、内容、客体三个维度（参见图一）。

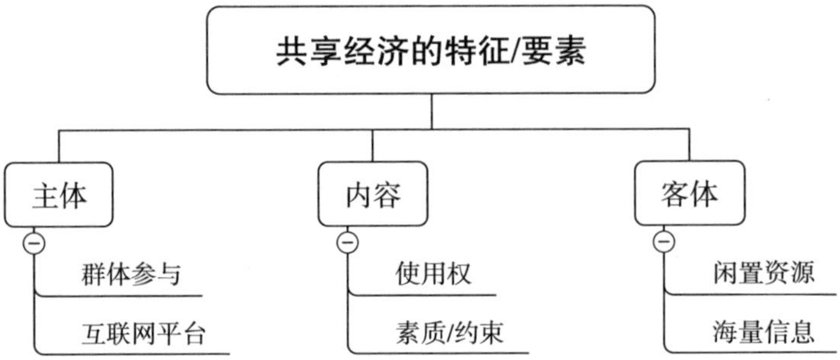

图一　共享经济的特征 / 要素

首先，主体维度主要是指群体参与（用户）和互联网平台。没有一定量

---

① See Rachel Botsman and Roo Rogers，*supra note* 5，Introduction，p. xvi.

② 参见杨帅：《共享经济类型、要素与影响：文献研究的视角》，载《产业经济评论》2016 年第 2 期。

级的用户，就不会体现共享的价值，而要使得用户能够达到一定量级，又必须通过互联网平台才能实现。平台的建立，是共享经济成长的重要起点。在没有平台之前，群体间即便可能会存在共享的现象，这种现象所波及的范围也极为有限。

其次，内容维度则以权利义务为中心展开，包括使用权和素质/约束（义务）两个层次。共享经济的精髓正在于用户之间可共享使用权。例如，ofo（俗称小黄车）在成立之初，鼓励北大在校学生将自己的单车转让给公司，由此换来的是所有小黄车的免费使用权。而与之相对应地，用户在享有物或服务之使用权的同时，必须承担一定的义务，这主要是指用户在使用物或服务之后不影响其他用户的使用，属于禁止权利滥用原则在共享经济发展中的运用。这种义务的履行，往往寄望于一国国民的素质或相关制度的约束，因此是与前述所讨论的信用来源密不可分的。

最后，客体维度主要是以闲置资源为对象，而要实现闲置资源的充分利用，则必须同时汇聚海量信息。共享经济的滥觞，正是看中了闲置资源无比巨大的潜在价值。①故而，共享经济难以形成于资源匮乏的领域或时代，它是生产力发展到一定阶段才可能出现的产物。而海量信息的汇聚与群体参与一样，必须通过互联网技术才能实现。这些所谓的大数据，一般被认为可以降低信息不对称所产生的风险，还可以提升交易双方的匹配性等。②激发闲置资源的应有活力，甚至从单纯迎合需求到主动创造需求，实际上是在供给侧改革背景下共享经济发展的意义所在。

那么，如今的问题在于，共享单车行业的发展模式是否完全符合以上特征/要素呢？其中，需要着重解释的是闲置资源。倘若按照前述 ofo 一开始的做法，其模式的确与这些特征/要素若合符节；可共享单车行业发展至今，用户对于共享单车的使用权已经完全变为以押金而非自有单车作为交换条件，

① Airbnb 的成立与发展正是最好的例子。See Rachel Botsman and Roo Rogers, *supra note* 5, Introduction, pp.ix–xiv.

② 参见高秦伟：《分享经济的创新与政府规制的应对》，载《法学家》2017 年第 4 期。

若将这些由平台提供的单车称为闲置资源，似乎显得牵强附会。然而，这并非完全不可解释：共享单车的闲置性不是体现在所有者（平台）的使用权上，而是体现在使用者（用户）的使用权上。举个通俗的例子：用户从地铁出来骑共享单车到自家楼下，这一程的单车使用已经结束，而对于该单车所处位置的附近用户而言，这无疑具备闲置性的特征；用户附近的单车存量越多，这种特征也更为明显。

当然，共享单车行业这种有别于传统共享经济发展模式的特质，将会深刻影响到与之相关的信用机制的构建。而对于该行业作进一步的法律结构分析，也显得极为必要。

（二）法律结构分析

为了进一步考察共享单车特殊的发展模式，有必要深入探究这种模式的法律结构。从可视化的法律结构兴许能更清晰地发现共享经济发展的变迁与趋势。

在传统的共享经济下，本文将传统的共享经济称为共享经济 1.0。在 1.0 的模式下，平台更倾向于扮演一种中介的角色，如 Uber、Airbnb 等早期共享行业所构建的平台都属于一种模式。此时，平台并不作为共享资源的供给端，它只负责汇聚海量信息，而具体交易依然是在买卖双方之间达成（参见图二）。

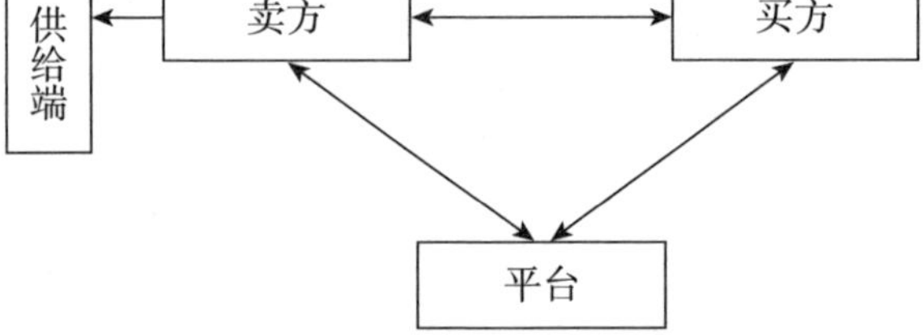

图二　共享经济 1.0 的法律结构

当然，模式不会一成不变。域外有学者通过是否以营利为目的、由个人还是企业提供两个层面将互联网平台分成四类（参见表一）。以营利为目的、由企业到个人的类别虽然不同于传统共享经济的发展模式，但从根本上说，其所具备的特征决定其仍然属于共享经济的范畴。

表一　互联网平台的一种分类 [①]

		Type of Provider	
		Peer to Peer	Business to Peer
Platform Orientation	Non-Profit	Food Swaps, Time Banks	Makerspaces
	For-Profit	Relay Rides, Airbnb	Zipcar

可见，共享单车属于典型的从企业到个人之类别。对于这种类别，本文将其称为共享经济 2.0 模式。在 2.0 模式下，平台成为共享资源的供给端，亦即卖方，它也因此不再单纯扮演一个中介的角色，而将直接与每一位用户进行交易（参见图三）。这种法律结构的变化，也将引起共享经济治理策略的革新。

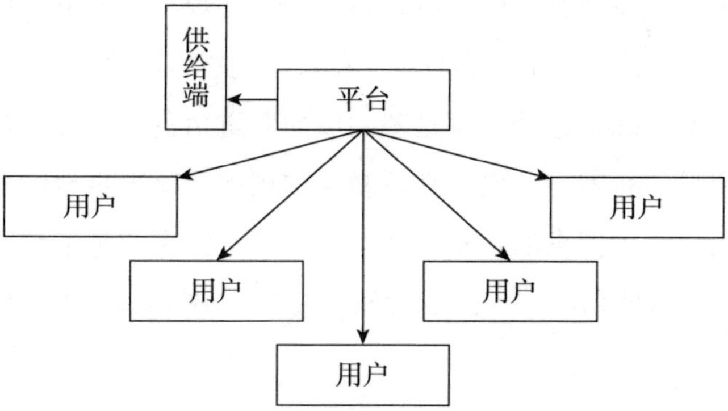

图三　共享经济 2.0 的法律结构

（三）共享单车治理的主要问题

无论通过何种标准对共享经济的特征 / 要素进行归纳，学界一般都认为信

① See Juliet Schor, Debating the Sharing Economy, A Great Transition Initiative Essay, 2014, p.4.

用机制在其发展过程中起到决定性的作用。[①]省察我国当前社会信用体系构建的现状，不难发现构建的总体进展还不够平衡。例如，信用信息系统建设缺乏统筹，“信息孤岛”现象较为突出；守信激励和失信惩戒机制尚不健全，失信代价过低；信用服务体系不成熟，服务机构影响力公信力不足；法律法规不完善，权益保护机制缺失；诚信教育相对滞后，社会诚信意识和信用水平偏低；组织协调和工作体系建设有待加强，考核督促机制不够健全等。更重要的是，共享单车行业发展对社会信用体系的构建带来更为严峻的挑战。

1. 企业与用户：档案构建与“私法上的权力”

共享经济从 1.0 到 2.0 的过渡，使得直接与用户交易的互联网平台能够极为便捷地收集用户的各类信息，并可通过这些信息构建用户信用档案。这对于有效规范用户行为起到非常关键的作用。但也必须看到，在 2.0 模式下，原本就有不少问题的用户评价系统更是完全失去了存在意义，这无疑使得企业对于用户而言形成线性的单向影响。理想状态下，用户可以根据使用体验与偏好选择不同企业的共享单车，据此也能对企业行为予以交换的回应；然而，由于共享单车行业发展过程中没有足够的竞争法规制，现下可供用户选择的单车品牌非常少，共享单车行业明显存在寡头垄断的现象。

企业这种似乎既是运动员又是裁判员的双重角色，对用户乃至整个社会都可能具有明显的影响力。倘若缺乏必要的规制，就很难杜绝企业滥用权利之事发生。用户信用档案的构建，从本质上来看体现的是平台对用户的控制力，本文将其归入所谓的“私法上的权力”。[②]原本，私法上的权力受到公权

① See Mareike M?hlmann，Collaborative Consumption：Determinants of Satisfaction and the Likelihood of Using A Sharing?Economy Option Again，Journal of Consumer Behaviour，2015，14（3），pp.193~207.

② 私法上的权力不宜被简称为私权力。对于私权力，可从三个方面去理解：首先，私权力可表现为一种作为公权力私化结果的不正当的实际权力，这类私权力一般都是违法的，如某市曾发生的某房地产商强行拆除政府大楼的事件；其次，私权力也可表现为在某些领域由于公权力力量不足而迫使民众自发形成的某种游离于合法与不合法之间的自治权力，如一些没有黑社会性质的讨债公司（如果是黑社会性质就应该属于上述第一层含义）替债权人讨债的行为；最后，私权力还可表现为一种私人性质的支配力，如古代的父权、夫权。由此看来，私法上的权力并不能等同于私权力，它类似于前述私权力的第三种含义。

力与私权利的双向压缩，外延狭窄；但互联网的发展使得这种特殊权力的外延不断扩张，共享平台也因此拥有了强大的信息权。如何减少平台行为的负外部性，是共享单车治理亟待解决的一个难题。

2. 政府与市场：职权划分与联合治理

目前，共享单车治理所面临的另一问题，在于传统社会治理模式下强调的部门之间各自为政的职能分工已然不大适应新兴业态的发展要求。对此，今年以来相关城市出台的共享单车治理政策考虑到相关部门在职责方面不甚明确的问题，其中往往都对每个部门的职责进行明确规定。例如，深圳市《关于鼓励规范互联网自行车的若干意见》（2017 年 4 月 1 日）第 3 条规定：

各区人民政府（含新区管委会）、各有关部门按照各自职责鼓励、引导、规范互联网自行车健康有序发展，做好互联网自行车服务的监督管理：

（一）市规划国土部门会同市交通运输管理部门组织编制全市自行车道规划，完善慢行交通系统；

（二）市交通运输管理部门组织编制道路系统自行车停放设施设置导则，指导停放设施建设；

（三）各区政府（含新区管委会）做好本辖区自行车道、自行车公共停放区等自行车配套设施的规划建设；

（四）公安部门依法对破坏、偷盗互联网自行车等违法行为进行查处；

（五）公安机关交通管理部门负责互联网自行车道路交通通行和停放秩序的执法管理；

（六）城管部门负责做好绿地、绿道自行车停放秩序管理；

（七）市市场监管部门、市网信办、市金融办等部门按照各自职责做好互联网自行车服务的监督管理。

类似规定还可见于黄石、石家庄、镇江、北京等地先后颁布的相关政策。这些政策对于消除各部门在治理新兴业态时可能存在的模糊地带的确起到较好的指引作用。不过，这些规定可能涉及其他部门的职责问题，其他部门对此是否必须严格遵行，尚有疑问。更重要的是，尽管诸如北京的规定提及“部门联动、综合治理”的原则，[1] 但“各自职责”依然是相关政策的关键词，这仍是明确分工的表现，并未实现部门之间的联合治理。在“各自职责”的语境下，信用信息的归集与共享实际上将受到一定程度的限制。

此外，由于在 2.0 模式下平台的权利 / 权力扩张，故而政府规制的对象宜聚焦于平台，而非用户。截至目前推出的相关地方政策尽管也不同程度地提及对平台的规制，一般都强调企业的主体责任。[2] 然而，目前看来大多数策略仍显得过分简略。对于信用机制的建立，现行规定大多是针对用户信用档案的，对于企业的信用问题，则有所欠缺。例如，黄石市《共享单车管理暂行办法》（2017 年 5 月 9 日）第 9 条第 10 项规定：

（企业）对注册用户采取实名制注册登记，建立完善的用户信用体系，通过适当的激励惩戒机制对用户行为进行约束。

再如，镇江市《关于规范镇江市城区共享单车发展的意见（试行）》（2017 年 8 月 10 日）第 12 条规定：

企业应建立健全注册用户使用车辆信用积分制度，将多次违规违约的注册用户列入企业黑名单，共同限制其使用……

企业信用档案应当如何建立与完善还需要深入探讨。其中的主要问题依然是如何在充分利用信用信息的同时确保信息安全，这同样需要加强部门之间的联合治理，并充分借助市场的力量。

四、社会信用体系构建的着眼点

将制度信用作为最重要的保障，力图构建完善的社会信用体系，应当是共享经济发展在很长一段时间内的妥善策略。社会信用体系构建是一项宏大工程，这里仅结合前文有关共享单车治理的探讨着重反思制度构建的若干关

① 参见北京市交通委员会、北京市发展和改革委员会、北京市公安局等关于印发《北京市鼓励规范发展共享自行车的指导意见（试行）》的通知（2017 年 9 月 15 日）第 4 条。

② 如参见北京市交通委员会、北京市发展和改革委员会、北京市公安局等关于印发《北京市鼓励规范发展共享自行车的指导意见（试行）》的通知（2017 年 9 月 15 日）第 6 条。

键点。

（一）政府主导抑或是市场主导

社会信用体系究竟应当由何种主体来主导建设，历来存在政府主导与市场主导两大模式，除此之外，还有如日本的会员制模式，韩国、新加坡的混合制模式等。兹就政府主导和市场主导模式作一简单比对（参见表二）。

表二　政府主导与市场主导的区别[①]

	典型国家	运作主体	设立目的	基本特征	数据来源	开放程度
政府主导模式	法国、德国	政府/央行/金融监管机构	金融监管、风险防范	强制性、非营利性	狭窄：被监管机构	低：通常仅向特定机构开放
市场主导模式	英国、美国	民营商业机构	信用评级	自愿性、营利性	众多：各类授信机构、公共服务机构等	高：向社会公开

就目前我国的情势而言，采取政府主导、社会共建的策略较为妥当。我国征信业自 20 世纪 80 年代起，已基本形成了以中国人民银行征信中心，各地方、各行业征信系统，中资、中外合资征信机构和外资征信机构中国办事处并存竞争的发展局面。据不完全统计，截至今年 7 月底，累计完成备案的企业征信机构已经有一百多家，芝麻信用、腾讯等 8 家征信机构也相继开展了个人征信准备业务，但是总体实力较弱，与其他国家同业相比仍然存在较大差距，个人征信机构更是无一达到监管要求。究其原因是多方面的，包括征信技术的不完善、征信市场供需都存在不足、征信管理面临发展与规范的矛盾等。[②] 更重要的是在信息共享归集方面的壁垒。除传统金融信贷数据外，政务和公共服务类数据、电信数据、生活社交数据已成为个人信贷数据外最

① 根据相关部委的调研报告整理而成。

② 参见中国人民银行：《中国征信业发展报告》（2003~2013），第 37 页，载中国人民银行征信管理局网，网址：http://www.pbc.gov.cn/zhengxinguanliju/128332/128342/128350/2804640/index.html，最后访问时间：2017 年 9 月 24 日。

重要的补充数据。不少征信机构，尤其有大量互联网用户群体的征信机构，都在运用自身场景下沉的多层面数据，包括支付、互联网交易等方面的非传统征信数据，形成各自的信用评价维度，但这些征信机构彼此很少有数据共享，最后形成的征信结论可能是同人不同信。此外，由于私法上的权力之存在，企业行为难免带有强烈的外部性，倘若将减少外部性的任务完全交给发展程度仍然不高的市场来完成，恐怕会产生不少代价更高的乱象。对于社会信用体系的构建，强有力的政府至少在其起步阶段理应起到良好的主导作用，以最大程度地彰显共享单车平台在收集、共享及使用信用信息方面的公益性。

之所以需要政府主导，还考虑到信用信息的共享开放非常复杂。政府掌握的大量公共信用信息如果全面向市场化征信机构开放，可能会面临信息滥用的风险，监管难度也很大。如果有限开放给部分征信机构，掌握这些垄断资源的征信机构可能借此排除或限制竞争。目前，很多征信机构都在努力与地方政府和行业主管部门建立合作关系，通过接入公共数据来提供政府和行业需要的信用产品和服务，但是这种数据的对接还是征信机构在各自为战，要在全国范围内形成信用信息共享可能要耗费大量的人力、物力。如果能在政府层面先形成信息的互联互通，打破各个部门之间的信息壁垒，建立全国信用信息共享平台，能确保数据的客观准确和使用规则，减少和避免违规查询个人信息、未按约定用途使用个人信息、内控制度不完善等问题。之所以需要社会共建，是考虑到信息的共享归集是征信的第一步，政府作为公共信用信息的采集者和提供者，只是将信息客观地展示出来。信用体系的建立和信用环境的培育关键是如何在不同场景中有效运用信用信息，这就需要征信机构对信用信息的加工和整理，根据不同需求向社会提供征信产品和服务，使越来越多的社会主体将信用理念逐渐植入日常生活和交易中。

（二）守信激励与失信惩戒

信用信息的归集与共享主要是为了对主体的行为予以合理的激励或惩戒，就目前制度来看，这两方面都存在较大的可完善空间。

一方面，守信激励制度的缺陷。虽然《社会信用体系建设规划纲要

（2014~2020 年）》和国务院相关文件中都提出了“褒扬诚信、惩戒失信”的总体要求，但是在实践中，守信激励制度远比失信惩戒制度的建立步伐缓慢。目前，较有代表性的规定可见国务院办公厅《关于加强个人诚信体系建设的指导意见》（国办发〔2016〕98 号）第 6 条第 1 款的相关规定：

为优良信用个人提供更多服务便利。对有关部门和社会组织实施信用分类监管确定的信用状况良好的行政相对人、诚信道德模范、优秀志愿者，行业协会商会推荐的诚信会员，以及新闻媒体挖掘的诚信主体等建立优良信用记录，各级人民政府要创新守信激励措施，对具有优良信用记录的个人，在教育、就业、创业等领域给予重点支持，尽力提供更多便利服务；在办理行政许可过程中，对具有优良信用记录的个人和连续三年以上无不良信用记录的行政相对人，可根据实际情况依法采取“绿色通道”和“容缺受理”等便利服务措施。鼓励社会机构依法使用征信产品，对具有优良信用记录的个人给予优惠和便利，使守信者在市场中获得更多机会和收益。

除此之外，其他规定当中涉及守信激励制度的内容并不常见。[①]政府开展守信激励的问题在于，一是由政府发布守信激励对象对于社会来讲可能意味着政府对这些企业和个人的背书，一旦激励对象日后出现违法行为可能对政府公信力造成影响。二是在操作层面会面临激励措施落实的问题，守法守信本是市场应有之义，如果对个别对象给予奖励，可能会对其他相对人造成不公，影响市场正常竞争秩序，也可能会有权力寻租的担忧，因此政府主导的激励措施只能以精神激励为主，缺乏物质激励的动力下，可能很难调动市场主体守信的积极性。对此，在政府引导下，通过平台对用户行为、第三方机构对平台行为两个层面分别建立守信激励制度，可能是妥当的策略选择。

另一方面，失信惩戒制度的不足。国家发改委和中国人民银行牵头的社会信用体系建设部际联席会议已经印发了二十多个联合惩戒备忘录，涉及失

① 中央规定当中较具典型的还可参见国务院《关于建立完善守信联合激励和失信联合惩戒制度加快推进社会诚信建设的指导意见》（国发〔2016〕33 号）。

信被执行人、重大违法税收当事人等多个领域，通过部委之间的合作共享实现“一处失信、处处受限”，很多失信当事人都主动履约修正失信行为。但是联合惩戒制度也存在一些不足，除最高法的失信被执行人联合惩戒效果显著外，其他领域的联合惩戒效果不一，这与法律依据的缺乏和制度设计的不完善等多方面因素有关。失信惩戒制度完善的终极目标理应是加快构建“一处失信、处处受限”的联合惩戒机制。国务院于 2016 年 5 月发布《关于建立完善守信联合激励和失信联合惩戒制度加快推进社会诚信建设的指导意见》（国发〔2016〕33 号），其中明确指出，通过信用信息公开和共享，建立跨地区、跨部门、跨领域的联合激励与惩戒机制，形成政府部门协同联动、行业组织自律管理、信用服务机构积极参与、社会舆论广泛监督的共同治理格局。

当然，这一格局的构建理应符合比例原则的要求。一是惩戒的尺度，要考虑失信行为的严重程度与受限范围之间的对应性。倘若因为一次乱停放而永久剥夺用户的使用权，显然不当。二是惩戒的范围，要斟酌失信行为导致多处受限的边界。例如，能否因为用户违反交通法规而限制其金融领域的权利，仍需要进一步商榷。应当说，前一点的问题更多是由平台或者平台之间组成的行业协会或其他第三方机构来解决更为妥当；至于后一点跨领域的问题，则由政府部门负责为宜，而一旦涉及对其他权利的限制，还往往需要提升规定的立法层级。此外，除了要杜绝黑名单滥用和过分应用，还要建立完善的个人信用修复机制。惩戒并不是目的，最重要的是要失信主体明白守信的重要性，并能积极修正自己的失信行为。因此有必要给予失信主体修复信用的机会，有退出机制的红黑名单才是联合奖惩持续运作的基础。[①]2017 年 5 月，国家发改委研究起草的《关于加强和规范守信联合激励和失信联合惩戒对象名单管理工作的指导意见》向社会公开征求意见，该文件正式印发出台后，有望能对红黑名单的规范和动态管理指明方向。与此同时，个人信息保

① 国务院《关于建立完善守信联合激励和失信联合惩戒制度加快推进社会诚信建设的指导意见》（国发〔2016〕33 号）第 21 条对此已提供必要的顶层设计。

护机制[①]以及政务诚信建设[②]也同样重要，囿于篇幅，在此不作赘述。

还需注意，无论是守信激励还是失信惩戒，都需要顾及企业和用户两个层面的制度完善。用户层面的激励与惩戒前文多有涉及，归结起来就是要通过平台和政府联动进行；至于企业层面的激励与惩戒，则需要政府进行引导和监督，并由相关部门或委托第三方机构进行实际操作。

（三）何以成为体系

社会信用体系不是一个简单的信任机制。它需要有完善的法律法规作为基础，其核心是要建立和完善信用信息共享机制；同时，还需要形成良好的信用服务市场，并以强有力的政府规制作为其后盾。因此，这是一项影响国家社会治理的宏大工程。所谓体系，即至少意味着多主体、多手段与多用途。

首先，主体多元化。不同于信贷领域的征信机制，社会信用体系需要靠政府、行业协会、企业/平台、用户等多元化征信主体共同构建。例如，共享单车领域的信用信息归集，有行业主管部门监管、协会自律、摩拜和 ofo 等单车企业治理、用户举报等多种方式提供信用信息。政府则是推动各类征信主体实现信用信息共享的有力推手。与不断增加的部委之间联合奖惩备忘录同步的是，相关部委与各类社会机构的合作也需适时开展。例如，2017 年 4 月 27 日，国家发改委与摩拜单车等 10 家企业的有关负责人分别签署了信用信息共享协议。[③]

其次，手段综合化。目前，国家发改委和中国人民银行牵头签署的联合奖惩备忘录更多是从行政角度出发，通过分类监管、风险管理等手段对守信主体进行激励，对失信主体进行惩戒。但是行政性手段在缺乏明确上位法依据和“放管服”的背景下毕竟发挥作用有限，信用治理未来更多的还是要依

---

① 相关规范性文件都有提及个人信息保护的问题。例如，参见国务院办公厅《关于加强个人诚信体系建设的指导意见》（国办发〔2016〕98 号）第 4 条。

② 国家也早已将加强政务诚信建设视为社会信用体系构建的一项重要内容。参见国务院《关于加强政务诚信建设的指导意见》（国发〔2016〕76 号）。

③ 参见《发改委推动十家共享单车企业共享用户信用信息》（2017 年 4 月 27 日），载中国新闻网，网址：http：//www.chinanews.com/cj/2017/04-27/8210903.shtml，最后访问时间：2017 年 9 月 27 日。

靠行业性、社会性和市场性的措施。因此，政府主导、社会共建的模式更强调主体之间的联动与合作，并根据不同行业、地域及发函形势运用不同的治理手段。

最后，信息用途多样化。亦即信息经由最大程度地归集与共享而得以最大程度的合理利用。中央编办已批复设立国家公共信用信息中心，作为一个统一的平台，主要职责是负责公共信用信息归集共享公开工作；推动公共信用信息依法向社会机构开放，为有关部门和社会提供信用信息服务；制定公共信用信息归集、共享、公开与服务标准规范，指导各地区、各部门信用信息共享平台与归集系统建设和应用服务。① 总之，通过信用信息对平台和用户的行为予以规范仅仅是构建社会信用体系之多种用途的其中一个表现，其最终目的是提高全社会的诚信意识和信用水平，这也是《社会信用体系建设规划纲要（2014~2020 年）》当中明确提出的要求。

五、结语

共享经济的法律应对之所以存在种种疑难，根本原因在于共享经济可能只是经济发展漫长历程当中的一个小插曲，这一插曲本身的多变性也因为闲置资源的不同而随时可能出现新样态或产生新变化。闲置资源的共享在本质上实为社会机会的共享，是供给与需求关系的重新整合，从而导致新的社会分工，并可能形成崭新的结构化社会。一旦明晰此种发展规律，对于共享经济相关规则的制定将可能产生积极效应。

共享单车是共享经济发展模式进化的一个典例。从此，“共享平台主导供给端、用户共享使用权”渐次成为共享经济的主流模式。平台拥有的强大的信息权也将引致规制对象和内容的转变：对于用户行为，主要由平台予以合理奖惩之举符合成本收益分析的基本逻辑；而对于平台行为，则需要由政府部门

① 参见《公信中国借力政府开放数据 共建社会诚信体系》（2017 年 9 月 29 日），载中国网，网址：http://tech.china.com/article/20170929/2017092965143.html，最后访问时间：2017 年 9 月 29 日。

或第三方机构加以治理。尽管在共享单车治理过程中，各方主体难免要付出诸多代价，然其很可能成为我国诚信建设的重要契机，将有力推动社会信用体系的构建。

共享单车政府规制研究

彭运朋[①]

一辆辆小小的共享单车正承载着巨大的公众出行需求。数据显示，全国投放共享单车的数量截至 2017 年 7 月即已达到 1600 万辆，日均订单达到 5000 万单。[②] 与此同时，政府应该如何规制共享单车的问题越发凸显。相关媒体报道可谓是数不胜数。目前，北上广深等地以及交通部等部委都已纷纷出台了针对共享单车的管理规定或规定草案，而且未来一定还会有更多地方跟进。那么政府对共享单车的规制应该包括哪些主要方面呢？如何具体设计规制框架？笔者认为，关键的真问题在于负外部性、总量控制与主体责任、押金三个方面。信息安全和个人信息保护虽然是值得研究的真问题，但它是整个互联网的共性问题而非共享单车领域的特有问题，应该放在国家网络安全和个人信息保护的层面统一解决。

一、共享单车的负外部性与规制的谦抑性

共享单车的负外部性可谓是显而易见：挤占道路、绿地等公共空间，乱停乱放，催生了很多不文明的骑行行为和毁坏单车的行为，等等。这些负外部性使共享单车招致很多批评，也使得一些地方的监管部门对共享单车“痛下

① 彭运朋，澳门科技大学法学院助理教授，法学博士。

② 国家信息中心分享经济研究中心：《共享单车行业就业研究报告简介》，载国家信息中心网站，http：//www.sic.gov.cn/News/250/8452.htm，最后访问时间：2017 年 10 月 10 日。

杀手”。特别是，一些地方的监管部门以占道经营为由扣押了数以万计的共享单车。但是，即便共享单车存在这些负外部性，笔者仍然认为政府应该注重规制的谦抑性，耐心和宽容地对待共享单车。原因如下：

首先，政府的有形之手在面对新业态时需要克制规制冲动，秉持谦抑立场，耐心以待。有学者指出，人的理性是有限的，很多错误的国家干预经济手段可能并不是因为政府有意识的行为，而是政府基于错误的市场形势判断所致，因此“在既有经验和理性无法判断某一领域是否存在市场失灵时，应优先假设市场未发生失灵，而暂不进行国家干预”。[①] 笔者对此深以为然。对共享单车的规制也需要注意这个问题。这是一个新的业态，监管机构应该引入“渐进、实验和灵活的规制技术和方法，在创新与规制之间寻求动态平衡”。[②] 对于它出现的问题，只要不是严重到明显非要立即处理不可的以及各方已有一致意见的事项以外，以暂缓干预为妥，“让子弹飞一会儿”。一是因为各方对新兴业态的认识在客观上必须经过一个逐步深化的过程，监管机构可能犯错。二是因为新兴业态在初期出现的问题有可能会随着时间的推移由市场自己解决了，或者由市场为监管机构提供新的思路。这一点在处于快速发展中的互联网行业中体现得极为明显。“市场、技术的发展促进了互联网规则的变化，而在这一过程中，互联网规则本身也在不断地变动和完善之中。”[③] 例如，当人们还在讨论用户在骑行过程中发生事故的责任分配、押金安全、乱停乱放等问题时，多家共享单车公司已经自己宣布为用户购买保险、对信用良好的用户取消押金、研发电子围栏等应对措施，这些都为监管机构提供了新的可能性。

其次，对共享单车的评价需要建立在兼顾便捷和秩序的基础之上。“乱停乱放”是个典型问题。所谓的“乱”从另一个角度来说就是随停随放的便捷，这正是共享单车满足民众短距出行需求时必须付出的代价，监管机构需

---

① 刘大洪：《论经济法上的市场优先原则：内涵与适用》，载《法商研究》2017年第2期。

② 彭岳：《共享经济的法律规制问题——以互联网专车为例》，载《行政法学研究》2016年第1期。

③ 王利明：《论互联网立法的重点问题》，载《法律科学》2016年第5期。

要在兼顾秩序和便捷两大目标的基础上重新界定什么是“乱停乱放”，什么是“随停随放”。共享单车是在2016年突然之间热门起来的，但其实共享单车在多年前就已经存在，如被称为“共享单车第一股”的永安行单车在2010年即已设立。共享单车在2016年之前不温不火，在2016年却在突然之间火爆，其中的根本原因就是以摩拜和ofo为首的经营者把共享单车的运营模式从定点停放的有桩模式改变为随停随放的无桩模式。正是因为无桩的共享单车可以随停随放，所以人们才突然之间大量使用共享单车。这并不难理解，“如果使用者为了还车到指定地点走的路比骑行距离还要长，那共享单车本身就失去了其最大的优势”。[①] 可见，定点停放的秩序井然和随停随放的便捷性之间是存在冲突的。对此，民众已经以用脚投票的方式表明他们并不支持绝对的秩序，而是希望以让渡部分秩序为代价获得更多的便捷。这也就是说，允许一定的“无序”存在是为了获得短距出行便捷化而不得不支付的成本。

最后，共享单车显著的正外部性强化了协作式规制的必要性。它们的正外部性至少包括以下几方面：(1)用普惠和基本公共服务均等化的方式满足民众出行需求。共享单车的用户中占比最大的是需要频繁使用地铁/公交出行的工薪族以及在校园骑行的学生等中低收入、零收入的民众。这部分民众的平均收入水平显然是相对较低的。共享单车可以惠及不同收入群体，不像小汽车那般“偏爱”中高收入群体。在这个意义上，共享单车是普惠型的出行方式。这是政府特别需要关注的基本公共服务。党的十九大报告再次提到要加快推进基本公共服务均等化，延续了这项已经明确多年的政策目标。而从基本公共服务均等化这个角度看，共享单车其实以市场运作的方式促进了基本公共服务均等化的实现，是基本公共服务均等化在市场层面的自我实现工具。(2)为地方政府节省了财政资金。之前有不少地方政府都耗费不菲的财政资金，以政府购买服务或者提供补贴的方式支持建立公共自行车系统。例如，

---

① 姜宁：《从“共享单车”的监管看政府如何在分享经济中发挥作用》，载《河北学刊》2017年第4期。

常州永安公共自行车系统股份有限公司的 A 股 IPO 招股说明书显示，该公司 2014~2016 年获得的公共自行车系统销售收入和系统运营收入合计 17.7 亿元，财政补贴合计一千万元，其中，最大客户潍坊是城管局 2014~2016 年间支付给它的公共自行车系统运营服务费用合计达到 1.5 亿元。再如，有报道称，武汉市从 2009 年至 2014 年间给一家主要的公共自行车经营者提供了超过 3 亿元的补贴。① 现如今，共享单车逐步在代替或补强公共自行车系统，进而使得政府及其背后的纳税人可以取消或者减少这一块的财政支出。（3）有利于保护环境和普及健康锻炼。这点显而易见。（4）为公共治理提供了新的可能性。越来越多的人意识到，共享单车公司可以建立用户信用档案并对不同用户实施差异化待遇，以此督促用户规范用车；也可以在 APP 的地图里建立电子围栏。此外，监管部门还可以考虑与共享单车公司协作，利用红绿灯数据和共享单车行车数据去精准地确认闯红灯的违法行为。这些都是公共规制方面有新意且有前景的可能性。

对于正外部性不突出的商业活动，监管机构可以更多地对采取“设定要求、不达标就处罚乃至于取缔”的命令式规制。然而对于共享单车这种正外部性突出的商业活动，监管机构就需要更多地采取与经营者合作解决问题的协作式规制。“政府、企业和消费者都不会接受共享经济在放任自流的环境中自我‘夭折’，企业和消费者也不会答应完全把监管权收归‘国有’而失去创新的动力和自由……市场作为资源配置的决定者也不会允许政府越俎代庖包揽监管。”② 特别是对于那些因客观条件确实不能解决的问题，监管机构应当采取谦抑立场。“法律是社会的追随者，而不是社会的领导者。”③ 规制规则的滞后性甚至于规制空白并不一定是坏事，时时同步或超前规制也不一定是好事。

---

① 参加周琦、万嘉琳：《武汉公共自行车停运背后：耗资数亿“名片”为何败给共享单车》，载澎湃新闻网，http://www.thepaper.cn/newsDetail_forward_1870386，最后访问时间：2017 年 10 月 10 日。我们从潍坊和武汉两个城市的金额可以大体推算一下如果全国主要城市都建立公共自行车系统。

② 唐清利：《“专车”类共享经济的规制路径》，载《中国法学》2015 年第 4 期。

③ [美] 理查德·A. 波斯纳：《法理学问题》，苏力译，中国政法大学出版社 1994 年版，第 273 页。

二、多重规制目标下的配额与积分制

（一）政府有必要控制共享单车的投放总量

现代的政府规制通常不应直接控制产品的总供应量，但是，共享单车需占用公共空间，而公共空间可停放的单车数量是有限的，这从根本上决定了政府有必要对共享单车的投放实施总量控制。在理论上，假定其他条件不变，社会总福利会随着共享单车投放量的增加而增加，但在投放量超过一定数量后，路面拥挤、其他功能被挤占等负面作用会使得社会整体的福利水平不升反降，直至单车将公共空间挤占殆尽，社会总福利为零。这个过程变化可以归纳为下图：

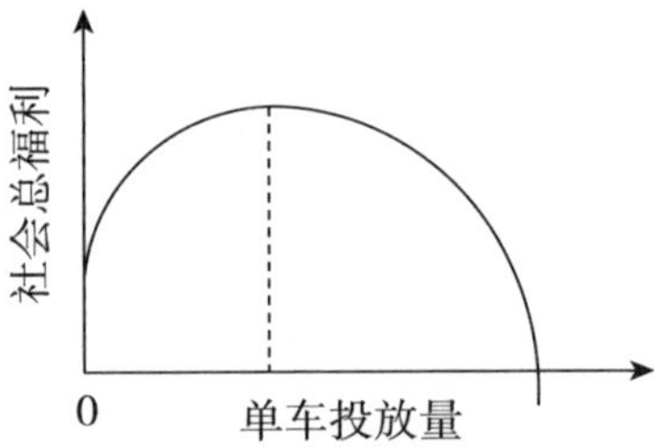

多方面因素导致这个行业里会存在比较显著的市场失灵，共享单车经营者在成本收益方面的考虑不足以使得他们主动把单车投放量控制在社会最佳数量以内。第一，由于共享单车占用公共空间的成本是由公共财政、小区业主等外部主体承担的，因此共享单车公司自己依据成本收益分析得出的最佳投放量会明显高于社会总福利最大化时的最佳投放量。共享单车公司即便明知车辆已饱和也会继续增加投放，直至它分担的那一部分的成本就已经与全部经营收益持平时。显著的外部性是政府需要实行单车投放总量控制的根本原因。第二，特殊商业模式使得共享单车经营者必须追求投放量的规模效应。这是因为，共享单车公司只有在单车投放密度达到一定程度、用户在主要活动区域能够很容易地（理想状态是随时随地）找到可用单车时才能吸引足够多的用户去下载本公司的 APP、注册、交押金，并让用户形成持续消费习惯。

如此一来，每家共享单车公司在达到"准入门槛"的数量前一定会拼命地增加投放，并且在达到"准入门槛"后还会在一段时间内继续增加投放密度，以提高使用便利性，进而吸引和维持用户。各家公司的最佳投放量叠加起来的总量对于社会而言肯定是过剩的，且商家越多，过剩越严重。第三，目前各地原有的道路、可停车区域的数量和面积普遍已经无法满足需求，而改建道路和可停车区域以及更改城市规划都无法在短期内完成。如此一来，共享单车公司按照供求关系计算出来的最佳投放量同样会明显高于按照社会总福利计算出来的最佳投放量。

（二）配额与积分制：总量控制、市场竞争、"主体责任"三重目标下的选择

包括北上广深在内，目前各地控制共享单车投放总量的方式是在市场投放量达到上限后宣布禁止新增投放。但是，这种"先到先得，分完即止"的额度分配方式其实是非常不可取的。原因如下：

其一，这种总量控制方式明显限制了市场竞争。停止新增投放就意味着不能再有新的经营者进入市场，已有经营者也不能在增加供给方面展开竞争。这种限制竞争的做法显然非常不合理，因为总量控制属于特许，而"特许权具有垄断排他性，其数量控制要求政府必须通过招投标等公平竞争的方式在市场准入中选择适格的特许经营者"。[①]而且，这种做法违反了《反垄断法》第8条关于行政机关"不得滥用行政权力，排除、限制竞争"的规定以及《国务院关于在市场体系建设中建立公平竞争审查制度的意见》，也不符合国家有关部委关于"清理规范制约分享经济发展的行政许可、商事登记等事项，进一步取消或放宽资源提供者市场准入条件限制，审慎出台新的市场准入政策"[②]的产业扶持政策。

---

① 李明超：《政府公用事业特许行为的法律效力研究》，载《暨南学报（哲学社会科学版）》2016年第2期。

② 国家发展改革委、中央网信办、工业和信息化部、人力资源社会保障部、税务总局、工商总局、质检总局、国家统计局《关于促进分享经济发展的指导性意见》（发改高技〔2017〕1245号）。

其二，这种资源分配方式也会使得已有的经营者在政府宣布停止新增投放前会重投放、轻运营，以此在政府宣布禁止新增投放前抢占投放额度。在这种思路下，乱停乱放单车的整理、破损单车的修理和回收等运营事项都会让位于“铺摊子”。这种拼抢投放额度的竞争从公共利益来看是恶性竞争，但对于经营者来说却是理性的，因为它们只有先把投放额度抢过来才有日后精耕细作的空间。一旦投放额度被竞争者抢完了，再精细的运营也少了用武之地。但是，这种粗放的经营方式会显著地降低稀缺公共空间的利用效率，同时埋下恶性竞争甚至于安全事故的隐患，是非常不可取的。

破而后立，本文建议监管机构在分配单车投放数量上改采配额与积分制。这一分配体系的关键内容包括：（1）明确实行配额制，要求经营者只能在自己的投放额度内投放单车。其中，投放额度由基础额度和积分额度加总得出。（2）任何一家合法设立的经营者都自动拥有一定数量的基础额度。这个额度由地方政府根据本地公共空间的容量和居民消费需求统一划定，经营者无须申请即可自动享有。不过，基于收集信息和管理后续分配的原因，监管机构可以要求经营者备案。（3）每个经营者的积分额度根据以积分为表征方式的经营规范情况确定。积分的计算指标由各地监管机构根据本地情况设立，但至少可以包括以下内容：第一，是否及时、全面地修理和回收故障车。第二，是否存在经生效法律文书认定的损害消费者合法权益的行为。第三，承诺的退还用户押金的到账时间长短以及有无违反这项承诺的记录。第四，来自用户和基层执法人员的评测结果。监管机构可以强制要求经营者在应用程序中嵌入用户满意度调查功能并把用户的反馈数据直接报送监管机构，同时对在调查中造假的经营者给予严厉处罚，以确保数据的真实性。第五，同业相同指标的比较。第六，在条件具备时接入由国家信息中心运营的“信用中国”的数据库，将共享单车经营者在其中的信用记录加入积分的计算模型之中。这一国家层面的数据库已经在相当程度上实现了跨部门、跨地区的信用信息归集、交换、共享和应用，各地监管机构可以利用其中的信用信息精准地把更多的投放额度分配给信用记录良好的经营者。

公共资源分配的法律性质奠定了配额与积分制的合法性基础。如前所述，政府是因为共享单车具有显著的正外部性才不得不允许共享单车挤占本已紧张的城市公共空间。政府的这种让步建立在一个基本前提之上，即共享单车对公共空间的占用是高效的，以至于对社会总福利而言允许它们“占道经营”反而是利大于弊的选择。一旦失去了效率，共享单车的“占道经营”就不再具有正当性。然而，实践中有的共享单车公司重投放轻运营，在运营维护上投入的资源明显不足，以至于停放过于散乱、机动车道被占用、路面上的故障车比例太高、盈缺调度不力等各种无效、低效的占用都并不少见。例如，据笔者在北京、深圳、珠海等地的观察，有的经营者长期不去修理或回收故障车，特别是对于严重破损、没有修复价值的故障车直接弃之不顾，长期堆放在公共场地里。这种做法浪费了稀缺公共资源，影响了用户的使用，也影响了路面通行和城市景观，应该受到惩罚。对此，额度与积分制把投放额度从行为失范的经营者手中收回来，转授给经营规范的经营者使用，达到从根本上奖优罚劣的目的。这个过程就如同是在拍卖公共资源使用权的招投标，只不过这个招投标里“价高者得”的“价”不是金钱，而是经营的规范程度。因为涉及公共资源分配，所以这个“招投标”制度是正当的。当然，额度与积分制涉及复杂的利益调整，应该以规范立法的方式推出，以此“为多元利益诉求提供表达的渠道，进而对错综复杂的利益关系以及法律制度进行整体的评价与衡量，合理分配发展机会，协调多重利益关系”①，同时也避免像专车领域那样出现行政许可设定的合法性争议。②

在拥有充分合法性的基础上，配额与积分制有如下三个目标：

一是控制单车投放总量。这一点显而易见。

二是通过设置基础额度，让这个市场始终对新的经营者保持开放，保持竞争活力，解决上文关于叫停新增投放的做法不当限制竞争、违反《反垄断法》和国务院公平竞争审查制度的问题。

---

① 张东：《法治如何促进大众创新创业——基于专车服务微观样本的分析》，载《法学》2016年第3期。

② 参见黄锫：《共享经济中行政许可设定的合法性问题研究——以〈上海网约车新规〉为分析对象》，载《政法论丛》2017年第4期。

三是督促经营者承担主体责任，提高公共资源的利用效率，保护消费者合法权益。配额与积分制会把更多的投放额度交给经营规范（表征为积分高）的经营者，减少行为失范的经营者的额度，以此督促经营者承担主体责任。交通部等十部委在《关于鼓励和规范互联网租赁自行车发展的指导意见》中要求“落实企业主体责任”。这个规制方向是正确的。共享单车的管理非常需要共享单车公司的努力，因此政府需要利用积分指标的设置去诱导和迫使它们切实承担其管理义务。共享单车的经营模式使得经营者责任的落实需要采取与传统上不一样的方式。共享单车的数量太过庞大，而且，具体的管理事项往往是细小的，政府无法因为共享单车细小的违规行为就去处罚共享单车公司。例如，在某辆共享单车被使用者违反停放在机动车道上时，监管机构无法因为这个情节就去处罚经营者，毕竟经营者在这个情节里的可责性轻微，同时轻微违法情节又太常见，行政处罚在成本收益和执法资源分配方面都经常是不可取的。但是，通过在宏观上把经营者之间的违停率比较和基层执法人员评测结果纳入额度分配的积分指标里，让经营者在总体上为其运行情况负责，监管者就能够让经营者努力想办法减少违停现象。类似的，监管者很难完整地界定经营者发现和清理故障车辆的时间应该控制在多长时间内，但是通过在分配投放额度时比较同类经营者的平均用时长短，就能够让经营者在相互之间比拼谁的运营更高效，而这种比拼正是我们需要的市场竞争。

三、利益平衡和押金的相对安全

共享单车经营者收取了巨额的押金。[①] 为了保障用户押金的安全，目前交通

① 在媒体的推算中，保守的估计认为押金数额在 60 亿元左右，大胆的推算认为已达到 400 亿元左右。参见刘红霞、周琳、杰文津等：《数十亿元共享单车押金该由谁来监管？》，载新华网，http://news.xinhuanet.com/fortune/2017-03/27/c_1120703036.htm，最后访问时间：2017 年 11 月 1 日。温婧、刘珜、程婕：《10 部门联合发布共享单车指导意见　押金应即还即退》，载《北京青年报》，转引自 http://gd.ifeng.com/a/20170804/5881140_0.shtml，最后访问时间：2017 年 10 月 25 日。由于摩拜公司公开宣称其用户数量已超过一亿人，每人押金 299 元，因此整个行业 400 亿元左右的推算结果似乎更为准确。

部等部委以及各地政府都要求或拟要求共享单车的押金必须专款专用。例如，国家交通运输部等十部委在《关于鼓励和规范互联网租赁自行车发展的指导意见》中也有类似要求："……应严格区分企业自有资金和用户押金、预付资金，在企业注册地开立用户押金、预付资金专用账户，实施专款专用，接受交通、金融等主管部门监管，防控用户资金风险。"在此之前，《深圳市关于鼓励规范互联网自行车发展的若干意见》《北京市鼓励规范发展共享自行车的指导意见（试行）》都已有类似规定。既然是押金，那么专款专用指的自然是押金只能退还给用户以及在用户违约时用于用户承担违约责任，经营者不能将其作其他用途。

用户押金安全毫无疑问是需要监管部门加以保障的。问题不在于要不要，而在于如何保障。笔者认为上述专款专用的规制方式过于严苛，且可操作性低，应改由其他方式谋求押金的相对安全而非绝对安全。

（一）专款专用存在法律障碍

专款专用的核心作用不在于经营者正常经营期间，而在于经营者进入破产程序以后，但是，一旦经营者进入破产程序，则专款专用就是《企业破产法》所不允许的。这里需首先明确，消费者交付押金后所享有要求退还押金的权利不是所有权而是债权。中国消委会近期表示："押金是租用特定标的物的质押担保，属于担保物权的一种，主要是担保合同的履行。押金的所有权属于消费者，企业任何情况下不得挪用。"[①] 这种观点的出发点无疑是好的，但却与现有法律规定不符。金钱是种类物，其所有权归属实行"占有即所有"原则，也即"货币的所有权不得与对货币的占有相分离。凡占有货币者，不分合法、非法，均取得货币所有权；凡丧失对货币的占有，不论是否自愿，均丧失货币所有权……丧失货币所有权的人，只能根据合同关系、不当得利制度或侵权行为制度获得救济"。[②] 如果担保物是金钱以外的物，则担保物所有权归于担

---

① 中国消费者协会：《关于对共享单车等电子商务经营者收取押金、预付费的立法规制建议》，载中国消委会网站，http://www.cca.org.cn/zxsd/detail/27806.html，最后访问时间：2017年12月20日。

② 梁慧星：《民法总论》，法律出版社2011年版，第156~157页。

保人，但如果“担保物”是金钱，则金钱所有权随着占用转移而转移。证券期货业里的保证金属于特殊担保，其占有和所有权归于投资者，[①] 但是这有一个前提，那就是保证金是以投资者名义开立账户存储的。共享单车押金与此完全不同。押金交付给了经营者并以经营者名义开户存储，转移了占有和所有权。所以，不论押金的法律性质究竟为何，[②] 用户一旦把押金交付给经营者就都会失去所有权，只享有在符合条件时要求返还的债权。如果经营者进入破产程序，用户不享有针对特定物的取回权，只能作为普通债权人申报债权，然后获得通常来说比例都很低的破产清偿。[③] 地方性法规、部门规章、行政法规都无权突破《企业破产法》的规定。而且，全国人大常委会不可能专门为这个问题而去修法或立法。

（二）专款专用的可操作性低

即便在经营者进入破产程序之前，专款专用也有操作问题。目前，专款专用的要求并未得到有效执行。例如，2017 年 9 月已经至少有两家共享单车经营者因为资金紧张而出现押金难退的问题。[④] 三个月后，广东消委会直接针对一家经营者提起要求返还押金的公益诉讼。退款难问题说明专款专用的要求肯定没有得到有效执行。这里首先是可操作性问题。所谓的银行托管、银行监管在目前是不切实际的。关键在于，银行开户需要当事人身份证复印件

---

① 参见徐化耿：《保证金账户担保的法律性质再认识——以〈担保法司法解释〉第 85 条为切入点》，载《北京社会科学》2015 年第 11 期。

② 早期即有学者将其可能的法律性质归纳为抵消预约说、解除条件附债权说、附解除条件的消费寄托说、债权质说、信托的所有权让与说。参见杨兴龄：《民法物权》，台北五南图书出版公司 1981 年版，第 218 ~ 219 页，转引自汪传才：《押金初探》，载《政治与法律》1999 年第 2 期。

③ 曾有学者在中国商业法研究会 2017 年会中评议本文时指出，一旦经营者破产，实际上极少用户会去申报债权并参与后续的破产程序。感谢评议意见！笔者赞同这一判断。对此，解决办法要么是按照正文里即将提到的，设立第三方独立法人去管理押金的保管和退还，要么是政府在监管规定中增加一条，指定各地的消委会或其他机构代为调查、申报债权并督促管理人把破产清偿资金转回给用户。前一种方案更佳。

④ 参见陈维城：《酷骑小鸣押金难退　共享单车行业再洗牌》，载《新京报》2017 年 9 月 27 日，第 B04 版。

和当事人签字同意，共享单车消费者无法做到这一点，因此银行无法像证券期货里的保证金那般把押金放在每个用户的对应账户上。如果是以经营者名义开户存储的话，则考虑到钱存在哪个银行是由经营者决定的，银行在吸储压力下能否承受住经营者压力、切实履行好托管职责是颇有疑问的。而且，更根本的是，经营者在用户违约时确实有权没收违约用户的对应押金，银行不可能一概拒绝经营者的支取或转账指令，同时银行也不可能就用户是否真的违约、用户违约后经营者可以没收多少押金等问题承担判断义务，所以只能选择听户主的存取和转账指令。如若推翻这个规则，则银行业务将无所适从。有的共享单车经营者的开户银行表示，共享单车经营者“所开只是一般存款账户，银行无义务监管”。[①] 这应该说是实话，因为在押金以经营者名义开户存储的情况下，银行在客观上无法履行托管人角色。交通部以及各地政府只是提出专款专用的要求，但并没有去查证经营者究竟有没有落实这个要求。这或许也是因为其中存在操作障碍。可是，一旦事先控制失效，事后的处罚难以保障用户利益，如在经营者已经破产时，罚单对于保障用户利益而言没有任何实际意义。结果是，专款专用在目前其实只是“好看不好用”的、安全而廉价的虚言而已。

一个技术性的解决办法是设立独立、专门的第三方法人实体负责收取、开户管理和退还押金，让共享单车经营者无法挪用资金，而且即便共享单车公司破产，押金也不再需要由所有债权人分享的破产财产的范围内。不过这种安排提高了交易和监管的复杂程度以及最终由用户承担的成本。例如，如何在由经营者选择合作第三方法人的情况下确保第三方法人的独立性？万一第三方法人管理下的资金安全出现问题，由谁以及按照什么归责原则、在多大范围内承担赔偿责任？第三方法人实体的日常开支由谁负担？这些问题不仅复杂，而且有的需要全国人大常委会层面的立法才有权限处理。可见，这个办法尽管已经是目前相对最可行的了，但还是存在明显的成本负担和操作

---

① 周宵鹏：《共享经济也是信用经济　何不免押金》，载《法制日报》2017 年 12 月 3 日，引自法制网，http://www.legaldaily.com.cn/index/content/2017-12/03/content_7410434.htm?node=20908。

性难题。[①]

（三）监管机构应该追求的押金的相对而非绝对安全

这是更重要的在法律政策层面的原因。监管机构本就不应追求用户押金的绝对安全，应该转而采取担保、提取保证金等成本更低的其他方式实现相对安全。理由如下。

首先，押金涉及的只是小额资金。虽然经营者收取的押金总量很大，但落实到具体用户的数额其实很小。已有品牌中押金标准最高的也就是 299 元而已。尽管人们的合法权益不论大小都应得到法律保护，但我们也需要承认法律保护是有代价的，所以法律在保护人们合法权益方面历来都会区分权益的大小，并不是不分大小地给予绝对保护。与共享单车收取押金更类似的一个例子是小额证券发行豁免制度。尽管各国法律禁止人们在未经批准或注册的情况下向公众融资，但是很多国家都对包括众筹在内的小额证券发行网开一面，在限定为小额的前提下为其提供注册或审批的豁免。[②]特别是在我国，严格执行《证券法》以及关于非法集资的有关规定和司法解释的话，基于互联网的股权众筹其实全部都构成非法集资，[③]但是监管机构至少到目前为止并没有机械地执法，而是在坚持多人、小额等要求的前提下允许股权众筹在灰色地带存在和发展。这是因为法律保护是有很多成本的，而且人们对于小额损失具有更大的承受能力和容忍度。共享单车押金虽非股权众筹，但同样适用这个原理。当然，小额豁免不是绝对的，一旦总额超过限额，同样需要接受监管。不过如果考虑到债权比股权投资的风险低，则允许的资金收取数量与股权众筹相比应该有所提高。

其次，有条件地允许经营者使用押金可以优化资源配置。具体来说，可

---

① 目前来看，假如监管者执意坚持要求专款专用的话，这个引入第三方的法律安排是必不可少的。

② 关于小额发行以及众筹，可参见彭冰：《公募众筹的理论基础》，载郭峰主编：《证券法律评论》（2016 年卷），第 34~55 页；刘宏光：《小额发行注册豁免制度研究——美国后 JOBS 法案时代的经验与启示》，载《政治与法律》2016 年第 11 期。

③ 参见彭冰：《股权众筹的法律构建》，载《财经法学》2015 年第 3 期。

以促进共享单车行业发展壮大，避免让数百亿资金变成动弹不得、白白浪费的“死钱”。众所周知，中小企业融资难、融资贵的问题在中国非常严重。而前文已分析，共享单车存在显著的正外部性，也正因此，之前很多地方政府不惜动用财政补贴去支持公共自行车经营者。现如今共享单车经营者利用单车服务的吸引力汇集了可观的资金，这本可以是解决共享单车经营者资金饥渴症难题、扶持创新、促进行业发展的好办法。“共享单车押金盈利模式使企业降低了对银行的依赖程度，相关企业在获得发展所需资金的同时，还减轻了经营的成本负担。这不能不说是一个有益的创举。”[①] 利用这些资金，经营者可以研发新技术，投放更多单车，维护已投放的单车，等等，最终让用户也受益。相反，如果完全实行专款专用，那就是让宝贵的数百亿资金变得动弹不得，这在最后也会提高用户使用共享单车所要支付的价格。共享单车行业的竞争非常激烈，经营者利用押金所获得额外收益能够为广大用户所共享。同时，从长期来看，“天下没有免费的午餐”，专款专用带来的额外成本最终还是要由用户承担，或者按之前一些地方的做法，由政府财政承担。

最后，监管者和用户可以选择其他成本更低的替代性安排。用户押金安全确实需要加以保障，但监管机构应该用成本更低的其他方式。（1）可以要求经营者（或其控股股东、实际控制人、合作伙伴等）提供担保。监管者可以在担保比例和担保方式（人保还是物保）上选择合适的组合。这种方式既可以保障用户押金的安全，又能够为经营者提供资金来源，是更有效率的安排。即便采取最严格的标准，即要求经营者提供全额的抵押担保，这也比专款专用的成本更低。特定用户损失的押金利息可以说是微乎其微的，而且只要市场是充分竞争的，来自“无息贷款”的利益最终还会经由“无形之手”而返回给用户。对这笔“无息担保贷款”，经营者在乎的其实也并非“无息”，而是能有资金来源。（2）可以要求经营者提取一定比例的保证金，剩余的押金则允许经营者用于正常的经营活动。这其实就是把全额的专款专用改为保

---

① 邓大鸣、李子建：《共享单车押金的性质及其监管问题探究》，载《西南交通大学学报（社会科学版）》2017 年第 4 期。

证金专款专用。用户押金并不是全部都处于风险之中。即便是经营者破产，用户依然能够得到一定的清偿。经营者投放的单车在某种程度上也是经营者退还押金的履约保障。而且，市场活动本身就有风险，监管者不应该试图把用户的风险完完全全地去除干净。（3）可以为不同偏好的用户提供不同的选择。一方面，经营者必须在用户要求退还押金时立即将退款指令发送给银行处理。如此一来，特别在意资金安全、不愿意承担风险的用户能够选择回避风险。这部分用户在用完车以后就提交退还押金的申请，待下次用车时再重新提交押金，以此类推。另一方面，监管者允许经营者在满足监管要求的前提下使用来自那些不那么在意资金安全、愿意承担风险的用户的押金。由于很多用户需要反复地使用共享单车，而且押金数额比较小，所以在押金方面反复交了退、退了交的这部分用户的比例并不会很高。如此一来，监管者既满足了少量的风险厌恶型用户的风险规避需求，也能为经营者留下不少可用资金。（4）可以允许经营者在投了资金保险、由保险公司承担连带责任的情况下使用押金。

与“好看不好用”、谋求绝对安全的专款专用相比，以上这些谋求相对安全但可行的替代安排更能实现经营者与用户之间的利益平衡。

四、结语

上文分析显示，目前理论和实务上的一些观点和做法存在过于简单化的弊端。共享单车政府规制的必要性没有争议。真正难的地方在于如何规制才是最有效的。“公权的规制涉及人，就必然涉及利益追求以及众多人群的动态行为，因此必然都是高度复杂的，没有简单可言。”[①] 共享单车是一种全新的业态，监管机构在很多情况里都不能套用旧的思维方式和规制工具，需要重新规划具有针对性的规制工具，如额度与积分制。此外，“保护消费者合法权益”虽然具有强大的道德或者说正当性基础，但这不代表凡是在某些方面有利于

① 应飞虎：《规制工具的选择与运用》，载《法学论坛》2011 年第 2 期。

消费者的规制措施——例如押金专款专用——都是恰当的。道德高位不能代替科学设计。经营者与用户是相伴而生的关系，监管者在保护消费者长远利益的过程中也需要兼顾经营活动的便利，让消费者权益保护建立在交易活络和市场繁荣之上。

关于共享单车押金的法律思考

赵姿昂[①]

一、共享单车押金监管的必要性

共享单车作为"解决出行最后一公里"的交通工具，方便了大众的出行，但是，诸多弊端也随之而来。乱停乱放，车辆被损，大量的负面交通事故，以及被社会所质疑的押金模式等。

2017 年 8 月 2 日，交通运输部、中央宣传部等十部门联合出台了《关于鼓励和规范互联网租赁自行车发展的指导意见》（以下简称《指导意见》）。针对广受争议的用户资金及信息安全等问题，《指导意见》鼓励采用免押金方式提供租赁服务，企业已收取押金或者预付资金的，要在注册地设立专用账户，实行专款专用，完善退还制度，接受交通、金融等主管部门监管。

共享单车有着强烈的公共色彩，对此进行担保的押金是否应当作为营业机构的私有资产或者在私有账户里应受公众监管。为慎重审视对沉淀资金进行监管的制度合理性，厘清押金模式的合法形式、合理性及非法性是十分必要的。

二、共享经济的定义及特点

共享经济的核心组成是一个由商业机构、组织或者政府创建的以信息技

---

① 赵姿昂，北京大学法学院 2016 级商法专业博士研究生。

术为基础的第三方市场平台。平台的参与个体借助于平台交换闲置物品，或者向某个创新项目和企业提供资金。其实质是使用权共享。

共享经济的概念最早由美国得克萨斯大学社会学教授马科斯·费尔逊（Marcus Felson）和伊利诺伊大学社会学教授琼·斯潘思（Joe L. Spaeth）共同提出，他们以“协同消费”描述了一种新的生活消费方式，其特点是个体通过第三方市场平台实现点对点的直接的商品和服务的交易。①

共享经济一般可分为三种类型。一是产品服务系统，旨在暂时获得某物的使用权，如借用、租赁等。二是再分配市场，主要是对旧货、废弃物的再次利用，如二手货市场。三是协同式生活的方式，指共同分享或是互换使用权，如拼车、物物互换等。②本文所要分析的共享单车属于产品服务系统，用户通过租用暂时获得自行车的使用权，其与第三大类协同式的区别在于产品的提供者是产品服务系统的提供者为公司，多为营利性，而协同式生活的产品提供者多为个人，且不以营利为目的。

共享经济的发展为人类生产生活提供了便利，也对传统经济社会运行模式产生了颠覆性的影响。但是，作为一种新的经济模式，共享经济的发展也面临诸多问题，产业发展不成熟，原有法律监管体系不完善，统筹协调难度大等，成为其发展中亟待解决的问题。

三、共享单车押金的现状

作为共享领域的热门话题，共享单车也得到了快速的发展。其无桩式的设计，以及互联网和智能移动设备的运用，解决了以政府为主导的公共自行车的不便之处，同时我们也应该看到其快速发展中所展现出来的一些问题。

关于共享单车的押金问题一直都被社会所质疑。大量的活跃用户带来了

① ［英］亚历克斯·斯特凡尼：《共享经济商业模式：重新定义商业的未来》，郝娟娟、杨源、张敏译，中国人民大学出版社 2016 年版。

② ［美］雷切尔·博茨曼、路·罗杰斯：《共享经济时代：互联网思维下的协同消费商业模式》，唐朝文译，上海交通大学出版社 2015 年版。

数以亿计的庞大押金总额，以四个品牌的共享单车为例，摩拜押金为每人 299 元，ofo 单车的押金为 99 元，小鸣单车押金为 199 元，优拜单车押金为 298 元。以摩拜为例，去年 12 月活跃用户量已达 313.5 万人，数据显示，仅在广州四个品牌的共享单车每月的押金总额就超过了 9 亿元。[①] 公众担心共享单车有可能会存在卷款潜逃的风险。

四、共享单车押金的风险分析

首先，共享单车的用户数远大于单车的投放数，在收取押金时依据用户数而非单车数量收取，导致明显的"一车多押"，蕴藏了巨大的风险。这类似于传统租赁关系"一人一押"的信贷扩张。[②] 在租赁关系中，由于存在承租人损毁、拒不归还租赁物的可能性，所以出租人承受了较大的交易风险。而押金可以平衡交易风险，从而保障交易安全。传统的押金的数额不会超过租赁物的价值，因此可以起到对等威慑的作用。但是，在共享单车的押金模式里，传统"一物一押"的模式变为了"一人一押"，因此不可避免地产生了"一物多押"的情况：由于用户往往会把押金暂留在共享单车公司里，由此导致一辆单车上对应的押金就会越来越多，从而超过单车的实际价值。

其次，从共享单车平台收取的押金模式来看，一份押金对应一个账户。这种一对多的押金模式，有着类似融资的功能，相应地就产生了金融属性。因此，单车平台实质上具有了金融平台的性质，但是目前共享单车平台没有金融牌照，从而没有资格从事融资业务。如此，单车平台在没有金融牌照的情况下向用户收取押金从而形成巨额资金池，有非法融资之嫌疑，在政府对

---

① 国家信息中心信息化研究部：《中国分享经济发展报告 2016》，国家信息中心，（2016 年 2 月 29 日）[2016 年 6 月 6 日] . http: //www.sic.gov.cn/archiver/SIC/UpFile/Files/Htmleditor/201602/2016022912154612.pdf。

② Teubner T，Thoughts on the Sharing Economy：Proceedings of the Multi Conference on Computer Science and Information Systems，Lisbon，Portugal，July 15- 19，2014，International Association for Development of the Information Society，2014：322~326.

之没有有效监管措施之前，将会面临着法律风险。[①]从共享单车平台的法律地位的角度，它在没有金融牌照的前提下并不具有从事融资业务的资格，因此单车平台向用户收取押金则可能涉嫌非法集资。

如果共享单车公司仅仅把押金存放于银行，通过获取存款利息的方式来盈利，对用户而言没有风险，但对于共享单车公司而言却不是一个好的盈利模式；如果共享单车公司把押金用于股票或者期货交易等高收益投资，对企业来说或许值得一试，但对用户而言，一旦共享单车公司投资失误，资金链断裂，无力退还押金，就会让他们无端地承受风险。[②]共享单车押金具有融资的性质、具备信贷扩张的功能，且可以用于投资，具有金融的特征，并且一旦投资失误，对社会公众造成的影响极大，因此，共享单车押金监管问题已经发展为新的金融监管问题。

那么，共享单车押金的性质究竟为何？共享单车免押金或实行信用模式是否可行？设立专用账户的如何监管？这些问题在《指导意见》中并未得到明确，本文力图从共享类单车的押金性质探究出发，讨论对其合理的规制方式。

五、押金的法律性质

（一）法律关系分析

共享单车具有公共服务属性。共享单车的实际管理人从政府机构逐步转向民营机构，并不转移其公共服务的属性。首先，从共享单车的盈利模式上看，其收取的营业费用、服务对象与政府实际管理时大同小异，只是服务对象更多、范围更广。其次，共享单车的分布处于城市公共区域，占用了大量的公用通道。在实际营运过程中，需要与政府部门联系沟通，这是政府与民营机

---

① 彭冰：《非法集资行为的界定——评最高人民法院关于非法集资的司法解释》，载《法学家》2011年第6期。

② Matzler K，Veider V，Kathan W. Adapting to the Sharing Economy. MIT Sloan Management Review，2015，56（2）：71~77.

构在公众项目上的合作，具有公共属性。[①] 基于共享单车的公共属性来看，要分析共享单车押金的性质要看其是否已经突破了现有担保制度的理论框架。

共享单车的运营公司与用户之间的法律关系首先具有租赁合同的法律特征。由共享单车的运营公司将单车租赁给用户，用户在规定的期限内使用单车并支付约定的租金。在共享单车租赁关系中，共享单车的运营公司为单车出租人；用户享有单车使用权为单车承租人；被交付使用的单车为租赁实物。租赁合同属于诺成性合同，只要双方当事人意思表示一致，合同即告成立。

其次共享单车的运营公司与用户约定以缴纳押金的方式，担保用户的正常合理使用，如果用户使用单车时发生不当损害，共享单车的运营公司可以就押金主张优先受偿。

我国《物权法》或者《担保法》均未明确规定“押金”为一种独立的担保方式。实践中“押金”大量应用于办卡、租房、借书等领域。关于“押金”的法律性质，理论上存在争议，主要有债权关系说及物权关系说。

第一大类观点认为押金关系属于债权关系。持此观点者认为，押金关系的产生基于当事人在合同中的约定，是当事人意思表示的产物，而非源于法律的直接规定。[②] 根据物权法定原则，押金关系不能被认定为物权关系，而只能是债权关系。押金以货币形式交付出租人，租赁期满出租人返还的相同金额的货币给承租人，而非原物。因此，出租人和承租人之间的押金关系应当是债权债务关系。

第二大类观点认为押金关系属于物权关系，押金是担保物权的一种，其具有担保物权的特征，支付押金可获得对物的直接支配权并享受利益权。这一观点又分为以下几种：

第一种观点认为，押金是一种债权质权。押金的转移占有方式使其更符合担保物权中的质押的特征，而非抵押。当承租人向出租人支付押金后，支

---

① Molly Cohen & Corey Zehngebot，What's Old Becomes New：Regulating the Sharing Economy，58 BOSTON BAR J. 34（2014）.

② Benazić，Manuel. Deposit money creation and liquidity of Croatian economy. *Hrvatska znanstvena bibliografija i MZOS-Svibor*（2002）.

付的货币不再是有体物，押金的所有权随占有转移给出租人，承租人对出租人享有要求支付相当于押金金额的货币的债权。而押金制度正是以这种债权设定质押，故而押金是一种债权质押。①

第二种观点认为，押金是一种金钱质押。它与动产质押的区别在于货币具有直接流通的功能，占用货币即意味着拥有货币的所有权，而动产的占有和所有是可以分离的；它与权利质押的区别在于质押的标的是经过特定化的可直接流通的货币，而不是债权。②

第三种观点认为，押金是一种让与担保。当押金交付出租人时，押金的所有权转移给出租人，作为承租人履行租赁合同义务的担保；租赁关系终止时，押金的所有权又转移回承租人处，承租人有权要求出租人返还押金。③

第四种观点认为，押金是一种非典型担保物权，并非前述任何一种担保物权形式，是独立存在的一种担保物权，具有自身的特殊性。④

（二）押金的物权性分析

1. 押金的物权性

笔者认为，押金是一种物权，由于依当事人约定而创设，属于意定担保物权。押金的标的是货币，货币为物的一种特殊形式，押金因交付而转移货币的所有权，受领押金的人享有占有支配的权利。而且，共享单车的用户将金钱作为质押物对租赁物进行担保，押金的目的在于担保债务人如约履行自己的义务，债务人未能按照合同约定履行义务，债权人可以就押金优先受偿。而这种物权的设定是为了保障交易安全，保障债权的实现，故又是担保物权。

2. 押金与定金、抵押、质押的区别

首先，押金不同于定金。《最高人民法院关于适用〈中华人民共和国担保法〉若干问题的解释》规定，当事人没有约定定金性质而交付的担保金、留

---

① 陈本寒：《新类型担保的法律定位》，载《清华法学》2014 年第 8 期。

② 郑玉波：《民法物权》，五南图书出版公司 1983 年版，第 299 页。

③ 汪传才：《押金初探》，载《政治与法律》1999 年第 2 期。

④ 唐烈英：《担保及其类型论》，载《西南民族大学学报（人文社科版）》2004 年第 2 期。

置金、订金、保证金、订约金、押金等，不能具有定金效力。可见，押金与定金是不同的。尽管押金与定金有一定的相似之处，例如：它们都以货币的表现形式进行、都有预先支付性，都发生转移占有、都自交付时生效，然而，押金与定金却有着实质性的区别。其一，两者在是否具有证明合同成立的功能方面不同。定金有证明合同成立的功能。一方交付定金，另一方接受定金，合同即告成立。而押金没有此功能。押金从属于主合同，主合同成立与否与押金是否交付并无关联。其二，两者的保障对象不同。定金保障合同双方利益：若收取定金的一方违约，应当向守约方双倍返还定金；若给付定金的一方违约，则无权要求守约方返还定金。然而押金仅保护出租人利益：若承租人不履行合同义务，出租人有权以押金抵付承租人的到期债务，而押金对出租人不履行合同义务的情形没有作用。其三，两者法律性质不同。定金合同是债权范畴的担保，而押金是物权范畴的担保。其四，法律对两者的金额限制不同。根据我国担保法，定金不得超过主合同标的额的百分之二十。但我国民事法律中没有对押金金额进行限制。因此，押金与定金不同，不能归类于定金。

其次，押金不同于抵押，两者最大的区别在于，抵押对抵押物不转移占有，押金不但转移占有，而且还转移作为押金的货币的所有权。[①] 抵押的担保物通常是不动产，有时可以是动产，但这些动产往往是机器设备、交通运输工具等；而押金的担保物是货币。

最后，押金也不同于质押，质押返还的财产必须是原物，而押金返还的却不是原物，因此，将押金或保证金交付受领人并非成立质权。押金多为租赁行为下的担保行为，而质押更多适用于借贷行为和买卖行为。[②] 质押禁止“流质契约”，当质押权人行使质押权时，不能直接将质押物归为己有，而是应当通过折价、变卖或拍卖的方式，将所获得的价款用于优先偿还债务。而押金可以直接被出租人用于抵付承租人的到期债务。[③]

---

① 参见谢在全：《民法物权论》（下册），中国政法大学出版社 1999 年版，第 899 页。

② 张庆麟：《论货币的物权特征》，载《法学评论》2004 年第 5 期。

③ 梁慧星、陈华彬：《物权法》，法律出版社 2010 年版，第 339 页。

押金除一般担保所具有的属性外，还具有自己的特点：（1）要物性，即押金合同的生效，除债权人与债务人达成协议外，还依赖于作为押金合同标的的货币的实际交付，否则，押金合同不能生效。（2）单向性，这是一种单向担保。一是主体的单方固定性，交付押金的主体只能是债务人或受债务人委托的第三人，而受领押金的主体只能是债权人。二是其法律责任的单向性，其后果也是单方面承受的，即债务人不履行其债务时，债权人可从押金中抵扣或优先受偿，而债权人不履行其债务时，却无从在押金上追究其法律责任。[①]（3）补偿性，当债务人不履行其债务时，债权人可从其受领的押金中优先受偿，从而填补了债权人因此而受到的损失，保证了债权人权利的实现。由于所付押金额并不大于债务人的债务，不具有任何惩罚性。（4）预防性，由于不履行债务将有失去押金的不利后果，会促使债务人积极地去履行其债务，以避免风险，这将大大地提高债务的履行率。[②]

六、共享单车押金所有权归属及使用权问题分析

（一）共享单车押金所有权归属

关于货币的归属原则，目前学界普遍认可的原则是“占有即所有”，即货币的所有权会随占有转移而随之转移。[③]首先，货币是种类物，一种特殊的动产，在流通的过程中可以用等值的货币予以替代。其次，货币的价值抽象于其物质形态，但又通过物质形态表现出来。货币的物质形态是一张特殊加工制作的纸或者对于电子货币来说就是一个数字，其本身并不具有价值，之所以能够充当一般等价物与其他物品进行交换，得益于国家赋予其信用。因此，占有了货币的物质形态，即占有了货币的价值。最后，流通功能是货币最重要的功能之一，如果货币占有和所有可以相分离，否认“占有即所有”原则，

① 参见史尚宽：《物权法论》，中国政法大学出版社2000年版，第424页。

② 王利明：《抵押权若干问题的探讨》，载《法学》2000年11期。

③ 程啸：《论抵押财产的转让》，载《中外法学》2014年第5期。

则在民商事交易中一方当事人在收取货币时首先需要对占有人是否是货币所有权人进行核实，如此货币的流通功能将大打折扣，失去了货币存在的价值。

那么，对于共享单车押金而言，共享单车平台是否因“占有即所有”原则而对押金拥有所有权？笔者认为，共享单车平台不能因占有押金而取得押金的所有权。根据货币“占有即所有”的原则，押金一旦发生转移占有，其所有权即随占有发生移转。当押金由承租人转移给出租人占有时，押金的所有权并未随之转移。首先，从共享单车押金的法律性质的角度，其是质押担保的一种特殊形式，具有物权属性。质押担保中货币的所有权不因抵押而移转占有。押金是一种金钱质押，具有鲜明的金钱质押物权属性。金钱质押中作为质物的货币其所有权和占有权是分离的。在金钱质押关系中，质物由出质人转移给质权人占有。当债务人履行到期债务时，或者债务人提前清偿债务，则质权人应当向出质人返还质物。债务人未按期清偿到期债务的，质权人可以就作为质物的货币获得优先受偿权的权利。这是由于，在金钱质押中，货币体现的是其金钱价值的静态担保功能，不涉及货币的流通功能，故而作为质物的货币不同于通常意义上的货币，其所有权转移不适用“占有即所有”的原则。因此，当作为质物的货币发生转移占有时，货币的所有权未发生移转，仍然归出质人所有。

其次，根据《最高人民法院关于适用〈中华人民共和国担保法〉若干问题的解释》第85条规定，押金在以特户、封金、保证金等形式特定化后可以成为质押标的，即此时押金被“特定化”，与一般意义上的货币不同，押金之所有权和占有权将分离。共享单车押金作为金钱质押，金钱作为质物转移给单车平台占有。当单车用户与单车平台之间租赁关系解除之后，单车平台应当向用户返还押金。当用户出现违约行为或者给单车造成损害时，单车平台可以就押金主张优先受偿的权利。共享单车押金作为金钱质押，是经过特定化的货币，其更加侧重是一种静态上的担保功能，其流通功能丧失。因此，共享单车押金作为质物不同于普通意义上的货币，不能适用“占有即所有”的原则，押金的所有权仍然归属于用户所有。

（二）共享单车平台对押金是否拥有使用权

共享单车押金的所有权归属于用户，单车平台则对押金仅是占有。那么，单车平台对占有的押金是否拥有使用权，利用押金进行投资活动？笔者认为，根据《担保法》第69条第1款规定可知，共享单车平台负有妥善保管押金的义务。因保管不善致使押金灭失的，单车平台应当承担民事责任。[①]根据我国《合同法》第372条规定可知，单车平台在与用户没有事先约定的情形下，不得使用或者许可第三人使用押金。因此，在非经用户允许，单车平台保管押金时不得自行使用所保管的押金，更不得许可第三人使用押金，该种使用具体包括单车平台使用押金购买单车、雇用人员或者进行其他任何形式的投资行为。

参照《非金融机构支付服务管理办法》第24条第2款、《支付机构客户备付金存管办法》第4条的规定，押金仅能用于清偿待结算资金，不允许挪作他用。在清偿前，仅能以活期存款、定期存款、通知存款、协定存款等形式存放。依资金的安全性维度，除用于客户委托的支付业务，禁止第三方支付机构挪作他用是可以理解的。[②]但现代财产法正在由“所有为中心”转向“利用为中心”的现状，如何使“所有”得到合理“利用”，已经成为财产法律制度的中心问题。发挥资金具体存在的各项权能作用，最终实现资金流动性、安全性和效益性的合理均衡是确定押金的性质及归属的重要目的。

（三）押金的孳息归属问题

共享单车的使用者在下载APP、注册账号并使用共享单车的过程中，所了解到的与交付押金内容相关的文件仅有一个《押金说明》。《押金说明》中关于押金的收取方式、退换方式、使用情况、流向等都未加以说明。押金协

① 常敏：《债权担保的方式和应用》，法律出版社1998年版，第187页。

② 卜又春、赵其伟、李昊：《第三方支付沉淀资金及孳息的法律权属问题研究——基于财产权视野下的物权债权区分理论视角》，载《金融理论与实践》2013年第11期。

议中对于押金的孳息归属问题未加约定。

押金的利息在法律性质上属于法定孳息。我国法律没有对法定孳息的概念进行规定。综观各国立法，值得参考和借鉴的有以下法律规定：日本民法将法定孳息称为“作为物的使用对价应收受的金钱或其他物，为法定孳息”。[①]；意大利民法对此的规定是“作为他人财产的对价而从原物中提取的收益是法定孳息，包括：本金的利息、永佃土地的租金、终生年金和其他所有定期收益以及租赁契约的租金”[②]；《德国民法典》规定，保管人为自己而使用委托人金钱的，有自使用时起对委托人支付金钱利息的义务[③]。我国学界通说认为法定孳息是因法律关系所得的收益，也即基于法律规定或当事人约定而产生的收益。[④]

在民法上，双方当事人事先对于原物孳息的所有权未约定时，对原物享有所有权的人，原物所产生的孳息也归其所有，即谁拥有物的所有权谁就拥有孳息的所有权。《物权法》第 213 条中规定，除合同另有约定的除外，质押财产的孳息所有权归质权人所有。目前，我国法律对于押金的法律属性和孳息归属问题尚未有一个明确的规定，因而本着民商法中意思自治的原则，押金的归属问题应由合同双方当事人即单车平台方和单车使用者共同约定。但在共享单车的《押金说明》中并未明确约定单车押金孳息所有权归属问题，在相关文件以外，单车平台方也未就押金孳息与使用者有任何协议或约定。这种情况下，单车平台方实际取得并享有押金所产生的孳息是缺乏双方约定和法律规定的支撑的。

七、监管建议

针对共享单车的押金问题，可探索以下监管方式：

---

① 渠涛编译：《最新日本民法》，法律出版社 2006 年版。

② 费安玲等译：《意大利民法典》，中国政法大学出版社 2004 年版。

③ 陈卫佐译注：《德国民法典》，法律出版社 2010 年版。

④ 其木提：《货币所有权归属及其流转规则——对“占有即所有”原则的质疑》，载《法学》2009 年第 11 期。

（一）实行第三方存管模式

在4月21日发布的《北京市鼓励规范发展共享自行车的指导意见（试行）（征求意见稿）》中明确为保障注册用户的合法权益，在北京投放车辆的企业必须在本市开立企业资金专用账户，公示押金退还时限，及时退还承租人押金。中国人民银行营业管理部将加强对企业资金专用账户管理，防控承租人资金风险。但该征求意见稿尚未正式施行，在该指导意见中也未明确专用账户的主管部门。

可对共享单车的押金实行第三方存管模式，强制要求平台将押金存入银行账户，并实时监管资金流向，只能用于退还用户押金，不得挪用于其他方面。而且，押金退还流程要由存管银行操作，按照原路径实时退还给用户，而非退到平台账户里。如此，即可将平台管理者与押金隔离开，确保资金的安全性，维护用户的权益不受侵犯。[①]

目前，基金、证券交易金的托管都是由商业银行来完成的。建立押金托管制度，也可以参照基金托管和证券交易金托管的模式，选择商业银行来担任合格托管人，同时移植相关的制度。

探索设立政府立法监管、行业协会立规自律的分级管理制度。监管部门应建立科学合理的监管机制和问责机制，对于企业出现的违规行为，依法追责，可成立自律协会，严格把控行业准入机制。[②]

（二）完善我国信用体系的相关法律法规

国际上在信用体系建设方面形成了三种主要模式：一是以美国为代表的商业征信公司为主体的社会信用管理模式，即民营征信系统，实行的是完全市场化的运作；二是以德国为代表的中央银行建立的信贷登记系统为主体的社会

---

① 庄阿苗：《浅谈押金的法律性质》，载《贵阳学院学报》2012年第6期。

② 朱玛：《第三方支付机构沉淀资金的权属争议及法律监管——兼谈“余额宝”的创新与风险》，载《西南金融》2013年第12期。

信用管理模式，即公共征信系统，是一种主要由政府主导的模式；三是以日本为代表的银行协会建立的会员制征信机构与商业性征信机构共同组成的社会信用管理模式，即社会征信系统。①

从我国国情来看，首先，建立完整详尽的失信惩罚机制，加大对失信行为的惩处力度，通过信息共享，把信用信息应用到经济生活的各个方面；通过社会性惩戒机制提高失信成本。其次，加快培育信用市场主体。政府应打造一批实力强大的信用评级机构和征信机构，为这些机构提供良好的发展条件。最后，加快引导和培育市场对信用产品的需求。我国对信用产品的使用较少，政府相关部门应营造良好的社会信用环境，使信用成为人们日常经济活动中必不可少的一部分。

长远来看，以信用记录来代替押金的模式可以在更多领域推广，这对于降低社会成本具有重要意义。用信用记录来做担保，既能达到与押金同样的效果，又可避免很多风险，因为信用不会像押金那样被挪用或被拿去牟利。

八、结语

共享单车是共享经济下的产物，对于联结线上与线下、金融发展与实体发展是具有指引和促进作用的。然而，共享单车在押金的处理模式上存在法律上的瑕疵、风险以及大量的资金沉淀，这样的经营模式会产生道德风险、经营风险和金融风险，对其进行监管具有现实意义。

对于共享单车的监管，特别是押金的监管并不会必然导致企业运营效率的下降，政府对其进行管理的时候，应以预防风险为主要侧重点。共享单车技术创新以及押金监管的金融创新，本质上是有利于社会的创新，应当将其置于现行法规和监管框架之下，健全民企与政府之间的协调机制。

---

① Dolores S. Smith，National credit reporting system，Before the Committee on Banking，Housing，and Urban Affairs，U.S. Senate，July 29，2003.

反垄断法视角下的共享出行市场

——有关网约车领域的相关市场界定

何姗姗[①]

从滴滴并购优步中国开始，人们开始越来越多地关注网约车领域。普通民众的第一印象往往是该联盟在中国网约车领域占据超90%的市场份额，但是对于相关市场的界定是否应该如此狭窄？继2015年滴滴和快的并购案之后，2016年8月滴滴和优步的联姻也陷入涉嫌垄断的争论之中，商务部明确表示尚未收到滴滴和优步中国关于此次并购的申报，而滴滴方面则回应称该交易并未达到申报标准。2018年1月，美团宣布进军网约车市场。大众又开始讨论网约车领域滴滴一家独大的情形，反垄断问题又成了关注的话题。那么，如何看待有关网约车领域的反垄断问题呢？

一、界定“相关市场”是反垄断分析的基础

无论是商务部对该并购实施事先审查，还是基于《国务院关于经营者集中申报标准的规定》第4条开展事后主动调查，滴滴和优步的并购究竟是否构成垄断行为？归根结底，还要看如何界定“相关市场（relevant market）”，即明确经营者竞争的市场范围，这是一切反垄断分析的起点和基础。

这里的“相关市场”体现在商品和地域两个层面，最近讨论的焦点都集中在相关商品市场上：究竟是专车？网约车？出租车？共享出行领域（包括专

---

① 何姗姗，北京浩天安理律师事务所高级法律顾问，汽车行业法律研究组负责人。

车、快车和拼车）？还是更广阔的城市出行领域（包括公交、地铁）？

根据《国务院反垄断委员会关于相关市场界定的指南》，界定相关市场的标尺是“替代性”，包括需求替代和供给替代。针对相关商品市场，具体考量的因素有商品的特性、用途、价格、客户的偏好或对商品的依赖程度、可能阻碍大量需求者转向某些紧密替代商品的障碍、风险和成本等。

结合本案，优步的经营范围是网络预约专车服务，滴滴的经营范畴包括网约专车、出租车，快车、顺风车、代驾、试驾和公交。作为滴滴或优步的客户是如何考虑产品的替换程度呢？

从用途上考量，网约车平台的诞生主要是在交通高峰期出租车不充足的情况下，尤其是大城市限制车牌的背景下，满足了人们对于出租车替代出行的需求；从价格的可替换性考虑，城市公共交通的地铁和公交因为价格低廉而被排除在相关产品市场之外。网约专车采用价格浮动制，价格和出租车相比高峰期较贵低峰期便宜，因此都在用户的选择范围内，国外甚至已经诞生了专门用于专车和出租车对比价格的 APP，以便用户及时甄选；从用户的喜好角度来看，互联网的特性决定了年轻人容易接受网约车模式，而老年人出于生活习惯还是倾向于用传统的方式来叫出租车。正因为网约车和传统出租车（包括通过电话预约出租车）在很多方面的紧密替代性，二者在世界各国的较量都如火如荼。很多国家都出现了出租车司机们集体抗议抵制优步的现象。

2016 年 8 月，优步西班牙公司在和当地出租车公司的竞争中被起诉，而首要问题就是该相关产品市场究竟是交通服务？电子中介服务？还是仅仅为信息提供服务？同年 10 月，优步比利时公司和当地的一家出租车公司同样发生纠纷，要求法院确认“出租车服务”是否包含了基于软件的共享出行专车服务。而法国出租车司机们因为优步法国公司抢走了其三分之一的市场份额而举行了大规模抗议，法国出租车工会因此也对优步提出了诉讼，法国政府更是对优步做出了禁令。优步在美国同样面临反垄断诉讼，一个名为 Spencer Meyer 的乘客起诉优步的 CEO Travis Kalanick，声称优步旗下彼此独立的司机们在使用该软件时，都在同一时间（比如交通高峰）收取了相同的费用并实施了相同的定价策略“surge pricing”，因此优步网约车软件涉嫌纵向价格串通。

虽然定价行为适用本身违法原则，但也引发了学者对优步所属相关市场的争论，究竟是打车服务软件还是更广泛的交通出行服务？该案件将在今年11月1日在曼哈顿联邦法院开庭。另外，各国对于优步在市场准入时的应对措施也透露了他们对相关产品市场的认识，比如美国加州公共事务委员会认为优步网约车的服务类似于传统客运租赁公司（也称约租车），具备调度车辆的功能，提供的是预约的、点对点的客运服务。因此加州公共事业委员会创设了一个新的运输服务公司概念："交通网络公司"（Transportation Network Company，TNC），其定义是加州境内，通过互联网应用或平台连接乘客和私家车主，提供交通服务的法人公司、合伙企业、个体或其他形式的企业组织。而优步在英国是按照1998年的《约租车法案》向伦敦交通局提交申请并获得了约租车的经营许可。

由此可见，各国的政府、法院和反垄断执法机关都在同一时间面临着网约车平台企业对于传统出行行业，尤其是出租车行业所带来的冲击和挑战。这一点源于互联网行业本身的特性，而国外的反垄断专家们也在重新考量对于互联网行业应该如何界定相关市场。

二、对网约车"相关市场"的界定是否过于狭窄

根据欧美的经验，区分某种业务是否为互联网独有，是界定互联网行业反垄断案件相关市场的基本思路。当互联网企业开展的业务专属于互联网时（比如社交网络服务网站），相关市场的既定更倾向于局限在互联网内。但是，当一种业务非互联网所独有时，互联网市场和实体市场之间必然存在一定竞争。当互联网行业仅仅为传统商品和服务的推送提供了一种新的渠道和方法时，不应轻易认定其是一个独立于传统市场的相关市场。

滴滴和优步针对传统出租车行业，是不是提供了一种新的渠道和方法？2016年7月28日七部委联合出台的《网络预约出租汽车经营服务管理暂行办法》似乎体现了这样的思路。网约车服务要三证齐全且开具出租汽车发票，经营者需要《网络预约出租汽车经营许可证》，网约车车辆需要《网络预约出

租汽车运输证》，驾驶员则需要《网络预约出租汽车驾驶员证》。三证都要向地方出租汽车行政主管部门提出申请，在其审核后颁发。行政机关似乎把网约车当成传统出租车行业的补充，在市场准入上采用了相同的行政许可模式。换句话说，网约车的出现有可能已经拓宽了“出租车”的外延。

另外，互联网企业不同于传统的单边市场，而具有双边市场特性，两组参与者需要通过第三方平台来进行交易。比如淘宝或京东就是典型的双边市场平台（two-sided platform），店家和客户在其平台上买卖商品。双边平台盈利能力的大小往往取决于交易平台的用户数量，因此常常出现在发展初期大量靠免费和补贴来吸引用户的情况。网约车平台似乎也符合双边市场的特质，其早期大量“烧钱”的行为就是在争夺司机和乘客的加盟，培养司机业务模式的同时也培养乘客的出行喜好和生活方式，从而久而久之形成锁定效应。不难想象，有些出租车司机可能会放弃原有工作而加盟网约专车司机，而大众也会越来越习惯于网约车平台所带来的出行便利。同样，《网络预约出租汽车经营服务管理暂行办法》在定义“网约车经营服务”时也体现了双边性：“网约车经营服务，是指以互联网技术为依托构建服务平台，整合供需信息，使用符合条件的车辆和驾驶员，提供非巡游的预约出租汽车服务的经营活动。”网约车平台位于司机和乘客之间，整合信息为双方牵线搭桥促成交易。

互联网是反垄断执法的新领域，同时也是技术和商业模式创新最为活跃的领域，网约车平台的出现，对于各国反垄断执法机关而言都是一个新的难题，它极有可能颠覆了对相关市场的传统界定。针对滴滴并购优步，虽然普通民众的第一印象是该联盟导致其在网络预定专车领域占据了超过 90% 的市场份额，但是对于相关市场的界定是否应该如此狭窄？它与传统的实体行业是否存在竞合？这些问题都给国内外的反垄断执法机关和反垄断从业者们提出了共同的挑战。这也意味着在确定相关市场时，需要对互联网企业以及用户等主体充分调研，并了解不同业务之间的竞争关系，在此基础上从“替代性”入手并结合互联网企业的特性来分析。当标准尚不明确，判断无把握的情况下，避免因对相关市场过窄的界定而伤害了创新和效率。

共享民宿

纽约州对 Airbnb 的法律规制

蓝　冰　刘晋余[①]

自 2008 年成立以来，Airbnb 以其充分、便捷的信息获得方式和闲置资源的增收利用的特点，吸引了越来越多的参与者。2015 年，它获得融资 15 亿美元现金，公司估值高达 255 亿美元，成为全球第三大创业公司。目前，Airbnb 年均能够提供 1100 万人次住宿，营业额超过 2.5 亿美金，覆盖 50 多个国家的数十万民宿，形成以 Airbnb 为中心的微型经济圈。[②]Airbnb 已成为共享经济模式的代表企业，但在得到投资方追捧和供需方青睐的同时，也显现出规制不足的问题。本文以 Airbnb 最大市场之一的美国纽约州为研究背景，梳理了 Airbnb 在该州的经营问题和政府规制路径，以期为我国提供助益。

一、Airbnb 共享经济模式及特征

Airbnb 直译为"空中食宿"（Airbed and Breakfast），是一家为旅行者和当地居民提供住宿联系的服务型网站。通过该网站服务模式，当地人可以把自己房子或房间出租给游客来赚取租金。Airbnb 具有共享经济特性，但仍然具有自身特点。在传统的商业模式中，价值在企业与消费者之间通过交易实现。而在 Airbnb 共享经济模式中，Airbnb 作为第三方企业提供信息平台为出租方

---

① 蓝冰，四川省社会科学院法学研究所副所长、副研究员，硕士研究生导师，法学博士；刘晋余，四川省社会科学院 2016 级法律硕士研究生。

② *See* Chafkin，Max，Airbnb Opens up the World，Fast Company，2016，（202），76~95.

和承租人搭建平台，出租方和承租人则作为用户，都直接参与产生价值、获得收益的商业活动，这与传统商业模式大不相同。

首先，Airbnb 共享经济模式促进用户（出租人）与用户（承租人）之间的供需互动交流，打破传统商业模式下房屋租赁双方信息不对称机制，更加注重个性化体验和服务设计。在共享经济模式下，各个独立的用户运用互联网、智能手机等技术建立联系，完成共享。Airbnb 也通过这些技术手段和网络平台，为用户提供了共享的媒介，使陌生人之间发生商业联系。这种联系超越了不同信息源的局限性，起到信息桥的作用，把不同群体的信息资源传递给不属于该群体的个体。在 Airbnb 共享模式下，房主和游客可以在旅行结束后相互评分，交流住宿质量和旅行体验。这种双向评分机制有助于建立房主与游客之间的信任感，使双方信息透明化，更加有利于相互选择。同时，也使得 Airbnb 平台本身得以持续完善和发展。①

其次，Airbnb 充分运用技术手段，消除了传统酒店业高昂的地产租赁费、广告费和管理费，使其规模迅速扩大。例如，它给予用户评价高，回应用户需求迅速的出租人“Superhost”的称号，②并向其他用户推荐，宣扬一种通过提供优质服务而不是所有权的方式来获取丰厚回报的新理念。③

再次，Airbnb 提供平台规则。它在房屋租赁的过程中，承担第三方角色，为用户（出租方）与用户（承租方）之间提供供需联系。房屋租赁的价值实现主要依靠 Airbnb 用户（出租方）与用户（承租方）的供求互动，而不是作为第三方的 Airbnb 与作为用户的出租方和承租方。用户的角色可以在房主和游客之间自由转换，既可以作为房主提供出租房源，也可以作为游客消费资源。Airbnb 构建起平台规则之后，用户之间的互动则具有自发和自主性，接

---

① 杨学成、杨阳：《共享经济背景下的社会化共创——以 Airbnb 为例》，载《内蒙古社会科学（汉文版）》2017 年第 1 期。

② Cusumano, Michael A.1, How Traditional Firms Must Compete in the Sharing Economy, Communications of the Association for Computing Machinery, 2015, 1 (58), 32~34.

③ McKenna, Brian, Digital platform more than taxi service: Is Uber an app economy paradigm? Computer Weekly, 2016, 4~6.

受该规则的更多的人可以提供房间，更多的人可以使用，以此循环，Airbnb 规模不断扩大。

最后，Airbnb 共享经济模式创造了新收入和新角色。与传统酒店业相比，Airbnb 的从业门槛更低，拥有闲置房屋资源的个人只要在 Airbnb 平台注册，就可以参与共享经济活动。Airbnb 甚至免去注册费及租金，更是吸引越来越多的人注册 Airbnb。这部分人中的大多数都有自己的工作，安排游客住宿仅仅是其原有工作之余的活动，并且通过 Airbnb 模式，获得工作之外的经济收入，享受了双重的工作角色和经济来源。

二、Airbnb 在纽约州面临的法律风险

Airbnb 共享经济在美国快速发展，但其合法性也屡遭质疑。其中“占有税”的征收问题最为突出，“街区制”的影响问题最为复杂。“占有税”以前只是酒店缴纳，但由于短租房和酒店的本质功能无异，要求缴税也合理。实际上，短租房未上缴的占有税一方面预示政府巨大的税收空间，另一方面引起传统酒店行业的不满，所以这是 Airbnb 为主导的短租业、政府和传统酒店行业的三方利益博弈。在美国，不同城市街区制的规划有所不同，法律的地区差异使得房东、房客甚至当地政府自己有时都一头雾水。传统的街区法案旨在明确不同区域的用途，并让每个人都在既定用途内行事。而短租突破了单纯的居住功能，强化了商业用途，这招致了民众和政府的不满。临时房客对社区提出了更多的交通使用和停车需求，随之而来的灯光、噪声、宠物丢失、醉汉打架等问题也令邻居们不堪其扰。政府，因为住宅的商业用途增加，诸如公安、火警、医疗等公共服务也会增加。①

2013 年 5 月，纽约一位行政法官裁定 Airbnb 的短租业务违法，为经营的

---

① 参见 Alexander W. Cloonan，The New American Home：Look at the Legal Issues Surrounding Airbnb and Short-Term Rentals，42 U. Dayton L. Rev. 27，54（2017）：32~33.

非法酒店。[①] 同年纽约州总检察长办公室（the office of Attorney General of the State of New York，NYAG）要求 Airbnb 提交其平台上的具体租赁信息，并对这些数据进行了分析。分析报告 *Airbnb in the city* 把 Airbnb 的短租交易分为两大类，一类是私人住宿的交易，即房东将“整个住宅 / 公寓”或“私人房间”出租；另一类又分为两种，一种是纽约市 30 天以下的租赁交易，另一种是在纽约市 30~180 天不符合免缴酒店房间占有税（the Hotel Room Occupancy Tax）的独立房间的租赁交易。该报告称，在 Airbnb 上发布的房源大量存在违法，并主张政府对 Airbnb 进行限制。其违法性主要体现在四个方面：私人短期租赁过度上涨、商业经营者身份违法、短期租赁侵占住房供应量、短期租赁地域性商业垄断。这些现象扰乱了市场秩序，导致利益分配失衡。[②]

（一）私人短期租赁过度上涨

根据总检察长办公室的调查数据显示，在审查期内，通过 Airbnb 平台产生的独立单间的私人短期租赁急剧上涨，这些私人短租存在很大的安全、卫生隐患，扰乱了传统的租赁行业。在 2010 年到 2014 年 5 月期间，房源从 2652 间上升到了 16483 间，预定量翻了将近 12 倍，并且在不到五年时间内，纽约的私人短租交易额达到 5 亿美金。在 2010 年年初到 2013 年年末，纽约 Airbnb 和房东依靠短期租赁获得的收入几乎每年成倍增长。其中房东缴纳给 Airbnb 平台 3% 的服务费，房客缴纳给 Airbnb 预订费的 6%~12% 不等。

但是，在 Airbnb 提交的“审核交易”中，72% 的交易涉嫌违反《纽约州群租法》（the New York State Multiple Dwelling Law，MDL）或《纽约市行政法

---

① 倪云华、虞仲轶：《共享经济大趋势》，机械工业出版社 2016 年版，第 196 页。

② *Air in the city* 是由纽约州总检察长 Eric T. Schneiderman 主导，针对 Airbnb 在纽约州经营状况的调查报告。调查从 2013 年开始，最终于 2014 年 10 月由纽约州律政司研究部和互联网局（the Office of the Attorney General of the State of New York's Research Department and Internet Bureau）编写成文。其基础数据来源于 Airbnb 提交的 497322 件交易数据，时间跨度在 2010 年 1 月 1 日到 2014 年 6 月 2 日。政府结合官方数据库对其进行了分析。正文第二部分：“Airbnb 在纽约州面临的法律风险”的数据均来自该报告。At https：//ag.ny.gov/pdfs/AIRBNB%20REPORT.pdf，最后访问时间：2017 年 9 月 27 日。

规》(New York City Administrative Code)。这两部法都属于财产的使用和安全法，用于保证居民财产的使用健康、安全、合乎道德、福利和适当使用。

(二)商业经营者身份违法

有些经营者进行垄断商业运作，其本质和酒店相同，但却不受酒店的行业规范，也不缴纳相应税款。这样对传统酒店行业挤压的同时也扰乱了行业秩序和社会金融秩序。Airbnb 作为“共享经济”的龙头企业，其本身的理念应该是对闲置资源的利用。但根据调查数据显示，在其提交的“审核交易”中，有 1406 个房东利用该平台进行商业经营，而这 6% 的房东却接收了 36% 的房源预定，获得该平台上短期租赁收益的 37%，高达 1.68 亿美元。房源和收入都分配极其不均。

(三)短期租赁侵占住房供应量

Airbnb 之所以成为众矢之的，还有一个重要方面是它所引起的短租热潮取代了很多曾经的长租业务，使得长租的房源减少，价格上涨，而且纽约很多居民楼实际是廉租房和经济适用房，这些房屋被商业经营者买下从事短租，将侵犯市民的居住权。

在纽约有几千个公寓(residential units)主要或只从事短期出租。在 2013 年，一年中三个月以上用于短期出租的房源达到 4600 家，其中有接近 2000 家在 Airbnb 上发布信息，并且一年中短期出租的时长达到半年。大量长租房转为短租原因是有利可图。2013 年的这些短租收益达到七千两百多万美元。2010 年半年以上用于短租的收入占房东收入的 18%，2013 年已达到 38%。2013 年，有超过 200 家公寓全年从事短期出租，排名前十的每户平均有 1920 个夜间预定，其完全相当于旅社，而纽约通常是完全禁止营利性的旅舍，所以这些短租公寓也可能违法。这些长租转短租的情况主要集中在曼哈顿和布鲁克林。

(四)短期租赁地域性商业垄断

房源和收入的地区分布不均是 Airbnb 平台上网租房的又一大特点，其结果是资本仍然垄断在优质资源群体的手中，收入差距进一步拉大。纽约有五个区，短租房源主要集中在人口密度最大的曼哈顿和人口最多的布鲁克林区。曼哈顿是纽约的经济文化和金融中心，在 Airbnb 上发布的公寓套间（unique units）有 33825 个，占据全城房源数量的 96%；收入达到 4.38 亿美元，占全城收入的 97%。曼哈顿的房源和收入集中在 Lower East Side/Chinatown、Chelsea/Hell's Kitchen、Greenwich Village/SoHo 三个街区。仅这三个街区的收入就达到 1.89 亿美元，占了曼哈顿的 55%，全市的 41%。而布鲁克林的房源和收入也集中在威廉斯堡（Williamsburg）和绿点区（Green point），这两街区的收入达到三千九百万美元，占布鲁克林的 40% 和全市的 10%。

上述数据体现了资源和盈利的高度集中，随之而来的是旅客都愿意去更加繁华，房源更优质的曼哈顿和布鲁克林，其他相对偏僻和特色较少的区域仍然存在资源闲置。这种市场竞争是由先在的资源优势决定的，法律需要对那些非闲置资源，而且是由商家垄断的纯商业经营进行管控。

三、纽约州对 Airbnb 的法律规制

Airbnb 的规模扩张和快速发展，不可避免地引发大量的法律问题和规制需求。首先，美国传统酒店业予以了反击，这大力助推政府对 Airbnb 的法律规制。“美国酒店与住宿协会”（AHLA）是一个包含万豪国际酒店、希尔顿全球酒店和凯悦酒店的贸易组织，也称为“酒店工业”（the hotel industry）。AHLA 的权力很广，包括打击非法酒店、防止贩卖人口活动、停止在线酒店预订骗局、鼓励青年人从事酒店管理行业，以及致力于提高酒店行业工资的立法。[①] 传统酒店行业有 1.1 万亿美元的估值，曾经并不认为 Airbnb 会对其产生威胁，但根据近年纽约总检察长的官方调查报告和摩根士

---

① Julie Verhage. Morgan Stanley: Airbnb's Threat to Hotels Is Only Getting Sharper. Bloomburg, 2016, 11, 5, at https: //www.bloomberg.com/news/articles/2016-11-14/morgan-stanley-airbnb-s-threat-to-hotels-is-only-getting-sharper（Last visited on Sep 27, 2017）.

丹利非官方调查的数据分析，Airbnb 平台的短租业务已明显影响到传统酒店行业的业务。由于 Airbnb 的业务竞争，通常酒店涨价的节假日不得不面临降价，如果没有 Airbnb，酒店的入住率会上涨 9%。[①] 为了限制 Airbnb 的发展与扩张，2016 年美国酒店与住宿协会开启了一系列计划对抗 Airbnb，包括花费 243 万美元游说各方，甚至让政府加强对短期租赁及其依赖的 Airbnb 的法律规制。[②]

在传统酒店业的助推利用之下，面对显现的社会问题，政府开始探索法律的规制路径。有效的法律规制需要适当的压力，如果压力过于沉重，规制的开始往往意味着以违规结束；压力过小，社会问题又得不到解决。面对 Airbnb 及其短租市场引起的邻里的不满、传统行业和政府的忧虑，美国不同城市也作出相应的规制回应，主要包括五类：持续限制、注册限制、占有限制、位置限制以及税收要求。[③] 纽约州是“占有限制”的代表。占有限制的普遍性仅次于注册限制，限制的思路是从房屋所有者和客人两方角度出发的。纽约市在 2016 年通过关于禁止 30 天以下短租房屋出租的广告发布法令（除非房东也一直住在家里）从房屋所有者角度进行了规制[④]。这种规制思路是以市场准入为导向，具体涉及《纽约州群租法》《纽约市行政法规》。[⑤]

---

① *See* Katie Benner. Inside the Hotel Industry’s Plan to Combat Airbnb. The New York Times, 2017, 4, 16, at https: //www.nytimes.com/2017/04/16/technology/inside-the-hotel-industrys-plan-to-combat-airbnb.html?mcubz=1（Last visited on Sep 27, 2017）.

② *See* Katie Benner. Inside the Hotel Industry’s Plan to Combat Airbnb. The New York Times, 2017, 4, 16, at https: //www.nytimes.com/2017/04/16/technology/inside-the-hotel-industrys-plan-to-combat-airbnb.html?mcubz=1（Last visited on Sep 27, 2017）.

③ *See* Alexander W. Cloonan, The New American Home: Look at the Legal Issues Surrounding Airbnb and Short-Term Rentals, 42 U. Dayton L. Rev. 27, 54（2017）

④ See Alexander W. Cloonan, The New American Home: Look at the Legal Issues Surrounding Airbnb and Short-Term Rentals, 42 U. Dayton L. Rev. 27, 54（2017）: 50.

⑤ *See* James Dobbins. How to Host on Airbnb Legally. The New York Times, 2017, 4, 7, at https: //www.nytimes.com/2017/04/07/realestate/how-to-host-on-airbnb-legally.html.（Last visited on Sep 27, 2017）.

（一）《纽约州群租法》的规制

《纽约州群租法》MDL 是在 1979 年制定的，2014 年进行了最新修改。它是一部关于财产使用和安全法。它规定了财产合理使用的基本标准，保证居民财产的健康、安全、合乎道德、福利并得到适当使用。《纽约州群租法》是纽约公寓建设和居住的指导性文件。该法规定，“A 类”多户住宅（“Class A” multiple dwelling）不能用于 30 天以下的出租。所谓“A 类”多户住宅，按照该法第 4 条第 8 款的解释，是指以永久性居住为目的的住宅，具体类型包括老式公寓（tenements），平面式住宅（flat houses），二层独立公寓（maisonette apartments），公寓楼（apartment houses），公寓式酒店（apartment hotels），单身公寓（bachelor apartments），单间公寓（studio apartments），复式公寓（duplex apartments），厨房式公寓（kitchenette apartments），花园式公寓住宅项目（garden-type maisonette dwelling projects）和其他非 B 类的多户住宅。该法进一步说明，“A 类”多户住宅只能用于永久性居住，所谓“永久性居住”是指同一自然人或家庭占有居住一个居住单位持续 30 天及其以上，而这些“自然人或家庭”将视为这个居住单位的“永久性居民”。[①] 这一规定显然排除了以短期租赁为特征的 Airbnb 行为的合法性，但该法还规定，“其他自然人，比如业主的客人、合法寄宿生、房客，以及以度假或治疗为目的无利益关系的其他人，可以在业主家住 30 天以下”。而这就给 Airbnb 短期租赁甚至非法短期租赁留下了法律漏洞，业主可能称租客为自己的亲戚或朋友，对方只是暂住家中，外人很难辨别。

尽管法律禁止短期出租，但由于实际实施中的漏洞，很多 Airbnb 的房东都对此置之不顾。为了提高该法条的实际操作性，2016 年 10 月纽约州州长安德鲁·库莫（Andrew Cuomo）签署通过了一项针对短期公寓出租的严格限制法案。该法案要求对 MDL 和《纽约市行政法规》进行修改，禁止出租“A 级”多类住

---

① 对于“永久性居住”和“永久性居民”的解释引自 2014 年修改后的《纽约州群租法》第 4 条第 8 款 a。

宅中住宅单位的广告宣传。[①] 此后,《纽约州群租法》增设第 121 条:“禁止对‘A 级’多户住宅中的住宅单位进行永久性居住以外的其他用途的广告宣传”。违法者将被处以第一次 1000 美元,第二次 5000 美元,第三次及其以上 7500 美元的罚款。[②] 这里的“广告”一词应当指任何用于鼓励、说服或者操纵观众、读者或者听众订立货物和/或服务的营销形式。该形式可通过各种媒体,但不限于报纸、杂志、传单、电视广告、广播、标牌、直邮、网站或短信。[③]2017 年 2 月,有两位房东,即产权所有者(property owner)Hank Fried 和房地产经纪人(real estate broker)Tatiana Cames 成为新法的首批受罚者,他们分别在多家网络平台上发布多个公寓信息。两人共有 17 次违规行为,每次违规罚款 1000 美元,共计 17000 美元,如果他们不整改自己的房源信息,可能将会面临每次 5000 美元的罚款[④]。有立法者认为,对这类违法行为的打击才刚刚开始。[⑤]

可以说,这次纽约州针对 Airbnb 出台的立法案实际上是政府、传统行业和新兴“互联网 +”产业多方抗衡的表现,也是秩序需求下资本参与的权力博弈的结果。而法律在其中扮演了平衡传统与现代行业利益分配的角色,最终保证社会秩序的稳定。

(二)《纽约市行政法规》的规制

对于不属于“A 类”多户住宅的房屋,《纽约市行政法规》作出了相关

---

① 参见纽约州 A8704C 号法案第二段,at https://www.nysenate.gov/legislation/bills/2015/A8704/amendment/C,最后访问时间:2017 年 9 月 27 日。

② 参见《纽约州群租法》(MDL)第 121 条:§ 121. Prohibiting advertising that promotes the use of dwelling units in a class A multiple dwelling for other than permanent residence purposes.at http://nypost.com/2017/02/05/anti-airbnb-law-claims-its-first-casualties/,最后访问时间:2017 年 9 月 27 日。

③ 参见《纽约州群租法》(MDL)第 121 条第 3 款,at http://nypost.com/2017/02/05/anti-airbnb-law-claims-its-first-casualties/,最后访问时间:2017 年 9 月 27 日。

④ Michael Gartland, Emily Saul, Anti-Airbnb law claims its first casualties. New York Post, 2017, 2, 5, at http://nypost.com/2017/02/05/anti-airbnb-law-claims-its-first-casualties/ (Last visited on Sep 27, 2017).

⑤ *See* https://www.theguardian.com/technology/2017/feb/12/airbnb-hosts-new-york-fines-government-illegal (Last visited on Sep 27, 2017).

规定。按照该法第二十八卷：纽约城市建筑法规，第一章 118.3.2，28 节的规定，禁止更改建筑的使用、占用及出口。[①]2016 年 7 月，法拉盛 159 街 35~32 号的华裔屋主将自家的房子隔出 6 个房间，设置成 7 张床，可分租给 13 个访客的出租房。此举遭到参议员艾维乐和邻居的反对。艾维乐指出，该房主违反了分区制和《纽约市行政法规》。反对者已向屋主发出禁止令，如果对方继续不回应，将被提起上诉。这部法律的相关规定意在保护纽约街区的合理设置和房屋的安全质量，以保障居民优质的居住环境。业主私自改变用房功能，会产生房屋的安全隐患和打破街区的居住常态。[②] 许多 Airbnb 上私自改变用房功能的房东被处以罚款。为了进行合法经营，这些房东需要根据《纽约市行政法规》下的《纽约市建筑法规》，对房屋设施进行升级改造，而那些长期从事全职短期租赁业务的房东，则必须把公寓改造成酒店。[③]

然而，该法的实施效果并不明显，因而在 2016 年年初的立法提案中，也要求在本法规中增设和《纽约州群租法》中相同的内容，即禁止“A 类”多户住宅中的住宅单位的广告宣传，否则面临罚款。事实上，大量 Airbnb 上的房源都不符合《纽约市建筑法规》的规格，很多的防火、安全要求不达标，但囿于实际执法困难和成本提高，很多房东都忽视那些要求。如今新法规的出台严格规定了房屋的出租门槛，已开始产生实效。

纽约州对上述两部法规的修改，虽然能够在一定程度上规范 Airbnb 的经营行为，维护社会秩序，但毕竟提高了行业准入条件，从而把 Airbnb 的大量房东界定为违法经营者。以 Airbnb 为代表的共享经济模式具有广泛的社会需求和发展活力，这种门槛限制或许能够解燃眉之急，但完善短租行业的标准

---

① 参见《纽约市行政法规》Section 28-118.3.2. Changes inconsistent with existing certificate of occupancy，at http：//ny.elaws.us/law/adc_t28_ch1_art118_sec.28-118.3.2，最后访问时间：2017 年 9 月 27 日。

② https：//www.pressreader.com/usa/world-journal-new-jersey/20160702/282200830236724，2016，7，2（Last visited on Sep 27，2017）.

③ James Dobbins. How to Host on Airbnb Legally. *The New York Times*，2017，4，7，at https：//www.nytimes.com/2017/04/07/realestate/how-to-host-on-airbnb-legally.html（Last visited on Sep 27，2017）.

和监管，保障供需双方的安全和利益才是长远之道。

另一种规制思路从税收制度切入。私人短期租赁存在的另一个法律风险是纳税问题。据资料显示，纽约市的私人短期租赁可能欠税高达三千三百万美元。[①] 鉴于此，纽约市财政厅要求纽约所有的酒店房间都要缴纳酒店房间占有税（the Hotel Room Occupancy Tax，简称“占有税”）。所谓“酒店”，其实包括公寓（apartment）、酒店（hotel）、汽车旅馆（motel）、提供膳食的私人住宅（boardinghouse）、提供床和早餐的住宿（bed-and-breakfast）、平房（bungalow）、俱乐部（club）。但是，12 个月的申请期间连续四个税务区内只租一次或两次的建筑物不被视为酒店。占有税的税率为 5.875%，此外根据房间的总价还会额外收取 50 分到 2 美金不等的服务费[②]。这些税费由房东向房客收取。经营者（此处指房东）对收取或要求收取的部分税款负个人责任。而经营者自身也必须对所有出租的公寓或房间纳税，但以下情况除外：（1）在自住房中只租一个房间；（2）租赁不超过 14 天，或一年不超过三次（任意天数）；（3）长期租赁，即连续 180 天出租。[③] 从这一纳税例外情形可以看出，相关税法对酒店与 Airbnb 的纳税要求做了区分，对于把自身闲置住房进行短期或长期租赁的典型的 Airbnb 共享经济行为，税法给予了免税优惠和法律支持。

但根据 *Air in the city* 的调查报告，只有少部分房东有文件证明可以免缴占有税。[④]2016 年 10 月的新法案迫使 Airbnb 更多关注法律规范，缴税也是其中一项。为了缓和和政府的关系以及长远考虑，Airbnb 也在积极和政府合作达成缴税协议，在同政府达成缴税协议的地区，如阿姆斯特丹、波特兰和旧金山，Airbnb 平台会自动代房东向房客收取占用税，其他地方的房东可以自

---

① 参见 *Airbnb in the city.* P.9。

② 纽约市财政厅官网关于纳税的规定，at http://www1.nyc.gov/site/finance/taxes/business-hotel-room-occupancy-tax.page，最后访问时间：2017 年 9 月 27 日。

③ 参见 *Airbnb in the city.* P.19，附件一。

④ 参见 *Airbnb in the city.* P.9。

行向房客当面收取或把税费加入“特别优惠”价格中，借助平台收取。[①]

由于短租房其实质功能与酒店一致，缴纳“占有税”无可厚非。要求当事人或平台缴税除了能提高政府的财政收入，税收发票也能成为消费者维权的证据资料。所以除了税收制度的考量，相应的发票制度也应重视，尤其是要考虑到跨地域、跨国经营的发票出具问题。[②]

四、对我国共享民居的法律规制建议

2015年8月18日Airbnb宣布正式进入中国市场，并迅速发展起来。截至2017年年底，平台客户已突破100万，是我国品牌影响力最高的在线短租平台。[③]Airbnb所代表的共享经济大大提高了闲置资源的利用率，减少了资源浪费，扩大了就业渠道，增强了经济活力，在客观上节约了社会资源，利于保护自然环境，并借助互联网技术，促进了个体之间的交流互动，因而有助于促进国家经济、社会治理和环境保护的良性循环与发展。然而，应当看到，我国对Airbnb这类租赁平台还缺乏相关的监管法律法规。不同于美国Facebook的实名制要求，中国网络平台上的个人信息并不要求真实性，这使得网络评分机制和安全效果大打折扣。上海已经出现了房东住房严重受损，却因为缺乏房客信息而取证无门的案例。[④]鉴于此，我国有必要在鼓励共享经济发展的前提下，以加强平台建设管理为切入点，对Airbnb为代表的共享民居在线平台进行法律规制。

（一）明确平台的准入条件

Airbnb入驻中国市场已有两年，但其注册条件很宽泛，几乎没有限定。

---

① 代收税款的规定可参见Airbnb的官网，at https://www.airbnbchina.cn/help/article/1036/how-does-occupancy-tax-collection-and-remittance-by-airbnb-work，最后访问时间：2017年9月27日。

② 田明远：《共享经济模式的法律问题研究》，吉林大学2016硕士学位论文。

③ 参见http://info.meadin.com/airbnb/149283_1.shtml，最后访问时间：2017年12月21日。

④ 参见http://tech.163.com/16/1222/10/C8SR1PBE00097U7R.html，最后访问时间：2017年12月21日。

提高市场的准入门槛是美国最主要的规制方法，但很多对房东要求过高，打压了新兴产业。由于共享民居的功能和传统酒店以及出租房相同，我国如何限定其准入门槛不妨类比上述行业的传统规定。《旅馆业治安管理办法》对传统酒店经营有明确的主体资格限制，各地又将其进一步细化，酒店的区域规划、设施标准、图像标识、人均使用面积等都有明确的规定。因为它们是专业的商业主体，有能力也有义务承担对旅客的各项保障义务。而共享民居并非商业化的经营场所，如果对其照搬商业要求，不仅成本太高，而且也不具有可行性。笔者认为，由平台结合相关部门制定规则，要求房东达到基本安全卫生标准即可。商业租赁方面，房屋租赁要按照《商品房屋租赁管理办法》，到地方关机登记备案。而共享民居的租赁时间比传统出租房时长更短，频率更高，很难实现每次租赁都进行登记备案。租赁信息的备案不如遵循共享经济本身对大数据依托的特点，通过网络记录保存，保证房屋管理部门能够核查即可。

（二）实行平台代收税款制度

共享民居和酒店的经营能力不能相提并论，但其提供的住宿服务功能本质相同，因而要求房客缴纳一定税款无可厚非。强化平台监管、由平台代收税款不失为一个可行的办法。美国诸多城市对 Airbnb 的规制即如此。平台把官方应收税款一并计入注册房东在平台上的报价中，便于税款的收取和监管。需要注意的是，房东必须向房客开具发票，以便房客维权。

（三）完善平台运行机制

平台是实现供需双方资源互通的关键，可以说没有平台，就没有共享民居。自 Airbnb 公司创业以来，获得巨大红利，但它不是一个单纯的信息发布平台，更类似于中介服务公司，该平台公司的规范运作既是供需双方的保护伞，也是实现行业监管的突破口。第一，平台应当完善交易主体的规则限制，只有满足条件的主体才能在平台上发布租赁信息。第二，平台应当引入认证机制。比如和银行合作，只对信用良好的信用卡客户开放，以保证房源信息真实可靠，并剔除那些没有认证的房源信息。第三，平台应当完善评价机制。依靠供需双方评分筛除那些评分过低的用户。第四，平台应当落实保险制度。目前，Airbnb 公司已推出为房东提供房屋意外受损的房屋保障金和针对房客受伤或房源受损的房屋保障险。[①] 这是好的思路，但网上的信息很有限，落实情况和实际的使用效力还不得而知，平台应当告知客户更详细的保险内容和赔付条件。第五，平台应当承诺保障房东和房客的隐私，并鼓励双方进行实名认证。

共享经济的发展可能还会激发出更多的监管需求，但笔者认为法律学科应该是一门保守的学科，急于创新可能适得其反。面对已有的问题，不必急于立新法，最好首先依靠市场的自我调节能力，这同时也是检验现有法律规制效用和宽度，检验法律工作者对法律理解和运用的机会。

五、结语

共享经济在一定程度上实现了服务业去中介化，通过使用权的暂时转移而获取经济利益，因而它将成为社会服务行业内的一股强大的力量。共享经济具有创造巨大经济效益的潜力，普通民众参与门槛低，使社会资源可以得到更好的利用和利益转化，实现多方共赢。但正如美国纽约州 Airbnb 所展示的现状那样，这种新生经济模式同样伴随着法律风险和社会问题，需要管理平台和传统行业充分衔接，需要政府认真对待，需要多方利益均衡协调，并通过法律确保其效用的发挥，最终保证社会整体的利益，这才是各方共同努力的方向。

---

① 参见 https://zh.airbnb.com/host-protection-insurance，最后访问时间：2017 年 11 月 29 日。

共享民居法律规制问题及思考

于谨源 ①

随着数字信息化技术的发展，单个主体之间的联结越来越便利，单个主体间的信息不对称通过平台、渠道与互联网技术可以得到很大解决，伴随社会财富的增长，以及社会诚信体系的建设，共享经济这一商业模式应运而生。

共享经济可应用于不同行业，并产生多种形态与可能。共享专车、共享民居现下最为火热，快递、家政服务业、教育行业、新闻业、个人服务业、培训业、租赁业、广告创意业、医疗业更是被一些人认为是未来将被共享经济改变的九大行业②。

共享经济火热发展的同时，也出现了一些问题。尤其是共享专车的出现，被部分出租车司机认为是搅局，引发一些争议与矛盾，也促使人们关注这一现象。③一些地方政府通过调研，也明确共享专车应有的规制路径。比如，2015 年 10 月 8 日，上海市交通委正式向滴滴快的专车平台颁发“网络约租车平台经营资格许可”，上海市政府与共享专车平台讨论共享专车的实施细则与监管要点，车辆准入监管由平台公司负责。④

---

① 于谨源，北京安理律师事务所合伙人。

② 参见蔡余杰、黄禄金:《共享经济》，KINDLE 版，位置 #648。

③ 参见魏凯、饶丽冬、罗苑尹、李春花、梅雪卿、刘军、任先博、冯叶、钟丽婷:《专车大调查：到底怎么搅了出租车的局？》，凤凰网科技，http://tech.ifeng.com/a/20150513/41080603_0.shtml，最后访问时间：2017 年 9 月 20 日。

④ 参见张晓媚:《滴滴快的获牌：上海“全球首发”》，网易，http://tech.163.com/15/1009/02/B5EVL8V7000915BF.html，最后访问时间：2017 年 9 月 20 日。

那么，什么样的共享经济的法律规则路径是适合的，是可以给社会带来最大效益的呢？现有的共享模式是否都是共享经济？共享经济的概念是什么？由于共享经济仅是商业模式，应用于不同行业会产生不同的问题。本文仅通过共享民居的视角，谈谈共享经济、共享民居的概念以及共享民居适合的法律规则。

一、界定共享经济与共享民居概念

（一）共享经济的概念与核心特征

共享经济（sharing economy），又称分享经济或协同经济，是社会个体将其闲置资源使用权，利用信息化等技术，暂时性供其他主体使用并收取报酬，并形成一定规模的经济形态。

依托于现有互联网信息技术的共享经济，在较大范围的主体间分享闲置资源，它发展至今对社会产生了重要影响。分享者付出的是暂时不需要使用的资源或资产，却可以收获额外利益；享用者无须另行购买资源，却可以根据需要获得使用权，付出相应报酬。共享经济的核心是利用闲置资源进行交换，最后收获的是分享者与享用者的双赢。

（二）类似共享经济的业态

现在中国共享单车的运营中，经营者大量吸纳社会资本，采购众多单车投放市场，供社会公众使用。如此，减少了社会公众单独购买单车的需要，同一单车在不同时段也可以分别供给不同的主体使用。与传统单个主体拥有单车相比，无疑更大限度地提高单车利用率。但是，共享单车模式，并非社会主体利用自用的闲置资源，而是经营者统一购置单车，供不同社会主体使用，虽然其模式扩大了单车的使用率，但本质属于商业主体经营分时租赁，而非共享经济。这类共享模式不在本文讨论的共享经济的概念内。

也许有人会提出，摩拜单车或神州专车随时可用，不同主体在不同时段可共享一辆单车或汽车，社会个体不用单独再行购买，客观上扩大了资源利用效率，这也应该属于共享经济的范畴。笔者对此有不同认识。

就像各地旅馆、酒店的开业，使我们不用在世界各地购置房产，就可以在不同地方租赁到可用床铺一样，摩拜单车或神州专车的出现，也极大方便了我们的出行。如果减少资源浪费、提高资源使用效率，就可成为共享经济的话，传统旅馆、酒店也是共享经济，更何况它们现在也纷纷触网，利用各类平台（如携程、去哪儿等）或自行开发的 APP（如铂涛会、维也纳酒店等）推广自己的经营事业。

共享经济于法学界进行讨论，一个很重要的目的是明晰主体的权利义务以及监管部门的监管构架。摩拜式的共享单车和神州专车，当然提高了社会资源的利用效率，值得鼓励与赞誉，但其本质属于商业主体在经营分时租赁事业。[①] 这类模式，主体上适用原有的法律，监管上针对模式的新内容，出台相应措施即可，不需要法学界如此集中进行讨论。相对应的，社会大众针对自有的或有权处置的闲置资源，通过互联网技术，形成个体交易量小额、但社会总体交易额巨大的情形，如何界定经营者的地位、消费者的权益、政府的监管，进而促进整体社会的福祉，是我们需要慎重考虑的问题。共享经济概念的界定，直接框定了共享经济的范围，明确政府对此监督的边界。

（三）共享经济范围存在一定的模糊性

共享经济的出现，使得原由专业从事车辆出租或酒店出租的事业，转为普通大众也可参与的事业，这是专业性向非专业性的发展。与此同时，我们可以考虑，私家车车主或提供民居的个体在经营取得良好业绩后，完全可能继续投入资产、时间，甚至聘用人员协同经营管理，由非专业逐步向专业发展。这时，他们所经营的事项，还是共享经济吗？

与共享民居类似，当前也出现部分居民或商业主体利用居民或商业空间，

---

① 张孝荣、余点：《共享经济在我国发展的趋势研究》，载《新疆师范大学学报（哲学社会科学版）》2017 年第 5 期。

进行改造，专门用于商业目的，比如深圳、北京等地曾出现过的胶囊旅馆或共享休息舱[①]。这种商业模式虽然在笔者看来也应鼓励，但并非属于共享经济的范围，它只是利用互联网技术，将完全商业化了的民居或商业空间对外分时出租而已，属于互联网技术背景下的原有服务业的扩展，不属于共享经济，应比照原旅馆业的法律规范进行管理。

有学者提出，共享经济 1.0 模式中平台倾向于中介的角色；共享经济 2.0 模式下，平台成为共享资源的供给端，不再单纯是中介角度，而将直接与每一位用户进行交易[②]。即前者是大众提供服务，后者是由专业的服务机构提供服务，两者均是共享经济。对此，笔者有不同认识。当共享经济由非专业变为专业以后，服务或物品的提供者已经变为个体经营者，法律人需要反思的是，随着社会的发展，社会规范中对个体经营的法律规范是否适当，以及不同行业中如何规范个体经营者的问题，而不是共享经济的法律规制问题。

我们也确实需要认识到，由于共享经济界定为闲置资源的利用，闲置资源可能从闲置转为不再闲置，服务提供者可能从业余转为专业。在转化的两极，一者按共享经济的法律规制进行考虑，另一者依传统法律进行规制，但是两者的边界存在一定的模糊性。

（四）不同行业可以存在不同的共享经济模式

在不同行业也有众多利用共享经济模式的情况。比如，除了交通运输与住宿以外，利用个人闲余时间为他人进行购物或接送货物等，也属于利用闲置资源进行社会交换，属于共享经济的范围。但这种情况与共享民居这类共

---

① 参见：《深圳民居现共享睡眠胶囊旅馆 暗藏消防隐患被警方查封》，法邦网，http：//www.fabao365.com/zhaiwu/173730/，最后访问时间：2017 年 9 月 18 日；《“共享休息舱”亮相上海》，新华网，http：//news.xinhuanet.com/photo/2017-07/14/c_1121321013.htm，最后访问时间：2017 年 9 月 18 日；《“共享休息舱”为何被叫停》，和讯网，http：//news.hexun.com/2017-07-18/190099950.html，最后访问时间：2017 年 9 月 18 日。

② 参见：周游、杨淑君：《共享经济背景下社会信用体系构建之省思》，载《中国商业法研究会 2017 年年会暨“共享经济与法律”研讨会论文集》，第 179~180 页。

享经济存在较大不同，法律规制的要求也存在较大差异。

本文讨论的共享民居，是社会个体利用其闲置房产，通过向互联网平台提出申请，经考核取得民居提供者的资格，是社会个体利用闲余时间，为不同社会主体提供服务，暂时性地向他人以出租获益的共享经济形态。

所以，共享民居是社会个体将其已经花费出去的沉没成本所形成的闲置房产，再次进行社会化利用，原使用者通过交换赚取额外收益，新使用者以较低价格满足自己所需，这样一来原使用者与新使用者双赢。从这个角度讲，共享经济，尤其是共享民居这种类型的商业模式，最大限度地“压榨”出物的使用价值，增加了社会上出现的使用价值，创造出新的社会财富。

二、共享民居的现有国内法律规制框架

我国陆续出现的一些共享民居平台有途家网、小猪短租、蚂蚁短租、木鸟短租、游天下短租网等。共享民居的法律关系中有三个主体，出租者、消费者与平台经营者。出租者与消费者之间是短时租赁关系；出租者与平台经营者，以及消费者与平台经营者，分别构成信息服务关系。

（一）立法层面上的规制

我国现有法律对于传统旅馆有明确的准入要求及各项管理规范，现有规定部分可适用于共享民居，部分可能需要对现有法律进行调整后再行适用。

根据我国《合同法》的规定，房屋租赁只要是双方均为具有完全行为能力的自然人在自愿的情况下作出且不属于《合同法》第 52 条[①]规定的，该租赁行为就是合法有效的。

出租人仅是将其所有的房屋或其有转租权的房屋进行出租，属于小范

---

① 《合同法》第 52 条规定的无效合同情形包括：一方以欺诈、胁迫的手段订立合同，损害国家利益；恶意串通、损害国家、集体或者第三人利益；以合法形式掩盖非法目的；损害社会公共利益；违反法律、行政法规的强制性规定。

围内对闲余资产进行安排、使用，不属于专门利用商业投资经营旅馆的情形，无须依现有酒店、旅馆的要求进行各类商业登记或备案，而取得作为共享民居的个体出租方的资格。同时，现行法对于房屋所有人或有权转租人，并没有出租房屋时间长短的限制与要求。所以，依据合同法的规定，共享民居的双方通过网站或 APP 签署电子合同，双方即形成有约束力的合同之债。

相较而言，我国现有法律对传统旅馆业的主体资格有明确的准入要求。《旅馆业治安管理办法》第 2 条规定，凡经营接待旅客住宿的旅馆、饭店、宾馆、招待所、客货栈、车马店、浴池等（以下统称旅馆），不论是国营、集体经营，还是合伙经营、个体经营、中外合资、中外合作经营，不论是专营还是兼营，不论是常年经营，还是季节性经营，都必须遵守本办法。该法第 4 条规定，申请开办旅馆，应经主管部门审查批准，经当地公安机关签署意见，向工商行政管理部门申请登记，领取营业执照后，方准开业。

各地地方法规对于经营旅馆需具备的条件也有细化的规定。如《北京市旅馆业治安管理规定》第 4 条规定，开办旅馆应当具备下列条件：（一）对经营场所享有合法的所有权或者使用权。（二）旅馆与其所在建筑物中的非旅馆部分之间有隔离设施。（三）客房区为独立区域，与旅馆内的娱乐、商业等附属服务设施分隔。（四）安全出口不少于两个；利用地下空间开办旅馆的，安全出口直通室外。（五）出入口、通道、电梯及其他公共区域有公共安全图像信息系统。（六）有符合旅馆业治安管理信息系统要求的设备设施。（七）有旅客财物、行李保管室或者保险箱（柜）以及其他治安防范设施。（八）客房内人均使用面积不少于 4 平方米。（九）法律、法规、规章规定的其他条件。

共享民居不同于旅馆、酒店，它不是商业化的经营场合，而是社会个体把其私有住房有偿共享出来。各个房屋千差万别，统一按商业化要求进行整改，不仅成本过大会导致该商业模式无法推进，也可能无法满足共享民居消费者的实际需要。所以，对共享民居不应要求适用旅馆的各项条件，只要求其符合基本的安全与健康的要求，同时保留不同民居的特点。[①]

同时，传统的旅馆业还承担一定的法定汇报和管理职责，依据《治安管理处罚法》第56条规定，旅馆业的工作人员对住宿的旅客不按规定登记姓名、身份证件种类和号码的，或者明知住宿的旅客将危险物质带入旅馆，不予制止的，处二百元以上五百元以下罚款。旅馆业的工作人员明知住宿的旅客是犯罪嫌疑人员或者被公安机关通缉的人员，不向公安机关报告的，处二百元以上五百元以下罚款；情节严重的，处五日以下拘留，可以并处五百元以下罚款。依据《出境入境管理法》第39条规定，外国人在中国境内旅馆住宿的，旅馆应当按照旅馆业治安管理的有关规定为其办理住宿登记，并向所在地公安机关报送外国人住宿登记信息。外国人在旅馆以外的其他住所居住或者住宿的，应当在入住后二十四小时内由本人或者留宿人，向居住地的公安机关办理登记。

对共享民居而言，由共享民居出租者主要承担登记义务并不合适，因为他们不是专业的旅馆经营者，与主管机关沟通也需要各种不同成本。可以考虑将登记义务转由平台承担。一方面平台具有优势地位，另一方面现有技术也可支撑国家通过平台后台了解入住消费者的基本信息。对于共享民居的出租者，在登记义务方面，需要其在监管入住人与登记人为同一人的事务中承担部分义务。比如出租者可以通过核实照片、手机号等简单方式来核实入住人与登记是否为同一人。不宜过多设置登记义务于出租者，毕竟出租者没有过多资源与能力从事此事务。

传统旅馆业对入住旅客也存在安全保障义务，对旅馆内发生人身及财产问题，《消费者权益保护法》第18条规定，经营者应当保证其提供的商品或者服务符合保障人身、财产安全的要求。对可能危及人身、财产安全的商品和服务，应当向消费者作出真实的说明和明确的警示，并说明和标明正确使用商品或者接受服务的方法以及防止危害发生的方法。宾馆、商场、餐馆、

---

① 王利明主编：《最高人民法院建筑物区分所有权、物业服务司法解释：原理精解·案例与适用》，中国法制出版社2010年版，第145~158页。

银行、机场、车站、港口、影剧院等经营场所的经营者，应当对消费者尽到安全保障义务。《侵权责任法》第 37 条规定：宾馆、商场、银行、车站、娱乐场所等公共场所的管理人或者群众性活动的组织者，未尽到安全保障义务，造成他人损害的，应当承担侵权责任。因第三人的行为造成他人损害的，由第三人承担侵权责任；管理人或者组织者未尽到安全保障义务的，承担相应的补充责任。

所以，从消费者权益保护法与侵权责任法来看，传统法律均要求作为实际经营短租业务的出租者保障消费者的人身、财产的安全。如果出现因出租者未尽到安全保障义务，造成他人人身与财产损害的，应当承担侵权责任，由此可见传统法律为保障旅馆消费者的人身、财产安全而采取的具体措施与努力。

共享平台经营者作为整个共享民居体系的管理者，是否可以认为是短租服务的管理者或组织者，存在一定的不明确性。立法可以考虑，对共享民居而言，平台经营者也有义务保障消费者人身、财产的安全，一旦出现因出租者未尽到安全保障义务，造成他人损害的，平台经营者对于侵权责任应当承担连带责任或是补充责任。

从商业租赁角度看，依据《商品房屋租赁管理办法》第 13 条规定，房屋租赁实行登记备案制度。签订、变更、终止租赁合同的，当事人应当向房屋所在地市、县人民政府房屋管理部门登记备案。该办法第 14 条规定，房屋租赁当事人应当在租赁合同签订后 30 日内，持本办法第 16 条规定的文件到市、县人民政府房地产管理部门办理登记备案手续。

共享民居的租赁短则一天，长也很少超过一个月，难以适用《商品房屋租赁管理办法》的登记备案制度。但是可以考虑对《商品房屋租赁管理办法》进行修订，对提供共享民居的出租者规定一个总括的备案要求，备案其提供共享民居的事实；同时要求共享民居的出租者以及平台经营者对每次出租在一定年限内，保持云端记录，以供房屋管理部门检查核对；但是应取消共享民居提供者对每一次出租均向房屋管理部门进行登记备案的要求。

（二）平台自律层面上的规范

共享民居平台途家网、小猪短租、蚂蚁短租、木鸟短租、游天下短租网对平台经营也有单独的自律规则，以促进各自平台的规范运作。[①]

第一，平台规则中基本都明确平台提供的是一种技术支持服务以及中介服务。房东在平台上发布房源并制定与房客交易商业要求，比如约定租房款金额、是否需要交付押金、提前几日可退款等问题；房东需要保证房源的真实性，并为房客提供良好的服务和居住环境。房客应按照房东要求交付住房款（所交租金由平台先保管，成功入住后支付给房东）；房客需遵守房东制定的商业规则、合理使用住房不损坏房屋内的设施等。

第二，现有平台都引入评价机制，成功入住后的租客可以对入住房屋进行评价。可以对房间环境、房东服务及住宿感受等进行评价，鼓励房东提高服务能力，但不得涉及诽谤、污秽、侮辱等言论。评论内容的知识产权归平台所有。

第三，平台大多都为租客投有人身意外保险，部分平台也为房东发布的房源提供保险。以小猪短租为例，其为通过其平台入住且身份信息完整的旅客投保三个项目，分别为：

保障项目	保障金额（人民币 / 元）
住宿旅客意外身故、残疾	100000
住宿旅客意外伤害医疗	10000
住宿旅客意外伤害住院津贴	50/ 天，最长 5 天

小猪短租还为通过实名认证的个人房东免费提供最高保额 88 万元的《家庭财产综合保险》，房东今后的每一个订单，在房客的入住期间均会得到有效的保障。房屋如出现财产损坏，将由《家庭财产综合保险》为房东

① 国家信息中心课题组：《分享经济：全球态势和中国概览——中国分享经济发展报告（2016）要点》，载《浙江经济》2016 年第 6 期。

提供解决方案，最大限度地保障房东的利益。但该保险设定有免赔金额，家用电器及文体娱乐用品保额：20000 元，免赔金额：500 元；室内装潢保额：50000 元，免赔金额：1000 元；房屋及其附属设备保额：800000 元，免赔金额：1000 元。

第四，现有平台对房东及房客的准入没有过高的准入要求，房东通过平台注册账户即可免费发布房源，发布房源时应确保其有权利出租该房源；房客无须注册账户即可查看房源，但若想在平台租赁房屋，只能在平台注册账号或通过手机短信验证登录平台后才可以进行交易。

第五，现有平台部分引入认证机制，即拥有个人房屋的房东通过平台审核后，平台会对房东的对应账户进行认证，提高房客对房东的认可度。该认证并非永久的，一旦房东不符合条件，平台能随时撤销该认证。

第六，平台制定有相应对房东监管条款，房东应接受平台的监管，对于房客投诉房东至平台的，房东应积极配合平台解决问题，对于不配合的房东平台可以限制其在本平台发布房源或禁止其发布房源。

第七，各平台均承诺保障房东及房客的隐私，对于用户使用平台过程中平台所收集的信息，除特定情形外，承诺不会向第三方进行披露。

综上，从国家法律层面上，对共享民居的监管规范目前还不完善，特别是国家如何监管平台经营者、共享民居提供者以及共享民居的承租人需要明确。目前，平台的自律规则对平台经营者、共享民居提供者以及共享民居的承租人作了一些规范，但是这些规范是否合理，没有更高层次立法的制约。[①]我们需要明确，国家对平台经营者、共享民居提供者，是否应设置准入要求？由于共享民居提供者大多是社会百姓，各家各户千差万别，如何统一实现安全、健康的要求？如何实现保护共享民居消费者的利益，并促进这一新生业态的发展，这些都需要进一步进行梳理。

---

① 沈兵兵：《住宅商用问题的法律规制研究——以小区日租房为例》，浙江大学 2017 年硕士学位论文，第 26 页。

三、共享经济法律规制的思考

（一）法律规制的基本态度

共享经济推进中出现了一些问题，比如监管对象应该是谁、参与主体与平台之间的关系如何界定，行业标准与服务风险如何管控，可能涉及的资金池问题，维权问题等，这些确实是应当予以解决的问题。[①] 但这些都不是共享经济法律规制首先应予考虑的问题。首先应当明确的，是对共享经济应有的态度是什么，是禁止、鼓励、限制，抑或仅仅是允许。

笔者认为，立法对共享经济的基本态度应该是鼓励。第一，共享经济可以更大限度地利用闲置资源，唤醒沉睡的部分社会资源，减少社会资源的浪费。社会资源在被再次唤醒加以利用的时候，社会财富实质上是增加了。第二，通过共享经济，社会个体也增加了获取收入的渠道，客观上可以扩大社会就业人员，增加就业渠道。第三，同时，由于共享经济是对传统经济模式的创新，从价格上、资源提供上，都有别于传统经济，可以增进社会总体经济活力。第四，通过共享经济利用闲置资源，发展现有资源的效用，也减少了社会主体再次购买资源的必要性，客观上节约了社会资源，进而保护自然环境。第五，对于当前社会而言，由于互联网的发展，人们原来在互联网中都是一个个孤僻的岛屿，个体从互联网上可以获得基本的社会物质需求，社会个体间的沟通交流在减少。共享经济的出现与推广，客观上要求社会个体间加强联系，可以促进社会个体间的交流，改善社会关系的风气。共享经济良性发展后，还可以带来更多的益处。所有这些共享经济的优势，均需要我们立法加以引导，通过立法的形式鼓励共享经济，进而给我们的社会带来更多益处。

---

① 国家信息中心课题组：《分享经济：全球态势和中国概览——中国分享经济发展报告（2016）要点》，载《浙江经济》2016 年第 6 期。

（二）法律规制的重点对象

明确我们对待共享经济应有的基本态度后，需要知晓我们监管或规制共享经济的重点对象是谁。传统酒店经营采取了准入制，开设及经营酒店需要在政府各部门取得许可并按标准运营，也就是说，传统酒店监管的重点在于住宿的提供方。

与传统酒店不同，共享民居除住宿提供方及住宿服务享用者外，共享民居还有一个共享基础，即由第三方建立并提供服务的信息技术或管理平台。通过这个共享平台，社会个体可以进行交易，实现资源、信息的共享，并且通过这个平台，整个共享的模式才可以顺利进行。所以，国家对共享民居的法律规制，也可以从三个角度来分析，即对平台的规制，对共享民居提供方的规制，以及对享用共享民居服务的消费者的规制。

三个主体中，最大的受益者是平台，平台在整个商业模式中也拥有最大的权力。一方面，平台通过经营共享民居，获得大量数据，可以通过运用数据，获取收益；平台也可能因为商业模式的设计，沉淀大量资金；平台还可以通过为共享民居出租方以及共享民居的消费者提供信息平台以及平台的管理服务，双向收取服务费；经营得当的平台，还可以不断获得社会资本的注入，获取资本收益；通过平台规模扩大、声誉日隆，还可以得到各种专业人才的加盟，收获人才红利。所以，平台作为共享民居的核心，获利最大。另一方面，由于平台在整个商业模式中，处于运转的核心地位，能力与影响力最大，平台是否可以运转得当，共享民居提供者是否可以管理好民居，消费者是否可以得到满意服务，都与平台有直接的联系，平台也可以对共享民居提供者及消费者施加直接的影响，也就是说，整个商业模式中，平台具有最大的权力。所以说，在共享民居中，规制好平台，也就是管理好了共享民居运作的核心。

从另一个角度讲，除平台是商业公司或企业外，共享民居提供者与消费者一般是个人。国家对个人进行监管，国家付出的代价过大，个人付出的代价也太大。

对平台规制需要考虑三个方面的问题。

第一，明确平台的监管职责与义务。由于平台的核心关键地位，需要强加上其对共享民居运转模式、对共享民居出租者以及消费者的监管职责，这一点不仅是其拥有的权利或权力，也是其义务或职责所在。平台需依国家法律法规制定合理、周全的自律规则，保证平台正常运转。

第二，由于平台拥有监管权力、可获取最大收益，以及平台出租方及消费者相对平台的弱势地位，需要明确平台需要承担的基本义务，比如平台向主管部门的备案义务，提供民居租赁基本信息以及相应的经济统计数据；平台的档案保管义务；在消费者使用共享民居时，出现人身或财产侵权责任时，由平台与共享民居出租者承担连带责任，或由平台承担补充责任。当前消费者权益保护法以及侵权责任法中，对旅馆消费者人身、财产伤害，规定的是经营者的责任（如上文所述，平台自律规则中，明确出租的双方是出租方为经营者，消费者是服务享受方），如此很难将平台归为提供出租服务的经营者。同时，平台在制定自律规则时，也有足够的动力利用现行法律的规定，以及制定自律规则时特别安排，将共享民居交易过程中产生的所有人身、财产的侵权责任，归由共享民居的出租方以及第三方承担。所以，国家法律可以考虑将平台经营者纳入责任承担者的范围，与共享民居的出租者一起，承担连带责任或者是补充责任。

第三，为了保护平台经营者、出租方及消费者的利益，国家法律法规也可以考虑强制要求平台，必须拟定出租方强制商业保险的规程。[①] 上文提过，共享民居的出租方不同于酒店与旅馆，没有过多的实力承担在备案、准入方面的成本、费用，相应地，如果因过错或不可抗力导致出租方需要对消费者承担责任，如果这种责任巨大，出租方一般也是没有能力承担的。为了减少纠纷，保障赔付，同时也是减少平台经营者可能承担的成本，并增强消费者的信心，强制要求出租方承担商业保险或由平台送出租方商业保险会是一个较好的选择。

---

① 梁丽雯:《分享经济：技术监管不可少》，载《金融科技时代》2016年第5期。

（三）对作为住宿提供方不设置准入门槛

共享经济的商业模式中，相对传统商业，作为消费者的一方有更大的决定权和能动性。通过互联网信息公开，消费者可以便利地比较服务或物品，便利地了解作为经营者一方的情况（比如经营年限、销售业绩等）；通过查看服务或物品过往的评价，消费者可以知晓服务或物品相对真实的情况；消费者通过给予体验后的评价，可以给后来者以真实地参考，并鼓励或惩罚经营者。

如果立法对社会个体进入市场设置准入门槛，将大大限制共享民居的发展，这与对共享经济应当采取鼓励或允许的思路不符。居民与公司、企业不同，他们为经营共享民居不可能付出太多成本与费用。如果对单个提供共享民居的主体，设置准入门槛，导致的直接后果是这个行业发展不起来，因为一旦设置市场准入门槛，那么共享民居的单个提供者可能因为成本太高，或是怕麻烦，就不会或很少会参与其中，共享的物质基数就形成不了，相应的这个商业模式也无法实现。

如果共享民居这类共享经济不设置准入门槛，参与其中的大众经营者多了，对现实中集中经营酒店、公寓的经营者，会是一个良性的刺激，这些酒店、公寓的经营者反过来可能会参与共享民居的经营，作为普通的共享民居的经营者提供服务。就像淘宝网中，开始大多是一些个人经营者在销售；现在各类大牌商家，比如史密斯电器、海尔电器、白沙溪黑茶等大的商家，纷纷在淘宝网上开设旗舰店。如此形成一个良性互动，也会进一步促进共享民居为消费者提供更好的服务。

法律法规层次上，对作为住宿提供方不设置准入门槛，与上文讨论的平台经营者对住宿提供方的强制要求并不矛盾。平台经营者如果对住宿提供方设置一些强制要求，有时可以提高平台上住宿服务对消费者的吸引力。比如明确要求平台上所有住宿提供方均需按一定标准投保商业险，以确保风险发生时，消费者可以及时得到经济补偿。

（四）监管切入点：信任

不同于传统旅馆通过对旅馆经营者设置严格准入标准进行监管，以保证服务质量；共享民居不仅监管重点不在于住宿提供方，而且可以考虑从“信任”这一点展开，即通过对信息的共享与保护，利用信用机制实现监管目标——保证共享民居的服务质量。①

共享经济的实现，固然需要社会发展到一定阶段，互联网等信息手段获得高速发展，社会出现一些闲置资源；同时，不同社会个体间需要形成一定规模的、广泛的经济交易，排除严苛的管制手段迫使人们进行交易外，不同社会个体间可以建立起广泛的信任关系，必不可少。如何实现、保障甚至使用好这种信任关系是构成法律对共享经济规制的重要手段。

为建立和保障这种信任，需要国家、第三方团队以及平台经营者的有效介入，对信息进行保护并共享，促使共享经济的各参与者可以知悉真实情况，参与者提供服务以及享受服务后，再通过评价与反馈，进一步完善信息数据，形成对共享平台以及共享服务者、共享消费者的信用评价，共享经济的各方为获得可持续发展，必须不断保持并提高服务水平。如此，反馈的信息与平台服务的现状就可以形成良性循环，互相促进。从法律规制角度看，我们需要从信息的保护与共享，信用机制的建设角度，制定规则、执行规则。

1. 信息共享：信息审核与有限公开

目前平台经营者均会要求注册者实名登记，平台也应该对注册者的基本信息进行一定的审核并有限公开。但是为了让这种实名登记更具有权威性，也为了在更大范围内了解注册者的信用信息，推进信息审核的力度与进度，国家可以在有限的范围内对注册者的基本信息与社会公众进行共享。

比如，在社会个体授权的范围内，可以核实公民的身份信息，确认公民姓名、年龄、性别等；可以核实公民有无犯罪记录；核实公民现有的社会状况是否正常，有无追逃，是否属于失信执行人，贷款偿还、信用卡账单偿还等

① 刘阅春：《限制住宅商用的若干法律问题》，载《学术论坛》2013 年第 6 期。

有无异常情况等。

上述信息目前在国内不同部门里均可以查询到，但是没有统一的端口可以一次性进行查阅。哪怕是公民个人，查阅这些信息，都需要过五关斩六将，跑不同的部门才能获知全部。为促进共享经济的发展，国家有必要沟通协调不同政府部门，早日将这类信息以电子形式统一集中起来，实现不同部门信息的共享，同时给共享平台开放一个端口，允许公民授权平台有限查询公民上述基本信息，公之于众，获得陌生交易者的基本信任。

2. 个人信息的保护

信息共享与个人信息的保护是一个问题的两面，必须有机统一，缺一不可。个人信息保护不利，会极大伤害人与人之间的信任，降低平台的可信度，阻碍政府与商业主体间信息的开放流通；个人信息保护妥当了，公司对于信息共享也会更有信心。

国家法律层面上，对个人信息的保护，应当明确一些原则或要求，比如，获取他人个人信息，或公开他人个人信息，必须取得本人同意；平台必须采取足够有效的措施，确保储存其中的信息是安全可靠的；平台必须公开处理个人信息的流程，保护个人信息的措施与方案，供国家与社会监督；平台收集、获取信息应当限定在一定范围；平台对个人信息的收集应当是准确、完整和可以适时更新的等。

3. 信用机制

（1）可评价体系

平台应该是可由住宿提供者以及消费者互相评价的，并且某一方的评价只能由该方发表、修改、删除，另一方或平台均不应进行任何干预，除非这种评价构成对法律触犯，或违反平台拟定的规则。

对住宿提供者服务及消费者的评价，有利于建立起一套真实且互动的体系，增进平台使用者间的互相了解，促使平台交易双方慎重考虑交易过程中的种种表现，促进共享民居体系的良性发展。

（2）与已有民间信用平台的联结及信息共享

支付宝在我国大陆具有较大影响力。人们广泛使用着支付宝，并获得一定的信用评分。支付宝体系内，依据支付宝用户芝麻信用评分的不同，可以获得不同的服务等级，比如是否可以免除押金租车、获得不同额度的借贷款项等。

我们可以把支付宝或类似于支付宝的芝麻信用评分（比如滴滴打车信用积分），引入平台体系。如此可增进平台使用者之间的了解，了解彼此的行为特征，增进信任等；平台使用者在平台上的不同表现，反过来也可以为支付宝这样的平台提供新的信用评级素材。

共享酒店或者民居（Airbnb）的法律问题及对策

白　硕[1]

分享经济应用到房屋住宿领域后，在线短租平台的兴起，鼓励人们把自己闲置的住房资源分享出来，出租给需要的旅客，而且房东和房客近距离接触，给旅客带来了独具当地特色的住宿体验。在美国市场，这个模式率先得到大规模发展，诞生了 Airbnb、HomeAway 等实力强大的分享经济巨头。

目前，Airbnb 已经在 192 个国家 3.4 万个城市留下了自己的足迹，凭借“旅游 + 社交”的独特魅力，仅 2014 年，其全球交易额就达到了 40 亿美元，登记的客房资源高达 80 万个。单论客房规模，Airbnb 是业内当之无愧的佼佼者。同时 Airbnb 以 255 亿美元的估值在房屋短租领域独占鳌头。[2]

一、我国在线短租商业模式类型

（一）C2C 开放平台模式

C2C 平台模式最为典型的代表就是小猪短租，其主营业务包括短租公寓、短租房与普通民宅。它通过打造一个实现房主与租客实时沟通及交易的 C2C 平台，有效配置闲置的房屋资源，使供需更趋平衡。它不断整合及优化线下的短租业务，引导更多的房主将自己空置房源在平台上进行分享，让那些外出旅游、访友、工作的人能享受到更具家庭氛围的房屋租赁服务。

---

① 白硕，北京物资学院民商法学博士。

② 徐辉：《分享经济 3.0》，中国铁道出版社 2016 年版，第 133 页。

（二）B2C 开放平台模式

B2C 模式中，平台对房源拥有较高的控制权，由平台安排专业的人员对房间进行统一的装修及管理，房主与平台按照一定比例分成。这个模式最为典型的代表就是途家网。B2C 模式的房源主要来自房产开发商，其在服务及管理方面与传统的酒店相似，平台与房产开发商合作从而确保房源的稳定，由专业的公司对这些房间进行统一的管理及维护。平台还会向房客提供房屋清洁、清洗衣物、机场接送等增值服务。

（三）“产权共享 + 换住共享”的二维共享模式

国内“产权共享 + 换住共享”模式最为典型的代表就是“Weshare 我享度假”，该平台打造出国内首个分权度假屋共享换住平台——“Weshare 分权度假平台”。

在该平台，每套度假房屋被分成 12 份共有产权，每份产权每年拥有 28 天的居住时间。消费者可以根据自己的居住时间长短，购买一份或多份产权，这不但使人们的度假成本大幅度降低，更实现了分权度假屋的预定居住、交换居住及出租出售，而且度假者还能享受到优质的定制化度假服务。

“产权共享 + 换住共享”模式关键在于分权共享，以 Weshare 分权度假平台为例，消费者得到了度假房屋的共有产权、与其购买份额相匹配的居住时间。此外，消费者拥有的物业所有权还能出售、继承和转让等。如果居住时间还有剩余，这些闲置的居住时间还可以委托平台进行出租。

二、我国在线短租存在的问题

我国的在线短租市场没有实现跨越式发展，仍然属于用户规模较小的小众市场，国内几个发展较快的在线房屋短租平台，如小猪短租、蚂蚁短租和途家网等，都远不具备 Airbnb、HomeAway 这种强大的品牌影响力。

（一）整个在线房屋短租行业目前处于监管的灰色地带

在线房屋短租这种模式与长期的房屋租赁及酒店宾馆的租赁方式存在明显的差异。旅行者与短租公寓建立的是租赁合同关系，不同于旅行者与酒店建立的是服务合同关系。酒店行业是特种行业，开一家酒店需要消防验收合格证、特种行业许可证、卫生许可证、税务登记证等各类证照。

从目前来看，短租行业属于新兴行业，短租行业的属性十分模糊，短租企业经营时没有经过相关资质审查，也没有相应证照的核准。并且，“短租”也没有纳入“违法租赁”范畴。[①] 因此，当前短租企业仍在政策法规的灰色边缘地带生存。没有法律可以对其有效监管，平台的运营资质是否合法合规还不明确，未来很多平台可能会因为政府监管文件的出台而被迫关闭或者转型。

（二）没有形成完善的安全保障机制

很多在线短租平台都选择通过绑定手机号、身份证、银行卡等方式对用户进行实名认证，小猪短租平台还为房主及消费者购买保险，许多平台建立用户评价体系也是保障用户安全的一种有效措施。

尽管这几种方式能一定程度上保障房主和消费者的安全，但是由于整个在线短租行业缺乏有效监管，房屋的治安、消防和卫生等方面没有形成统一的标准，从而使房主和消费者的财产及人身安全面临着较大的风险。法律法规的空白不利于对于消费者和房主权益的全面保护。如果发生个别的违法事件，在众多社交媒体平台的快速传播下，会使平台深陷舆论旋涡之中。比如，在没有统一标准规范之前，短租公寓除存在一般性清洁卫生问题外，还会涉及传染病问题；短租时旅行者身份信息无法与公安系统联网验证情况下，不排除会有不法分子借助短租公寓临时作案或将短租公寓当作“避难场所”；房屋的入住权限曾被分享，上一位租客可能会利用之前入住时获得的钥匙再次进入房屋，从而引发盗窃等问题；安保系统不完善的条件下，旅行者的安全难以

---

① 杨玉娟、吴清：《在线民宿短租的法律规制研究》，载《法制与社会》2017 年第 2 期。

得到保障，业主或短租企业监守自盗等情况也无法完全排除。

（三）平台自身存在的一些问题

由于整个行业仍处于探索阶段，各大平台在抢占市场份额方面投入了大量精力，并没有真正考虑用户的实际需求，影响了房主和消费者的体验。一些平台在审核房源及房东线下服务质量监管方面过于松懈，导致虚假房源及住宿问题时有发生。另外，刚处于起步阶段的平台盈利模式较为单一，主要靠收取交易佣金来获取收益，需要对平台盈利模式进行创新发展。

（四）税收征管存在的漏洞

短租平台缴纳营业税时是以何种企业类型缴纳，是房产中介性质的公司还是物业管理服务类型的公司；房东取得收入时是否一定能保证开具发票，如果不能，则会涉及偷税漏税的问题；最重要的是，旅行者是否能收到发票，该发票由短租平台开具还是由房东开具？这些问题的存在正是短租行业税收征管的漏洞。

（五）用户人数有待提高

相比西方国家，我国民众对于共享房屋的积极性有待提高，对于出租家里闲置房间的认可度不高，加上信用体系缺失等问题，使我国在线房屋短租市场发展受到了严格限制。

三、其他国家和地区对于在线短租的立法例

短租主要的争议点集中在“合不合法”和“缴不缴税”两个方面。[①]

西班牙巴塞罗那以“非法出租”为由，对 Airbnb 罚款 4 万美元，要求该

---

① 熊俐：《从房屋在线短租行业看分享经济的监管对策》，载《安徽电子信息职业技术学院学报》2016 年第 6 期。

公司遵守法律。在美国纽约和旧金山，Airbnb 也正面临类似处境。Airbnb 在纽约是否合法一直争论不休，最大的争议来自“禁止公寓出租期限短于 30 天”的城市法规。美国旅馆客栈协会指出，很多短租房屋实际上已经成为地下旅馆，并且不需要向政府纳税，这对正规酒店非常不公平。据悉，2015 年 3 月前，美国已有 7 个地区开始授权 Airbnb 代收酒店税。

在居民区内做短租生意，是否要经过小区其他业主同意？很多国家和地区在这一块法律上还是空白。我国香港特区最近正准备修改相关法律，规定经营住宿业必须要有许可，如果楼内有居民不同意，则无法进行短租。

德国柏林禁止房东在 Airbnb 上出租整套房屋。荷兰阿姆斯特丹，美国旧金山、波特兰等地，专门针对在线短租行为的法律也开始实施，房东需向政府取得短租许可。2016 年 6 月，美国芝加哥通过新法律，规定在 Airbnb 注册的房东要向城市相关部门登记，每笔交易都要缴税，用于服务无家可归者；同时限制特定建筑物里可出租公寓的数量，具体取决于它的大小。而在 Airbnb 的“老家”旧金山，2015 年生效的法律规定了同一套公寓每年可出租的总天数，而且也需要向相关部门登记。随后，圣塔莫尼卡出台法律，规定出租房屋的业主需获得营业执照，且禁止房主不在场和整套公寓出租的短期租赁，并征收 14% 的税。费城居民每年最多可出租房间 180 天，并需缴纳 8.5% 的酒店税。

在其他城市，类似的立法正在讨论中。洛杉矶城市规划部门已提出法令草案，要求房主在出租房屋前向政府提出申请，每两年更新登记信息并支付费用。纽约也在酝酿新法律，禁止房主出租整套公寓，违者将面临高达 7500 美元（约合人民币 5 万元）的罚款。

有些国家禁止 Airbnb 为代表的短租，也有一些国家从禁止到允许。比如日本东京，已经开始接受市民对家庭房屋短租的服务资格登记。

四、我国在线短租的未来发展趋势

（一）国家利好政策的大力支持

2015 年 7 月，国务院常务会议中明确指出，未来将放宽以在线度假租赁为代表的新兴业态市场准入和经营许可。2015 年 11 月，国务院出台了《关于加快发展生活性服务业促进消费结构升级的指导意见》中表示："积极发展客栈民宿、短租公寓、长租公寓等细分业态。"2016 年 3 月，由国家发展改革委、科技部、财政部、商务部、环保部等 10 个部门联合制定的《关于促进绿色消费的指导意见》，提出鼓励绿色产品消费、加强金融扶持等 17 条具体举措，力促绿色消费发展，并明确支持发展共享经济，鼓励个人闲置资源有效利用，有序发展网络预约拼车、自有车辆租赁、民宿出租、旧物交换利用等，创新监管方式，完善信用体系。

越来越多的利好政策不断出台，将提升人们参与在线房屋短租市场的积极性，从而吸引更多社会资源进入该领域，为众多的创业平台提供更多的发展机遇。

（二）个性化旅游度假需求将进一步增长

经济的发展，使得人们更愿意外出旅游。旅游业的快速发展也带动了房屋住宿需求的增长，从而带动房屋短租市场的跨越式发展。与传统的随团旅游方式相比，家人、朋友、同事组成的团体进行"自驾游"已经成为新时尚，人们的住宿需求更加个性化及多元化，不再青睐于标准化的酒店、宾馆提供的住宿服务，更想体验当地的风土人情。

（三）管理制度将日趋完善

从我国监管部门的态度及国外在线房屋短租市场的发展经验来看，越来越多的行业标准及管理制度将会不断涌现。

五、完善我国在线短租的法律对策

（一）加强行业管理，明确经营资质和准入条件

目前，短租行业介于旅馆业和租赁业之间，这不利于相关部门的监管。

我国《旅馆业治安管理办法》明确规定了对旅馆的监管措施。其中《旅馆业治安管理办法》第 2 条指出：凡经营接待旅客住宿的旅馆、饭店、宾馆、招待所、客货栈、车马店、浴池等（以下统称旅馆），不论是国营、集体经营，还是合伙经营、个体经营、中外合资、中外合作经营，不论是专营还是兼营，不论是常年经营，还是季节性经营，都必须遵守本办法。各省市《实施细则》也明确规定了开办旅馆的安全条件、工商登记条件、治安管理条件等内容。

房屋租赁则是实行备案登记制，无论是签订、终止还是变更租赁合同，当事人应当向房屋所在地的直辖市、市、县人民政府房地产管理部门登记备案。

相比较发现，“短租”既没有获得相关经营资质，也没有将合同备案登记，“短租房”难以单方面地被纳入旅馆或出租房范畴。因此，首先，国家要采取措施界定行业性质，使短租行业尽快走上合法合规道路。其次，对于短租公寓服务过程中发生的纠纷，目前可以参照合同法、侵权责任法、酒店餐饮服务行业相关政策处理。最后，尽快制定针对短租行业的价格、服务、卫生等各方面硬性规定，使短租行业步入有认证体系的轨道。

目前，短租市场正在不断发展壮大，如何让短租优化市场资源配置，又能规范其流程运作，是我们亟待解决的问题。笔者认为，解决这些问题的关键点在于经营短租必须获得许可。

（二）区分收入类别，完善税收监管

对于短租企业、房东等不同主题需要缴纳的税费，应区别其收入类型。从具体操作而言，短租企业承担增值税费。增值税以外的教育附加费、城市建设维护费等由双方共同承担，但是教育附加费、城市建设维护费不能由房东个人来缴纳，只能是短租企业作为企业缴纳后，将缴纳的费用按照协议让房东部分承担；另外，短租企业必须向旅行者开具发票；最后，对于房东获得租金的个人收入部分，可对其征收个人所得税，但由其自行申报。

（三）加强政府的行业指导

政府部门不仅需要为分享经济的在线房屋短租提供持续稳定发展的外部

环境，同时需要更有效地解决分享经济衍生行业造成的利益冲突问题。政府部门应该及时修改那些无法满足共享经济发展需求的法律，加强用户安全方面的保障，制定出完善的分享经济相关从业者社会保障机制。政府应该进一步加快公共数据开放及社会信用体系建设进程，引入相关人才实现基于大数据、云计算等现代信息技术的精准治理与高效治理。

（四）增强企业的内部治理

分享经济企业内部治理将成为协同治理的重要组成部分。分享经济企业应当基于国内市场特征形成产品及服务质量标准、信用考核机制和交易规则等管理体系。[①] 如小猪短租，在旅客预定好房间之后，需要在线上签署《房客保障计划》和《房客人身安全保险》。《房客保障计划》可以帮助旅客解决入住时发生的诸多问题，比如房间及配套设施与照片不符、预订房间无法入住、房东临时提价等。如果旅客能成功入住并且投保，将会获得小猪短租提供的中国太平洋保险公司定制的《房客人身安全保险》，从而在意外身故、意外残疾以及意外伤害医疗三个方面获得可靠的保障。

房东需要签署《个人房东财产保障方案》和《身份验证机制》。房客在入住期间，因过失操作、故意破坏或盗抢行为对所住房源造成财产损失的，将由"财产保障方案"为房东提供重要的支持，保障个人房东的财产安全。《身份验证机制》可以绑定二代身份证信息，房东可以输入房客的二代身份证号码，联网查询房客的信息是否真实。

（五）完善社会组织机构方面

以行业协会、产业联盟为代表的组织机构，将在强化企业之间的合作、促进信息共享和行业标准建设等诸多方面发挥重要作用。

---

① 隋婷婷：《从用户体验角度探析在线短租的发展情况及对策》，载《时代金融》2014 年第 1 期。

共享金融

共享金融，何以可能

彭　冰[1]

共享经济的法律含义是什么？大家都知道，现在出现了多种多样的共享经济名目，如网约车、共享单车、共享住房等。但是当我们在法律上讲共享经济的时候，我们需要搞明白：法律上要讨论的共享经济的定义到底是什么？讨论这个问题，出发点应该是搞明白共享经济和其他商业模式到底有什么不同，以至于我们需要对共享经济加以特别的法律约束。

共享经济与其他商业模式的区别，我们可以滴滴专车和滴滴快车为例进行说明。滴滴专车是滴滴公司自行购置车辆、雇佣司机，并对外提供运营服务的商业模式。这和传统的出租车公司其实并无区别，因为传统的出租车公司也是采取的这种运营模式。那为什么我们在法律上要区别，前者叫共享经济，后者叫出租车行业呢？事实上，这二者并没有区别。

但是滴滴快车与此不同。滴滴快车的模式是，将人们日常使用的汽车在闲置时提供给他人使用。这种模式跟出租车行业有着根本的不同，即滴滴快车模式中提供服务的人本身就是消费者，而非一个专职出租汽车的人士。所以在法律上对滴滴快车的监管，和对专业的出租车公司的要求不可能一样。对专业的出租车公司可能需要适用特别的保险要求、税收要求、职业资质要求。但对滴滴快车的监管则不能采取这种方式。因为滴滴快车并非一个日常经营性的概念，它只是日常的车辆拥有者在偶有闲暇时才提供服务。滴滴快车司机一天可能只干一单、两单、三单，甚至一个月可能只干一单。你不可

---

① 彭冰，北京大学法学院教授。

能将滴滴快车司机用专业的出租车司机模式来管理，必须在法律上有不同的处理。

所以我认为：从法律上来讲，共享经济的核心就是闲置资源的重新利用。如果你真的自己去买了一批车放出去出租，那就是出租车公司。从这个本质上来讲，我们天天讲的共享单车，其实不是法律意义上的共享经济，因为它跟滴滴快车不是一个模式。它是一个公司买了几万辆甚至几十万辆的自行车专门用于短期租赁。这个服务早已有之。比如，北大门口原来每天都有出租自行车的生意。其实它是一个传统行业，它不是共享经济。所以共享经济是闲置资源的重新利用。

闲置资源的重新利用也符合十九大提出来的社会主要矛盾——人民日益增长的物质需求同发展不平衡之间的矛盾。闲置资源的重新利用，说明分配存在不平衡的地方，有人有闲置资源，有人有资源利用需求，所以他们之间要发生交易。共享经济有助于资源的有效利用，有助于社会的发展，能够更好地满足人民生活的需求。所以我觉得共享经济从本质上、从长期来看是符合共产主义发展方向的。

我们日常讲的金融，本质上就是共享。金融是什么？是资金的融通。社会发展中有人有闲置的资金，有人对资金有需求，所以我们要融通资金。从这个意义上来讲，不管是传统金融还是新金融，其实都是共享经济——金融就是共享经济。但是为什么我们在传统上对金融进行了严格的监管呢？最大的原因是什么呢？

这是因为对闲置资金和闲置物品的控制权和使用是不一样的。对闲置的有形资产的利用，它的核心是产品虽然被他人使用，但是所有权人仍然能够对其进行有效控制。就好比共享自行车这件事其实早就有，为什么原来的自行车租赁行业没有现在共享单车发展得这么蓬勃呢？这是因为原来没有 GPS 定位，或者原来 GPS 定位的系统很麻烦，所以北大门口原来出租自行车的人会要求你提供身份证、交押金，有一系列很麻烦的手续。其目的就是要保证你能把自行车还回来。但是现在新技术已经出现，安装了 GPS 的自行车随便停在哪，自行车公司都知道其具体位置。

但是对闲置资金的再利用与此不同。因为在资金占有转移的同时，资金原所有人丧失了对资金的控制，同时资金的使用也必然导致资金所有权的再次转移。如此一来，闲置资金的提供方就暴露在极大的风险之下。这就是大家耳熟能详的传统金融中所存在的信息不对称问题。

由于资金的使用者和资金的提供方存在严重的信息不对称，所以我们在法律上对传统金融加以严格监管。在间接融资上，我们对于金融中介机构也有严格的许可和监管要求。在直接融资中，对于资金的短缺方直接去找资金的闲置方寻求资金，我们有严格的注册或者核准要求，如 IPO 在我国就需要经过核准。这就是我们说的传统金融——尽管本质上就是所谓的共享，但是我们仍然实施严格监管。

不过这件事在互联网等技术的推动下，现在发生了巨大变化。因为互联网这个平台可以极大降低信息沟通的成本，这在金融领域也会同样起到作用，最典型的作用是降低了资金的使用方和资金的闲置方互相发现的成本。因此，我们今天要讨论的第二个问题就是，共享经济或者共享金融能不能成为一个可行商业模式？

这一问题的核心其实是什么呢？核心不是闲置资源、闲置资金够不够，核心是互联网平台沟通双方的这个技术，可不可靠，能不能减少他们之间的信息不对称？具体到金融，本质上就是，互联网技术提供了一种资金闲置方和资金短缺方重新交易或者减少中介来进行交易的可能性。但是这个可能性的核心在于要减少他们之间的信息不对称，因为资金提供方完全暴露在资金使用方面风险之下，而资金的提供方是没有能力自己去识别和控制这个风险的，所以如果互联网中介平台能够有核心技术解决这个问题，它就能展现一种新的金融业态。应该说这种可能性在目前我们看到了很多，大数据、人工智能等都是例子。但到底可不可靠呢？现在还很难说可靠。

那么随之而来的第三点问题是，到底我们应该怎么处理这个问题？P2P 就是一个很典型的共享经济业态。部分人有闲置资金，其他人有资金的需求，双方通过平台达成一个借贷协议，这是一个很典型的共享经济业态。但是它和其他的共享经济都面临着相似的很严重的问题。在法律上，它一开始并不合法。他们都先处于灰色状态，然后迅速的发展壮大，然后受到承认。也有人曾经总结过，说 P2P 这类企业模式是一种特殊的专门挑战监管的企业。[①] 这个业态出现的时候，业者就知道这是违法的，但是业者认为这个业态会对社会发生变化，所以他们就大量的在灰色地带发展，然后当 P2P 变得太大，不能取缔的时候，就产生了立法改变的需求。所以像 Uber 在美国各州挑战出租车行业，共享民居 Airbnb 在美国各州挑战旅馆行业。中国的 P2P 也是经历了这样一个过程。中国 2016 年 8 月出台的关于《网络借贷信息中介机构业务活动管理暂行办法》，它是一个特殊的监管模式。它和传统的银行监管不一样，和传统的证券发行监管也不同，它设置了一个所谓的小额融资备案制度。就是说如果融资在一定额度范围之下，然后在地方监管部门备案，一直坚持信息中介的定位，就允许 P2P 平台合法存在和经营。这就出现了一个新的阶段。

最后我有三点结论。第一点就是技术的发展确实带来了业务模式不断创新，而且我们相信这种创新会带来社会进步。所以我们要容许它。第二点就是我们应该怎么容许它呢？我们应该在风险可控的情况下，容许它创新试错。那第三点就是由此我们希望政府监管机构应该是一个积极进取型的监管机构，不能放任以创新之名的野蛮生长，也不能全面禁止不允许创新。这都是不可行的。我们需要能够控制共享经济外部性和消极方面的一种新监管模式，我们需要一个积极进取型的监管机构。

---

① See Elizabeth Pollman & Jordan M. Barry, Regulatory Entrepreneurship, 90 Southern California Law Review 383 (2017).

小额信贷、普惠金融及其中国实践

杨　松　张永亮[①]

普惠金融（Financial Inclusion），即包容性金融，最早被联合国于2005年的“国际小额信贷年”的宣传中所提及，其核心内容是基于机会平等和商业可持续原则，以可负担的成本为有金融服务需求的社会各阶层和群体，特别是低收入者提供适当、便利和有效的金融服务。其核心内容有二：其一，普惠金融强调机会平等，致力于为小微企业和低收入者提供金融服务；其二，普惠金融机构须遵循市场化的运行规则，以实现可持续发展，普惠金融不是扶贫，不是慈善。近年来，中国政府不遗余力地推进普惠金融制度建设，[②]历经多年实践，业已形成涵盖储蓄、支付、保险、理财、信贷等全方位的金融服务。普惠金融思想起源于国际小额信贷理论和实践，尽管表述不同，但内涵和本质则有异曲同工之妙。

---

①　杨松，辽宁大学法学院教授，博士生导师；张永亮，浙江农林大学法政学院副教授。基金项目：本文系教育部哲学社会科学重大课题攻关项目“加快发展民营金融机构的法律保障研究”（13JZD012）、浙江省法学会课题“浙江省民间借贷法律规制研究”（2013NC26）的阶段性成果。

②　党的十八大提出“要加大统筹城乡发展力度，增强农村发展活力，逐步缩小城乡差距，促进城乡共同繁荣”；党的十八届三中全会指出“保障金融机构农村存款主要用于农业农村，发展普惠金融，鼓励金融创新，丰富金融市场层次和产品”；《中华人民共和国国民经济和社会发展第十三个五年规划纲》中指出“要构建多层次、广覆盖、有差异的银行机构体系，扩大民间资本进入银行业，发展普惠金融，着力加强对中小微企业、农村特别是贫困地区金融服务”；2015年12月国务院印发《推进普惠金融发展规划（2016~2020年）》，着重指出“小微企业、农民、城镇低收入人群、贫困人群和残疾人、老年人等特殊群体是我国普惠金融重点服务对象”。2016年9月G20杭州峰会通过的《G20数字普惠金融高级原则》倡导利用数字技术推动普惠金融发展。2004年至2017年党中央一号文件连续十四年以“三农”为主题，倡导农村金融机构改革，鼓励为农民和农村需要的小额信贷组织的设立。

一、国际小额信贷是普惠金融的最早探索

小额信贷的概念源自英文 Microcredit 和 Microfinance，在我国有诸如“小额信贷”“小额借贷”“小额金融”“微型金融”等不同的译法。Microfinance 是由 Hans Dieter Seibel 于 1990 年最先提出并用来取代 Microcredit，意味着为贫困人口提供更为广泛的金融服务，而不仅仅是狭义的资金借贷，Hans Dieter Seibel 认为 Microfinance 是指金融部门的一个组成部分，包括正式性的和非正式性的金融机构，规模或大或小，为较为贫困的人提供小额金融服务，也包括为农产品加工企业及其他偏远农村中小企业提供额度较大的金融服务[①]。当下，Microcredit 与 Microfinance 均指小额信贷，其内涵已经突破简单的金钱借贷，基本上涵盖了储蓄、支付、保险、理财、信贷等全方位的金融服务。小额信贷联盟（Microfinance Alliance）认为小额信贷的服务对象是由于经济状况较差被传统金融体制所排斥的客户，强调小额信贷的服务对象是经济状况差、贫穷的人，小额信贷包括小额贷款、小额存款和小额保险。巴塞尔银行监管委员会将小额信贷定义为“对低收入家庭和小型、非正式企业提供有限金额的金融服务”（2010）。[②]

杜晓山认为小额信贷是指专向低收入阶层提供小额度的持续的信贷服务活动。中国小额信贷项目是在政府推动下以扶贫攻坚为主要目标，对中国的小额信贷机构要加强规范和监管，逐步实行灵活的利率政策；实现从补贴性小额信贷到持续性小额信贷的转变。[③] 根据小额信贷的目的和利率，基本上可以

---

① Hans Dieter Seibel，Does History Matter? The Old and the New World of Microfinance in Europe and Asia，Working paper / University of Cologne，Development Research Center，No. 2005，10.

http：//www.microfinancegateway.org/gm/document-1.9.29698/29667_fileDoes HistoryMatter.pdf..

② To illustrate the difficulty，consider the provisional definition chosen by the Basel Committee on Banking Supervision in 2009.The Committee declared that microfinance is “the provision of financial services in limited amounts to lower income households and small，informal businesses”.

③ 杜晓山、孙若梅：《中国小额信贷的实践和政策思考》，载《财贸经济》2000 年第 7 期。

将小额信贷分为福利主义小额信贷和制度主义小额信贷。前者是应为穷人给予低利率贷款资金的补贴和扶持，也称为“输血式”小额信贷。后者则是目前国际的主流观点，主张商业化运作方式（保障自身的收入大于支出）提供信贷服务，也称为“造血式”小额信贷。制度主义小额信贷又可再分为两类，公益性和商业性，公益性制度主义小额信贷以服务穷人为目标客户。商业性制度主义小额信贷则服务于更宽泛的目标群体，包括企业在内，而且以追求利润为主要或重要目标。①

上述各种定义提示了小额信贷的本质在于：服务对象是较为贫困的人群或小微企业；提供的是“小额”金融服务；目的在于实现经济和社会的包容性发展，消除贫困，实现公平正义。但是，何为贫困人群、“小额”的具体金额是多少，由于各国经济发展程度不一，难以厘定。小额信贷的组织机构形式多种多样，其最初也是最典型的组织形式是非政府组织，其他组织形式包括信用合作社、国有金融机构、国有政策性银行、商业银行或非正规的社会团体等。不管形式如何，其目标是一致的，均为贫困人口提供金融服务，是现代普惠金融理念的早期实践形式。

（一）国际小额信贷的缘起

现代国际小额信贷运动发轫于20世纪70年代，最初的组织形式表现主要是仰仗社会捐赠和政府补贴、为贫困人口提供小额贷款服务的非政府组织（NGO），其宗旨是为难以从正规金融机构获得金融服务的贫困人群和中小企业提供融资服务。2006年诺贝尔和平奖获得者穆罕默德·尤努斯是小额信贷运动的开拓者，他领导的孟加拉国乡村银行成功的关键在于创建了小额信贷的“联合贷款模式”（Solidarity Lending Approach），此模式成功的关键在于通过社会担保机制，在贷款者之间建立了有效的制约机构、监督机制和激励机制。穆罕默德·尤努斯创设的孟加拉国乡村银行证实：贫困人群的贷款还款率达到98%，他们从贷款中获益，摆脱了贫困。小额信贷不仅解决了客户的经

① 杜晓山：《对当前小额信贷及相关热点问题的思辨》，载《科学决策》2013年第11期。

济问题，还提高了他们的健康水平和受教育程度，有助于实现性别平等。尽管孟加拉国乡村银行在减少贫困方面取得了极大的成功，但是，其自身的可持续发展却面临着严峻的挑战。

（二）国际小额信贷的转型

为寻求可持续发展，自20世纪90年代起，小额信贷机构（Microfinance Institutions，以下简称MFIs）的组织机构类型更加多样化，商业化趋势显著增强，在发展性援助及社会服务领域适用市场理念和商业规则相当普遍，原因在于，MFIs仅靠社会捐赠和政府资助无法行之有效地实现为穷人提供金融服务的目标。[①]此时，基于目标不同，可将MFIs大致分为两类，政府类或公益性的MFIs应将目标置于如何减少贫困，[②]而商业化的MFIs可以营利为中心，通过可持续发展为更多的低收入人群提供金融服务（Marguerite S.Robinson，2001）。有学者提出，MFIs应遵循“双重底线”（Double Bottom Line）标准，所谓“双重底线”标准是指企业在追求营利的同时追求社会效益的增进（Jerr Boschee，2008）。MFIs通过向穷人提供金融服务，一方面使MFIs获取营利，另一方面也有利于社区的进步。Janet E.Kerr积极倡导社会企业，通过营利不仅使企业获得了发展，同时又解决了社会问题（Janet E. Kerr，2007）。有学者指出，MFIs使两个不同的优先标准同时结合在一起，将确定无疑地颠覆人们的传统文化理念（Lan Cao，2012）。MFIs在营利目标与脱贫宗旨之间，或者说在自身可持续发展与脱贫目标之间出现了二元悖论。“双重底线”标准的概念欠缺清晰和一致性，“双重底线”标准的困境在于如何衡量社会效益的增进（Anita Bernstein，2013）。营利标准是可以用数字来衡量的，而社会进步的标准却难以用明确的数字来衡量。学者们普遍认为小额信贷兼具经济功效和社会功效。“小额金融是实现经济可持续发展的核心”（Alan M. White，2012），

---

① B. Seth McNew，Regulation and Supervision of microfinance Institutions：A Proposal for a Balanced Approach，Vol. 15 Law & Bus. Rev. Am. 287，2009.

② Celia R. Taylor，Microcredit as Model：A Critique of State/NGO Relations，29 SYRACUSE. J. INT'L L. & COM. 303，326（2002）.

不仅创造社会财富，更有助于慈善事业的深入开展（Tracy Turner，2008），使贫困家庭更加团结，阻止非法移民（Devon Roepcke，2009），摆脱贫困的奴役（Jessica Deihl，2009）。小额信贷不仅解决了客户的经济问题，还提高了他们的健康水平、受教育程度、性别平等。但也存在一些突出的问题：小额信贷机构发展的非持续性，服务对象的广度和深度不够（Hubka & Rida Zaidi，2005）。

二、如何监管小额信贷

自 20 世纪 90 年代以来，是否应对 MFIs 实施监管，尽管反对的声音仍然存在，但是支持论已成为学界的主流观点。① 争议的焦点在于这种法律监管是激励还是遏制了 MFIs 对贫困人口的信贷能力。MFIs 需要监管，但是监管过度又可能窒息其生存与发展。

（一）小额信贷需要监管

小额信贷需要监管的理由在于：小额信贷作为一种交易行为，存在着市场失灵；小额信贷关涉银行消费者的利益，这本身就是金融监管的重要构成部分；小额信贷作为一种信贷工具，具有两面性，一方面会带来国家经济的繁荣与发展，另一方面也可能诱发债务危机的风险（Anita Bernstein，2013）。对 MFIs 实施监管，有利于提高小额贷款机构的治理水平，提高 MFIs 的可持续发展能力、保护存款人的利益，有利于金融体制的稳定、减少货币错配的风险、

---

① Aneel Karnani, *Microfinance Needs Regulation*, 9 STAN. Soc. INNOVATION REV. 48 (Winter 2011), *available at* http: //www.ssireview.org/images/articles/2011WI Feature Karnani.pdf; Aaron Jones, Note, *Promotion of a Commercial Viable Microfinance Sector in Emerging Markets*, 13 GEO. J. ON POVERTY L. & POL'Y 187, 199~203 (2006) (noting that observers agree on the need to regulate microfinance but disagree on what this regulation should provide); Shelley Thompson, Note, *80 Simple Rules: The Effective and Sustainable 2009 Rwandan Microfinance Regulations*, 38 SYRACUSE J. INT'L. L. & COM. 415, 420 (2011) (observing that regulation is salutary for microfinance institutions themselves).

防止洗钱和金融恐怖主义的发生（Robert Christen & Richard Rosenberg，2000；*Panel Discussion Regulation of Microfinance*，UNCDF，2007；*B.Seth McNew*，2009）。监管是实现其可持续发展的关键要素。[①]世界上，仍有很多人未能得到小额信贷机构的服务，根本原因在于小额信贷机构没有充足的资金，仅靠捐赠和政府资助无法满足这个市场的大量需求。小额信贷机构需要服务更多的穷困人口，需要实现自己的可持续发展，唯有获得更多的资金才能完成上述任务和目标，获得更多的资金就需要其经营模式的商业化，有权利接受存款，故而，需要对其实施监管。[②]

（二）小额信贷监管的困境

对小额信贷实施监管的迷思和困境在于：其一，小额信贷的概念混乱，其内涵和外延不确定，未有统一的、普遍接受的概念；其二，理论界对小额信贷的旨趣同时存在乐观主义、悲观主义和中间主义（调和论）三种相互矛盾的“路线”，致使监管政策摇摆不定；其三，MFIs 的“双重底线”原则的困扰，即小额信贷兼具经济效益和社会绩效为目标，然而，并非所有 MFIs 均以此为宗旨。小额信贷的诸多不同论说，导致小额金融的提供者和服务对象不确定、交易规则的不确定、监管目标的不明确，此举极大地损害了小额信贷监管制度的完善。

故而，为使 MFIs 更好地为客户服务，同时维系其自身的可持续发展，亟须设计一个独特的针对小额信贷特点的监管框架。然而，这种监管框架如何设计，监管到何种程度，仍未有明确而合适的答案。小额信贷的核心问题在于它需要监管，但是监管过度又与其自身性质——需要灵活性相违背，进而窒息其生存与发展。

---

① Robert Christen & Richard Rosenberg，*The Rush to Regulate*：*Legal Frameworksfor Microfinance*，Occasional Paper No.4（Consultative Group to Assist the Poor，Washington D.C.）Apr. 2000，at 1，*available at* http：//www.uncdf.org/mfdl/readings/CGAPocc4.pdf.

② B. Seth McNew，Regulation And Supervision of microfinance Institutions：A Proposal For A Balanced Approach，Vol. 15 Law & Bus. Rev. Am. 287，2009.

（三）小额信贷监管实践

自从 20 世纪 90 年代晚期开始，监管者们一直试图寻求如何对小额信贷实施监管的有效制度，涌现了一批包括法律制度、指导原则、指令、最佳实践（做法）等内容。譬如，世界银行于 1998 年发布了一个关于小额信贷的综合性的“小额信贷机构监管框架”建议，此框架用分解的办法将小额信贷分成三大类 7 小种。巴塞尔银行监管委员会于 2010 年发布题为“小额信贷活动与有效银行监管核心原则”文件，此举被致力于减少贫穷的活动家们誉为是巴塞尔银行监管委员会致力于实现金融包容的第一文，其适用对象是吸收存款的金融机构。2007 年欧盟委员会发布了“欧洲小额信贷监管”（*The Regulation of Microcredit in Europe*）指令，这是一个区域性的监管准则，该指令提出：允许非银行从事借贷行为；避免设定利率上限过低；确保为非银行借贷行为设定最低的立法标准；为小微企业创设一个宽松的发展环境。此外，一些国家通过立法的形式对小额信贷实施规制。南非、赞比亚、乌干达、马拉维、尼泊尔、孟加拉国、波斯尼亚、格鲁吉亚、摩尔多瓦、乌克兰等国家于 1999 年之前均推出小额信贷的国家立法；尼日立亚中央银行于 2011 年修订了其 2005 年的小额信贷监管政策框架。肯尼亚于 2006 年出台小额信贷法，对小额信贷实施全面监管。卢旺达政府于 2009 年通过了国家小额信贷战略，致力于建立包容性金融。对小额信贷实施分类监管是理想的做法。世界银行一直倡导不能将小额信贷视为一个整体实施相同的监管。

三、对国际小额信贷认识的分野

（一）乐观主义

2007 年国际金融危机爆发前，国际小额信贷运动持续发酵，誉满天下。成立于 1995 年的世界银行扶贫协商小组（Consultative Group to Assist the Poor：CGAP）一直向全世界各地向不能获得银行服务的人提供金融服务。2004 年联合国宣布 2005 年是“国际小额信贷年”。穆罕默德·尤纳斯与他所创建的孟加拉乡村银行于2006年获得诺贝尔和平奖。此时，国际小额信贷运动的国际声望达到了极致。诺贝尔委员会在致辞中写道："世界的持久和平不能实现，除非贫穷的人口寻找到实现脱贫的办法。小额信贷就是一种使穷人摆脱贫困的路径"。学术界也视小额信贷是实现经济可持续发展的核心，不仅创造社会财富，还有助于慈善事业的深入开展；使贫困家庭更加团结；阻止非法移民；战胜营养不良；提高妇女的社会地位。国际组织，如世界银行、巴塞尔银行监管委员会、欧盟委员会均对小额信贷提出了监管框架，很多国家亦对小额信贷实施立法规制。

（二）悲观主义

2007年爆发的金融危机是小额信贷发展的一个分水岭。印度安德拉邦州小额信贷的崩塌得到了州政府和中央政府资金的大量注入，显示了小额信贷客户的脆弱性，大量贷款人违约，出借人采用极端的催债方式导致大量贷款人自杀，灾难升级。"监管不力应为印度安德拉邦州小额贷款灾难担责"。[①] 事件也直接催生了印度于2011年出台了小额信贷机构发展与监管法案的诞生。2009年至2010年的其他国家，如摩洛哥、波斯尼亚、尼加拉瓜的小额信贷危机也进一步强化了对小额信贷实施监管的必要。

在部分发展中国家连续爆发的小额信贷"悲剧"事件，招致学术界对小额信贷理论的批评之音接踵而来。金融危机之前，批评者是以一种较为柔和的声音质疑"小额借贷可治愈贫穷"的效果。理查德·波斯纳大法官于2005年曾言道：通过借款摆脱贫困的想法非常奇怪（Anita Bernstein & Hans Dieter Seibel, 2011）。与其他脱贫手段相比，小额借贷并不优越。不管使用何种办法，只要向人们提供金钱帮助都可使其在短期内脱贫，一旦资金耗尽，效果即消散（Celia R. Taylor, 2002）。[②] 小额借贷只是令穷人中的富有阶层受益（Thomas

---

① Anurag Priyadarshee & Asad K. Ghalib, Working Paper, *The Andhra Pradesh Microfinance Crisis in India: Manfestation, Causal Analysis, and Regulatory Response*, BROOKS WORLD POVERTY INST. 1, 8（2011）.

② Celia R. Taylor, *Microcredit as Model: A Critique of State/NGO Relations*, *29* SYRACUSE. J. INT'L L. & CoM. 303, 326（2002）.

Dichter，2006）。[①] 乐观主义者过高估计了小额借贷对提高妇女地位的作用（RashmiDyal-Chand，2005）。[②]

金融危机之后，由于监管政策不适当、制度设计不合理及小额信贷机构自身经营管理不善，对小额信贷持怀疑和悲观态度的声音逐步增多。批评论者认为，小额信贷迅速成为商业银行榨取利润的新增长点，使贫困人口深陷债务之中，其双重目标难以实现。这些质疑并非全盘否定小额信贷制度，而是希望政策制定者们停下来反思之前的制度建设。小额信贷并非灵丹妙药，包治百病，它有可能会伤害贫困人口，从而背离小额信贷制度之本旨。[③]（Thomas W.Dichter，2007；Rebecca Farre2008；Milford Bateman，2010；Katherine Driscoll，2010；Hugh Sinclair，2012）有学者认为，全球金融危机不是小额信贷危机爆发的直接原因，MFIs 自身的问题，如数量过多、内控机制薄弱、内部治理不完善等问题是引发小额信贷危机更直接的原因

① Thomas Dichter, *Hype and Hope: The Worrisome State of the Microcredit Movement*, MICROFINANCE GATEWAY（Mar. 24，2006），http：//www.microfinancegateway.org/p/site/m/template.re/1.26.9051（"The microcredit paradox is that the poorest people can do little productive with the credit，and the ones who can do the most with it are those who don't really need microcredit，but larger amounts with different（often longer）credit terms."）.

② Rashmi Dyal-Chand，*Reflections in a Distant Mirror: Why the West Has Misperceived the Grameen Bank's Vision of Microcredit*，41 STAN. J. INT'L L. 217，261~266（2005）（reporting empirical findings about oppression in the Grameen model）.

③ THOMAS W. DICHTER，WHAT'S WRONG WITH MICROFINANCE?（2007）；Thomas W. Dichter，*Too Good to Be True*，32 HARV. INT'L REV.（May 1，2010），*available at* http：//hir.barvard.edulwomen-in-power/too-good-to-be-true；MILFORD BATEMAN，WHY DOESN'T MICROFINANCE WORK? THE DESTRUCTIVE RISE OF LOCAL NEOLIBERALISM（2010）（describing microfinance as advantageous to investors and international standard-setters）.

On doubts about microfinance in the context of trafficking，see Katherine Driscoll，*Microcredit: Not Yet a Panacea to End Trafficking in Women*，13 U. PA. J. Bus. L. 275，287（2010），*available at* https：//www.law.upenn.edu/journals/jbl/articles/volumel3/issuel/Dri *scolll3UPa.JBus.L.275%o282010o29.pdf See also* Rebecca Farrer，*Exploring the Human Rights Implications of Microfinance Initiatives*，36 INT'L J. LEGAL INFO. *447*，459（2008）（reporting that women with HIV may be especially ill served by group-loan models of microfinance）（citations omitted）.

(Xavier Reille，2010)。[①]

（三）中间主义

2009年出现了关于小额信贷的中间道路主义者，主张扩大小额信贷的规模，但是需要加强保障制度建设。他们鼓励发展更多的小额信贷机构，但是需提防被滥用；支持营利性小额借贷发展但又谴责高利率；[②]一些人视小额信贷为解决贫困问题的"魔法师"，而又有人认为，小额信贷不过是一个经过重新定义和包装的新的高利贷行为。[③]

（四）综述

贫困是一个复杂的社会现象，仅凭新自由主义的自由市场信念和企业家的精神力量似乎很难找到行之有效的解决问题的答案。当我们具体观察某一个地方的特定人群时，小额信贷作为解决问题的方法的局限性就相当突出。各种自然灾害和经济危机使人们的生活变得反复无常，缺乏保障。倘若信贷能解决问题，那么投资的回报数额不仅能返还本息，而且还能产生一定的利润；倘若投资失败，那么贷款就会变成一种负担和压力，贷款人必须另寻其他途径归还债务，此举可能令债务人陷入更加贫困的恶性循环之中。如果他们不能及时偿还贷款，这有可能使他们坠入更大的经济和社会危机之中，背负债务增加了他们陷入恶性循环的可能性。

那么是否意味着小额信贷在反贫困运动中没有任何价值呢？答案当然是否定的。解决贫困问题不仅需要小额信贷，也需要以政府为主导推动其他配

---

① Xavier Reille, *The Rise, Fall, and Recovery of the Microfinance Sector in Morocco*, CGAP 1, 2 (2010), http://www.cgap.org/sites/default/files/CGAP-Brief-The-Rise-Fall-and- Recovery-of-the-Microfinance-Sector-in-Morocco-Jan-2010.pdf.

② VIKRAM AKULA, A FISTFUL OF RICE: MY UNEXPECTED QUEST TO END POVERTY THROUGH PROFITABILTY (2010).

③ Beatriz Armendiriz & Marc Labie, *Introduction and Overview: An Inquiry Into the Mismatch in Microfinance*, *in* THE HANDBOOK OF MICROFINANCE 3 (Beatriz Armenddriz & Marc Labie eds., 2011).

套投资项目的实施，如基础设施、健康、教育等。尽管小额信贷不能解决贫困家庭的所有问题，但这一制度至少在如下两个层面上发挥作用：（1）小额信贷有助于应付小型突发事件，从而不至于使债务人通过出售其他资产应对困境，从而有利于其平稳消费和保护财富；（2）小额信贷可令小微企业继续存活下去，尽管给他们带来的收益有限。究其根本，小额信贷是基于这样一个简单而古老的理念：如果给穷困的人提供信贷机会，那么他们就有能力摆脱贫困。小额信贷理论是基于如下假设：第一，贫穷的人缺乏信贷服务并需要可负担的金融信贷；第二，贫困的人天生具备企业家精神和气质；第三，小额信贷能创造奇迹。虽然信贷对于一些小企业的启动和运行是必不可少的，但这并不是必须满足的唯一条件，任何成功的企业除了信贷之外，更需要管理的技能、专业知识并遵循某些原则。除了上述限制因素之外，经营企业还面临其他更多的结构性限制，如与市场的距离、竞争状况、监管条件等。

尽管小额信贷不是使贫困人口摆脱贫穷的“发动机”，也不是有力改变妇女在家庭和社会地位的“利器”，但是小额信贷所能引致的哪怕是点滴的社会绩效的增进也是有意义的，应受到赞赏和支持。尽管存有上述巨大的质疑，小额信贷绝不意味着没有任何价值，只是小额信贷的意义和价值可能有人为炒作和抬高的嫌疑，必须对小额信贷做出客观和公正的判断。

四、新型农村金融机构是小额信贷理论在我国的最新实践

农村金融匮乏、信贷供给不足是引发并固化我国城乡“二元社会”的关键因素之一。多年来，国家一直倡导农村金融体制改革，鼓励各类资本在农村设立金融机构，以达致行之有效地服务“三农”的目的。新型农村金融机构的诞生正是国际小额信贷理论在我国的实践形式，是商业性制度主义小额信贷在我国的创新举措，是我国农村金融增量改革的关键环节，它缓解了农村金融供需矛盾，扩大了农村金融的服务范围，有效改善了农村金融的生态环境。新型农村金融机构是根据 2006 年 12 月 20 日银监会发布《关于调整放宽农村地区银行业金融机构准入政策更好支持社会主义新农村建设的若干意

见》的规定而设立的村镇银行、信用合作组织（农村资金互助社）和贷款公司。[①] 新型农村机构作为政府力推的旨在实施小额信贷战略、解决我国农村地区“金融抑制”问题的创新之举，截至2016年年底，全国已有1259个县（市）设立村镇银行，县（市）覆盖率为67%，全国共组建1519家村镇银行，[②]9个省（市）实现县域村镇银行全覆盖，村镇银行民间资本占比超过72%。新型农村金融机构的创设为服务“三农”、支持“小微”企业发展做出了不菲的成就，亦为民间资本进入银行业觅到了一条可行的、独特的发展之路，有力地助推中国金融体制迈向竞争性、多层次、多元化的发展之路。

村镇银行作为新型农村金融机构的典型代表，数量最多，影响最为广泛。村镇银行是我国农村金融改革的“创新之举”和“新突破”，经过近十年的发展，被监管层寄予厚望，然而由于市场定位不清晰，严重影响了其健康发展，再加上近年来新型金融科技企业的快速发展，而村镇银行在运用金融科技开展金融服务又严重滞后，村镇银行的可持续发展面临严峻挑战。

自2008年至今，银监会在不同时期颁布了近20余件与村镇银行相关的规范性法律文件，随着村镇银行的数量增多，社会影响力的扩大，经济学领域的学者主要从“绩效”视角研究如何提升村镇银行的“三农”服务效率，村镇银行的股东结构、治理结构、主发起人、营业地的金融发展水平等因素均关乎村镇银行的经营绩效，提出相应的制度建议以增强村镇银行支农绩效与意愿。[③] 王曙光教授认为“由于存在股东偏好约束、隐性担保缺失约束、产

---

① 《意见》规定：“积极支持和引导境内外银行资本、产业资本和民间资本到农村地区投资、收购、新设以下各类银行业金融机构：一是鼓励各类资本到农村地区新设主要为当地农户提供金融服务的村镇银行。二是农村地区的农民和农村小企业也可按照自愿原则，发起设立为入股社员服务、实行社员民主管理的社区性信用合作组织。三是鼓励境内商业银行和农村合作银行在农村地区设立专营贷款业务的全资子公司”。

② 杜晓山主编：《中国村镇银行发展报告（2017）》，中国社会科学出版社2017年版，第1页。

③ 参见董晓林、程超、龙玲华：《主发起人类型、设立取址与村镇银行经营绩效——以江苏为例》，载《财贸经济》2014年第2期；田杰、刘勇、陶建平：《社会经济特征、竞争优势与农村金融机构网点布局——来自我国278家村镇银行的经验证据》，载《西北农林科技大学学报（社会科学版）》2012年第6期；王曙光：《产权和治理结构约束、隐性担保与村镇银行信贷行为》，载《经济体制改革》2009年第3期；王修华、贺小金、何婧：《村镇银行发展的制度约束及优化设计》，载《中国农业经济问题》2010年第8期。

权和内部治理约束、运作成本约束以及不完全信息约束等诸多制度约束，村镇银行支持‘三农’的意愿必然受到削弱，而要增强其支农绩效与意愿，政府必须设计相应的激励相容的制度安排”。[①] 村镇银行最终的发展出路在于向民间资本开放村镇银行市场准入，造就一批真正的“草根银行”。[②] 村镇银行几乎没有设立在国家重点扶贫开发县内，大多倾向于在县域的富裕客户、种养业和专业大户以及规模较大的企业，“放大不放小”“进城不下乡”现象普遍存在。[③] 有学者认为，由商业银行主导组建的村镇银行和贷款公司体现了政府隐性存款担保下国家对于民营资本金融风险的过度防范。进一步的改革需要逐步从国家外生主导模式向民间内生成长模式转变，充分发挥民营资本和各类新型农村经济组织的作用。[④] 村镇银行应定位于“农村社区银行，逐步建成扎根社区、扎根基层、服务小微客户的社区银行”。[⑤]

法学领域的学者主要从经济法视角运用规范分析法、法经济法分析法、比较研究法等方法探讨村镇银行法律制度的缺陷并提出相应的制度改进意见，研究的领域包括“市场准入”“公司治理”“法律监管”等领域。村镇银行市场准入法律制度的主要缺陷有：设立门槛高，持股比例限制不合理，[⑥] 主发起人制度不合理，对民间资本采取审慎的限制和歧视，[⑦] 市场准入制度的政策性、碎片化与易变性导致“制度失灵”。[⑧] 村镇银行法律制度的“供给抑制”不利

---

① 王曙光：《产权和治理结构约束、隐性担保与村镇银行信贷行为》，载《经济体制改革》2009年第3期。

② 应宜逊：《关于加快村镇银行健康发展的几点建议》，载《上海金融》2009年第12期。

③ 参见于猛、梓斌：《村镇银行应多服务低端客户——专访中国社科院农村发展所副所长杜晓山》，载《人民日报》2010年4月27日，第010版。

④ 洪正：《新型农村金融机构改革可行吗？——基于监督效率视角的分析》，载《经济研究》2011年第2期。

⑤ 王曙光：《村镇银行的定位与挑战》，载《中国金融》2015年第23期。

⑥ 周仲飞：《银行法研究》，上海财经大学出版社2010年版，第135~153页。

⑦ 杨松、张永亮：《我国村镇银行设立制度之省察及重构——以民间资本进入银行业为视角》，载《法商研究》2014年第3期。柴瑞娟：《民间资本控股村镇银行：逻辑证成与法律规制》，载《法学评论》2012年第6期。

⑧ 张永亮：《村镇银行市场准入法律制度之检讨与重构》，载《法商研究》2017年第1期。

于实现其“营利”和“支农”的经营目标。[①] 关于村镇银行的公司治理，有学者认为村镇银行组织结构任意性规定较多、存款人利益保护机构不健全，[②] 主发起行控股村镇银行，股权结构高度集中。关于村镇银行的法律监管理念，有学者提出“差异化监管、适度监管和柔性监管，为农村金融实现善治提供了一种新的认知模式”，[③] 不应对提供小额信贷的村镇银行实施与其他商业银行相同标准的审慎监管，不利于该类小额信贷机构的设立，村镇银行的管理层也会将注意力集中于盈利目标，无助于其为贫穷地区和人群服务的目标的实现，故而，对村镇银行应实施有限制的宽松的审慎监管，更多地适用非审慎监管措施。[④] 村镇银行的监管困境在于村镇银行发展定位与创新激励的错位。有效监管村镇银行，应建立多样化、有序分层的监管体系，建立“自上而下”与“自下而上”良性互动的监管模式。

村镇银行作为新型农村金融机构的重要载体，其诞生是基于以下三个层面的宏大背景：其一，国家支持民营银行的稳健发展，以在更深层次上推动金融体制的市场化改革；其二，国家支持普惠金融的大力推进，以在更大程度上实现金融公平；其三，国家重视金融服务“三农”的深入开展，以在更大范围内实现国家的现代化。在应然意义上，村镇银行是我国农村金融体制改革的创造性与经验性产物，是民间资本进入银行业的最佳实践载体，有助于普惠金融目标的实现，有利于金融有效服务“三农”的发展。然而，在决策层浓重的“父爱主义”理念的指导之下，村镇银行设立法律制度有悖市场运行逻辑，实施效果差强人意。一方面，分支机构遍布全国的大型国有商业银行对设立村镇银行缺乏激情，另一方面，囿于制度的限制又令民间资本对入股村镇银

---

① 王煜宇：《新型农村金融机构的制度障碍与法律完善》，载《西北农林科技大学学报（社会科学版）》2016 年第 2 期。

② 管斌：《论我国村镇银行公司治理的制度变革》，载《经济法论丛》2017 年第 1 期。

③ 冯果、李安安：《包容性监管理念的提出及其正当性分析——以农村金融监管为中心》，载《江淮论坛》2013 年第 1 期。

④ 周仲飞：《提高金融包容：一个银行法的视角》，载《法律科学（西北政法大学学报）》2013 年第 1 期。

行的抱负被压抑。在简政放权的宏观背景之下，须简化村镇银行的设立条件和程序，创设友好的激励和保障制度，引导民间资本发起设立村镇银行，真正将村镇银行的设立地点深入农村和乡镇，实现村镇银行“村镇”之应有之义，真正实现为“三农”提供金融服务的宗旨。

五、普惠金融的中国实践与未来发展——以浙江省为例

浙江作为经济大省、强省，金融发展水平相对较高，但是农村地区金融服务存在着不全面、不均衡和不包容等突出问题。在加快推进浙江农业供给侧结构性改革背景下，推动浙江省农村普惠金融走向深入、走向法制，不仅有利于提高农村弱势群体的金融可得性，促进“三农”发展，实现金融公平和正义，更有利于从根本上解决金融业存在的结构性、体制性和素质性等方面的缺憾，以促进高水平全面小康社会目标的建成。

（一）浙江开展农村普惠金融的制度实践

深入开展普惠金融是实现浙江“金融强省”的应有之义。发展普惠金融，政策先行，浙江省向来重视农村普惠金融政策的发展。[①] 在开展农村普惠金融之路上，存在着一支扎根基层、服务草根、坚持“小微化”“普惠化”的金融力量，形成了独具浙江特色的农村普惠金融的实践经验和制度模式。

---

① 普惠金融是实现浙江“金融强省”的应有之义，浙江省委省政府向来重视农村普惠金融的发展。2013 年 7 月 19 日，浙江省政府办公厅发布《浙江农信普惠金融工程三年（2013~2015 年）行动计划》，标志浙江农信普惠金融路线图正式实施。在省政府的组织推动下，浙江农信以“创业普惠、便捷普惠、阳光普惠”为核心，超额完成小额信用贷款、农户贷款、小微企业贷款、信用体系建设、金融基础建设等普惠金融目标。2015 年 6 月 11 日省政府办公厅发布《浙江省金融产业发规划》明确提出规范发展“草根金融”，坚持“小微化”“普惠化”的发展定位，深入实施普惠金融工程，形成一支扎根基层、服务草根的“支农支小”力量，进一步打响“浙江小贷”品牌。为深入贯彻落实国务院普惠金融发展规划以及杭州 G20 峰会关于数字普惠金融达成的共识，省政府办公厅 2016 年 11 月 23 日发布《关于转发浙江农信普惠金融提升工程五年行动计划（2016~2020 年）》，标志着浙江在推进数字普惠金融和绿色金融发展之路迈向新台阶。在上述政策的指引下，浙江省农村普惠金融发展态势良好，为“三农”和“小微企业”提供了便利的融资环境，农民收入稳步提高，生活较为富裕。

1. 金融改革“试验区”的先行先试

自2012年以来，在浙江省各地设立的金融改革“试验区”为普惠金融的发展起到了良好的推动效应。[①]温州市金融综合改革试验区、台州市小微企业金融服务改革创新试验区的设立，试图通过优化小微企业融资环境，解决中小企业融资难、融资贵之弊端，促进普惠金融发展和实体经济转型升级。丽水市农村金融改革通过试点农村金融制度创新，打造了农村普惠金融的“丽水模式”。宁波普惠金融综合示范区获批设立，志在打造普惠金融“全面覆盖、重点渗透、满意度高”的“宁波范本”。这些种类各异、特色显著、各有侧重的金融改革示范区，不仅助推了浙江普惠金融的发展，更为全国普惠金融走向法治之路提供了浙江方案和实践经验。

2. 金融与科技的强强联姻

浙江省是中国互联网金融的发源之地、繁荣之乡。移动互联网、大数据、人工智能和云计算等技术在金融领域的运用，拓展了传统金融机构和新型金融科技企业金融服务的模式和手段，令普惠金融从理念走向实践，助推了浙江普惠金融的发展。浙江蚂蚁小微金融服务集团股份有限公司旗下的支付宝、余额宝、蚂蚁聚宝、蚂蚁金融云、芝麻信用，通过“互联网推进器计划”为所有具有金融服务需求的个人或者企业提供足不出户、方便快捷、服务有保

---

① 自2012年以来，在浙江省各地设立的以实现普惠金融为目标的金融改革“试验田”为普惠金融的发展起到了良好的示范效应。2012年3月《浙江省温州市金融综合改革试验区总体方案》获批设立，意在通过构建多元化的金融服务体系，实现民间金融阳光化、规范化，解决中小企业融资难、融资贵，探寻普惠金融发展之路。2012年3月30日，中国人民银行和浙江省政府联合批准《关于在浙江省丽水市开展农村金融改革试点工作的通知》，同意实施《丽水市农村金融改革试点总体方案》，目的在于通过试点农村金融制度创新，打造农村普惠金融的“丽水模式”。2015年12月11日中国人民银行、国家发改委等七部门印发《浙江省台州市小微企业金融服务改革创新试验区总体方案》，试图通过优化小微企业融资环境，促进普惠金融发展和实体经济转型升级。2016年3月28日省政府办公厅发布《浙江省台州市小微企业金融服务改革创新试验区实施方案》，志在创新小微企业金融服务新路径。2015年10月宁波普惠金融综合示范区获批设立，2016年4月7日宁波市政府出台《关于建设普惠金融综合示范区的实施意见》，目标在于实现普惠金融“全面覆盖、重点渗透、满意度高”的“宁波范本”。这些种类多样、特色显著、各有侧重的金融改革示范区，不仅助推了浙江普惠金融的发展，更为全国普惠金融走向法治之路提供了浙江方案和实践经验。

障的金融服务，极大地提升了金融服务的可得性，是助推浙江普惠金融纵深发展的利器。浙江涉农类银行金融机构也积极利用互联网平台推进普惠金融，开展“电子银行下乡”，为农户开通网上银行和手机银行。

3. 创建“村银合作”的普惠制度模式

所谓“村银合作”是指借助信用评定，银行直接与行政村建立金融合作关系，实现“整村授信、整村批发”的普惠金融服务模式。众所周知，完备的信用体系有利于消除信息不对称，提高金融运行效率。我省通过设立农村信用体系试验区，借助“信用户”“信用村”“信用乡”的评定，为普惠金融营造了良好的信用环境。对“信用户”实施贷款优先、利率优惠、额度放宽等优惠措施，对“信用村”实行“整村授信、整村批发”的金融服务模式。截至 2015 年年底，武义县有 5 家金融机构与当地 550 个行政村建立了合作关系，共授信农户数 65497 户，占总农户数的 58.85%。中国邮政储蓄银行丽水市分行开展“银村合作”，实施“整村授信，批量开发”业务，并在合作村设立金融服务点，配备专职信息员，农户在村子里即可实现贷款申请。常山农信联社采取“批量简易授信”方式推进“整村授信”业务，给予授信村农户便利的贷款通道和优惠的贷款利率。截至目前，常山农信联社对农户的建档面已经达 100%，建立信用村 103 个，其中省级信用村 2 个。

4.“农村金融服务站”打通普惠金融“最后一公里”

农村金融服务站是设立于村镇的全方位、自助型金融便利店，是打通农村金融服务“最后一公里”的重要平台，实现了金融服务网点的下沉，有助于缓解农村金融服务匮乏问题。农村金融服务站可为农民提供小额存取款、转账、代收代缴各类公共事业费和金融知识宣传等全方位金融服务，有效满足了偏远山区村民的小额金融服务需求。譬如，2010 年以来，各类涉农金融机构开始在丽水空白金融乡镇设立金融服务点。中国邮政储蓄银行（以下简称邮储银行）丽水市分行率先在丽水市 16 个金融空白乡镇建立了金融服务站，在省内设立了 1.1 万个“银行卡助农取款服务点”。截至目前，邮储银行浙江省分行已在我省建成 800 多个农村综合金融服务站，将支付渠道延伸到村一级，实现了“不出村、无风险”支取小额涉农补贴款，打通了中央惠农补助资金支付“最后一公里”。

5. 创新支农信贷产品类型

浙江涉农银行金融机构在推进普惠金融发展过程中，根据地方经济特色，因地制宜地创新支农信贷产品类型，其经验值得推广。比如，瓯海农商银行在全国首推“农民资产授托代管融资”业务，邮储银行丽水市分行在全国率先推出了林权抵押贷款新形式，把丽水村民拥有的林权、土地权、农房权，作为信贷抵押物，成效显著；还推出了“林贷通”“茶贷通”等金融服务模式，扩充了农户的有效抵押物。在此基础上，邮储银行丽水市分行不断拓展林权附加、农房附加、农村贫困村保障金质押、农房抵押等新品种，全面增加农户贷款的便利性。浙江农信开展“三权抵押”、丰收小额贷等金融产品，推出“普惠快车”模式，发展无抵押、无担保的小额信用贷款，降低弱势群体享受信贷服务的门槛，实现小额贷款“一站式”服务；推出兼具低收入农户身份识别和金融服务的“丰收爱心卡”“光伏贷”，使低收入农户创业与发展有了可持续享受金融服务的机会，促进了精准扶贫。

（二）拓展浙江农村普惠金融发展的对策建议

促进浙江实体经济的健康发展，实现“两富”“两美”战略目标，亟须农村普惠金融走向深入、走向法治，切实解决农村金融供血不足、农户贷款难等突出问题，令更多的农村弱势人群以可负担的成本获得有效的金融服务。因此，必须深入拓展农村普惠金融的发展路径。

1. 利用金融科技构建农村数字化普惠金融体系

金融科技的快速发展为拓展农村普惠金融的开展提供了得天独厚的条件，可为农民脱贫、创业提供便利的资金支持。支付宝、余额宝、蚂蚁小贷、蚂蚁聚宝等以移动互联网为载体的金融科技创新具有小额、分散、快捷、灵活的特点，是实现普惠金融的重要载体。因此，应在浙江构建多层次、广覆盖的农村数字普惠金融体系，鼓励金融科技企业积极开展技术创新，拓展大数据、人工智能等技术在农村普惠金融中的应用力度，为农村低收入群体提供灵活多样的金融产品，扩展数字普惠金融的力度。传统金融机构亦应积极利用金融科技，提升金融服务科技化、智能化和网络化的水平，确保农村居民金融服务的便利性和可得性。

2. 创新农村金融机构市场准入法律制度

当前，浙江农村新型农村金融机构仍然偏少、偏弱，真正深入农村和乡镇的农村金融机构更是凤毛麟角，支农支小的发展动能仍需提升。以村镇银行为例，缘于农村金融基础设施建设滞后，村镇银行规模小、品牌效应差、市场认可度低，村镇银行经营举步维艰；村镇银行市场定位模糊，游离于政策性信贷与商业化运营之间，此举需要反思并调整当前的村镇银行市场准入制度。在简政放权的宏观背景之下，须简化村镇银行的设立条件和程序，创设友好的激励和保障制度，引导民间资本发起设立村镇银行，真正实现民间资平等进入金融机构。具体而言，变更主发起人制度，构建各类资本平等准入制度；变更股权结构的强制性规定，出资人持股比例由发起人自行商定；废除村镇银行设立后法人机构事项变更的审批制，改为备案制。

3. 推动农村金融机构物理网点下沉至农村与乡镇

农村普惠金融的深入开展，必须实现农村金融机构多样化和社区化，推动新型农村金融机构（特别是村镇银行）的物理网点下沉至农村和乡镇，实现村镇银行“村镇”之应有之义，真正实现为“三农”提供金融服务的宗旨。村镇银行可参照“超市银行”模式运营。所谓超市银行，即规模小，分布广，设立于村镇，贴近农村社区，服务农民，金融业务和产品灵活多样，以适应农村金融需求小额、分散、期限灵活的特点。村镇银行应真正回归农村市场，走村落户，下沉金融资源与服务，形成差异化、特色化的竞争优势。

4. 构建农村普惠金融发展的激励机制

为激励新型农村金融机构更多更好地服务“三农”、支持“小微”，可考虑借鉴美国社区银行的激励制度，对在一定区域内贷款达到一定规模的金融机构，给予税收减免。监管部门可对新型农村金融机构实施差异化的监管政策，降低新型农村金融机构的存款准备金率、增加再贷款和再贴现的额度，以增强其贷款投放能力。地方政府亦可根据财政状况，构建区域性的村镇银行政策性业务补偿基金，向其承担的部分政策性业务给予补贴，以确保村镇银行的正当商业利益。

5. 构建新型农村金融机构差异化的监管制度

法律监管框架应具备足够的灵活性，针对不同的金融机构实施不同的监管策略。实施分层监管有利于实现监管的灵活性，分层监管的要义在于根据金融机构的经营内容来实施不同的监管类型和监管程度。缘于中国不同地区经济、社会、文化等发展程度不一，农村区域经济发展差距极大，因地制宜地对新型农村金融机构实施差异化监管策略更具现实意义。就村镇银行而言，可将其规制主体授予地方立法机关，相应的监管权亦授予地方监管机构。针对村镇银行的监管模式，首先应尊重市场调节，赋予村镇银行最大的自由经营环境，鼓励其创新金融服务模式。村镇银行基于其宗旨和目标，自我调节，坚守服务“三农”宗旨。监管主体也可以通过设定最高利率标准和最低贷款额度等强制性规定，指令村镇银行遵守。

6. 促进农村普惠金融基础设施的建设

普惠金融的有效开展，离不开金融基础设施的配合和保障。深入推进浙江农村普惠金融工程，亟待加强农村金融基础设施建设。金融基础设施包括硬件和软件两个层面。在硬件方面，主要包括农村金融机构的物理网点建设、金融科技的发展水平、交通设施及网络通信的发达程度等；在软件方面，主要包括宣传、普及和提高农民的金融知识、法律知识和金融风险意识，提高农民的综合素质。特别是要加强金融风险和责任意识的教育，建设农村信用体系。“美丽乡村”建设不仅要外在的风景美丽和硬件美丽，更须民众综合素质和内在意识的美丽。换言之，要在社会中培育和传播法治、诚信、契约、责任、平等、友善等价值理念，这是美丽之本、良治之源。

智能投顾的法律规制

李文莉　杨玥捷[①]

金融的本质是共享，它可以将社会上的闲置资源以货币或资金的方式从资源所有者转移到资源需求者，从而充分发挥资源的使用价值，创造出更大的社会财富。然而，金融行业的高度专业性和复杂性催生了大量的金融中介，其高昂的服务成本使普通民众望而却步，极少数的高净值用户长期以来占有着绝大部分的金融服务资源。近年来，随着宽带传输技术、移动互联网技术、云计算、大数据、人工智能、区块链等技术的急速发展与广泛运用，信息不对称的程度不断降低，用户们拥有了更多元、更优惠、更易得的金融服务获取渠道，金融"脱媒"成为不可避免的大趋势，整个金融业态逐步走向共享金融时代。共享金融是指金融资源的供需个体通过云计算、大数据、物联网、移动互联网等构筑的现代信息技术平台实现金融资源与服务交易的金融模式，其基本模式是：平台在中间，连接两头的供方（投资者的闲置资产）和需方（融资者的融资需求）。

智能投资顾问（以下简称智能投顾）作为人工智能技术在证券投资咨询领域应用的产物，是共享金融的重要组成部分，其依靠数据和科技压低了服务成本，可致使整个行业的费率骤降，使得传统业态下只能为高净值客户所享有的投顾服务得以面向更广大的投资群体，可容纳的资产规模有了质的提

① 李文莉，上海对外经贸大学法学院教授；杨玥捷，上海对外经贸大学法学院研究生。

升。在我国，现阶段居民家庭财富稳步增长，[①]中产阶级日益扩大，[②]高额的财富总量为智能投顾产品的崛起提供了物质基础。而资本市场上以个人投资者为主的投资者结构，[③]与美国以机构投资者为主的股票市场[④]相比，更利于以零售客户为服务对象的智能投顾业务发展。在金融科技时代，智能投顾正成为未来最具发展前景的领域之一，[⑤]数据显示，在美国，智能投顾行业的资产管理规模预计将从2016年的3000亿美元增长至2020年的2.2万亿美元，年均复合增长率将达到68%。[⑥]智能投顾的出现极大地迎合了投资者迫切希望有效地管理资产以取得一定收益之需，若能发展得当，定会为社会创造巨大价值。

一、智能投顾的法律界定

（一）智能投顾的内涵与外延

根据美国证监会（SEC）2017年2月发布的《智能投顾监管指南》（Guidance Update: Robo-Advisers）中的定义，智能投顾通常指通过基于网络算法的程序、利用创新技术为用户提供全权委托的账户管理服务（discretionary asset

---

① 2014年，我国个人持有的可投资资产总体规模达到112万亿，年复合增长率16%。参见http://36kr.com/p/5053161.html，最后访问时间：2017年6月20日。

② 目前中国中产阶级数量为1.09亿，拥有7.2亿美元的财富，超越美国成为全球中产数量最多的国家。参见https://publications.credit-suisse.com/tasks/render/file/?fileID=F2425415-DCA7-80B8-EAD989AF9341D47E，最后访问时间：2017年6月20日。

③ A股个人投资者的交易占比超过八成，2014年A股个人投资者持股市值51861亿元，占比23.51%；持股账户数3006万户，占比高达到99.77%。参见http://www.sse.com.cn/aboutus/publication/yearly/documents/c/tjnj_2015.pdf，最后访问时间：2017年6月20日。

④ 美国个人投资者仅占比11%。参见http://36kr.com/p/5053161.html，2017年6月20日访问。

⑤ 2014年，我国个人持有的可投资资产总体规模达到112万亿，年复合增长率16%。参见http://36kr.com/p/5053161.html，最后访问时间：2017年6月20日。

⑥ See A. T. Kearney Global Business Policy Council，Global Economic Outlook 2016~2020，https://www.atkearney.com/gbpc/thought-leadership/issue-deep-dives/detail/-/asset_publisher/qutCpQekuJU8/content/prospects-for-achieving-escape-velocity/10192，last visit on November 20，2016.

management services）的注册投资顾问。[①] 对其准入的严苛要求主要基于以下几个特殊性：一是主体的特殊性。智能投顾的主体须为注册投资顾问，即按照美国《1940 年投资顾问法》第第 203（a）（c）条的要求向委员会提交 ADV 表完成注册的投资顾问，这也意味着，在 203（b）条下予以豁免注册的投资顾问们[②]不在智能投顾的范畴。智能投顾依托于互联网使之天生具有跨地域性和服务规模的不可控性，而享有注册豁免权的投资顾问通常服务范围和规模较小，将其排除在定义之外具有合理性。一般意义上的"投资顾问"通常是指为取得报酬而从事下列业务的任何人：直接或通过出版物或著述就证券价值或就投资于、购买或出售证券的明智性向他人提供咨询；或为取得报酬并作为其经常性业务的一部分而出具或发布有关证券分析或报告的任何人。[③] 对比可见，智能投顾的主体范畴是被限缩的，这从一个侧面反映了监管机构对智能投顾准入持有的谨慎态度。二是委托的特殊性。智能投顾为用户提供全权委托的账户管理服务，即允许受托人未经用户同意买卖证券，但以用户必须与营运者签署同意全权委托的协议为前提。与全权委托相关的还有限制全权委托账户（Limited Discretionary Account），指的是委托人与受托人实现签署协议，约定受托人可以委托人名义代理从事某些类型的证券交易而无须经过同意。[④]《证券交易委员会文摘》第 84 卷第 2213 页中介绍 SEC 持有如此观点"提供全权委托建议的经纪—交易商将视为美国《1940 年投资顾问法》项下的投资顾问"，[⑤] 即提供全权委托服务的经纪—交易商也被纳入智能投顾的主体范畴。

---

① See Securities and Exchange Commission，Guidance Update：Robo-Advisers，https：//www.sec.gov/investment/im-guidance-2017-02.pdf，last visit on April 2，2017.

② 美国《1940 年投资顾问法》规定当事人是其主要营业地居民的顾问（只要该顾问不提供有关上市证券交易的咨询）、唯一用户为保险公司的顾问、用户不超过 15 个且既不对公众也不对投资公司提供服务而将自己视作顾问等几类投资顾问可豁免注册。参见［美］托马斯·李·哈根：《证券法》，张学安等译，中国政法大学出版社 2003 年版，第 880 页。

③ ［美］罗思·赛里格曼：《美国证券监管法基础》，张路译，法律出版社 2008 年版，第 645 页。

④ 参见李晴：《互联网证券智能化方向：智能投顾的法律关系、风险与监管》，载《上海金融》2016 年第 11 期。

⑤ ［美］罗思·赛里格曼：《美国证券监管法基础》，张路译，法律出版社 2008 年版，第 651 页。

（二）智能投顾与相关概念的厘定

自动化投资工具（Automated Investment Tools）和数字化投顾（digital advisers）这两个与智能投顾相近似的概念，也需先厘清。2015 年 5 月 8 日 SEC 和美国金融业监管局（FINRA）发布了《关于自动化投资工具给投资者的公告》（Investor Alert：Automated Investment Tools），[①] 提出了“自动化投资工具”的概念，认为只要用手指点击移动设备或在电脑上用鼠标点击，投资者就可以访问范围广泛的自动化投资工具，包括个人财务规划工具（如在线计算机）、投资组合选择或资产优化服务［如提供关于如何分配你的 401（k）或经纪账户的建议的服务］和在线投资管理程序（如可以选择和管理投资组合的智能投顾）等。据此表述，自动化投资工具与智能投顾是包含与被包含的关系。2016 年 3 月 FINRA 发布了《数字化投资顾问报告》（Digital Investment Advice Report），[②] 提出了数字化投顾和智能投顾的概念，认为投资顾问的价值链包含用户档案创建及用户分析、资产配置、投资组合选择、交易执行、投资组合再平衡、税收损失收割和投资组合分析七项功能（图一），投资管理服务中用机器来代替人工完成上述七项功能中的一个或多个的服务是数字化投顾，而综合前七项功能的服务是智能投顾。可见，自动化投资工具范围最大，包含数字化投顾和智能投顾的概念；而在投资管理服务中以机器代替人工来完成投资顾问价值链中全部七项功能的为智能投顾，不能全部替代的为数字化投顾。

图一

① See Securities and Exchange Commission，Investor Alert：Automated Investment Tools，https：//www.sec.gov/oiea/investor-alerts-bulletins/autolistingtoolshtm.html，last visit on January 17，2017.

② See The Financial Industry Regulatory Authority，Digital Investment Advice Report，http：//www.finra.org/sites/default/files/digital-investment-advice-report.pdf，last visit on January 17，2017.

二、智能投顾的中外实证考察

智能投顾最初起源于信息产业比较发达的欧美国家，其中美国是智能投顾发展最成熟的国家；在亚洲国家中，韩国智能投顾发展相对领先。此外，我国香港特别行政区、英国、德国、澳大利亚等国家也发展飞速。我国的智能投顾来源于西方，近两年随着互联网技术的发展及互联网金融的兴起，才引起市场关注并获得快速发展。

（一）美国与韩国智能投顾的实证考察

美国是智能投顾的发源地之一，也是发展最成熟的国家。近年来，美国出现了一批行业佼佼者，包括 Betterment、Wealthfront、FutureAdvisor、Schwab Intelligent Portfolio、Personal Capital 在内的新兴公司逐步发展壮大。它们都在控制成本上做了许多努力，其中 Wealthfront、Betterment 两大平台费率压低到 0.25% 上下，远低于传统人工投资顾问的服务费用（平均约为 1%，甚至有时超过 3%）。智能投顾的迅猛发展使传统投资顾问备受威胁，许多传统金融机构也已认可了智能投顾的发展方向，并推出基于自家产品的智能投顾业务，或者与智能投顾公司展开业务合作，导入其产品及服务。2013 年起，Invesoco、高盛、黑岩集团、富达基金、嘉信理财、西北共同基金、先锋基金等先后以各种方式对智能投顾进行积极布局和直接投入。凭借着老牌品牌优势以及遥遥领先的专业度，这些传统金融机构开始迅速占领市场份额。根据 A.T.Kearey 的数据，嘉信理财旗下的嘉信 SIP 占据了 70% 的市场份额。

亚洲国家中，韩国智能投顾业务发展相对较快。2015 年，韩国大宇证券、现代证券、NH 投资证券、三星证券等争相推出智能投顾产品。2016 年 1 月韩国总统工作报告中提出《关于活跃智能投顾的方案》，在相关机制得到保障后管理部门将允许智能投顾业务直接面向大用户提供服务。2016 年 3 月，韩国金融委员会（FSC）表示，将大力扶持以大数据为基础的在线投资咨询业务，力推智能投顾成为新一代国民账户管理工具。在风险可控的基础上，将对相关业务监管采取放松态势，支持智能投顾等金融创新业务发展。

选取美国智能投顾行业代表 Betterment 和 Wealthfront 进行分析。

产品	Betterment	Wealthfront
创立时间	2008 年	2008 年
开户要求	0	$500
操作模式	选择投资目标和账户类型—查看推荐组合—通过平台直接投资—将个人银行账户与网站绑定后，用户可随时通过调整指针来调整资金分配比例，调整风险的高低	风险承受能力评估调查问卷—订制理财计划—平台随时监控该投资组合的动态，并定期对计划进行更新，以便合理控制风险，使之始终落在用户的容忍范围之内
投资标的	13 种指数基金（ETF），其中包含了 6 种股票基金和 7 种债券基金	10 种指数基金（ETF），其中包含了 4 种股票基金、4 种债券基金和 2 种硬资产（房地产及自然资源）
收费标准	低于 $10,000：每年收取 0.35% 管理费（若账户存款低于 $100，每月额外收取 $3） $10000~$100000：每年收取 0.25% 管理费 高于 $100000：每年收取 0.15% 管理费 介绍用户超 3 人，可获一年的账户管理减免优惠	低于 $10000：不收管理费 高于 $10000：每年收 0.25% 管理费 每介绍一位用户加入，可获 $5000 投资额的管理费减免
牌照情况	注册投资顾问 经纪—交易商	注册投资顾问

（表一：美国智能投顾行业代表企业及业务模式　资料来源：Betterment 和 Wealthfront 官网公开信息）

（二）我国智能投顾的实证考察

国内数字化投顾产品主要爆发于 2014 年、2015 年间，整体发展晚于国外市场几年，目前仍处于初步起步阶段。公开资料显示，国内已经或将要上线具有智能投顾功能的平台已近 40 家，如京东金融、积木盒子、聚爱财 plus 等。这些平台按研发主体划分，可分为三类。第一类，是传统金融公司研发的智能投顾，以平安一账通、嘉实基金为代表。第二类，是独立第三方类智能投顾平台，如弥财、蓝海财富、积木盒子等。第三类，是以百度股市通、雪球财经、同花顺为代表的互联网公司研发的智能投顾。

我国智能投顾产品智能化程度参差不齐，和美国同类企业相比仍有差距。致力于智能投顾的创业企业仍在模仿 Wealthfront 的产品形式，基本实现智能算法模型的搭建，使用数字化手段提供投资咨询服务。另外还有部分互联网金融企业只是以“智能投顾”为噱头，并非真“智能”。一些 P2P 企业仅对用户进行简单的风险偏好测试，根据用户偏好推荐相应理财产品，更多属于分散化投资，并未实现用先进的数据算法来优化投资模型，意在借“智能投顾”的幌子进行市场宣传。

代表企业及其业务模式分析

产品	平安一账通	弥财	百度股市通
上线时间	2015 年	2015 年	2015 年
研发主体性质	传统金融公司	独立第三方	互联网公司
操作模式	通过问卷评估用户的风险偏好，推荐现金类、固收类、债券类、权益类 4 个类别的投资组合	根据用户的风险等级推荐投资组合，提供自动化的资产再平衡服务	基于百度大数据和一系列算法向用户推荐股票，包括两大类：消息选股和主题选股
投资标的	货币基金、银行理财产品、债券型基金、偏股混合型基金等	全球 ETF 荐股	A 股
收费标准	—	管理费用：$0.5%/ 股；交易费用：$0.005%/ 股，最低收取 $1%/ 单，最高收取 $0.5%/ 单	—

（表二：我国智能投顾行业代表企业及其业务模式分析　资料来源：公开信息）

（三）中外投资顾问监管比较

目前国内外相关法律法规中，均有针对投资顾问的实质性规定，此处以美国为例与我国进行比照。我国的《证券投资顾问业务暂行规定》《中华人民共和国证券法》《证券、期货投资咨询管理暂行办法》以及美国的《1940 投资顾问法》《1996 投资顾问监督协调法》在记录、披露、广告、业绩费、检查、顾问合同让与、顾问头衔使用等方面进行了详细规定。

	中　国	美　国
法规	《证券投资顾问业务暂行规定》 《中华人民共和国证券法》 《证券、期货投资咨询管理暂行办法》	《1940 投资顾问法》 《1996 投资顾问监督协调法》
记录	证券投资咨询机构应当对证券投资顾问业务推广、协议签订、服务提供、客户回访、投诉处理等环节实行留痕管理。向客户提供投资建议的时间、内容、方式和依据等信息，应当以书面或者电子文件形式予以记录留存。证券投资顾问业务档案的保存期限自协议终止之日起不得少于 5 年。	SEC 可以对经纪商和交易商的账簿和记录进行检查，说明应该保留哪些账簿和记录，要求提交报告。这些记录包括：负债表、收益报表以及所有账目的日记账；与投资咨询或指令执行相关的所有收到及发送的通信副本；由该顾问向 10 位以上客户发布的所有通知、信函、报告与广告的副本；及所有证券交易的记录等。
披露	提供证券投资顾问服务应告知公司与证券投资顾问人员的基本信息、服务内容、方式、风险承担分配等，并明确规定证券投资顾问不得代客户作出投资决策。投顾机构应通过营业场所、中国证券业协会和公司网站公示公司与投顾人员的基本信息。	ADV 表要求披露顾问及关联人员的背景和身份、主营业务及此业务的性质、授权范围及获取报酬的基础、资产负债表、任何会影响登记质量的刑事记录、教育与业务背景、任何其他商业活动的描述、列举所提供过服务的目录、所管理的全权委托账户等。
广告	证券投资咨询机构应当规范证券投资顾问业务推广和客户招揽行为，禁止对服务能力和过往业绩进行虚假、不实、误导性的营销宣传，禁止以任何方式承诺或者保证投资收益。通过广播、电视、网络、报刊等公众媒体对证券投资顾问业务进行广告宣传，应当遵守《广告法》和证券信息传播的有关规定，广告宣传内容不得存在虚假、不实、误导性信息以及其他违法违规情形。应当提前 5 个工作日将广告宣传方案和时间安排向公司住所地证监局、媒体所在地证监局报备。通过举办讲座、报告会、分析会等形式，进行证券投资顾问业务推广和客户招揽的，应当提前 5 个工作日向举办地证监局报备。	禁止对顾问过去所做推荐进行有选择的参考，禁止使用任何曲线或图表而未解释在此列图方法的限制，禁止提供有隐藏收费的免费服务，禁止做出重要事实的不真实陈述，或者可能是虚假或误导性的陈述。

续表

	中　国	美　国
业绩费	可以按照服务期限、客户资产规模收取服务费用，也可以采用差别佣金等其他方式收取服务费用。证券投资顾问服务费用应当以公司账户收取，禁止证券投资咨询机构及其人员以个人名义向客户收取证券投资顾问服务费用。从事证券服务业务的投资咨询机构和资信评级机构，应当按照国务院有关主管部门规定的标准或者收费办法收取服务费用。	除了禁止以“客户资金或资金任何部分的资本收益或资本升值份额”为基础确定报酬数额外，可以采用不致使欺诈行为金额模糊的任何报酬基础。
检查	国务院证券监督管理机构依法履行职责，有权采取下列措施： （一）对证券发行人、上市公司、证券公司、证券投资基金管理公司、证券服务机构、证券交易所、证券登记结算机构进行现场检查； （二）进入涉嫌违法行为发生场所调查取证； （三）询问当事人和与被调查事件有关的单位和个人，要求其对与被调查事件有关的事项作出说明； （四）查阅、复制与被调查事件有关的财产权登记、通信记录等资料； （五）查阅、复制当事人和与被调查事件有关的单位和个人的证券交易记录、登记过户记录、财务会计资料及其他相关文件和资料；对可能被转移、隐匿或者毁损的文件和资料，可以予以封存； （六）查询当事人和与被调查事件有关的单位和个人的资金账户、证券账户和银行账户；对有证据证明已经或者可能转移或者隐匿违法资金、证券等涉案财产或者隐匿、伪造、毁损重要证据的，经国务院证券监督管理机构主要负责人批准，可以冻结或者查封； （七）在调查操纵证券市场、内幕交易等重大证券违法行为时，经国务院证券监督管理机构主要负责人批准，可以限制被调查事件当事人的证券买卖，但限制的期限不得超过十五个交易日；案情复杂的，可以延长十五个交易日。	同经纪—交易商相比，对提供个性化建议的投顾，现场检查权通常引起更复杂的问题，原因是“投资顾问为便于投资组合管理保存了投资顾问用户生活的个人细节”。甚至原制定法也禁止 SEC 公开调查期间确认的事实（或实际上，正在进行调查的事实），其例外是依据制定法进行的传票执行或禁令程序或公开听证程序，或国会两院有决议或请求。该规定后经 1960 年修正进行了扩充，以便同样适用于当时新增加的检查权项下的检查，同时还禁止 SEC 的成员和员工，除彼此相互披露或经 SEC 批准外，披露因检查或调查获得的任何信息。因此，SEC 工作人员“承担与银行监察员类似的不披露义务”。
顾问合同让与		咨询合同必须通过条款排除该合同的转让，除非该当事人或顾客同意。

续表

	中　国	美　国
投顾头衔使用	从事证券投资咨询业务的人员，必须取得证券投资咨询从业资格并加入一家有从业资格的证券投资咨询机构后，方可从事证券投资咨询业务。任何人未取得证券投资咨询从业资格的，或者取得证券投资咨询从业资格，但是未在证券投资咨询机构工作的，不得从事证券投资咨询业务。	任何注册投资顾问“陈述其为投资顾问或使用‘投资顾问名称’来描述其业务时，除非其主要业务是充当投资顾问，或其业务的实质部分为提供投资监督服务”，否则属于违法。

（表三：中外投资顾问监管比较　资料来源：《证券投资顾问业务暂行规定》《中华人民共和国证券法》《证券、期货投资咨询管理暂行办法》《1940 投资顾问法》《1996 投资顾问监督协调法》等）

三、智能投顾在我国面临的法律风险

我国应用智能投顾概念的产品主要始于 2014 年到 2015 年间，公开资料显示，国内已经或将要上线、具有智能投顾功能的平台已近 40 家，如京东金融、积木盒子、聚爱财 plus 等。[①] 但在现有的金融监管体系下，智能投顾的发展面临着种种掣肘，亟待法律加以应对和解答。

（一）智能投顾市场的准入问题

1. 全权委托业务模式与《证券法》第 171 条的冲突

最能体现智能化这一实质的产品必然绕不开全权委托账户服务。参考域外经验，典型的智能投顾服务流程分为五个步骤：

第一步，注册账户、签订服务协议并填写相关信息以便进行用户分析。以智能投顾领域代表产品 Betterment 为例，注册时先要求填写一系列问题（如年龄、是否退休、年收入等），然后让投资者自行选择投资目标（如稳健型投资理财、管理退休金、为孩子进行储蓄投资等），接下来就是注册账号、签订

① 参见《国内主流智能投顾平台案例》，https://www.touzi.com/news/021160-106845.html，最后访问时间：2017 年 7 月 5 日。

服务协议等。

第二步，提供投资组合建议与发出交易指令。按照 SEC 对智能投顾的定义，平台提供的是全权委托业务，但我国《证券法》第 171 条明确规定投资咨询机构及其从业人员从事证券服务业务不得代理委托人从事证券投资，[①] 就使得相关智能投顾业务在国内主要限于做投资推荐，且因此不能以机构为主体或受托在二级市场上直接交易。因此将这一步服务分为两类，第一，平台营运者提供组合投资建议后由用户自己决定是否投资，执行交易的指令完全基于用户自己的意思表示由用户自己发出而并非营运者，此时平台营运者和投资者之间仅产生证券投资咨询的法律关系。第二，平台和用户间为全权委托理财关系。用户授权平台营运者在一定的“自由裁量（Discretionary）范围”内运用智能投顾软件代为管理账户，包括自动发出交易执行指令，用户获得收益，营运者收取一定的管理费用的业务。

第三步，交易指令的执行。无论是非全权委托账户下用户自己发出指令，还是全权委托账户下营运者运用智能投顾软件自动发出指令，都会有交易指令的执行。当智能投顾平台本身具有经纪商牌照（如 Betterment[②]）时，就由其本身执行；当平台不持有经纪商牌照（如 Wealthfront[③]）时，就会由第三方证券经纪公司来执行指令。

第四步，持续监管账户，并随时进行投资组合再平衡。被动投资策略下，账户一般建议采取长期投资，而市场是瞬息万变的，因此在较长时间、区间里，智能投顾必须时刻监控投资者账户，并且进行再平衡服务，某种意义上讲也是一轮轮新的投资建议的提出、交易指令的下达以及交易指令的执行过

---

① 我国《证券法》第 171 条规定：“投资咨询机构及其从业人员从事证券服务业务不得有下列行为：（一）代理委托人从事证券投资；（二）与委托人约定分享证券投资收益或者分担证券投资损失；（三）买卖本咨询机构提供服务的上市公司股票；（四）利用传播媒介或者通过其他方式提供、传播虚假或者误导投资者的信息；（五）法律、行政法规禁止的其他行为。有前款所列行为之一，给投资者造成损失的，依法承担赔偿责任。”

② 牌照信息请参见 https://www.betterment.com，最后访问时间：2017 年 2 月 3 日。

③ 牌照信息请参见 https://www.wealthfront.com，最后访问时间：2017 年 2 月 3 日。

程。这一点极为重要，体现了美国证券法对投资顾问的定性，即“建议的持续性和个性化特质”[①]。

第五步，定期出具投资组合的业绩及分析报告。投资者需要了解自己的账户、资产运营状况，检查投资收益与最初设定的目标之间的差距，以便评估智能投顾平台的运营能力，及时更改投资组合中股票与债券的配比，以及选择追加投资或撤出资金，以最大限度地保证投资者的利益，因此智能投顾平台需根据自身的业绩表现为投资者们定期提供分析报告。

不难看出，主要体现“智能化”的第二步、第三步、第四步是一个联动且循环的整体，只有在全权委托的前提下才可能发挥最大价值。按照美国SEC对智能投顾的界定，平台提供的是全权委托服务，但我国《证券法》第171条明确规定投资咨询机构及其从业人员从事证券服务业务不得代理委托人从事证券投资，此规定无疑使得智能投顾产品难以深入开展后续流程，只可作荐股等初级业务。

2. 牌照制与停发牌照的现实冲突

智能投顾属于我国法律范畴内的证券投资顾问业务，应受《证券投资顾问业务暂行规定》（以下简称《暂行规定》）等相关法律法规的规范。根据《暂行规定》第7条，向客户提供证券投资顾问服务的人员应具有证券投资咨询执业资格，并在中国证券业协会注册登记为证券投资顾问。

而在我国市场上，智能投顾类产品的研发主体类型有传统金融公司、互联网科技类公司及独立第三方智能投顾公司等，其中，传统金融公司因牌照齐全，故不涉及资质问题，但其他类别中的大部分公司都因缺少证券投资咨询牌照而存在合规性风险。近年来，证监会已基本停发证券投资咨询新牌照，全行业牌照数量已从2004年的108张下降到2016年的84张。[②]公司不合规与“合规不能”的困境相碰撞致使市场上出现了证券投资咨询牌照转租、转

① ［美］罗思·赛里格曼:《美国证券监管法基础》，张路译，法律出版社2008年版，第660页。

② 参见《证券投资咨询机构名录（2017年6月）》，http://www.csrc.gov.cn/pub/zjhpublic/G00306205/201510/t20151028_285725.htm，最后访问时间：2017年7月18日。

让的乱象，加大了社会成本，同时对企业、监管部门、市场稳定和金融安全而言也是弊大于利。而以荐股为主要业务的现况也面临问题。2013 年 1 月 1 日起施行的《关于加强对利用"荐股软件"从事证券投资咨询业务监管的暂行规定》第 2 条规定："向投资者销售或者提供'荐股软件'，并直接或者间接获取经济利益的，属于从事证券投资咨询业务，应当经中国证监会许可，取得证券投资咨询业务资格。未取得证券投资咨询业务资格，任何机构和个人不得利用'荐股软件'从事证券投资咨询业务。"于是问题又转回到了牌照难的问题上。此外，在中国投资顾问和资产管理是完全分开的，需要取得证券投资咨询业务资格和账户管理资质，即兼具两个牌照才可直接帮助客户进行资产管理，这无疑进一步加大了智能投顾类企业的管理成本。面对种种窘境，修改相关法律法规已成必然之势，智能投顾在现有法律框架下受到的束缚亟待松绑。

3. 普通投资者大量介入带来的投资者保护问题

传统的人工投资顾问服务受限于其高额的人工服务成本，通常只服务于高净值客户。而智能投顾借助计算机技术大幅度降低了服务成本，以远低于传统投资顾问的成本为广大投资者提供专家级服务。普通用户成为金融服务对象，极大地丰富了普惠金融的内容，扩展了普惠金融的范畴，在使普罗大众享受更优质金融服务的同时，我们也必须清醒地认识到，定位于小额用户就意味着用户数量的空前扩张，涵盖范围空前扩大，一旦发生欺诈等侵犯投资者利益之情形，伤害范围也会远大于从前，这对并不十分富裕的小额用户而言，其生活及生存可能会受到深刻打击，也就是说，由此造成的社会危害会更大。加之，小额用户对金融专业知识欠缺，受到侵害后能够寻求的救济较为有限，使得智能投顾运营者更易在技术上和心理上实施欺诈等行为，从而影响广大小额投资者的财产安全，进而对国家金融安全和社会稳定性构成潜在威胁。

（二）智能投顾的特殊性带来的法律风险

1. 智能投顾的跨界性对分层监管的挑战

出于监管成本之考量，投资顾问在美国最初实行分层监管。1996 年国会实施的《投资顾问监督协调法》规定，对于管理不超过 2500 万美元或仅担任注册投资公司顾问的投资顾问，该法实质上给予各州对此类投资顾问的专属管辖权，SEC 对管理超过 2500 万美元的注册投资顾问拥有专属管辖权。[①]随着智能投顾等新兴业态的兴起，投资顾问服务的门槛逐渐降低，吸纳的投资额明显提高，2010 年《多德 - 弗兰克法案》修订，重新划分了管辖权，将划分州与 SEC 管辖权的界线提高至 1 亿美元。[②]除了以资产管理规模为分层监管的划分依据外，美国《1940 年投资顾问法》还规定了当事人是其主要营业地居民（只要该顾问不提供有关上市证券交易的咨询）的投资顾问可豁免注册，[③]即地域也是一重标准。互联网科技的应用使得智能投顾的用户群体空前扩大，不仅打破了州与州之间的界线，而且也打破了国与国之间的界线，可以向全球符合特定条件的用户提供投资顾问服务，这使得现有划分标准有了进一步优化的需要，于是跨界性成了另一个重要的划分标准。

2. 智能投顾业务的模糊性对传统信义义务的挑战

美国 SEC 要求智能投顾提供“全权委托的账户管理服务”，体现了智能投顾下经纪商与投资顾问的深度融合。实践中，经纪—交易商与投资顾问的界限较为模糊。美国对传统投资顾问的定义是将“提供的投顾服务仅附随于其经纪商或交易商业务行为并且不为此收取特别报酬的任何经纪商或交易商”排除在外的。何为“仅附随于”？官方观点认为，经纪商或交易商的业务几乎全由全权委托业务组成时，则是投资顾问，也即这种情况下，二者界限消失。至于“特别报酬”的含义，SEC 首席法律顾问曾作过说明：“因提供建议而特别获取报酬的经纪商或交易商应视为投资顾问，而不仅因其同

---

① ［美］罗思・赛里格曼:《美国证券监管法基础》，张路译，法律出版社 2008 年版，第 644 页。

② See Securities and Exchange Commission, Dodd-Frank Act Changes to Investment Adviser RegistrationRequirements, https://www.sec.gov/divisions/investment/imissues/df-iaregistration.pdf, last visit on March 12, 2017.

③ 参见［美］托马斯・李・哈根:《证券法》，张学安等译，中国政法大学出版社 2003 年版，第 880 页。

时实施证券市场交易而排除在美国《1940年投资顾问法》的管辖范围之外。考虑边缘性案例要注意的实质区别，是建议本身的报酬与建议仅属于附随内容的另一性质的服务报酬之间的区别。”智能投顾下的投资顾问与经纪—交易商的关系进一步深入和融合，意味着经纪—交易商可能会以更为隐秘、复杂的方式参与智能投顾业务，或在实质上直接从事智能投顾业务，以至于二者的关系越发难以厘清，给监管带来极大的挑战。若不能有效地划分两者的界限，势必造成监管真空或重复监管，未能成功识别本应视作投顾纳入美国《1940年投资顾问法》监管范围内的经纪—交易商并予以监管，会带来很大的隐患。

权力滥用和保护缺失是设定信义义务的正当性基础，其中的权力特指受信人可能对受益人造成损害的能力，也可表述为受信人拥有行使某种自由裁量权或权力的机会，能够单方行使该权力以影响受益人法律的或实际的利益，对受托之事享有决定权或事实上的控制力和影响力。[①]智能投顾业务模式中的投资顾问与经纪商业务的融合程度和牌照种类的覆盖范围决定其对客户账户拥有了或绝对或相对、较高程度的自由裁量权，因此智能投顾应当被施加信义义务以保护客户利益。我国《暂行规定》第4~5条明确规定了证券投资咨询机构及其人员应当遵循诚实信用原则，勤勉、审慎地为客户提供证券投资顾问服务；应当忠实于客户利益，不得为公司及其关联方的利益损害客户利益；不得为证券投资顾问人员及其利益相关者的利益损害客户利益；不得为特定客户利益损害其他客户利益。这些规定虽涉及信义义务的有关内容，但其采用民法上诚实信用原则的表达方式缺乏科学性和严谨性，并未真正明确投资顾问在商法意义上的信义义务。

智能投顾服务中的一些特殊性可能会引致其违反信义义务：（1）利益冲突的复杂性。利益冲突主要有以下三种情况。第一，智能投顾平台与负责保管资产、执行交易指令的经纪—交易商之间的利益冲突。二者存在着极为密切的关系，仅有注册投资顾问牌照而缺乏经纪—交易商牌照的智能投顾平台需

---

① See Tamar Frankel, Fiduciary Law, 71 Cal. L. Rev. 795, 825 n.100 (1983), Vol. 71, p.809.

要寻求后者进行合作，在此过程中可能会从其中获取直接或间接的利益，收取了第三方费用的智能投顾平台可能会建议或引导用户投资该经纪—交易商及其关联机构所发售的基金，由此引致利益冲突。例如，A公司希望开展智能投顾业务，提供全权委托的账户管理服务，但只有注册投资顾问牌照，故无法直接代替客户执行其认为合适的投资交易指令。A便与拥有经纪—交易商牌照的B公司合作，共同向用户提供全权委托服务。此时A与B结成了利益共同体，二者之间可以达成某种隐秘的约定，即A在对客户设计投资组合模型时，会优先考虑B公司自营或其关联机构发售的金融产品，A可享受B赚得的部分收益。第二，智能投顾平台与负责设计、开发、管理算法的第三方科技公司之间的利益冲突。相当部分的企业在架构智能投顾业务板块时需将开发算法的任务外包给第三方公司，而算法作为智能投顾产品的核心部分，可以很轻易地披着技术的外衣对用户的选择进行引导。如果平台与第三方公司达成某种约定，用户将会在毫无察觉的情况下受到操纵。例如，智能投顾公司A由于缺乏专业技术，邀请了精通算法架构的科技类公司B进行核心算法设计，若B收受C好处，答应使其发售的金融产品或其公司股票等优先为A所使用，则B可以基于其技术优势在算法中做手脚，使得C的产品总能获得优势评估从而被广泛推荐给客户使用。第三，智能投顾平台自我交易。以Betterment为例的同时拥有注册投资顾问与经纪—交易商牌照双牌照的智能投顾平台所面临最大的利益冲突为自我交易。例如，智能投顾公司A同时拥有注册投资顾问牌照和经纪—交易商牌照，可以不借助第三方金融机构的帮助而提供全权委托服务。若A想推广自营金融产品，只需在设计投资组合时使自家产品拥有最优外观，并对之进行合理化解释使客户信服即可。基本逻辑与第一种情况类似，但这种情况因可操作性更强、可获利益更为可观，于是成为了危害性最大的潜在利益冲突模式。虽然利益冲突导致的结果并不总是有害，抑或可通过披露和严格的合规与内控来降低危害的可能性，但对广大投资者而言仍然存在着相当的潜在利益侵害风险。（2）机会分配的易操性。在收取交易佣金的收费模式下，投资顾问为了从经纪—交易商那里尽可能多地赚取交易费，可能会诱使投资者进行频繁交易而损害投资者利益。在智能投顾下，尽管基于管理资产规模的收费模式得到广泛应用，大大解决了过度交易的风险，但也带来了其他问题。因为该模式下管理的资产与收取的管理费用成正比，为了吸引投资者将更多的钱放进智能投顾账户，我们有理由怀疑平台会将盈利能力更好的投资组合介绍给账户余额更多的用户，以便给人带来一种账户余额越多，收益率越高的错觉，从而吸引相对更多的投资额。与此同时，用户的资金也面临着易操性风险。例如，利用用户授权的账户签字权将其资产转入智能投顾运营者们的个人账户，未经授权从用户处“借”钱，或形成庞氏骗局，用新用户提供的资金支付早期用户的回报。在复杂的技术黑箱里，这种行为的发生越发隐蔽。（3）用户信息安全的脆弱性。投资顾问因其个性化的最大特性，天然地会与其用户产生更大的信赖关系，也会获悉用户更多、更重要的私人信息，智能投顾服务的这种特性因计算机技术和人工智能的深入应用变得更加鲜明，诚如 SEC 主席 Mary Jo White 所言，网络安全是“金融系统面临的最大风险”[①]，投资顾问领域尤其如此。2016 年美国 SEC 对摩根士丹利史密斯巴尼有限责任公司（MSSB）提起了重大网络安全诉讼，[②]因其违反了保护客户记录和信息的 S-P [17C.F.R. § 248.30（a）] 规则（即保障规则）第 30（a）条。其一名雇员（客户服务合伙人）Galen Marsh 通过长期访问 MSSB 存储客户敏感身份信息（PII）的两个门户网站——商业信息系统（BIS）门户和固定收益部门选择（FID Select）门户——盗用了大约 73 万个客户账户数据（包括姓名、电话号码、账号、账户余额和券持有量等），并试图卖掉谋利。SEC 称，该公司所做的保护客户信息的措施不足，因为他们未能有效地限制有合法业务需求的员工访问机密客户数据，也没有监控、分析员工访问门户网站的行为。最终对 MSSB 处以 100 万美元的罚款。（4）业务连续的易损性。2016 年 6 月，美国 SEC 提出了一个新规则，要求投资顾问采用和实施“合理设计的书面的业务连续性及过渡计划，以解

---

① 参见《金融业该怎样对待“黑客”》，http://www.sohu.com/a/78816004_354899，最后访问时间：2017 年 7 月 1 日。

② See Administrative Proceeding File No. 3-17280，In the Matter of Morgan Stanley Smith Barney LLC，Respondent，https://www.sec.gov/litigation/admin/2016/34-78021.pdf，last visit on June 26，2017.

决与投资顾问业务重大中断相关的经营性风险和其他风险。”此拟议的规则旨在解决系统和流程（无论是投资顾问专有还是由第三方供应商提供）相关的技术故障以及其他风险，如丢失顾问或用户数据，或访问顾问的实际位置和设备。这些故障或风险可能是由于与天气有关的紧急情况或是网络受到攻击等。[①] 这提醒我们，执法部门在未来将会更多地关注业务连续性的问题，也使我们注意到这一问题将使智能投顾平台在履行注意义务过程中面临的挑战。

3. 智能投顾算法的专业性对传统监管手段的挑战

FINRA 认为，算法是数字化投顾的核心组件。它从用户提供的风险承受水平、收益目标以及风格偏好等要求出发，在数据库大量的噪声信息中快速且准确地找到与之相匹配的部分，并利用机器学习、自然语言处理和知识图谱等技术进行信息处理，然后基于各种内嵌的金融模型和相关假设予以分析，预测出符合该用户预期的最优结果，形成“私人定制”的投资建议，这也是最能体现智能投顾之“智能”的部分。大数据、人工智能等计算机科技使得智能投顾对于投资者服务的精度、深度和准度较之前大幅度提升，“懒人理财”不再是梦，但是，缺乏监管的金融科技容易自我形成高深的技术壁垒，虚拟性使得市场风险更加隐秘。此外，正因为整个算法运作体系建立在一系列经济假设的基础上，而该假设若是不正确或至少不适用于特定个体的，则由此得出的运算结果将不利于投资者。即使该假设是正确的，也难以抵挡市场的系统性风险。对于服务的核心——算法部分应当采取何种监管方法，对监管者而言无疑极具挑战。

4. 智能投顾的决策集中性对“一致行动人”监管的挑战

按照我国《上市公司收购管理办法》第 83 条的规定，投资者通过协议、其他安排与其他投资者共同扩大其所能够支配的一个上市公司股份表

---

① See Securities and Exchange Commission, SEC Proposes Rule Requiring Investment Advisers to Adopt Business Continuity and Transition Plans, https: //www.sec.gov/news/pressrelease/2016-133.html, last visit on November 18, 2016.

决权数量的行为或者事实，在证券监管上被界定为“一致行动”。相关投资者彼此之间构成一致行动人。[①] 智能投顾的业务属性使其得以筹集到大量来自不同用户的分散资金，加之部分国家对全权委托服务的放行，使得智能投顾平台可以轻易地号召许多分散的资金买进某只股票而不触犯法律红线，即以向用户推荐投资的名义，在用户的明知和许可下为多个顾客买入同一只股票，表面上看每一笔交易都是微小的，但实际上作为幕后操作者，智能投顾公司所占有的份额可能已经越过了法律红线，甚至可能达到控股的比例。另外，由于投资者的决策是由某个满足其要求的智能代理执行，而这个智能代理由某个服务商提供，在此情况下，一旦大量投资人雇佣同一个表现优异的智能投顾管理其账户，由于同一个机器人的操作逻辑相似，这些账户虽在法律上各自独立、相互无关联，但实际操作上可能表现为“一致行动人”，从而带来交易风险。

---

① 《上市公司收购管理办法》第 83 条规定：“本办法所称一致行动，是指投资者通过协议、其他安排，与其他投资者共同扩大其所能够支配的一个上市公司股份表决权数量的行为或者事实。在上市公司的收购及相关股份权益变动活动中有一致行动情形的投资者，互为一致行动人。如无相反证据，投资者有下列情形之一的，为一致行动人：（一）投资者之间有股权控制关系；（二）投资者受同一主体控制；（三）投资者的董事、监事或者高级管理人员中的主要成员，同时在另一个投资者担任董事、监事或者高级管理人员；（四）投资者参股另一投资者，可以对参股公司的重大决策产生重大影响；（五）银行以外的其他法人、其他组织和自然人为投资者取得相关股份提供融资安排；（六）投资者之间存在合伙、合作、联营等其他经济利益关系；（七）持有投资者 30% 以上股份的自然人，与投资者持有同一上市公司股份；（八）在投资者任职的董事、监事及高级管理人员，与投资者持有同一上市公司股份；（九）持有投资者 30% 以上股份的自然人和在投资者任职的董事、监事及高级管理人员，其父母、配偶、子女及其配偶、配偶的父母、兄弟姐妹及其配偶、配偶的兄弟姐妹及其配偶等亲属，与投资者持有同一上市公司股份；（十）在上市公司任职的董事、监事、高级管理人员及其前项所述亲属同时持有本公司股份的，或者与其自己或者其前项所述亲属直接或者间接控制的企业同时持有本公司股份；（十一）上市公司董事、监事、高级管理人员和员工与其所控制或者委托的法人或者其他组织持有本公司股份；（十二）投资者之间具有其他关联关系。一致行动人应当合并计算其所持有的股份。投资者计算其所持有的股份，应当包括登记在其名下的股份，也包括登记在其一致行动人名下的股份。投资者认为其与他人不应被视为一致行动人的，可以向中国证监会提供相反证据。”

四、我国智能投顾的监管路径建议

（一）修改《证券法》第 171 条，扫除智能投顾的准入障碍

1. 确立全权委托服务的合法性。我国《证券法》第 171 条第 1 款规定，投资咨询机构及其从业人员不得代理委托人从事证券投资。[①]也就是说，在现行证券法法治体系下，投资顾问不能实现全权委托业务。但是，在应然状态下，机器将代替人工完成整条投资顾问价值链，而其中全权委托业务的应用是绕不开的关键一环，如若不然，所谓智能投顾将被局限在荐股的初级形态，成为“伪智能”。我国《证券法》171 条第 1 款实质上禁止了投资顾问开展全权委托业务，而全权委托业务的开放恰是资本市场发展的必然规律，在适当的监管下，将其合法化将更有利于保护投资者权益。因此，建议删除我国《证券法》第 171 条第 1 款之规定，为我国智能投顾的发展扫清制度障碍。

2. 恢复牌照核发。智能投顾企业在我国现有法律框架下面临的最大问题是合规难。智能投顾的准入无论何时都必须遵守严格的资质审核，但并不意味着合规无门。监管部门唯有进行牌照解绑，正常发放，才能引导智能投顾行业有序稳健发展，一味堵而不疏，不仅不会控制智能投顾野蛮生长的局面，更会为我国金融市场带来严重的危机。

（二）确立分层监管体系，兼顾监管成本与效率

我国证券业监管仍处于初级阶段，尤其为应对即将到来的智能投顾产业大爆发还需做出更多努力。对此，不妨考虑参考美国经验，构建分层监管体系，

---

① 我国《证券法》第 171 条规定：“投资咨询机构及其从业人员从事证券服务业务不得有下列行为：（一）代理委托人从事证券投资；（二）与委托人约定分享证券投资收益或者分担证券投资损失；（三）买卖本咨询机构提供服务的上市公司股票；（四）利用传播媒介或者通过其他方式提供、传播虚假或者误导投资者的信息；（五）法律、行政法规禁止的其他行为。有前款所列行为之一，给投资者造成损失的，依法承担赔偿责任。”

兼顾智能投顾业务的特性，对美国现有分层监管手段进行优化。确立以资金管理规模为主，地域、跨界性为辅的分层标准，建议可由经济学家结合各因素考量制定量化标准。原则上，将业务仅局限于其所在省市区的公司交给所在地区管辖；超过某资金规模数量的公司必须在证监会进行注册，在国家层面予以监管；不达该数量的公司下放到地方层面进行监管。此外，规定若干例外情形，如一公司虽超过该资金指标理应由证监会特别监管，但其只面向本省客户提供服务，则应划归地方监管；反之，若一公司虽未达资金指标，却跨地域性经营，则仍需在证监会注册，接受国家层面监管。对智能投顾平台有固定场所、一定的注册资本、具备证券投资相关知识和相关从业经验的工作人员等监管层也应作出一定要求。

（三）明确投资顾问的信义义务，保护投资者利益

投资顾问的信义义务包括以客户最佳利益行事的义务，以及只提供适当的投资咨询，其必须基于客户的财务状况和投资目标作出合理的决定，提供适合客户的投资建议。

1. 智能投顾平台的注意义务。智能投顾平台应预防、发现和应对网络安全威胁，保护用户信息安全。平台应将用户信息上升为最核心机密予以特别保护，加强平台网络的安防设置，防止外部的恶意侵入与窃取，同时禁止平台自身泄露、利用用户信息。此外，智能投顾平台要持续监控并定期测试算法，设立适当的风险管理系统，保证业务的连续性。由于智能投顾依靠大数据和云技术，更容易遭受网络攻击，所以要有足够的措施防范网络风险和保护用户信息安全。而且，智能投顾还应该有足够的备份和灾难恢复方案，用来支持其为用户提供持续服务的系统。

2. 智能投顾平台的忠实义务。第一，为用户提供适当的建议。智能投顾主要依靠用户对在线问卷作出的回答提供投资建议，使得用户与智能投顾之间的互动十分有限。想要通过这种有限的互动来充分了解用户及其投资需求，并据此提供适当的建议，智能投顾就需要考虑下列因素：（1）调查问卷所设置的问题是否科学、完整，能否带来足够的信息，使得智能投顾所提供的投

资建议适合该用户。（2）调查问卷中的问题是否足够清楚，同时是否在必要时向客户进行了额外的提示（如通过设计弹出框等功能进行提示）。（3）是否已针对用户回答的不一致采取了一定措施。例如，当用户的回答出现前后不一致或内部逻辑相矛盾时提醒用户，并建议其重新审视自己的答案等。同样地，当用户填完调查问卷选择投资组合时，也可能会出现逻辑相冲突的情况而不自知，这时，智能投顾可对此进行评论，说明为什么它认为特定投资组合可能更适合于用户的投资目标和风险容忍度。在此过程中不妨考虑应用弹出框或设计其他功能来提醒用户其所述目标与所选投资组合之间潜在的不一致。第二，制定有效的内部合规程序。要求平台制定有效的内部合规程序，并指定一名理解智能投顾算法理论基础、风险和规则并充分了解相关法律法规的首席合规官。可以设立投资策略委员会实施对运算法则的以下监督管理工作：（1）监督智能投顾算法的开发和实施。（2）针对第三方开发的算法系统开展尽职调查。（3）评估平台的投资组合分析工具所运用的场景等。平台应该有一个结构化和系统化的可以识别、评估和管理风险的程序，这就需要做到持续监控和定期测试算法是否符合技术规定和法律规定，主要包括能够控制、监控的任何更改记录、每笔交易留痕处理、审查和更新算法、制定解释算法测试范围的书面测试文档等手段来保证并持续给用户提供最佳投资建议。第三，监管层完善相应的责任追究机制和补偿机制。加强并完善责任追究机制，严惩利益冲突、投机行为、内幕交易等欺诈行为。也可以加大反欺诈力度。例如，认定欺诈只需投资顾问有欺诈行为，至于其是否有主观意图、是否产生了客观损害，则不予考虑。如果智能投顾平台按要求履行了信息披露义务，则可排除某些行为的欺诈性。同时也要完善对智能投顾平台特有的责任追究机制，包括行政责任、刑事责任和民事责任，建立包括监管机关、司法机关、自律组织、合规执行官等在内的多层次监督体制和责任追究机制。建立完备的补偿机制以应对智能投顾的业务风险和潜在责任。考虑到智能投顾的特有风险，如算法缺陷给用户造成损失等，供应商应当为用户办理专业责任强制保险（professional indemnity insurance，“PI” insurance），一个有缺陷的算法造成的损失可以视为保险单索赔。为了准备充足的补偿，还需对用户的个人薪酬及投资情况进行了解。第四，针对“一致行动人”实行穿透式监管，严防“一致行动人”现象的出现。结合特定披露机制，设计出一套明确的监管方案以应对“一致行动人”现象，细化监管规则，纵深审查，穿透监管。我国《证券法》规定投资者通过证券市场交易持有某一家公司股票达到5%时，就必须向交易所、证监会报告，通知该上市公司并予以公告，俗称“举牌”。如果某智能投顾为其所有用户提供的投资于某只上市公司股票的投资建议合计达到5%时，就需进一步判断该智能投顾是否有谋求对该只股票甚至该家上市公司施加影响力的意图。具体的判断规则还需监管层作出详细规定。

（四）创新监管模式，实现对算法的有效监管

1. 借鉴“监管沙箱”模式。2016年5月9日，英国金融业行为监管局（FCA）针对智能投顾、区块链等金融科技创新发布了关于“监管沙箱”（Regulatory sandbox）的报告。“监管沙箱”是为扩大金融项目创新而设置的一种监管机制，即企业可以在“一个安全空间”内测试其创新的产品、服务、商业模式和交付机制，而不会立即承担所有正常的监管后果的活动。①监管沙箱对自动建议商业模式（Automatic advice business models）案例进行了研究，提出了“算法”测试的设想，允许一些公司的智能咨询平台面向有限数量的消费者，如果他们有智能投顾提出的建议发布后，自然人财务顾问应该在交易执行前审查该建议来作为一种安全保障。这种测试方法有利于智能投顾公司学会如何在投顾平台上与消费者接触，比较智能投顾与自然人投顾的异同从而完善服务。监管沙箱的引入为监管者如何平衡金融科技的发展与风险控制找到了一个有效的监管机制，可以很好地平衡金融创新与金融消费者利益保护的关系。②

2. 引导监管科技介入监管。不但金融机构需要知道自己的数据，监管机构更需要掌握金融机构的数据，以便进行金融风险评估和维护金融稳定，这对金融机构提出了更高的监管合规要求。金融机构遵循监管以达到合乎监管

---

① 参见伍旭川、刘学:《金融科技的监管方向》，载《中国金融》2017年第5期。

② 参见伍旭川、刘学:《金融科技的监管方向》，载《中国金融》2017年第5期。

需要的成本随之提高，由此催生了监管科技的发展。[①]FCA 最早提出了监管科技（RegTech）的概念，它将监管科技描述为“运用新技术，促进达成监管要求。”监管科技通过结合数据分析、风险模型和情境分析等，利用人工智能技术来计算并预测风险，为金融机构提供解决方案。许多监管规定都基于或使用了某些数据、处理或管理结构，这常常导致金融机构为满足监管合规要求而做重复工作。而监管科技的解决方案可从根本上解决金融机构合规活动费时费力的问题，在避免重复工作的同时提高了效率。英国已出现了一批监管科技公司，它们帮助营运者降低合规成本，同时也为监管者提供信息技术监管服务，保证金融科技运营的透明度。

FCA 依托监管科技公司对智能投顾进行监管的经验可资借鉴，一方面，推动有实力的中国互联网企业成立监管科技公司，帮助智能投顾营运者降低合规成本，另一方面，提升监管部门对智能投顾的监管效能。随着监管科技的发展，监管部门的技术系统可以直连每个金融机构的后台系统，实时获取监管数据，运用大数据分析、数据可视化等技术手段完成监管的报告、建模与合规等工作。随着监管机构加强对监管科技的应用，通过系统地构建基于大数据和云计算等技术为核心的数字化监管体系，将避免监管滞后的问题，并有助于监管机构实现即时、动态监管和全方位的精准式监管，进而推动金融科技更加快速、健康地发展。[②]

（五）细化信息披露的具体标准，实现有效监管

监管部门应尽快制定智能投顾信息披露的细化标准，根据信息披露的真实、准确、完整、及时与易解等特点，并结合智能投顾的特性作出具体化的特殊性要求。

该特殊要求主要体现在如下方面：第一，真实性。真实性原则是信息披露最根本、最重要的原则。智能投顾应当以客观事实或具有事实基础的判断和

---

① 参见伍旭川、刘学：《金融科技的监管方向》，载《中国金融》2017 年第 5 期。

② 参见李晴：《智能投顾的风险分析及法律规制路径》，载《南方金融》2017 年第 4 期。

意见为依据，以没有扭曲和不加粉饰的方式如实反映客观情况，不得有虚假记载和不实陈述。第二，准确性。披露的信息应当使用明确、贴切的语言和简明扼要、通俗易懂的文字，不得含有任何宣传、广告、恭维或者夸大等性质的词句，不得有误导性陈述。公司披露预测性信息及其他涉及公司未来经营和财务状况等信息时，应当合理、谨慎、客观。智能投顾平台披露其服务范围时要避免误导用户。像所有注册投资顾问一样，智能投顾应考虑对其所提供的投资咨询服务的描述是否足够明确易懂，并采取合理的注意措施避免用户对服务范围产生歧义。此外，平台需要向用户准确披露直接或间接收取的费用，使服务成本透明化。不进行隐性收费和变相收费，确保用户在使用智能投顾产品之前的充分知情权和选择权。第三，完整性。披露的信息应当内容完整、文件齐备，格式符合规定要求，不得有重大遗漏。智能投顾应在每一阶段严格进行信息披露，保证用户了解到的信息完整充分，没有信息断层。例如，首先，智能投顾应先于用户的注册过程说明其商业模式，包括各类算法、业务费等，同时要明确咨询服务的范围，包括财务、税务、调查问卷以外的信息。要求平台披露对算法的说明、描述、假设及其功能限制、特定风险、紧急措施及任何可能触发紧急措施的情况等基础信息，以便在用户使用智能投顾进行投资之前能获得作出明智的投资决策所必需的信息。其次，在用户使用过程中，智能投顾需披露所有可能影响投资者决策的重大变化，不仅披露对自身有利的正面信息，更要揭示与投资风险相关的各种信息，确保用户利益不受损害，如对可能实际影响用户投资组合的算法代码进行的任何更改都须向用户进行披露。另外，平台必须说明各工作人员参与监督和管理各用户账户的程度，明确责任的划分。尽管智能投顾对人力的取代已经非常全面，但实际操作中工作人员还是会不可避免地进行各种程度的参与，平台需要对每位工作人员对每个账户的参与程度进行完全披露，方便责任的认定与划分。还需对参与开发、管理智能投顾算法或拥有算法所有权的第三方进行充分披露，包括对可能产生的任何利益冲突的解释（例如，如果第三方以折扣价向智能投顾平台提供算法，但算法引导用户购买由第三方收取费用的产品等）。第四，及时性。《上市公司信息披露管理办法》第 71 条及时是指自起算日起或者触及披露时点的2个交易日内，在智能投顾的语境下可以表述为“自重大事件发生之日起2日内进行信息披露”。但由于全权委托的特性，智能投顾应遵循更为严格的时限要求，2日对用户来讲仍显过久，希望监管层能结合实践确定一个较为科学合理的时限。第五，易解性。信息披露的表述应当简明扼要、通俗易懂，避免使用冗长费解的技术性用语。智能投顾应使用便于用户理解的方式进行信息披露，帮助用户作出明智的选择。用户从智能投顾那里收到的信息对其是否能够在选择投顾平台、管理与投顾的关系时作出明智的决定而言至关重要。作为受托人，智能投顾平台有责任充分地披露所有重大事项，并采取合理注意措施以避免误导用户。由于智能投顾依赖在线披露来提供一些重要概念，因此在传达关键信息、风险和免责声明时可能会出现特有的问题，对此智能投顾平台可以利用弹出框等网页设计来确保其在线披露机制设计得有效，使得关键信息不易被淹没且易于理解。

为了实现监管层的有效监管，智能投顾还需就其工作原理及其合规性向监管机构作出解释，若不能解释清楚算法如何运作并产生结果，至少也要保证产生的结果与原先预期一致。另外，监管层可以对源代码建立公证制度，通过第三方公证机构审核，确保智能投顾不存在恶意和蓄意破坏市场的情况；建立智能投顾注册备案制度，对于在实际使用中，完全不需要人工干预的智能投顾，其设计开发者和使用者都需要注册备案，约定至少一个自然人或法人作为被监管主体，对其行为承担责任。

（六）完善投资者适当性制度，强化投资者保护

1. 评估投资者的风险容忍度。建立投资者适当性制度的第一步是完善智能投顾平台的信息获取机制，作为平台与用户彼此关系中的关键一环，调查问卷的问题是否设置得科学、合理、全面，是否能够尽可能准确地了解用户情况，是整个投资者适当性制度的根基。智能投顾在作出投资建议时，应合理尽职地去获得和分析投资者资料，包括但不限于投资者的年龄、持有其他投资情况、财务状况及需求、纳税状况、投资目标、投资经验、投资周期、流动性需求、风险容忍度，等等。风险容忍度在建立用户分类及进行投资建

议中是一个非常重要的因素，风险容忍度可从两个维度进行分析：风险承担能力和风险承担意愿，投资顾问有义务在评估其用户风险容忍度时考虑这两个方面。风险承担能力评估投资者承担风险或承受损失的能力，这取决于投资者的投资周期、流动性需求、投资目标和财务状况等。

2. 智能投顾平台的承诺担保投资者适当性。引入承诺担保制度，即智能投顾平台需对所合作投资者的适当性进行承诺，确保所提供的投资建议符合投资者的风险承担能力及风险承担意愿，若因平台自身的过失使得投资建议与投资者的状况不符，或者一开始就未能正确评估投资者适当性，则应承担一定的责任。但用户也应当如实提供平台所需的信息及证明材料，并对其真实性、准确性和完整性负责。若用户不提供信息或提供的信息不完整，智能投顾应当告知用户无法确定其风险容忍度，由此产生的后果由用户自行承担，且该告知过程应当留痕。同样，若用户提供的信息不真实或不准确，而智能投顾平台已尽到足够的审查义务而仍未能辨别，最终导致投资者适当性评估失败并给出不适当的投资建议时，责任应由过错的用户承担。

3. 投资者教育。监管部门应定期对广大投资者进行专门教育，培养理智投资者，使其准确认知和把控其本身需求及所处的经济环境。理智的智能投顾用户应当有如下表现：第一，评估其所选用的智能投顾是否获取了足够多的材料并且提出了足够量的问题以充分了解自己的投资需求及风险接受度。如果用户对此存在疑虑，他们应该在投资决策前向智能投顾提出自己的顾虑。第二，了解决策的产生完全基于智能投顾平台事先设定好的算法及潜在的假设这一事实，同时在使用过程中应尽量了解平台的投资方法和相关假设，以便其能够更有效地使用。第三，投顾的建议中或多或少会存在利益冲突，智能投顾并不能完全避免这些利益冲突，用户应该考虑是否能够接受相关的利益冲突。第四，无论是哪一种账户，用户都应该对接受的服务及相对应的费用有一个清楚全面的了解。

针对智能投顾的现实发展，我国的监管层已有所行动。2017 年 11 月 17 日，中国人民银行、银监会、证监会、保监会、外汇局联合发布了《关于规范金融机构资产管理业务的指导意见（征求意见稿）》（以下简称《意见》)，其中

第 22 条专门对智能投顾做出规定。包括：开展智能投顾业务的金融机构需取得相应的投资顾问资质、对智能投顾模型的主要参数及资产配置的主要逻辑进行备案、为投资者单设智能投顾账户、结合业务特点履行严格的信息披露义务等；并专门针对算法予以监管，对接受委托开发算法的第三方机构提出要求，同时规定面对算法引发的风险时，金融机构应当采取人工干预措施以保持金融市场稳定性；最后，《意见》还明确了开展智能投顾业务的金融机构以及开发算法的第三方机构各自的过错责任。[①] 这是我国首次对智能投顾做出相关规定，具有现实指导意义，也体现了对本文所提监管建议的认可。但是，由于下位法不得违反上位法，《意见》作为部门规章无法对《证券法》第 171 条进行修改，即智能投顾无法实行全权委托的困境仍未得到解决；同时，没有明确智能投顾的信义义务，平台应负担的义务有待加强；此外，虽规定了第三方机构的法律责任，但未从准入角度对其进行规制等。监管层及时迈出这关键一步令人振奋，希望可以进一步出台更为详尽的监管细则。

---

① 《关于规范金融机构资产管理业务的指导意见（征求意见稿）》第 22 条规定："【智能投顾】金融机构运用人工智能技术、采用机器人投资顾问开展资产管理业务应当经金融监督管理部门许可，取得相应的投资顾问资质，充分披露信息，报备智能投顾模型的主要参数以及资产配置的主要逻辑。

金融机构运用智能投顾开展资产管理业务应当严格遵守本意见有关投资者适当性、投资范围、信息披露、风险隔离等一般性规定，并根据智能投顾的业务特点，建立合理的投资策略和算法模型，充分提示智能投顾算法的固有缺陷和使用风险，为投资者单设智能投顾账户，明晰交易流程，强化留痕管理，严格监控智能投顾的交易头寸、风险限额、交易种类、价格权限等。

金融机构委托外部机构开发智能投顾算法，应当要求开发机构根据不同产品投资策略研发对应的智能投顾算法，避免算法同质化加剧投资行为的顺周期性。金融机构应当针对由此引发的市场波动风险制定应对预案。因算法同质化、编程设计错误、对数据利用深度不够等智能投顾算法模型缺陷或者系统异常，导致羊群效应、影响金融市场稳定运行的，金融机构应当采取人工干预措施，强制调整或者终止智能投顾业务。

金融机构应当依法合规开展人工智能业务，不得借助智能投顾夸大宣传资产管理产品或者误导投资者，并切实履行对智能投顾资产管理业务的管理职责，因违法违规或者管理不当造成投资者损失的，应当承担相应的损害赔偿责任。开发机构应当诚实尽责、合理研发智能投顾算法，保证客户和投资者的数据安全，不得使用恶意代码损害投资者利益，如存在过错，金融机构有权向开发机构进行损失追偿或者要求承担相应的责任。"

五、结语

在人工智能和共享金融浪潮的席卷下，智能投顾必然会在世界范围内掀起一次变革狂潮，我国也需顺应历史潮流，积极做出应对。为充分保护投资者利益，同时促进全社会生产效率的提高，监管者应尽快消除相关障碍并进一步制定监管细则，为实务界提供明确的指导和指引，为当下既蠢蠢欲动又惴惴不安的智能投顾市场打一剂定心针，促使其形成良好的金融生态，更好地服务于广大投资者。同时，监管层需要与时俱进提高监管水平，实现即时、动态监管和全方位精准式监管，推动金融科技快速、健康的发展。

共享金融的法律问题

——以 P2P 网络借贷为例

雷继平[①]

一、"共享金融"概念下网络借贷的界定

根据科斯的交易成本理论，企业产生及扩张的原因在于其内部协作的交易成本低于市场组织之间的交易成本，这也是企业的边界所在。而所谓的"共享经济"，其实质在于互联网（尤其是移动互联网）的普及降低了信息不对称从而减少交易成本，导致传统意义上企业边界的收缩，最终使得个体与个体之间的直接交易重新成为一种理性和经济的选择。

"借鉴南希·科恩（Nancy Koehn）共享经济的概念,（共享金融）就是金融资源的供需个体通过云计算、大数据、物联网、移动互联网等构筑的现代信息技术平台实现金融资源与服务的直接交易系统"[②]。其中，网络借贷（Peer to Peer Lending，P2P，以下简称网络借贷或网贷）作为"个体和个体之间通过互联网平台实现的直接借贷"[③]，又被认为是"共享金融"的重要表现形式之一[④]。由于"借贷交易直接由借款者和投资者通过线上交易市场完成"[⑤]，因此其

---

① 雷继平，金杜律师事务所。

② 姚余栋、杨涛主编:《共享金融　金融新业态》，中信出版集团 2016 年版，第 19 页。

③ 中国人民银行、工业和信息化部等十部委联合发布的《关于促进互联网金融健康发展的指导意见》。

④ 姚余栋、杨涛主编:《共享金融　金融新业态》，中信出版集团 2016 年版，第 23~24 页。

⑤ 杨涛等主编:《真实的 P2P 网贷: 创新、风险与监管》，经济管理出版社 2016 年版，第 55 页。

核心特征主要有两点：第一，当事人通过互联网达成交易；第二，网贷平台或借贷流程的“去中介化”（又称“金融脱媒”）。

所谓的“去中介化”指的是网贷平台只是一个信息中介而非信用中介，这不仅是学界对于网络借贷的共识，也符合我国官方政策文件对于网络借贷的一贯定义。例如，中国人民银行等十部委发布的《关于促进互联网金融健康发展的指导意见》指出：“个体网络借贷机构要明确信息中介性质，主要为借贷双方的直接借贷提供信息服务，不得提供增信服务，不得非法集资。”银监会发布的《P2P 网络借贷风险专项整治工作实施方案》（银监发〔2016〕11 号）则强调，“部分以网贷名义开展经营，涉及资金归集、期限错配等行为，已经脱离信息中介本质，异化为信用中介的机构，也是本次排查和整治的对象。”

虽然国家政策文件均强调网贷平台信息中介的本质，但是现实当中的网贷平台却“总体上更像是担当着新的融资中介的职能，与金融脱媒并无太多关联”[①]。由于国内网络借贷面临严重的征信问题，因此除少数公司基本参照国外主流网贷平台的发展模式外，大部分的 P2P 网贷公司都采用有担保的线上模式。网贷平台不仅深度介入交易过程，并且提供兜底保证、收购债权的担保或变相担保措施。[②] 这些特殊性体现在相应的法律制度领域，从民商事争议解决的角度来看，使得该类型争议案件在合同订立方式与缔约主体的识别，以及网络借贷平台的法律地位及其责任的限度、网络借贷与非法集资的界限等问题上，给传统民商法理论带来一些新的挑战。

二、P2P 网络借贷纠纷对传统民商法的挑战

（一）网络借贷交易电子化下的缔约主体识别

所谓的缔约主体识别，指的是在合同类纠纷案件当中，裁判机关对于交

① 杨涛等主编：《真实的 P2P 网贷：创新、风险与监管》，经济管理出版社 2016 年版，第 46 页。

② 杨涛等主编：《真实的 P2P 网贷：创新、风险与监管》，经济管理出版社 2016 年版，第 191 页以下。

易当事人身份的确认和认定。网络借贷通过线上交易完成，因此其交易合同通常表现为电子合同[①]。在电子化的合同订立过程中，由于当事人不通过当面订立合同并完成交易，交易双方对于对方当事人的确认实际上基于虚拟的网络信息；同时，行为人的意思表示以点击确认为的方式作出，客观上也难以表现出邀约、承诺的意思表示外观，当事人实际上无从判断对方是否具有相应的意思表示（如无意识点击鼠标行为的法律效力的判断）或意思表示能力。总而言之，"网络匿名制及其交易方式使交易主体无法获知对方准确、全面的信息，以个人信用和企业财产信用为基础的交易制度受到挑战"[②]。这里仅分析其中一种情形，即在行为人信息被冒用或借用的情况下，如何正确识别并认定缔约主体。

冒用一方当事人信息进行交易的行为被称为冒名行为。王泽鉴教授认为，若姓名具有一定区别性意义，即真实姓名之所有人对受领人进行缔约行为而言是重要的，受领人仅意欲与真实姓名所有人订立合同，应当类推适用无权代理的规定[③]。据此，在被代理人不追认的情况下，无权代理行为对被代理人不发生效力，而由行为人承担责任。一般情况下网络借贷交易中的"姓名"（ID及其背后的信用信息），对于缔约行为而言是至关重要的。因此，我们面临是否将无权代理理论适用在网络借贷交易当中的问题。如果答案是肯定的，则基于前述网络借贷的合同订立特征，将有可能对当事人施加超出其能力范围的注意义务，使交易陷入巨大的不确定性当中。

面对这个问题，有地方法院在相关案件中指出："网络借贷交易具有特殊性，借款人与出借人通过网络签订电子合同，通常不通过实体见面交易，而是通过电子签名认定双方的身份，一般情况下正确输入代表一方的账号和密码，就可以认为是本人操作。即使他人冒用涂春年名义签订借款协议并实际取款，从维护网络交易安全和保护债权人利益的角度考虑，也不宜直接否定

---

① 在一些交易模式下，亦存在当事人在线下签订合同或另行签订合同的情况，即上文所述纯线下交易模式，该种交易类型不在本文论述之列。

② 谢勇:《论电子合同主体的缔约能力》，载《人民司法（应用）》2013 年第 23 期。

③ 王泽鉴:《民法总论》，北京大学出版社 2009 年版，第 451 页。

借款协议的效力。”[①] 此类案件[②]的审判思路在于，通过法律推定的方式认定交易由本人作出，并且交易的安全及相对人的信赖保护被置于更为优先的重要地位，意思自治和交易安全达到一个新的均衡，事实上是意思自治对于交易安全的妥协。

同时，这个问题还有域外法理可资借鉴。在美国法上，即时现金买卖不属于契约的范畴，其中一个原因是合同属于对人权，而即时买卖属于对物权[③]。笔者以为，网络借贷合同同样具有对物权的特征，原因在于，当事人的主体身份和特征在网络借贷交易当中实际上在很大程度上是被弱化的，交易标的的确定在意思表示当中占据更为重要的位置，尤其是对于网络借贷交易中的借款方而言，投资人的身份并不是其关注的重点。这种对物权的解释方法，和上述相对人的信赖保护解释路径，是异曲同工的。

（二）网络借贷平台的法律地位及其责任的限度

由于实践中网贷平台在很多情况下都提供保证担保，或者以债权回购、债务加入的方式变相提供担保。《担保法》对于担保法律关系的成立要求较为严格，其第13条规定：“保证人与债权人应当以书面形式订立保证合同。”但是实践当中的增信行为形式多样，并且网贷平台的担保或者增信承诺通常还有针对不特定主体的特征，在这种情况下如果完全按照《担保法》的规定认定担保法律关系成立与否，则有失妥当。

为此，《最高人民法院关于审理民间借贷案件适用法律若干问题的规定》（以下简称《民间借贷司法解释》）第22条第2款进一步规定：“网络贷款平台的提供者通过网页、广告或者其他媒介明示或者有其他证据证明其为借贷提供担保，出借人请求网络贷款平台的提供者承担担保责任的，人民法院应予

---

① 参见益阳市中级人民法院（2016）湘09民终496号《民事判决书》。

② 同类型或与此相似的案例还有浙江省杭州市中级人民法院（2016）浙01民终4526号、上海市浦东新区人民法院（2015）浦民六（商）初字第19923号等。

③ 梁慧星：《民法学说判例与立法研究》，中国政法大学出版社1993年版，第238页，转引自李永军：《合同法》，法律出版社2003年版，第6页。

支持。”司法实践当中，但凡涉及网贷平台提供担保或想提供担保的，网贷平台很有可能将被判令承担相应的担保或回购责任[①]。

上述司法解释与裁判当中，确定担保法律关系成立的路径与合同法领域悬赏广告的效力认定有相通之处。《最高人民法院关于适用〈中华人民共和国合同法〉若干问题的解释（二）》第3条规定：“悬赏人以公开方式声明对完成一定行为的人支付报酬，完成特定行为的人请求悬赏人支付报酬的，人民法院依法予以支持。但悬赏有合同法第五十二条规定情形的除外。”通说认为悬赏广告具有单方允诺的特征，即允诺对完成一定行为的人单方面负有支付报酬的义务，而不需要完成行为的相对人作出有效的承诺。根据《民间借贷司法解释》的规定，网络借贷当中平台作出的担保承诺，并不需要债权人另行与其签订书面的保证合同或作出接受担保的意思表示，而这与《最高人民法院关于适用〈中华人民共和国担保法〉若干问题的解释》第22条规定的“第三人单方以书面形式向债权人出具担保书，债权人接受且未提出异议的，保证合同成立。”情形，并不相同。

除此之外的问题在于，若网贷平台未在交易当中约定提供担保或变相担保，在发生债务人给付不能的情况下，网贷平台是否可能承担某种责任，及其责任范围应当如何界定？

一般认为网贷平台应当是信息中介，在网络借贷交易中与借贷双方形成居间合同法律关系[②]。因此，对于各方权利义务关系，实践当中的通常做法是，将投资人、借款人即网贷平台三方分别拆分成为借贷与居间两个法律关系，三方当事人在相应的法律关系下承担相应的法律责任，具体如上海市第

---

① 北京市海淀区人民法院审理的（2015）海民（商）初字第16538号案中，网贷平台因提供连带责任保证而承担连带还款责任；兴化市人民法院在（2016）苏1281民初9133号民事判决中认定，网贷平台代理人约定在债务人履行不能的情况下受让债权人的债权，构成“与其所代理的P2P借贷的债务人之间系担保关系”；上海市黄浦区人民法院受理的（2015）黄浦民五（商）初字第9751号案，亦认可网贷平台受让债权人债权这类交易的合法性，同理还有天津市河北区人民法院审理的（2015）北民初字第7802号案；北京市昌平区人民法院作出的（2016）京0114民初16856号民事判决认为，网贷平台“以实际行为加入合同履行当中，因而与债务人银凯公司一起共同承担责任”。

② 张雪楳：《P2P网络借贷相关法律问题研究》，载《法律适用》2014年第8期。

一中级人民法院（2016）沪01民终2249号案、山东省济宁市兖州区人民法院（2016）鲁0812民初1717号案、宜春市袁州区人民法院（2016）赣0902民初4491号等。

但是如本文第一部分所述，实践当中的网贷平台“总体上更像是担当着新的融资中介的职能，与金融脱媒并无太多关联”，即便网贷平台未在交易当中约定提供担保或变相担保，其深入介入网贷交易的特征，也与传统意义上的“居间人”不甚相同。甚至有学者研究认为，“如果抛开仅仅为了满足合规要求而设计的合约的话，大多数投资者实际相信的就是P2P网贷平台而非实际借款者”[①]。尤其是实践当中还有一些借款人与投资人单向或相互匿名的交易模式，如出借人向网贷平台充值后，由网贷平台发布包含借款本金、借款期限和年利率标书，借款人申请后由平台安排放款，直至交易完成，投资人和借款人都不完全知悉向对方的全部信息[②]。在这种交易中，仅根据《合同法》第424条的规则，认定网贷平台为所谓的“居间人”，或许是有失妥当的。

有学者认为，网贷平台应当是商事居间人，其“居间人义务和责任都重于一般的民事居间人”[③]，从最高人民法院出台的相关司法文件的变迁过程来看，笔者认为这种“商事居间人”的定性较有可能符合司法审判的精神。《民间借贷司法解释》规定，“借贷双方通过网络贷款平台形成借贷关系，网络贷款平台的提供者仅提供媒介服务，当事人请求其承担担保责任的，人民法院不予支持”，但是这并未否定网贷平台承担其他性质责任的可能性；最高人民法院在新近发布的《关于进一步加强金融审判工作的若干意见》则提出，“准确界定网络借贷信息中介机构与网络借贷合同当事人之间的居间合同关系”，这实际上是最高人民法院在司法文件中首次对网贷平台与借贷当事人之间的“居间合同关系”盖棺定论，但是其中“准确界定”的表述显得颇有深意。

再如，德国等采取民商分立立法例的国家中，民事居间与商事居间在法

---

① 杨涛等主编：《真实的P2P网贷：创新、风险与监管》，经济管理出版社2016年版，第93页。

② 参见上海市第二中级人民法院（2016）沪02民终8459号《民事判决书》；并且，九鼎控股旗下的“借贷宝”亦采用投资人对借款人匿名的交易模式。

③ 赖丽华：《P2P网络借贷平台的复合民事法律地位》，载《法学论坛》2016年5月。

律交往形式、与第三人交易中的地位、交易的内容及居间人的注意义务等方面都有所不同[①]。但是，我国《合同法》第 23 章“居间合同”部分，则未区分商事居间合同与民事居间合同，相关司法解释亦未对此予以明确，裁判规则的确定还有很长的路要走。

（三）网络借贷民事行为与非法集资的界限

网络借贷以互联网为平台，融资信息和融资对象具有开放性、不特定性，而非法集资类犯罪的典型特征之一就是面向社会不特定对象进行公开宣传。网络借贷与刑法规范所规定的构成要件高度契合，比传统民间借贷天然更容易构成非法集资类犯罪。[②] 由于征信体系极度不完善的事实，国内网络借贷还很难做到真正意义上的“个体和个体之间通过互联网平台实现的直接借贷”，因此“资金池”和期限数额的错配等问题依然客观存在。

为达到交易合规的要求，有一些网贷平台采取诸如债权转让的模式，即由网贷平台或第三方向借款人提供资金并获取借款债权，再将该金融债权向投资人出售。[③] 同时，这种模式又可以分为一笔借款对应一个借款人和投资人（一对一）、一个借款人对应多个投资人（一对多）、一笔借款对应多个借款人和一个投资人（多对一）以及多个借款人对应多个投资人（多对多）四种情形。[④] 其中，一对多和多对多两种情形，都可能涉及一人向多人集资的问题，而该交易通过开放性的网贷平台达成，使其天然带有向不特定的社会公众筹集资金的特征。

目前上述模式之所以尚在法律的红线之内，其中的原因可能在于即便是涉及一人向不特定的多人集资，其通过变换标的物和法律行为类型的法律规

---

① 范健:《德国居间商法律制度评析》，载《中外法学》1993 年第 6 期。

② 李永升、胡东阳:《P2P 网络借贷的刑法规制问题研究——以去了近三年的裁判文书为研究样本》，载《政治与法律》2016 年第 5 期。

③ 何欣奕:《民商法视域下 P2P 网络借贷借款平台法律问题思考——以涉及的主要法律风险与合同类型为中心的观察》，载《法律适用》2015 年第 5 期。

④ 张雪楳:《P2P 网络借贷相关法律问题研究》，载《法律适用》2014 年第 8 期。

避行为，至少在形式上解决“资金池”的问题。因为这种交易中，网贷平台虽然向社会公众“集资”，但是却同时是在实现自身的债权，对于后者法律并无可加指谪之处；并且，债权拆分转让的“集资”行为是整个交易环节的终结而非开端，因此不存在将投资人的资金汇集成“资金池”并向借款人放出的交易外观。值得注意的是，这种“试图通过拆分行为或标的物、变更行为名称等简单方式避开特定法律规范的行为，通常无法产生避法效果，法院将依行为的实质内容归类”①，事实上对于这种暂时在安全线以内的交易模式，相关的质疑并未终止。②

三、从网络借贷纠纷看金融创新中的法律适用

面对新的挑战，司法裁判大体上会区分两种不同的思路：对于秉持司法审慎的“保守主义者”来说，倾向于将新事物拉入旧框架当中，通过法律解释方法的弹性解决法律的滞后性与金融创新之间的矛盾；对于富有开拓精神的“激进主义者”而言，则倾向于跳出既有的“陈旧”规则，以新的视野对待新的法律问题，通过司法理论创新创造性的解释甚至创造规则，以应对实践的挑战。这种分歧，在微观层面上体现的是法官对于网络借贷以及传统民商事法律理论如何适用于新类型纠纷的不同认识。而在宏观层面上，意见分歧的背后其实是司法者对于司法在金融创新的角色定位存在不同的认识。③

总体而言，笔者倾向于“保守主义”的司法审慎立场，原因在于金融领域问题具有极强的专业性，相比较于监管机构而言，司法裁判机关并非专业人士。法官擅长的就是合同解释与法律解释，并寻找两者之间的衔接点。法律解释的边界受到法学方法论基本规则的约束，法律适用的边界必须在其可解释的范围之内。

---

① 王军:《法律规避行为及其裁判方法》，载《中外法学》2015 年第 3 期。

② 张雪楳:《P2P 网络借贷相关法律问题研究》，载《法律适用》2014 年第 8 期。

③ 范黎红:《论司法在金融创新中的合理定位从委托理财案件的审理谈起》，载《法律适用》2007 年第 1 期

例如，上述债权拆分转让的模式下交易合同的有效性问题，有学者认为这种交易存在非法吸收公众资金、资产证券化、出售金融理财产品的嫌疑。[①]笔者以为，在网贷平台以自有资金或合法融资而取得的资金而形成的合法债权，该债权出售的行为在法律定性上应当为债权实现。在立法者未就这种交易制定规则的情况下，若其上游交易行为不存在法律瑕疵，将这种典型的债权实现行为解释为非法吸收公众资金，显然超出后者的解释限度。债权拆分转让模式真正的问题在于资产证券化，若网贷平台等额拆分并将该债权标准化，则笔者以为这符合一般认为的资产证券化的特征，交易的合法性将面临风险。

四、结语

网络借贷自 2007 年首次引入中国，到 2014 年、2015 年期间问题集中爆发，历时不到十年。而民商事诉讼领域，笔者以“网络借贷”为关键词在相关数据库中进行检索，全国各地各类型案件总数仅为 160 余起，抛开其中众多重复信息，可供研究的案例不过数十件，具有分析价值的则可能不超过 20 件。显然，这些数据尚不足以支撑对网络借贷这一大类型纠纷的类型化研究，法律问题的归纳及裁判规则确定都还是未竟之功。

① 张雪楳:《P2P 网络借贷相关法律问题研究》，载《法律适用》2014 年第 8 期。

股权众筹平台对发行人信息披露的审查责任探析

李欣豫[①]

一、问题的提出

（一）“股权众筹第一案”基本案情[②]

2015年1月21日，本案被告（反诉原告）诺米多公司与原告（反诉被告）飞度公司签订融资协议，约定诺米多公司委托飞度公司通过“人人投”互联网非公开股权融资平台（以下简称“人人投”）融资88万元（包括诺米多公司出资70.4万元）。融资协议主要约定如下内容：一是诺米多公司委托飞度公司提供以下服务：展示诺米多公司申报的项目、发布融资需求等，并根据实际情况就交易的结构、定价、尽职调查及其他相关事情做出安排；二是在与“人人投”接触、项目预热、融资阶段，如飞度公司发现诺米多公司出现隐瞒财务状况、提供不真实信息等情况，飞度公司有权终止与诺米多公司的合作；三是飞度公司因诺米多公司的行为所受的损失，由诺米多公司赔偿；四是诺米多公司承诺，在委托有效期内遵守“人人投”网站的使用规则，在“人人投”网站所申报项目的所有信息真实、及时、有效，不存在虚假陈述、重大遗漏及误导性陈述，并且项目信息不存在侵犯他方知识产权或其他权利的情形。

签订上述融资协议后，双方开始依约履行。在此之前，诺米多公司股东

---

① 李欣豫，中国证券投资基金业协会法律部主办，本文为作者的专业观点，不代表所在单位意见。

② 北京诺米多餐饮管理有限责任公司与北京飞度网络科技有限公司居间合同纠纷二审民事判决书，(2015)一中民（商）终字第09220号。

刘晓光已代表诺米多公司在“人人投”网站上实名注册为平台会员，并通过在线审阅画勾方式同意了《人人投网站服务协议》。刘晓光在签订合同后，将17.6万元出资款充值到“人人投”与易宝支付同步账户内。在融资期内，飞度公司通过自己公司运营的“人人投”平台成功为诺米多公司融资70.4万元，共有86位投资人认购了投资。

为履行上述合同，开设“排骨诺米多健康快时尚餐厅”分店，诺米多公司选定位于北京市东城区金宝街的一处房屋作为经营用房。在诺米多公司与出租方签订房屋租赁合同后，诺米多公司将上述房屋租赁情况及合同提交于飞度公司。飞度公司工作人员以及投资人在之后的合同履行阶段，前往上述房屋所在地址实地考察，发现上述房屋实际为三层楼房而非合同约定的平房，各方就此发生争议，解决未果，各方交易破裂。

2015年4月14日，诺米多公司向飞度公司提出解除合同，后者表示认可，但双方均主张对方违约并要求支付违约金。协商不成，诺米多公司起诉飞度公司，飞度公司亦提起反诉，后因管辖问题，诺米多公司撤诉。飞度公司随后诉至北京市海淀区人民法院，诺米多公司亦提起反诉。飞度公司认为诺米多公司的主要问题是：诺米多公司向平台提供的经营房屋所有权性质、物业费等均与实际情况不符，严重影响投资人的利益。而诺米多公司反诉飞度公司的主要原因是：飞度公司没有按时打款。在反诉中，诺米多公司对“人人投”平台融资行为的合法性也提出了质疑。[①]

该案的二审法院，经审理后认为，诺米多公司融资用于北京市东城区金宝街的经营用房在其所签订的《房屋租赁合同》中显示为平房，但根据本案现有证据能够确认其系楼房。因上述问题涉及房屋可能存在违建等隐患以及即使是合法建筑，但房屋所有权人是否允许案外人田某兰进行转租等问题，直接关系到众多投资人的核心利益并有可能加大投资人的风险，飞度公司及投资人要求诺米多公司进一步提供房屋产权证及转租文件等属于维护自身的正当权益。同时，飞度公司必须对诺米多公司融资信息的真实性负有审查义务，以此降低投

① 参见邢会强主编：《互联网金融的法律与政策》，中国人民大学出版社2017年版，第98~99页。

资人的风险，因此，飞度公司认为诺米多公司存在信息披露不实一节具有相应的事实依据。在诺米多公司提供的相关证件仍难以完全排除可能存在的交易风险的情况下，导致《融资协议》解除的主要责任在于诺米多公司。

（二）对“股权众筹第一案”的评析及股权众筹平台对发行人信息披露审查的困境

目前我国暂未出台与股权众筹相关的法律文件，但法院已有相关判例。[①]在“股权众筹第一案”中，法院认为委托融资只是双方当事人交易的一部分，相对于项目展示、筹集资金等服务，飞度公司还提供了信息审核、风险防控以及交易结构设计、交易过程监督等服务，其核心在于促成交易。从该角度分析，双方当事人之间的法律关系主要系居间合同关系。但法院同时说明，界定为居间合同关系是基于对该案争议的相对概况，但众筹融资作为一种新型金融业态，众筹平台提供的服务以及功能仍在不断创新、变化和调整当中，其具体法律关系也会随个案具体案情而发生变化。[②]

作为互联网金融融资模式，股权众筹以股权众筹平台为依托并具有其独特性。[③]明确股权众筹的独特性，对分析股权众筹平台及发行人的信息披露审查责任有极为重要的价值，股权众筹的独特性主要表现在：一是通过审核的发行人在互联网平台上发布信息，可视为“要约”的过程，也即发行人向投资者发出希望与对方达成融资协议的意思表示；二是投资者在股权众筹互联网平台上，对感兴趣的项目进行投资的过程视为“承诺”，承诺的方式通过电子合同或电子支付的方式完成；三是股权众筹平台的主要作用是为投资者和发行人双方提供投融资的机会，为双方订立合同提供服务，也就是提供居间服务；四是第三方托管机构一般由商业银行担任，可以视为股权众筹平台与投资者共同委托第三方托管机构进行资金托管。

---

① 王翠：《股权众筹中众筹平台对信息披露的审查及责任——以人人投诉诺米多案为视角》，载《淮北职业技术学院学报》2016 年第 5 期。

② 参见邢会强主编：《互联网金融的法律与政策》，中国人民大学出版社 2017 年版，第 99 页。

③ 参见邢会强主编：《互联网金融的法律与政策》，中国人民大学出版社 2017 年版，第 84 页。

法院将飞度公司与诺米多公司之间的法律关系界定为居间合同关系，结合股权众筹平台具有的独特性，诺米多公司作为发行人应向股权众筹平台“人人投”及投资者提供真实、合法、有效的信息，“人人投”对诺米多公司提供的信息具有审查责任。[①] 因“人人投”在融资成功后，依据融资协议约定对发行人信息披露的审查义务与投资者对诺米多考察过程中，发现诺米多公司的信息披露不实，遂“人人投”的运营方飞度公司向人民法院提起诉讼。本案中，“人人投”平台为保障自身的信誉及行业的竞争力，在与发行人的融资协议中赋予自身对发行人信息披露审查义务，但是国内外也有股权众筹平台明确提示不对股权众筹发行人的信息披露的真实性负责。[②]

笔者认为，从保护投资者权益的角度来看，信息披露是证券发行制度的黄金法则。作为发行人应依照法律、证券主管机关或交易所的规定，以特定方式向公众投资者公开与证券有关信息的惯例或准则，[③] 而且与传统证券市场类似，股权众筹市场中投资者仍需要通过发行人披露的内容获取有关证券品质的信息，[④] 所以，不能仅仅明确股权众筹平台的审查责任，[⑤] 同时还要明确应如何审查发行人披露的信息。

二、美国股权众筹平台对发行人信息披露的审查责任规定以及对我国的启示

融资困难、融资成本高是世界各国中小企业发展的普遍难题。随着互联

---

① 参见孟凡霞:《股权众筹第一案判决平台胜出》，http: //money.163.com/15/0916/01/B3JL4ELE00253B0H.html，最后访问时间: 2017 年 9 月 26 日

② 傅穹、杨硕:《股权众筹信息披露制度悖论下的投资者保护路径构建》，载《社会科学研究》2016 年第 2 期。

③ 傅穹、杨硕:《股权众筹信息披露制度悖论下的投资者保护路径构建》，载《社会科学研究》2016 年第 2 期。

④ 杨东:《互联网金融风险规制路径》，载《中国法学》2015 年第 3 期。

⑤ 参见孟凡霞:《股权众筹第一案判决平台胜出》，http: //money.163.com/15/0916/01/B3JL4ELE00253B0H.html，最后访问时间: 2017 年 9 月 26 日。

网技术发展普及，股权众筹作为一种新的企业融资方式获得越来越多国家的承认。[①] 随着美国 Jumpstart Our Business Startups Act（《工商初创企业推动法》，以下简称《JOBS 法》）的出台，纯粹的股权式众筹在全球范围内加快发展起来。这种众筹模式下，项目的发起人一般为初创中小企业，希望通过股权众筹平台出售股权以获取融资，众筹平台审核并向投资人推荐项目，投资人出资获得股权回报，与项目发起人共担风险、共享收益。[②]

（一）《JOBS 法》及《众筹条例》对股权众筹平台的双重定性——“证券经纪商”或“集资门户”

2012 年 4 月 5 日，时任美国总统奥巴马签署了《JOBS 法》，该法案作出了允许股权众筹融资、鼓励快速成长型企业公开募股等规定，一时间美国股权众筹模式迅速发展，使得中小企业融资难的困局被迅速打开。[③]《JOBS 法》规定，股权众筹的集资必须接受 SEC 的监管，成为经过 SEC 登记的经纪人或集资门户（Funding Portal），即使在一定条件下免除登记注册为交易经纪商，集资门户也需要注册成为全国性证券交易协会的会员并接受其约束。[④] 正因为注册为证券经纪商费时费力，因此《JOBS 法》为集资门户的产生提供了合理依据。但是，集资门户并不是完全的脱离证券交易委员会的监管，集资门户还是需要在证券交易委员会进行注册，并且也需要注册成为一个全国性的自

① 参见郭锋主编：《证券法律评论（2017 年卷）》，中国法制出版社 2017 年版，第 455 页。

② 参见殷华：《北京飞度网络科技有限公司与北京诺米多餐饮管理有限责任公司融资融券交易纠纷上诉案—众筹融资交易合同效力的司法审查》，http：//202.121.166.131：9155/case/pfnl_a25051f3312b07f3b10fc8e89d7fc95503b31110e551e62a.html?keywords=%E5%8C%97%E4%BA%AC%E9%A3%9E%E5%BA%A6%E7%BD%91%E7%BB%9C%E7%A7%91%E6%8A%80%E6%9C%89%E9%99%90%E5%85%AC%E5%8F%B8%E4%B8%8E%E5%8C%97%E4%BA%AC%E8%AF%BA%E7%B1%B3%E5%A4%9A%E9%A4%90%E9%A5%AE%E7%AE%A1%E7%90%86%E6%9C%89%E9%99%90%E8%B4%A3%E4%BB%BB%E5%85%AC%E5%8F%B8%E8%9E%8D%E8%B5%84%E8%9E%8D%E5%88%B8%E4%BA%A4%E6%98%93%E7%BA%A0%E7%BA%B7%E4%B8%8A%E8%AF%89%E6%A1%88&match=Exact，最后访问时间：2017 年 12 月 9 日。

③ 杨东：《互联网金融视阈下我国股权众筹法律规制的完善》，载《贵州民族大学学报（哲学社会科学版）》2014 年第 2 期。

④ 刘姝姝：《众筹融资模式的发展、监管趋势及对我国的启示》，载《金融与经济》2014 年第 7 期。

律性组织成员，同时接受证券交易委员会和自律性组织的监督和检查。① 集资门户是《JOBS 法》新创设的一种证券中介类型，要求其必须在 SEC 注册，并加入全国性券商自律组织。注册后的集资门户可以帮助众筹发行，但不得提供投资建议，也就是说，《JOBS 法》规定了集资平台经纪商的类似身份，但不具有投资顾问身份。②

（二）《JOBS 法》及《众筹条例》规定的集资门户对发行人信息披露的审查责任

集资门户是整个众筹发行的关键，因此，《JOBS 法》和《众筹条例》要求其履行一定的职责，集资门户对发行人信息披露的审查职责主要包括对发行人的审核、信息公开、风险提示等，③ 具体来说：

1. 发行人审核。集资门户必须保证发行人符合众筹豁免规则的要求，当然集资门户可以合理依赖发行人关于其符合要求的陈述，除非集资门户有理由质疑这些陈述的可靠性。集资门户应当确认发行人已经建立有效方法以准确记录众筹发行后持有者的名单。在下列情形下集资门户应当拒绝发行人使用该平台：

（1）集资门户有理由相信发行人或者其高管、董事（或任何具有相似职位或履行相似职能的人）或者持有 20% 及以上股权的股东，有“坏人规则”规定的事项。为满足此条件，集资门户应当至少对拟通过该平台发售证券的所有发行人、高管、董事或任何拥有超过 20% 股权股东的背景及证券执法监管历史进行核查。

（2）集资门户有理由相信发行人或者发行行为具有欺诈的可能或者增加了对投资者保护的担忧。如果集资门户有理由相信他不能全面有效评估发行人或者潜在发行的欺诈风险，应当拒绝发行人使用平台。此外，如果平台在

---

① 李文莉、刘鲁滨：《浅析股权众筹平台的定性及其监管》，http：//mp.weixin.qq.com/s/lE0thBUMgTdFptQTwtOKtQ，最后访问时间：2017 年 9 月 27 日。

② 参见彭冰：《投资型众筹的法律逻辑》，北京大学出版社 2017 年版，第 99 页。

③ 参见彭冰：《投资型众筹的法律逻辑》，北京大学出版社 2017 年版，第 105~107 页。

允许发行人使用后获知新的信息，认为发行人或者发行行为有欺诈可能或者增加了对投资者保护的顾虑，应当立即在平台移除发行，并且退换发行中投资者已经承诺的资金。

2. 信息公开。集资门户应当确保众筹发行人所披露的信息在其平台上公开，并以合理方式允许个人利用平台保存、下载或者储存这些信息。在证券开始众筹发行，集资门户可以接受投资者承诺之前至少 21 天，集资门户就应当将该信息在中介平台上公开。

3. 风险提示。在下列情况下，集资门户应当对合格第三方及时发出指示：（1）当所有投资者的投资承诺总金额大于或等于目标发行总额，以及规定的撤销期限已过时，将资金从该第三方处转移给发行人；（2）当投资承诺已经撤销时，退还投资者资金；（3）当发行人未完成发行时，退还投资者资金。

4. 信息披露。在发行成功完成时，集资门户应当向投资者发送通知，披露以下事项：（1）交易日期；（2）投资者购买的证券类型；（3）投资者购买的证券的特性、价格和数量，以及发行人交易中售出的证券总数量和出售价格；（4）集资门户已经或将要获得的任何酬金的来源、形式以及金额，包括中介从发行人以外的其他人处获得或将要获得的酬金。

（三）《JOBS 法》及《众筹条例》的启示

1. 应当进一步明确股权众筹平台的法律地位

众筹作为一种新的融资方式，其核心就是通过互联网进行融资。如上文所述，美国已将股权众筹纳入证券监管，《JOBS 法》要求众筹发行必须通过互联网平台进行，将其规定为众筹豁免的四个条件之一。[①] 集资门户是《JOBS 法》新创设的一种证券中介类型，要求其必须在 SEC 注册，并加入全国性券商自律组织。目前，我国暂未出台相关的生效法律文件对股权众筹平台的法律地位进行定性。《证券法（草案）》将众筹正式纳入证券监管范围，并限定

① 参见彭冰:《投资型众筹的法律逻辑》，北京大学出版社 2017 年版，第 99 页。

可作为股权众筹平台的机构为“证券经营机构、国务院证券监督管理机构认可的其他机构”。所以，应当明确股权众筹平台的法律地位，从而进一步明确发行人、股权众筹平台以及投资者之间的法律关系。

2. 应当强化股权众筹平台对发行人信息披露的审查责任

2016 年 10 月，中国证监会等 15 个部门联合公布《股权众筹风险专项整治工作实施方案》，明确了股权众筹融资的公开、小额及公众特征，强调进一步对其依法加强监管。虽然立法上我国仍缺乏对股权众筹融资监管的具体明确规范，但实践需要及政策支持，使得我国股权众筹行业近年来获得飞速发展。立法滞后造成现实中股权众筹平台“野蛮生长”，不利于股权众筹业健康、长期发展，另一方面也给平台上的股权众筹投资人权益带来巨大风险。[①] 从美国《JOBS 法》及《众筹条例》可以看出，对股权众筹应以股权众筹平台为规制的中心，应当强化股权众筹平台对发行人信息披露的审查责任，从而实现项目筛选和资金的匹配达到最优状态。

三、我国股权众筹平台对发行人信息披露审查的必要性分析

（一）注册制改革下信息披露的必要性

我国正逐步推进注册制改革，注册制改革的核心是在保证证券市场发行人信息披露的真实性、全面性、及时性、准确性的前提下，以“买者自负”为基本原则，证券监管机构不再对发行的证券是否有投资价值做判断。证券发行注册制以及股权众筹发展较为成熟的应属美国，美国的联邦政治体制，导致美国证券发行双重注册制的产生。[②]《JOBS 法》豁免了股权众筹在联邦层面的注册，但并非为了促进股权众筹融资的效率而放弃对投资者的保护，相反，为了更好地保护投资者的利益，以及基于股权众筹发行的小额性质，《JOBS 法案》及《众筹条例》将监管职责交给了股权众筹平台，要求其承担

① 梁清华：《我国众筹的法律困境及解决思路》，载《学术研究》2014 年第 9 期。

② 沈朝晖：《流行的误解："注册制"与"核准制"辨析》，载《证券市场导报》2011 年第 9 期。

保证发行人和投资者合规、打击欺诈，以及投资者教育的功能。[①] 在证券市场结构完善、机构投资者发展较为成熟的美国尚且要求发行人及股权众筹平台对发行信息进行真实、全面、及时、准确地披露，在我国投资者缺乏投资理性、投资机构尚不发达，证券市场体系尚不完善的前提下，规定股权众筹平台对发行人信息披露的审查责任显得尤为重要。

（二）发行人信息披露的滞后性

对于群体的智慧能否解决众筹中的信息不对称问题，现有研究众说纷纭并无定论。互联网当然可以大幅度降低信息传递和小额支付的成本（后者是因为出现了网络支付），但在信任的建立方面能否有所进步，才是众筹能否成功的关键。从表面来看，通过互联网开展的众筹，因为网络的介入和融资者与投资者的特性而加剧了信息不对称难题。网络虽然便利了信息的传递，但往往投资者和融资者在现实中很难见面。[②]

信息披露是证券市场中保护投资者的黄金法则，结合“股权众筹第一案”可以看出，发行人一般不会自愿进行信息披露，即使进行信息披露也会选择对股权众筹融资有利的信息；另一方面，对于不利于项目融资的信息则极力掩盖，所以必须借助股权众筹平台的力量，督促融资者进行信息披露并审核信息的真实性，从而防止融资项目信息虚假。众筹平台如果能够在众筹中发挥重要作用，帮助验证和审核融资者的信息，则可以有效减少信息不对称，提高项目成功的可能性。[③] 股权众筹平台不仅仅是一个简单的撮合众筹双方的场所，还需要发挥减少信息不对称的功能。[④] 换言之，股权众筹平台对发行人披露信息的审查，一是能够降低信息传递的成本，在一定程度上增加发行人与投资者之间的了解；二是能够提高股权众筹项目成功的可能性，投资者通过了

---

① 参见彭冰：《投资型众筹的法律逻辑》，北京大学出版社 2017 年版，第 104 页。

② 彭冰：《股权众筹的法律构建》，载《财经法学》2015 年第 3 期。

③ 岳中刚等：《众筹融资、信息甄别与市场效率——基于人人贷的实证研究》，载《经济学动态》2016 年第 1 期。

④ 参见彭冰：《投资型众筹的法律逻辑》，北京大学出版社 2017 年版，第 70 页。

解股权众筹平台对融资者信息披露的审核结果，可以对融资项目有一定的把握和判断，并且降低了投资失败的可能性。

四、完善我国股权众筹平台对发行人信息披露的审查责任建议

从2015年下半年开始，股权众筹由于受到互联网金融专项整治的影响，发展进入冷静期，停业、转型的股权众筹平台数量非常多，而一些股权众筹项目进入退出期或者分红期后，风险则开始逐渐浮出水面。股权众筹平台减少项目上线，同时投资者也趋于理性，而股权众筹的旁观者更是谨慎入局。但是，从股权众筹长远发展角度考虑，进一步加强股权众筹平台对融资者信息披露审查将有助于股权众筹持续、稳健发展，笔者认为应从以下三点进行完善：

（一）明确审查的具体内容信息

互联网精神与传统金融精神具有本质区别，它的核心价值在于开放、去中心化、共享、平等、选择、民主。在市场可用资金总量一定的情况下，发行人通过股权众筹的信息披露和项目创新来争取最大化融资。因此，发行人提高信息透明度的动力会明显高于传统融资市场。股权众筹借助互联网市场的竞争性和开放性，能从动力和能力两个角度通过提升发行人的信息供给，有效弱化投融资双方的信息不对称。[①] 股权众筹平台应本着对投资者负责、对自身声誉负责的基本理念，对股权众筹发行人披露的信息进行审查，当然审查的宽严程度是一个权衡利弊的过程，从而保证投资者能基于真实、准确、及时的信息披露做出有效的投资判断。具体来说，笔者认为应重点审核如下内容：一是发行人的信用记录，借鉴《JOBS法》的“坏人规则”，重点审核发行人的信用记录是否保持良好，是否有足够稳定的偿还能力；二是融资款项用途以及融资项目计划书等，可以采取现场调查等面对面的实际接触方式进行

---

① 参见邢会强主编：《互联网金融的法律与政策》，中国人民大学出版社2017年版，第86页。

现场审查；三是融资项目是否合规，要求融资项目必须符合法律、法规的规定。另外，建议股权众筹平台可以根据不同的股权众筹项目，选取重要信息进行重点审核，也可随机审核相关信息。

（二）督促发行人及时披露风险

股权众筹中的大部分企业为中小投资者，所以发起人为吸引较多的投资者会对潜在的风险进行回避。对此，为更好地保护投资者利益，股权众筹平台应督促投资者及时披露投资风险，以便投资者做出更好的投资判断，同时也能在一定程度上避免“柠檬市场”的出现。完整的信息披露一直是股权众筹面临的难题，在我国证券市场不完善、缺乏完善的诚信体系的情况下，股权众筹平台应更多地从投资者角度出发，督促股权众筹发行人对存在的风险进行披露，从而切实保护投资者的合法权益。笔者建议，一是借鉴美国《JOBS法》及《众筹条例》的规定，股权众筹平台应当确保发行人所披露的信息在其平台上公开，并以合理方式允许投资者利用平台保存、下载或者储存这些信息；二是股权众筹平台可以通过平台发布提示公告的方式，定期要求发行人及时披露股权众筹项目拟交易的日期、价格和数量；三是对于高风险的股权众筹项目，股权众筹平台如已及时要求发行人披露相关信息，并如实向投资者公开的话，建议可以减轻或免除股权众筹平台责任。

（三）强化股权众筹平台向投资者的风险防范职责

即便在提高融资效率和股权众筹的压力下，美国依然将对股权众筹的信息披露规制放在首位，要求股权众筹平台兼具投资者教育和风险提示的义务。目前，我国证券发行市场诚信机制尚不完善，投资者对项目投资失败后的承受能力较小，甚至个别股权众筹项目存在非法集资的风险，但是股权众筹作为促进中小企业融资成功的一个重要契机，股权众筹平台对投资者做好风险提示也是非常必要的。因此，建议我国可以借鉴美国《JOBS法》及《众筹条例》的规定，一是当股权众筹平台有理由相信发行人或者发行行为具有欺诈的可能或者增加了对投资者保护的担忧，以及如果股权众筹平台有理由相信它不能全面有效评估发行人或者潜在发行的欺诈风险，应当拒绝发行人使用股权众筹平台；二是如果股权众筹平台在允许发行人使用后获知新的信息，认为发行人或者发行行为有欺诈可能或者增加了对投资者保护的顾虑，应当立即在股权众筹平台移除发行，并且退换发行中投资者已经承诺的资金。另一方面，股权众筹平台可以将根据项目规模、地域以及发行人的信息等标准，将股权众筹项目的风险进行分类风险提示，并要求投资者在充分知悉上述风险提示信息后才可进行投资，切实做好事前的风险防范。

我国股权众筹法律风险及立法完善

田婧禺①

一、引言

互联网金融在当前金融业的发展格局中已越来越重要，它使金融行业不再遥远，更加贴近了普通民众的生活。近几年，我国的“人人投”“大家投”“天使客”“京东众筹”等百余家股权众筹平台都活跃在公众的视野中，同时股权众筹也契合了国务院提出的“大众创业，万众创新”的指示精神，可以看出我国政府对股权众筹这一融资新方式还是持积极支持的态度。

但是目前我国对于股权众筹的立法和监管尚不成熟，对于这一新兴的融资模式都在探索和实践中。比较有针对性的文件就是中国证券协会起草的《私募股权众筹管理办法（试行）（征求意见稿）》，研究这一课题就是旨在修订股权众筹的具体规制与监管中建言献计，使相关法律法规更加完善。

二、股权众筹的运作模式及一般理论

（一）股权众筹的主体

股权众筹的参与主体主要有：投资人、筹资人、股权众筹平台和第三方托

---

① 田婧禺，北方工业大学文法学院法律系2014级民商法方向研究生。

管平台。

从法律关系的角度看，上述四者主要存在两类法律关系，分别为投融资法律关系与居间法律关系。[①]首先是投融资双方之间为投融资法律关系，这其中根据不同的交易又会产生不同的法律结构和法律合同：若股权众筹由该企业发起，那么双方为增资法律关系，涉及的是增资扩股协议；若股权众筹是创业人发起的，那么他们之间建立的是合资设立公司协议；若投资人数众多的情况下，不是每个投资人都直接持有股份，则可能建立有限合伙法律关系，这就可能涉及合伙关系与投资关系。接下来是股权众筹平台作为沟通投融资双方的中介人，它与投融资双方存在一个居间法律关系，涉及居间合同。实践中，股权众筹平台也确实在股权众筹成功后向筹资人收取佣金来维持股权众筹平台的运营。最后是投资人、筹资人、股权众筹平台与第三方支付之间的委托支付关系，其实质就是一个委托合同，实践中，经常由股权众筹平台代表融资双方与第三方支付平台签订支付服务合同，因其手续较为简便。

（二）股权众筹的融资方式

股权众筹的融资模式分为三类，主要是根据筹资人、投资人、股权众筹平台中，相互二者间的契约关系为依据，分别是直接投资模式、股权众筹平台代持模式以及“领投＋跟投”模式。

直接投资模式，又称直投模式，是指股权众筹的投资人直接以自己的名义进行投资，进而成为融资公司的股东。这种模式是投资人直接与筹资人建立契约关系，而不涉及第三方。但投资人人数过多时，直投模式的可操作性就会变差。股权众筹平台代持模式是指由众筹平台代替投资人与筹资人签订投资协议。当投资者通过平台浏览自己感兴趣的项目并确定投资后，应当将资金交给众筹平台，当众筹款项达到筹资人的目标时，股权众筹平台以投资方的身份与筹资人签订协议，进而对企业行使股东权利，参与企业经营管理，

---

① 罗雪英、周淑云：《中国众筹出版何处去——对国内众筹出版热的冷思考》，载《出版广角》2014年第21期。

谈判决策等活动。这种股权众筹融资模式，减轻了投资人与筹资人直接交涉的负担，可以说是化繁为简，同时却扩大了股权众筹平台的职责范围，如果众筹投资项目过多，那么股权众筹平台势必会无法兼顾，从而导致自身股东权利行使的松懈，损害众筹投资人利益。“领投 + 跟投”模式是指一个投资人率先对某个项目进行投资，其他投资人跟随这个投资人进行投资。最先投资的投资人，一般被称为领投人，其余投资人称为跟投人。这种模式中，对于领投人的要求较高，因为他起到了引导其他投资人的作用，需要具备雄厚的资金实力、深厚的投资经验以及专业的技术能力。同时，他还兼顾着代替其他投资人对企业进行监督管理，行使股东权力的职责。“领投 + 跟投”模式是目前运用较为广泛的股权众筹模式之一。[①]

三、我国股权众筹的法律与道德风险

我国股权众筹融资方式的影响力已经不容小觑，但在其发展过程中，作为新兴事物的股权众筹，因缺少配套的法律规范和监管措施，在发展过程中也产生了较多的法律风险和道德风险。

（一）股权众筹的法律风险

股权众筹存在巨大的法律风险。这些法律风险包括：刑事上的非法集资类犯罪和非法证券类犯罪以及民法上知识产权类法律风险。我国《私募股权众筹融资管理办法（试行）（征求意见稿）》（以下简称《管理办法》）已经出台，但其层级太低，只是属于行业协会的指导意见而已。在《证券法》及最高法院相关司法解释依然未对股权众筹作出相关规定的情形下，依然需要认真对待股权众筹存在的法律风险。

1. 股权众筹面临的刑事法律风险

股权众筹可能面临的刑事风险大致分为两大类：非法集资类犯罪和非法发

---

① 郭勤贵：《股权众筹——创业融资模式颠覆与重构》，机械工业出版社 2015 年版，第 67 页。

行证券类犯罪。

非法集资类犯罪已成为股权众筹所面临的最主要法律风险。股权众筹主要涉及非法集资类犯罪中的两个罪名：一是非法吸收公众存款罪，二是集资诈骗罪。[①]首先，我国《刑法》第176条对于非法吸收公众存款罪作出了界定并且规定了其刑罚处罚原则。在最高人民检察院、公安部联合下发的《关于经济犯罪案件追诉标准的规定》中，进一步阐明了该罪的定罪与量刑，其中第24条对应予以追诉的具体情形进行了规定。以上条款主要是通过人数和金额两方面明确了非法吸收公众存款罪的立案标准，分为个人与单位两个主体：个人的立案标准要求为数额在20万元以上或者人数在30户以上；单位的立案标准为数额在100万元以上或人数在150户以上。上述条件具备其一即可构成犯罪，是否造成损失并不是必要条件。

互联网金融在中国可能面临的第二个刑事法律风险就是集资诈骗罪，该罪与非法吸收公众存款罪相比更恶劣。吴英案是社会关注度极高的集资诈骗案件，从该案看，集资诈骗罪与非法吸收公众存款罪有共通之处，也存在不同点。非法吸收公众存款罪的构成要件要求该资金筹集时有具体用途，而集资诈骗罪不要求此要件。对于集资诈骗罪我国《刑法》第192条进行了专门的规定，因该罪比非法吸收公众存款罪的性质更加恶劣，所以刑罚更加严苛，最高刑罚规定了死刑。互联网金融中的大众参与集资的特点与非法集资类犯罪的部分要素很接近，因此，如果稍有不慎就可能触犯集资的法律红线，涉嫌非法集资类犯罪。

股权众筹所涉及的非法发行证券类罪名也是两个：一是欺诈发行证券罪，二是擅自发行证券罪。欺诈发行证券罪的规定在我国《刑法》第160条，从实践中看，股权众筹的过程中发行根本不存在的股权基本是不可能的，但是虚报企业股份价值和真实财务状况的情况还时有发生。对于擅自发行证券罪，我国《刑法》第179条对其进行了详细的规定。按其规定，公开发行股份必须经过我国证券主管部门审批，未经审批的，公开向不特定的人或总数超过

---

① 零壹财经、零壹数据：《众筹服务行业白皮书（2014）》，中国经济出版社2014年版，第24页。

200 的特定人招募股份，将会构成非法发行股票罪。股权众筹大众参与的特点很容易触犯此罪名。

2. 股权众筹面临的民事法律风险

股权众筹还面临着知识产权法律风险。现阶段，在股权众筹平台上发起的项目大多为具有高技术含量的 TMT（数字新媒体产业）[①] 的产品，这类产品利用的是优秀的创意吸引投资者的目光。在众筹平台上，筹资人为了让更多的投资者发现自身项目的可投资性，需尽可能发布一些产品的创新构思和创意细节，而在我国知识产权的保护并不完善，若是在平台发布的项目被人剽窃了创意，筹资人维权将十分艰难。这些项目大多并未提交专利申请，甚至连该创意制作的产品都不存在，而创意并未列入知识产权保护的对象中。

（二）股权众筹的道德风险

道德风险在不同的情形下，有着不同的内涵。在信息经济学的情形下，道德风险主要是指代理人和委托人二者之间形成的委托代理关系，因其地位不同，代理人与委托人之间的信息并不是对称的。其中一方一般能够获得更多的信息，因而占据了信息优势地位，然后将这些信息不透露给对方，甚至是制造虚假信息来掩盖对自身有利的真实信息等行为，通过这些行为来谋取私利并且损害对方的利益，导致二者签订的合约在履行的过程中逐渐倾向于其中一方的经济现象。[②]这种道德风险的发生主要是因为鼓励约束机制效率低、利益冲突和信息不对称三方面原因引起的。我国股权众筹中，筹资人、股权众筹平台以及投资者这三方或多或少都可能存在着道德风险。对于主要的股权众筹参与者来说，道德风险行为可能是多样的，需引起注意多加防范。

1. 筹资人的道德风险

首先，筹资人单方面利用信息优势进行诈欺是筹资人道德风险中出现最

---

① TMT 是电信、媒体和科技（Telecommunication，Media，Technology）三个英文单词的首字母，整合在一起，实际是未来（互联网）科技、媒体和通信，包括信息技术这样一个融合趋势所产生的大的背景。

② 梅世云：《论金融道德风险》，中国金融出版社 2010 年版，第 75 页。

多的行为。例如，2016年6月，有报道指出36氪众筹平台上发布的宏力能源新三板定增项目存在虚假宣传。随后36氪经过调查发现宏力能源的经营数据以及预测数据与实际情况相差甚远。出现上述情况主要是因为大多数股权众筹平台对筹资人所提供的企业数据资料只进行形式上的审查，而很少进行实质上的审查，也没有具体法律法规去赋予股权众筹平台对企业数据进行实质审查的权利，更没有中立的第三方对其进行评估。

其次，在股权众筹中企业出让的股权都偏低，以至于投资人虽然成为股东，但却享受不到股东利益，企业的原始大股东利用自身优势侵害甚至剥夺投资人的股东利益。具体行为有：利用自身所持有的大比例股份压制小股东，使其意愿无法得到体现；通过自身的表决权优势拒绝股东分红的权力；甚至在得到投资人的资金后宣布公司倒闭并且携款私逃等。例如，轰轰烈烈的“西少爷事件”，西少爷肉夹馍前后进行过两次股权众筹，在第一次获得投资后不仅不向投资人披露财务报告且未按规定分红，在第二次筹资中筹资人甚至未与投资人签署任何协议。

最后，我国股权众筹大多采取的是“领投+跟投”模式，这种模式固然有其可取之处。但因为缺乏有效的监管，采用这种模式很容易使筹资人为了获得筹资资金而恶意串通领投人，与领投人私下达成协议，使领投人对筹资企业的监督懈怠或者与跟投人反馈不真实的企业状况。

2. 众筹平台的道德风险

首先，平台的某些盈利手段会损害筹资人和投资人的利益。我国大多股权众筹平台是盈利性质，其盈利的渠道就是提高项目的成功率。所以，为了维持平台的经营，增加盈利势必会引发一些道德风险。这主要包括筹资人和投资人两个方面。为了吸引筹资人，众筹平台可能会通过减低项目审核准入门槛并在筹资过程中放松对其必要的监管等手段；对于投资人，平台可能降低投资人的条件以及一味地向其宣传股权众筹的有利方面而并不全面告知其所可能承受的风险等手段，从而出现投资人认识偏差、利益受损的局面。

其次，平台恶意串通筹资人以损害投资者利益的道德风险。这种恶意串通行为具体表现为股权众筹平台对筹资人的项目降低本身应有的核准要求或在知道筹资人所披露的信息是不真实的并与真实信息相差甚远，甚至于私下授意筹资人披露虚假信息以达到股权众筹成功的目的以及放松或直接放弃对筹资人进行的日常监督。[①]股权众筹平台与筹资人的恶意串通行为使信息不对称的程度更高，引发股权众筹平台的道德风险也会增加，造成融资的失败概率过高，股权众筹平台的效率和名声均受到严重损害的局面，甚至会面临平台关闭的危机。[②]不仅如此，在股权众筹平台和项目筹资人串通的情况下，为了使其符合要求并成功融资，一般来讲会为项目营造出一种异常优秀的假象，这样做使看重线上信息的投资人往往会被蒙蔽，错过真正优秀的项目。与此同时股权众筹平台为了自身利益还可能与筹资人进行更多的不法交易，如内幕交易、进行“自融”以及关联交易等问题。

最后，股权众筹在募集期间的资金安全问题也是现在社会和学界普遍关注的难题。现阶段我国股权众筹的资金走向大致是投资人先打入股权众筹平台开立账户，由平台对资金进行保管，再根据投资人的需求划入其想入股的投资项目，这也符合《管理办法》的规定。但是这样的做法可能产生众筹平台挪用筹集期资金的道德风险。众筹平台“大家投”率先对此疑虑进行了探索并付之实践。为了解决外界的疑虑，“大家投”股权众筹平台现行的做法是委托兴业银行通过“投付宝”对投资的资金进行监督、保管和划转。这种方法不失为一种解决募集期资金安全的好方法，但对于“投付宝”的性质并未有明确的界定。“投付宝”账户系由深圳市创国网络科技有限公司委托，兴业银行深圳分行负责监管，深圳市创国网络科技有限公司无法挪用或转移该账户的一分钱，因此该账户的资金绝对安全。[③]但“大家投”众筹平台的创始人李群林也曾公开谈到这个问题，那就是虽然众筹募集期的资金由兴业银行进行监督、保管和划转，但是为了达到资金不变质，甚至是保值、增值的目的，

---

① 有学者认为对于股权众筹平台的运行要注意两个方面的控制：一是信息不对称；二是提高融资成功率，其中信息不对称是融资失败的前提。

② Paul Belleflamme，Crowdfunding：Tapping the Right Crowd，Journal of Business Venturing，Vol.7，2013.

③ 大家投网站，http：//www.dajiatou.com/index.php?m=content&c=help&catid=16。

众筹募集期资金交由银行托管后，也会用于购买银行的理财产品，这就与之前的平台职责相矛盾了。[①]购买理财产品的指示并不是投资人作出的，那么就涉及募集期的资金被挪用的问题。

3. 投资人的道德风险

我国大多数股权众筹还是“领投 + 跟投”的模式。在这种模式下，领投人享有众多权利的同时责任也十分重大。其主要职责包括：发现有投资性的项目并对其进行调查、与筹资人确定发行价格、在投资后协助并监督筹资人进行项目运作、督促筹资人进行信息披露和分红等。在这些环节中都需要领头人积极负责的态度，不能消极懈怠。如果领投人不能积极履行职责监督筹资人的行为，跟投人又无法获知实时信息，很可能影响到跟投人的利益。

与此同时，以上职责也表明了领投人在其参与的各环节中都比跟投人获得的信息要多，拥有一定的信息优势。若领投人为了谋取利益，与筹资人进行私下协议，帮助筹资人掩盖或者谎报其经营情况，以此来欺骗股权众筹平台和跟投人，抑或筹资人不对其进行应有的监督职责，这些都可能引发领投人的道德风险。如果领投人和筹资人本身就有关联，那么领投人带来的道德风险的概率就更高了。

四、域外股权众筹的发展现状及立法评析

（一）美国《JOBS 法》

美国“Jumpstart Our Business Startups Act”，中文译称《初创期企业推动法》（简称《JOBS 法》）。[②]《JOBS 法》是美国针对创业时期小微企业融资困难，渠道少、成本高等现象所出台的法规，它于 2012 年 4 月签署，共包含 7 个部分。2012 年 10 月，《JOBS 法》第一部分（Title I）关于对新兴成长型公司重新开

---

① 李伊琳：《借道“有限合伙”对接股权融资，中国式众筹的灰色地带》，http：//finance.21cbh.com/2013/11-6/2NMzcx Xzkw Njg2NA.html。

② Jumpstart Our Business Startups（JOBS）Act，https：//www.sec.gov/spotlight/jobs-act.shtml.

放美国资本市场方面的法规正式生效；2013 年 9 月，《JOBS 法》第二部分（Title II）创业企业的资本筹集实施细则正式生效；2015 年 6 月，《JOBS 法》第四部分（Title IV）A+ 条例正式生效。而对于《JOBS 法》第三部分（Title III）众筹法案是最具争议的部分，因而一直未确定生效，直至 2015 年 10 月 30 日，美国证券交易委员会（Scurities and Exchange Commission，简称 SEC）才将修改后的《JOBS 法》第三部分最终规则（SEC Final rule，Release No.33–9974）（以下简称《SEC 最终规则》）正式出台，这对全球的股权众筹行业都产生了重大影响。

基于《JOBS 法》对于股权众筹行业具有极其重要的影响和借鉴意义，下文笔者就简要介绍《JOBS 法》中关于众筹的部分以及最新出台的《SEC 最终规则》对股权众筹方面是如何进行法律规制的。

对股权众筹平台的规定。《JOBS 法》将股权众筹平台规定为两类：一是传统证券经纪商，二是法案新创的集资门户，集资门户设立的门槛以及经营需求都低于传统的证券经纪商[①]。与此同时，《JOBS 法》及其《SEC 最终规则》规定了平台的职责，包括信息披露、对投资人的适当性的考量、审核筹资人等方面都做了细致全面的规定。对于集资门户《JOBS 法》单独规定了其作为众筹平台时应当禁止的行为。例如，集资门户应当禁止向投资人给予任何投资的意见或者着重推荐平台上的项目给投资人，并且不应当基于前述行为的结果提供给相应人员报酬等行为[②]。这是为了防止集资门户与投资人发生利益冲突，损害投资人的权益。在明确了集资门户作为众筹平台的禁止行为外，还规定其可以从事的行为。例如，为投融资双方建立良好的沟通渠道；提供便捷的搜索平台项目功能；给予融资人技术和策划的建议；相应限制平台上的融资项目；向吸引访问量的人支付相应报酬；可与已注册券商合作，相互提供帮助并相互支付报酬；对于在众筹过程中有不法行为的筹资人，集资门户可以拒

① 《JOBS 法》第 304（a）条款。

② 《JOBS 法》第 304（b）条款。

绝或者将该筹资人发行的项目下线，不再给予服务等行为[①]。

对筹资人的规定。《JOBS 法》对筹资人主要从两大方面进行限定，一是对筹资人在一定期限内的筹资额作出限定；二是对筹资人在筹资过程中应当履行的义务和限制性规定。《JOBS 法》规定了筹资人筹资的上限，这是我国《管理办法》中没有提到的。筹资人的限额具体规定为：筹资人在连续的 12 月内融资总额不能超过 100 万美元。笔者认为限定筹资额的规定主要是为了投资者的权益考虑，在企业初创时期并不需要特别巨大的融资行为，这样可以有效地减少小微企业发生诈欺行为。从《JOBS 法》与《SEC 最终规则》的条款中可以看出在筹资人义务中尤其强调信息披露义务，并且对于筹资人应当如实披露的信息做出了详细规定，这包括：筹资人的名称、法律形态、住址和网站地址；董事、高管及大股东姓名；业务介绍和预期商业计划；企业经营的财务状况；筹得资金的使用目的和使用规划、融资数额、截止日期以及进展情况；证券的价格或定价方法，以书面形式披露最终价格和其他信息，并确保投资者有机会撤销承诺；发行人的所有权及资本结构；关联交易等[②]。《JOBS 法》还对融资者的劝诱行为作出了限制：（1）不得对发行项目进行广告宣传，指引投资者至平台的通知除外；（2）不得直接或间接地向通过平台提供的沟通渠道来对发行进行劝诱的人支付报酬或承诺支付报酬，除非该人对每次劝诱获得或预期获得报酬的事实进行明确披露[③]。

对投资人的规定。《JOBS 法》中并没有看到严格的投资人准入要求，这对于对众筹感兴趣并且想参与到众筹中的投资人十分有利，并且也符合发展众筹的初衷。尽管《JOBS 法》没有规定投资人准入的下限，但是考虑到一般投资人可能对众筹缺乏认知，不具备相应的专业知识和风险能力而极易遭受欺诈或者权益的损失等方面原因，规定了投资人的投资上限：（1）如果该投资者的年收入或者净资产低于 10 万美元，则该投资者的投资额度为下列

---

① 《SEC 最终规则》第 2 章 D 款第 3 项。

② 《JOBS 法》第 4A（b）条款以及《SEC 最终规则》第 2 章 B 节第 1 项。

③ 《JOBS 法》第 4A（b）条款。

两者中的较大者，2000 美元或者该投资者年收入或净资产两者中较小者的 5%；（2）如果该投资者年收入或净资产达到或超过 10 万美元，则该投资者可投资的数额为年收入或净资产两者较小者的 10%，且 12 个月内最高不超过 10 万美元[①]。

对于制度创新上，《JOBS 法》所确立的豁免制度是为了初创小微企业可以更好更快地筹集到资金的重要举措。《JOBS 法》中主要涉及两类股权众筹的豁免：一是对于初创企业发行证券前应尽的信息披露注册义务进行豁免。根据《JOBS 法》规定，初创企业可以不用通过常规的首次公开募集股份的方式，可以免于向美国证券交易委员会提交涉及企业各方面的信息披露文件。这种豁免切实保障了小微企业的融资利益，因为这样做不用承担因为首次公开募股方式信息披露带来的高额成本，减轻了小微企业的资金压力。二是对股权众筹平台的准入要求进行豁免。根据《JOBS 法》规定，股权众筹平台的性质是信息中介平台，这样规定的好处就是股权众筹平台仅仅扮演一个居间人的角色，并不承担传统证券中介机构的职责，那么同样的，它也不需要经过监管部门的审核，以获得相关的从业资质或者特别授权。

（二）英国《关于网络众筹和通过其他方式推介不易变现证券的监管规则》

在 2013 年以前，英国并未对股权众筹作出任何法律规定，一直是自由放任的方式，主要的法律依据也仅仅是 2000 年出台的《金融服务和市场法》（简称 FSMA）。根据《金融服务和市场法》的规定，对运营投资型众筹平台的企业实施许可制度。与其他金融推介行为许可类似，在实践中也主要为逐个审批、单个授予许可。随着股权众筹的发展，原有的规则已经不足以应对这项新生事物带来的问题。因此，在 2014 年 3 月，英国金融行为监管局发布了《关于网络众筹和通过其他方式推介不易变现证券的监管规则》（The FAC's regulatory approach to crowdfunding over the internet and the promotion of non-readily realisable securities by

① 《JOBS 法》第 302a 条款以及《SEC 最终规则》第 2 章 A 节第 2 项。

other media.PS14/4)。除此之外，英国的民间行业自律组织机制也较为完善，这都为股权众筹平台营造了很好的发展环境和空间。

《关于网络众筹和通过其他方式推介不易变现证券的监管规则》(以下简称《众筹监管规则》)将众筹分为两类阐述：一是借贷型众筹，二是投资型众筹，并分别对这两种不同的众筹类型制定了不同的监管标准。[①] 从事两类众筹的公司都需要取得英国金融行为监管局的授权；对于捐赠类众筹、预付或产品类众筹不在监管范围内，无须英国金融行为监管局授权。股权众筹属于投资型众筹。下文笔者将对《众筹监管规则》中关于投资型众筹的规定进行梳理，从而了解其对股权众筹是如何进行规制的。

对股权众筹平台的要求。《众筹监管规则》将股权众筹分为两类：经过英国金融行为监管局授权认证的平台和未经英国金融行为监管局授权认证的平台。这两类平台都可以从事股权众筹项目的开展，不同点在于经过英国金融行为监管局授权认证的股权众筹平台可以开展的业务更加广泛，而未经过英国金融行为监管局授权认证的平台碍于法律的规定，从事的业务有限。在股权众筹平台的职责方面，《众筹监管规则》主要着重强调两方面：一是信息披露；二是评估投资人的适当性。在信息披露方面，英国金融行为监管局在肯定《众筹监管规则》出台之前的规则继续有效的基础上，提出将可能造成投资人资金风险的信息作为披露重点，并包含对这些信息进行尽职尽责调查的职责。英国金融行为监管局还要求股权众筹平台应该对每个平台项目的投资人进行说明，但不能含有任何宣传和劝诱的意向，如果对项目的简要说明构成了投资建议，那么还需要向英国金融行为监管局申请投资咨询机构的授权。

对投资者的要求。秉承着保护投资人的原则，《众筹监管规则》认为根据不同的情形、不同的投资性质以及不同的受众群体的需要，提供的风险预警应有所区别。对于投资人的资质也提出了较高的要求，投资人必须是年收入

---

① The FAC's regulatory approach to crowdfunding over the internet and the promotion of non-readily realisable securities by other media，https://www.fca.org.uk/publications/policy-statements/ps14-4-fca%E2%80%99s-regulatory-approach-crowdfunding-over-internet-and.

超过 10 万英镑或净资产超过 25 万英镑（不含常住房产、养老保险金）的高资产投资人。对合格适当的投资人又划分为成熟的投资人和非成熟投资人，成熟投资人需要经过英国金融行为监管局的授权认证。同时规定，非成熟投资人的投资额不能超过其净资产（不含常住房产、养老保险金）的 10%。[①]

（三）国外股权众筹法律规制对我国的启示

通过对上述美、英两国股权众筹的现状进行的梳理，可以看出各国发展股权众筹都是在扫清现有的法律障碍后，再对股权众筹进行专门的立法进行规制，最后鼓励自律性协会组织对股权众筹加强管理，这种多层次的法律规制值得我国学习借鉴。

在具体措施上，虽然两国各有不同，但仍有共同点。股权众筹的立法目的是一致的，一方面要促进小微企业融资的便利，为其拓宽融资渠道；另一方面又要重视股权众筹中投资人的利益，保护其合法权益不被损害。这两者的关系如何平衡，是各国立法能否取得良好制度效果的关键。

从拓宽初创、小微企业的融资渠道而言，有两点启示值得注意。第一，要确定股权众筹的合法性，使筹资人免去承担法律风险的后顾之忧；第二，要规范与股权众筹的运行机制，使其顺利的发展和开展。通过上文，可以看出：各国立法都确定了股权众筹的合法性，并且通过对股权众筹主体的资格、职责、权利与义务以及运作过程中出现的问题加以规定来保障股权众筹的顺利开展。

从投资人的保护而言，投资人作为股权众筹主体中较弱势的群体，需要立法给予其更多的关注。弱势地位造成的因素主要是由于信息的不对称、对股权众筹的整体模式不了解、风险的不明确性等因素，这就促成了各国立法均以保护投资人的利益为重要标准，如投资人的适当性标准、信息披露的规则等都是保护投资人的体现。

在如何平衡拓宽初创、小微企业的融资渠道和投资人保护的问题上，各

---

① 《众筹监管规则》第 4.6~4.7 条款。

国立法并不是单纯只看投资人的净资产设立投资人准入的门槛，而是通过限定投资者的投资额来协调二者的关系，达到二者的有机统一。例如，美国是计算投资额的总额与年收入或资产总额的比例来限定；英国是不超过年收入或总资产额的一定比例。可见这一关系平衡上，国外的立法和实践对我国股权众筹法律的制定提供了宝贵的经验。

五、我国股权众筹法律规制及完善建议

（一）《管理办法》评析

从2014年开始，大量的股权众筹平台和项目纷纷涌现，受到社会各界的高度重视，对于实体经济的发展、中小微企业的融资渠道都有着举足轻重的意义。针对这一现状，中国证券协会起草了《管理办法》，并于2014年12月18日向社会公开征求意见。[①]《管理办法》对股权众筹监管的一系列问题进行了初步的界定，包括股权众筹的性质、股权众筹平台的法律定位、各方主体的权利义务等。

通过对《管理办法》的解读，有几点规定引起了笔者的注意：

对于股权众筹平台的定性和职责规定中，有三点质疑。第一，对比来看，在《管理办法》中一方面说股权众筹平台是投融资双方交易的中介机构，扮演着类似居间合同中居间人的角色；另一方面又说平台肩负着审核筹资人是否合格的责任。这两种身份出现在同一载体的身上，在某种程度上会出现利益冲突。股权众筹平台审核筹资人的职责会影响到平台的中立地位，使投融资双方的信任程度降低，从而影响融资的发展进程等问题。所以说，合法性审查的要求超过了股权众筹平台的能力范围。第二，在股权众筹所面临的风险中，笔者已阐述了募集期的资金安全问题，在《管理办法》中也提及了募集资金管控，但只是泛泛而谈，并没有切实可行的具体实践规定。第三，《管理

① 关于就《私募股权众筹融资管理办法（试行）（征求意见稿）》公开征求意见的通知，http://www.sac.net.cn/tzgg/201412/t20141218_113326.html。

办法》明确了股权众筹平台的禁止行为，其中包括平台不得提供股权转让服务。受让股份是投资人进行私募投资的一种重要形式，这就意味着限制了投资人的投资方式，并且对于想出让股权退出的路径也被限制，这会影响投资人对股权众筹投资的积极性。

对于筹资人的职责与禁止行为的规定，可以说比较具体全面。涉及融资过程中的各个方面，但是不难看出其都未规定具体的保证职责履行制度，如最重要的信息披露制度，在股权众筹的过程中，投资人无法直接参与企业经营决策活动，他们对自己投资的资金流向、用途基本都有赖于企业的信息披露。在《管理办法》未有任何第三方的监督以及违反信息披露的处罚规定情况下，如果企业不严于律己，很容易就会出现损害投资人的行为产生。

对于投资人的要求。《管理办法》第 14 条规定了投资人的范围，从法条不难看出，其只对投资人的资产进行限定，将投资者范围锁定在高净值人群[①]，把一般的中小投资人拒之门外，而众筹的目标投资人正是广大的普通中小投资人。显然这与股权众筹的初衷相悖，且只将资产额作为衡量标准未免过于绝对，应当考虑到投资人对投资的辨识程度、判断能力以及承担风险能力等因素。

（二）股权众筹立法方面的设想

针对我国上述现状，笔者对股权众筹提出一些法律设想，主要分为两步。第一应扫清股权众筹的法律障碍，解决其后顾之忧；第二建立我国股权众筹的法律制度。

前文中，笔者已经分析了股权众筹在我国可能触犯到《刑法》中关于非法集资类犯罪的罪名，主要涉及了非法吸收公众存款罪和集资诈骗罪，其中最易触犯的就是非法集资罪。目前我国对于合法集资与非法集资并未给出明确的区分，这点亟待解决。哪种集资是合法的，哪种集资不合法，股权众筹

---

① 高净值人群一般指资产净值在 600 万人民币（100 万美元）资产以上的个人，他们是金融资产和投资性房产等可投资资产较高的社会群体。

平台的从业者们并不知晓，谨慎的从业者不敢从事该行业，而正在进行的股权众筹，也可能因为不知道边界而将非法范围不断扩大，这都大大限制了股权众筹的发展。

根据《刑法》规定，非法集资类犯罪保护的客体是国家的金融管理制度以及社会公众、法人合法的财产权益。在保证不侵犯该客体的情况下，通过合法的手段进行融资活动，都不应当认定为违法。因此，全国人民代表大会应当通过修改《刑法》，明确规定进行股权众筹这类新型的筹资行为不构成非法集资类犯罪。当然，如果我国建立了小额发行豁免机制，那么《刑法》中的上述罪名对于股权众筹来说也就再无意义可言。

建立多层次的股权众筹法律规制体系对于股权众筹的蓬勃发展极其重要。《证券法》的立法宗旨有两个目的：一是保护投资人的合法权益；二是促进社会主义经济的发展，从而维护社会公共利益，形成良好的社会经济秩序。[①] 如果一味的将重点放在保护投资者的合法权益上，那么势必会忽略证券法对市场经济的促进作用。证券法需要平衡二者的关系，作出相对来讲较为适当的规定。若规定的过于宽松，则对投资人的权益不利；若规定的过于紧绷，则会束缚互联网金融行业的发展。如何平衡二者的关系这一点，美国的立法给予我国可借鉴的蓝本。

首先，在传统法律中应留存股权众筹生存的空间，从而使其得到充分的发展，应当修改证券法对证券和特定对象的相关规定，确定其合法性。其次，另外制定新法来专门规定股权众筹这一新兴的融资方式，从三大主体角度出发进行规制较为稳妥，一方面应该降低股权众筹的进入门槛，使更多有意愿的投资人和筹资人可以进入这个领域中去，而不会对准入的条件望而却步；另一方面，应当对股权众筹行业提高监管力度，防止违法违规的情况出现，不让其有可乘之机。最后，应当鼓励证券业协会和各个平台制定符合自身情况的实施细则和监管规则。建立这样多层次的法律法规和行业自律规范，才能打破现在国内股

---

① 史大为、黄尹旭：《透过新修订的〈证券法〉探讨股权众筹的发展》，载《铜仁学院学报》2016 年第 1 期。

权众筹的僵局，使股权众筹变为“普惠”和有效的融资方式。[①]

（三）股权众筹具体制度的设想

1. 加强对股权众筹平台的监管

股权众筹平台要加强对投资人的教育。股权众筹平台的大部分投资人是普通的民众，这就意味着他们缺乏专业的投资知识和投资经验，这也是股权众筹草根性的体现。《管理办法》对参加股权众筹的投资人设定了合格标准，只有满足条件的投资人才能进入股权众筹的融资活动。但这些要求大多规定的是资金额度，但并不能保证每个投资人都清楚股权众筹的相关问题及其风险。这就要求股权众筹的监管部门应该对股权众筹加强宣传，给投资人树立正确的投资观念。股权众筹平台作为最直接接触投资人的角色，对于教育投资人，为投资人普及投资知识有一定的优势。股权众筹平台可以在参与人注册平台时设置考核环节，如果参与人通过考核则可成为合格投资人，如果没有通过考核，则可以通过学习股权众筹平台制作的讲解课程，如相关的视频、音频、讲义等形式了解投资的基本知识和经验技巧，来通过注册考核，从而成为合格投资者。

股权众筹平台流程的监管是股权众筹法律规制的重要内容，因为股权众筹平台是连接投资人和筹资人的桥梁纽带。首先，股权众筹平台最基本的职责就是将筹资人的各项信息以及项目细节发布在平台上，这一程序中可能会出现很多问题，如股权众筹平台与筹资人进行私下协议，损害投资人的权益以获取自身利益等。这就要求监管机构加强对股权众筹平台的监管，杜绝股权众筹平台与筹资人不法勾当的可能性。其次，要尽快完善我国的资金托管制度。在资金募集期，投资人投资的资金可以直接打入独立的第三方托管账户，相信会改善此类情况的发生。[②] 笔者认为，选定谁为第三方托管平台也是值得深究的问题。目前最适宜的第三方托管方就是商业银行，原因有三：一是

---

① 郑若翰:《中国股权众筹法律制度问题研究》，载《南方金融》2015 年第 1 期。

② 陆奇桐:《我国股权众筹的风险及其监管》，载《法制博览》2015 年第 34 期。

商业银行拥有丰富的资金托管经验；二是商业银行大多有雄厚的资金实力，不会为股权众筹的小利所动；三是监管机构对银行的监管较为完善，可以杜绝许多隐患。除此之外，中立的中介机构有可能向投资人针对某个众筹项目进行特别的建议或者诱导投资，为防止此种情况，监管机构应该严格审查筹资人与股权众筹平台间是否存在关联关系。这一点在《管理办法》中都有体现。

建立平台的信息披露机制[①]。首先，应明确股权众筹平台的调查职责，即股权众筹平台应对要在自己平台上线的项目进行调查核实，这直接关联了信息披露的质量高低。现阶段的实践中，股权众筹平台确实担负起调查审核的职责，但是由于实质审核的成本高、耗时长等原因，大多股权众筹平台都只是进行形式审核，只有对明显存在疑问的信息才进行实质审核。[②]但也不能对股权众筹平台要求过高，对于专业性强的信息，平台可以与律师事务所、会计师事务所等机构建立合作关系，共同对筹资人披露的信息进行调查核实。其次，应当明确股权众筹平台的信息披露的范围和披露的要求。披露的范围中除去一般内容，风险揭示的信息披露最为重要。在发布与风险揭示有关的信息应当全面，包括风险的种类极其可能导致的后果。这些信息应当以足以引起投资人注意的要求进行披露，这一点也应该适用于与投资者签订的协议里。

引入英国的冷静期机制[③]。在股权众筹中，筹资人和投资人也存在着信息不对称的情况，为了维护投资者的利益，防止投资者因一时冲动或其他原因进行投资的行为，造成无法挽救的后果，应引进冷静期制度。在当前的股权众筹平台实践中看，有些股权众筹平台已设立了冷静期制度，并且还设有保证金规定。保证金规定就是指为了防止投资者基于无成本的多投资、乱毁约

---

① 信息披露制度，也称公示制度、公开披露制度，是上市公司为保障投资者利益、接受社会公众的监督而依照法律规定必须将其自身的财务变化、经营状况等信息和资料向证券管理部门和证券交易所报告，并向社会公开或公告，以便使投资者充分了解情况的制度。它既包括发行前的披露，也包括上市后的持续信息公开，它主要由招股说明书制度、定期报告制度和临时报告制度组成。

② 刘明：《美国〈众筹法案〉中集资门户法律制度的构建及其启示》，载《现代法学》2015 年第 1 期。

③ 冷静期制度是指为了降低买卖合同中信息不对称的影响，赋予买方规定期限内返悔权利的制度。

现象与冷静期制度的配套规定。投资人在决定投资平台在线的项目时，需缴纳一定的保证金，若在冷静期内，退出已经投资的项目则退还全部资金；若超出冷静期，则需要按规定承担一定比例的违约金。基于我国实践操作等原因，笔者建议冷静期为3天较为适宜。

建立完善的社会征信制度是发展股权众筹的重要一环，这是对股权众筹风险的事前防御措施。每个人都形成自己的信用记录，并且可以为他人所知晓，这是一种无形的威慑力。股权众筹作为互联网金融的一部分，具有互联网金融的共通性，那就是以信用为核心，以征信体系为运行基石。所以，互联网金融需要统一的征信系统支持，以达到对筹资人客观的认识，并且制约其道德风险，这不仅促进了股权众筹的健康发展，也维护了投资人的合法权益。所以在立法上，笔者建议应向股权众筹行业开放征信系统，并且将股权众筹过程中违背诚信的行为也登记在征信系统中。在参与人进行股权众筹活动开始前，应当同意将自己的征信系统向其他参与人公开，这样可以进一步降低投资人所面临的风险。

鼓励股权众筹平台承担担保责任。股权众筹平台承担担保责任能够从根本上降低投资人的损失，让投资人更加放心地去参与股权众筹活动。股权众筹平台上线的项目都是经过平台筛选的，说明这些项目是否能够上线都是股权众筹平台决定的，那么平台可能会为自身利益而将投资潜力差的项目搬到投资人面前，同时股权众筹平台是沟通投资人和筹资人的枢纽，起着不可替代的作用，做到各项职责尽心尽力的履行是维护投资人利益的重要保障。若股权众筹平台为其线上的项目提供担保，届时如果投资人投资失败，股权众筹会为遭受损失投资人补偿甚至赔偿损失，这样也可以在一定程度上给股权众筹平台压力，使其形成更加系统化的风控管理方式。据悉，“人人投”已经引入了股权众筹的担保机制，平台准备了1000万元的保障基金，如果投资了“人人投”标注为“特别推荐”的项目，后期该项目出现亏损，投资人可以拿回当初投资的钱。

股权众筹平台的准入条件和退出机制在《管理办法》中并未提到，但是也需要引起广泛关注。近年来，P2P网贷平台良莠不齐，携款跑路的也不在少数。主要是因为成本低、门槛低的原因，这就要求对平台必须作出个准入门槛，将不合格的平台剔除出去。根据《JOBS法》的规定，按照成本效益将股权众筹平台分为两大类：一是证券公司，二是股权众筹平台。对于股权众筹平台准入要求主要涉及平台的组织形式、员工专业程度、技术配套设施、披露制度、风险管理水平等标准。只有符合股权众筹平台的准入条件后才有资格申请成为股权众筹平台。当然，在股权众筹平台因自身原因无法再继续，丧失了作为平台的资格时，也需要有相应的退出机制予以保障投资者的权益。

2. 加强对筹资人的法律约束

建立小额发行豁免制度[①]。股权众筹可分为私募股权众筹与公募股权众筹。根据《管理办法》第12条的规定可知，法律将股权众筹定性为非公开发行。而股权众筹的本质更倾向于公开发行。非公开发行的定性限制了股权众筹的发展，使它丧失了一部分优势。根据我国《证券法》的规定，公开发行证券需要满足一定的核准程序。虽然我国努力推行过股票公开发行采取注册制的改革，但是后来也暂缓实行了。公开发行的核准程序对公开发行证券的企业有较高的要求，融资成本也较高，对于股权众筹面向的初创企业来说很难达到。针对上述问题，一些国家采取的做法是小额发行豁免制度。就我国而言，笔者认为可以效仿《JOBS法》中的做法，结合我国实际情况作具体规定，对筹资人设置一定的信息披露和风险披露的条件的同时，对融资的最高额作出限制。这样做就可以减少初创企业的融资成本，使更多的创业者得到资金去实现自己的创业梦想。

股权众筹应当对单个项目设定融资额上限。这主要是基于两方面的考虑：股权众筹的初衷是为了解决小微企业融资难的窘境而产生的新型融资方式，这类企业筹集的资金并不是十分庞大。[②]如果不设定融资上限，那么大中型的企业也会看中股权众筹融资成本低、手续简便等优点，开始通过股权众筹进

① 小额豁免制度是指在发行金额不大的情况下，公开发行的成本可能超过收益，因此免于发行核准程序。

② 邱勋、陈月波：《股权众筹：融资模式、价值与风险监管》，载《新金融》2014年第9期。

行融资活动，这就又压缩了小微企业的融资空间，与股权众筹的宗旨相悖了。设置单个项目的融资额上限也保护了投资人的权益。具体的上限是多少，应根据我国实际情况进行规定。

建立筹资人的信息披露机制。股权众筹中投资人对于某个项目作出是否投资的决定有赖于筹资人在股权众筹平台上发布的信息，所以，筹资人发布的信息必须是真实、充分、适当的，这样才能减少融资双方交易不对称所产生的不利影响。首先，对于信息披露的范围，可以以融资成功为界限，分为成功前与成功后两个阶段。融资成功前的信息披露范围可以参照《JOBS 法》，融资成功后的披露范围，主要应该围绕企业的经营状况而展开。还应当注意，股权众筹平台应当提供方便快捷的程序，让投资者更加便捷的看到企业的披露信息并且注意随时更新信息。其次，应当具体规定筹资人未适当披露信息的责任，若未履行适当披露信息的义务，给投资人造成损失的，应当承担相应的民事以及行政责任。既然规定了信息披露的责任，那么建立信息披露的安全港规则就变得十分必要。《JOBS 法》中“安全港规则”值得我们借鉴，只要筹资人披露的信息已经完全覆盖了安全港规则规定的全部信息，那么就可以认定筹资人已经尽到了适当的信息披露义务，以此作为免责理由。

建立股权锁定期制度[①]。根据我国《公司法》第 142 条规定，发起人持有的该公司股份，自成立起一年内不得转让。这项规定只是股权锁定期的基本体现，在专门性较强的法律规则中有更为详细的规定。为了防止企业的发起人、大股东在股权价值高涨的时候，出售手中的股份导致企业的不稳定性增加，使投资人的权益受到损害。[②]所以应当建立股权锁定期制度，来进一步保障投资者利益。当然，这不是绝对的锁定，应留有余地，在出现某种特殊事件时，发起人急需现金可以将股权进行部分或全部转让其持有的股份。

3. 加强对领投人的限制与跟投人的保护

建立合格投资人的认证机制。与公募不同，我国现行法律将股权众筹定

---

① 股权锁定期是指在限定期限之间股票不可以上市流通。

② 杨东、刘翔：《互联网金融视阈下我国股权众筹监管规制研究》，载《上海金融》2014 年第 11 期。

性为私募，这就要求主体的特定性。建立合格投资人的认证机制，不仅可以保证投资人的适当性，对投资人是一种保护；也可以将投资群体特定化，使其符合当下私募发行政权的要求，不会越界。当前我国现行的合格投资人标准分别在《私募投资基金管理暂行办法》(以下简称《暂行办法》)和《管理办法》中有相关规定。《暂行办法》规定的适格的投资人分为单位和个人，单位应为净资产不低于1000万元，个人应为总资产不低于300万元或者近3年平均年收入不低于50万元。《管理办法》则在肯定了《暂行办法》的基础上增加了个人投资人应当能辨识、判断和承担相应的投资风险这一规定。[①] 可以发现我国法律对于投资人，尤其是个人投资人的适格要求过高。从证监会的角度出发，希望能保护投资人，资金雄厚的投资人就当然的被认定为风险的辨识能力和承担能力会更好，但这种“一刀切”的规定并不合理，甚至会阻碍未达到适格标准的人进入股权众筹中去。因此笔者认为，对于投资金额不应该设有下限要求，但应当按照我国经济情况与国民实际情况设置投资上限。美国《SEC最终规则》中指出：年收入低于10万美金的个人投资人，一年可以参与投资的限额为2000美金或者是其一年收入的5%；那么年收入超过10万美金，每年能够用于投资的金额可以是年收入的10%或者其全部资产的10%。这点值得我国借鉴，既对中低收入人群最大程度的开放了股权众筹的大门，不让其承受太大的风险压力，同时又不限制高收入人群的投资。当然这点主要是用于投资人为个人的情况，公司则不存在此类问题。

建立“领投人”准入机制。目前我国大多数股权众筹平台都建立了“领投+跟投”这种股权众筹模式。领投人大都具备专业的投资知识与丰富的投资经验，投资经验较少的投资人作为跟投人参与股权众筹。领投人在股权众筹过程中承担着分析项目潜力、调查企业背景、研究企业信息以及投资后对企业的监督等工作。我国对股权众筹的领投人并没有具体规定，平台的要求也仅仅是从从业经验来断定其是否可以作为领投人。笔者认为这种片面的条件不足以认定参与人是否符合投资人的标准。应该以更加实际和全面的标准

---

① 梁清华：《我国众筹的法律困境及解决思路》，载《学术研究》2014年第9期。

来筛选领投人，建立起严格的"领投人"准入机制。在考虑投资人的投资经验和资产的同时，也应该将领投人的征信记录作为一项重点内容，这也是降低投资人风险的保障。当然在已是领投人的过程中，因不能归责于他人的原因造成投资失败，应该取消或者限制其领头人的资格。

建立投资人的退出机制。在投资人收到股权众筹后，投资人不想持有企业的股权，如何退出的问题一直没有明确的操作实践。《管理办法》中规定股权众筹平台不得从事股权转让服务。笔者认为这样规定并不稳妥，股权众筹是互联网金融的分支，都是通过互联网为依托建立，那么退出机制也应该通过互联网。建立股权众筹份额的线上转售平台，允许股权众筹平台为已经认证的投资人提供相关股权份额交易服务。其实我国早已有线上股权转让的先例，只是股权众筹后的股份转让还鲜少见到。此外，股权众筹的投资人应当还享有赎回权，即当投资人投资的项目出现法律规定的情形或者合同约定的情形，如果投资人通过其他方式无法退出，则有权要求该项目的企业或者原股东回购其股权份额的权利。这样更有利于保障投资人顺利的退出，不会因为投资后的隐患而对股权众筹望而却步。

六、结语

股权众筹之所以这么快被认知并且积极应用，一方面是因为它符合当前社会民众的需要，另一方面也是因为符合我国的经济发展阶段需要，加之我国现有政策也为其开辟了发展的土壤。但是，由于互联网股权众筹发展还不成熟，且没有完善的监管体系，存在众多社会及法律方面问题，制约其发展。

我国应当更加重视并积极的解决股权众筹在实践中遇到的问题。在立法上，应加紧扫清法律障碍，同时积极落实针对股权众筹专门性规定的法律制定；在实践中，各监督机构加强对股权众筹的监管，积极履行好监管职责，行业协会加以配合；在具体活动中，作为股权众筹的众多参与者保持自律守法，尊重商业道德，在互利互惠的基础上进行交易。这样，整个股权众筹行业才能实现有序、平稳运行，使普罗大众都能从中得到实惠。

从现有形势，可以看出我国对股权众筹这一新型融资方式还是持积极态度的，其发展空间还是很乐观的，只要适度监管，我国股权众筹融资方式将会更加健康发展，从而促进我国金融业更加多样化前进。

对新修《反不正当竞争法》法律责任规定的思考

孙　晋　方雅蔚　闫晓梦[①]

德国“社会市场经济之父”路德维希·艾哈德曾说：“竞争是获致繁荣和保证繁荣最有效的手段。只有竞争才能使作为消费者的人们从经济发展中受到实惠。它保证随着生产力的提高而俱来的种种利益，终于归人们的享受。”但是“在一个全球化和竞争方式迅速变化的世界里，这是一片让人放心不下的领地”。[②]竞争有其消极的一面，不正当竞争正是竞争关系的失衡，商家为追求永久的利益，消费者时常陷入商家设置的反竞争陷阱。这就需要《反不正当竞争法》的规范。我国《反不正当竞争法》自1993年施行以来，已过24个年头。社会的发展和形势的变更使得该法继续修订。本次对《反不正当竞争法》的修订重点是为适应当前形势发展的需要，革除现行《反不正当竞争法》不适当之处和与其他法律交叉重叠甚至不一致之处，并且新增实践中的新情形，制止不正当竞争行为，鼓励和保护公平竞争，保护经营者和消费者的合法权益。本文重点研读新修订的《反不正当竞争法》的第四章法律责任。

---

① 孙晋，法学博士研究生，武汉大学竞争法与竞争政策研究中心主任，武汉大学法学院教授、博士生导师，方雅蔚、闫晓梦，武汉大学法学院研究生。

本文系最高人民法院2016年度司法研究重大课题“供给侧改革背景下相关司法对策”研究阶段性成果；国家2011年计划司法文明协同创新项目部分研究成果。

② ［美］格伯尔：《二十世纪欧洲的法律与竞争》，冯克利、魏志梅译，中国社会科学出版社2004年版，第204页。

一、新法法律责任章的改变

（一）民事赔偿责任优先

民事赔偿责任在进行了三稿的修订后，表述更加精准，应该是本次修订中的最大亮点之一。修订后的新法第 27 条[①]明确规定，当经营者的财产不足以支付行政罚款和民事赔偿时，将优先承担民事赔偿责任。该新增规定弥补了现行的《反不正当竞争法》对受害人保障缺失的遗憾。

现行法以相当长的篇幅规定了不正当竞争行为的法律责任，包括刑事责任、民事责任和行政责任。其中以行政责任为主，我国反不正当竞争法中对不正当竞争行为最重要的调整方法是工商行政机关依法实施的行政制裁[②]。行政责任包括责令停止违法行为、没收违法所得、罚款、责令停业整顿、吊销营业执照等。每种不正当竞争行为相对应的法律责任都包括行政责任，其中也包含一些刑事责任。而民事责任仅在第 20 条[③]中提及被侵害的经营者可以向经营者提起诉讼要求其承担民事赔偿责任。这也与我国反不正当竞争法由工商行政管理部门为主要执法机关密切相关，工商行政管理部门执法多为行政执法，也就导致反不正当竞争法的法律责任以行政责任为主。

新法的这一规定，很明显改变了现行法律的以行政责任为主的法律责任体系，为民事赔偿责任优先、与行政处罚并行的法律责任体系[④]。我国反不正当竞争

---

① 《反不正当竞争法（修订）》第 27 条：经营者违反本法规定，应当承担民事责任、行政责任和刑事责任，其财产不足以支付的，优先用于承担民事责任。

② 王晓晔:《竞争法学》，社会科学文献出版社 2007 年版，第 59 页。

③ 旧《反不正当竞争法》第 20 条：经营者违反本法规定，给被侵害的经营者造成损害的，应当承担损害赔偿责任，被侵害的经营者的损失难以计算的，赔偿额为侵权人在侵权期间因侵权所获得的利润；并应当承担被侵害的经营者因调查该经营者侵害其合法权益的不正当竞争行为所支付的合理费用。被侵害的经营者的合法权益受到不正当竞争行为损害的，可以向人民法院提起诉讼。

④ 国家工商行政管理总局局长张茅：关于《中华人民共和国反不正当竞争法（送审稿）》的说明——2017 年 2 月 22 日在第十二届全国人民代表大会常务委员会第二十六次会议上。

法因为长期以来隶属于工商行政管理部门的主导执法，又因其隶属于经济法下的竞争法部门，而具有一定的公法属性，加上第20条仅仅提及被侵害的经营者可以要求损害赔偿，而没有具体的程序说明等，被侵害的受害经营者依据该条进行索赔的情形很少。反不正当竞争行为直接侵害的是特定受害者的利益，常常表现为维护私人利益，尽管并不排除对社会公共利益的维护，反不正当竞争法的私法色彩更浓厚。[①] 反观域外，德国反不正当竞争法的基础则是民法的侵权行为法。[②] 我国长期以来不正当竞争案件执法不利，查处手段"软"。[③] 受害人对于公力救济的依赖性较强，而对于私法救济积极性不高。[④] 以行政责任来对违法的经营者进行处罚，对受到损害的经营者、消费者的保护都是间接的、有限的。民事赔偿责任优先的规定将会刺激受侵害的经营者为维护自身的合法利益而采取诉讼手段，也使得反不正当竞争法不再过多地依靠行政责任，民事责任、行政责任和刑事责任三者相互配合适用，更好地发挥反不正当竞争法规范市场秩序的作用。

（二）扩大"被侵害的经营者"范围至"他人"

我国现行《反不正当竞争法》第20条[⑤] 规定的是被侵害的经营者可以要求损害赔偿，新法第17条[⑥] 则进一步扩展了受害者范围，受到侵害的"他人"都应该由经营者承担民事损害赔偿责任。现行反不正当竞争法的规定限制范围过于狭窄，仅经营者可以要求损害赔偿。而应该知道的是，反不正当行为如擅自使用知名商品特有的名称、包装和装潢，擅自使用他人的企业名称，使人误认为是他人的产品以及将他人注册商标、未注册的驰名商标作为企业名称中的字

---

① 刘继峰:《竞争法学原理》，中国政法大学出版社2007年版，第102页。

② 王晓晔:《竞争法学》，社会科学文献出版社2007年版，第59页。

③ 刘继峰:《竞争法学原理》，中国政法大学出版社2007年版，第102页。

④ 孔祥俊:《论反不正当竞争法修订的若干问题——评〈中华人民共和国反不正当竞争法（修订草案）〉》，载《东方法学》2017年第3期。

⑤ 《反不正当竞争法（修订）》第27条：经营者违反本法规定，应当承担民事责任、行政责任和刑事责任，其财产不足以支付的，优先用于承担民事责任。

⑥ 《反不正当竞争法》第17条第1款：经营者违反本法规定，给他人造成损害的，应当依法承担民事责任。

号使用，误导公众等行为，对消费者利益的损害是显而易见的。那么，反不正当竞争法则不应该仅局限于保护受到侵害的经营者，有时候消费者的利益也因为不正当竞争所受损害。新法扩大损害赔偿的范围是值得肯定的。

（三）处罚规定更为合理

我国现行《反不正当竞争法》的行政处罚数额最高为 20 万元，然而这已经是 24 年前规定的数额。当时制定反不正当竞争法时也是考虑了我国的经济发展水平。但是，毕竟社会发展迅速，行政处罚金额已经完全滞后于经济发展水平，对经营者违法行为的威慑性不足，经营者的违法成本非常低。并且执法机关自由裁量权大，行政处罚大都只有一个等级。新法明显加大惩罚金额，最高行政处罚金额可高达 300 万元；擅自使用知名商品特有的名称、包装和装潢等情形以及商业贿赂情形等的最高处罚则是吊销营业执照；并且行政处罚等级增多，行政执法机关在执法过程中考虑违法经营者的违法情况，再依据情节是否严重加以处罚；最后，刑事责任没有像现行法规定在每种情形的处罚中，销售伪劣商品、商业贿赂行为以及监督检查部门的国家机关工作人员滥用职权、玩忽职守构成犯罪的要承担刑事责任，而是单独成条，每种情形都可能因触犯刑法而承担刑事责任。应该说，加重惩罚责任是必然的，是值得肯定的。一方面，加重行政责任是对当前社会经济发展水平的最好适应；另一方面，加重行政责任则会对经营者的惩罚威慑力加大，增大经营者的违法成本，也使反不正当竞争法能够真正起到净化市场竞争风气，维护市场竞争秩序的作用。

二、新法法律责任章的再思考

（一）消费者保护在法律责任章中的规定问题

新法仅在第 1 条[①]的立法宗旨中明确规定“保护经营者和消费者的合法

---

① 《反不正当竞争法》第 1 条：为了促进社会主义市场经济健康发展，鼓励和保护公平竞争，制止不正当竞争行为，保护经营者和消费者的合法权益，制定本法。

权益”。第 17 条第 1 款规定违法经营者要对受损害的他人承担民事赔偿责任，但是紧接着的第 2 款却规定“经营者的合法权益受到不正当竞争行为损害的，可以向人民法院提起诉讼”，排除了消费者的起诉权，意味着消费者在受到损害的情况下并不能直接依据反不正当竞争法提起诉讼。消费者受到不正当竞争行为的损害时，依据修订草案的规定[①]，消费者只能向监督检查部门进行举报，等待监督检查部门接受举报后进行查处，即为消费者没有任何自行保护自身合法权益的途径。

在反不正当竞争法中对消费者权益进行保护已经是当前国际社会的共同目标以及立法趋势。《保护工业产权巴黎公约》第 10 条之 3 规定联盟成员国的国民具有获得有效地制止不正当行为的法律救济手段。世界知识产权组织《反不正当竞争示范条款》第 1 条中规定受到不正当竞争行为损害或者可能受到损害的任何自然人或法人，应有权获得救济。

德国自 1896 年颁布世界上第一部反不正当竞争单行法律。1909 年进行法律修改后的新法颁行，构成了近百年德国反不正当竞争法的基石，其虽历经十多次修改，但是基本体例与基本规定始终保持不变。20 世纪 30 年代末期以来德国社会开始对反不正当竞争法的保护目标发生转变，认为反不正当竞争法不仅保护竞争者，而且应保护消费者和社会公众。在旧法（1896 年《反不正当竞争法》与 1909 年《反不正当竞争法》）基础上历经司法和学术发展而来的保护目标的“三叠系”终于在 2004 年《反不正当竞争法》中得到了正式的立法确认。“三叠系”的保护目标即保护竞争者、消费者和公共利益，三种利益处于同等地位，消费者利益保护不是一种保护反射。[②] 并且德国反不正当竞争法在 1965 年修法的时候赋予了消费者团体诉讼的权利，1986 年修法时增加了第 13a 条，赋予因不真实广告而签订合同的消费者合同解除权，并且赋

---

① 《反不正当竞争法（修订草案）》第 16 条：对涉嫌不正当竞争行为，任何单位和个人有权向监督检查部门举报，监督检查部门接到举报后应当依法及时处理。

监督检查部门应当向社会公开受理举报的电话、信箱或者电子邮件地址，并为举报人保密。对实名举报并提供相关事实和证据的，监督检查部门应当将处理结果告知举报人。

② 范长军：《德国反不正当竞争法研究》，法律出版社 2010 年版，第 135 页。

予工商业公会以及手工业公会诉讼权。在现行反不正当竞争法中，第 8 条第 1 款以及第 3 款第 3 项[①] 规定消费者团体享有排除妨碍以及不作为的请求权；第 10 条第 1 款[②] 规定消费者团体有权行使利润返还请求权。德国的反不正当竞争法将消费者作为保护目标，但其不是保护消费者的个人利益，因此，这次新法改革并没有创设真正的消费者保护权，仅仅是为消费者群体的集体利益提供了保护[③]，从而达到保护消费者利益的目标。

日本的不正当竞争防止法不同于其他国家，其属于民事特别法，受害的当事人只能依据本法寻求民事救济，也不允许消费者团体等组织代替消费者行使请求权或者提起诉讼。瑞士最新版《反不正当竞争法》第 9~10 条，能够提起反不正当竞争诉讼的原告主体包括顾客、组织、联邦等多种类型，从而可以体现多元化的市场参与者利益。[④] 法国、英国和荷兰等国，反不正当竞争法赋予消费者个体以起诉权，当消费者利益受损害时，可以直接向侵害者提起诉讼。瑞典和挪威的消费者专员、墨西哥的联邦消费者局、澳大利亚的竞争和消费者委员会、美国的联邦贸易委员会则被其本国的消费者权益保护法赋予代表消费者行使起诉权的权力。大多数国家并不要求各个成员受到的实际损失，但一般同时将消费者组织的诉讼请求限制在禁令或者责令改正，只有在极为例外的情况下才可以代表其成员请求损害赔偿。[⑤]

以上均为域外反不正当竞争法中的消费者如何通过该法来实现自身合法

---

① 德国《反不正当竞争法》第 8 条第 1 款及第 3 款第 3 项：（1）实施第 3 条或第 7 条规定的不合法商业行为的，得请求其排除妨碍，在有重复危险时得请求其不作为。存在违反第 3 条或第 7 条的不合法行为的危险时，即已存在不作为请求权。3. 有资格的团体，该团体证明了其已经登记于根据《不作为之诉法》第 4 条的有资格团体的名册或已经登记于根据《欧洲议会与欧盟理事会 1998 年 5 月 19 日关于为保护消费者利益的不作为之诉的 98/27/EG 号指令》第 4 条的欧洲共同体委员会的目录册。

② 德国《反不正当竞争法》第 10 条第 1 款：故意实施第 3 条或第 7 条规定的不合法商业行为并因此不利于多数消费者而获得利润的，得由根据第 8 条第 3 款第 2~4 项有权主张不作为请求权的主体请求其向联邦财政返还所获得的利润。

③ 郑友德、万志前：《德国反不正当竞争法的发展与创新》，载《法商研究》2007 年第 1 期。

④ 翟巍：《我国〈反不正当竞争法〉修订的宗旨设定与内容设计——以德语系国家反不正当竞争法律制定与修订为借镜》，载《法治研究》2016 年第 6 期。

⑤ 孔祥俊：《反不正当竞争法新论》，人民法院出版社 2001 年版，第 27 页。

权益的规定。域外大部分国家均规定反不正当竞争法应该保护消费者的权益，并且在法条中规定消费者本人或者消费者团体、行政机关等代替消费者本人实现合法权益的途径。新法虽是采取当下保护消费者权益的大趋势，但是在第2条定义“不正当竞争行为”时仍采取传统的定义，因为消费者并没有被考虑在定义内。最为突出的问题则应该是我国反不正当竞争法并无在法律责任方面对消费者实现合法权益有所规定。对消费者的保护一部分可以通过对经营者的规制来体现，规制经营者不合法的竞争行为，净化市场的竞争秩序，从而能使消费者在公平竞争的市场环境中进行消费。另一部分当消费者的合法权益受到侵害时，消费者无法利用反不正当竞争法来直接维护自身的权益，而只能通过向监督检查部门举报而等待监督检查部门的查处结果。这一部分的保护显得效率滞后并且效果不佳，是否称得上真正的“保护”还是值得商榷的。因此，新修订的法律责任中缺乏对消费者的保护途径是一大缺憾。

（二）民事责任形式的释明问题

反不正当竞争法作为经济法的重要组成部分，其兼具公法与私法属性。相较于反垄断法，其私法属性又更明显，以至于很多理论界与实务界人士将不正当竞争行为作为民事侵权处理。尽管反不正当竞争法属于经济法范畴，却并未体现经济法特殊责任，依旧转用民事责任、行政责任和刑事责任。新法此次修改了民事赔偿方式并对部分行为增加了法定赔偿制度，对于旧法有了较好的补充。但笔者对新法关于民事责任形式的规定仍存在两点疑问：其一，民法领域对承担民事责任的形式包含多种规定，而不管是修订草案一审稿、二审稿还是新法均未规定停止侵害、消除影响等措施，该做法是否合理以及是否需要细化？其二，实践中民事责任赔偿力度不足，惩罚性赔偿责任是否有必要纳入？

对于第一点，笔者认为应当细化民事责任承担形式。具体而言，修订草案一审稿第20条规定经营者违反规定造成损害的，应当承担民事赔偿责任，即赔偿损失民事责任形式；二审稿及新法重新改为“依法承担民事责任”，那么经营者在诉讼前、诉讼中是否可以主张停止侵害呢？答案不言而喻，司法案件梳理中大多数案件不管是原告诉求还是法院判决，均涉及“停止不正当竞争行为”“消除影响”等字眼。当然，一定程度上是根据《关于审理不正当竞争民事案件应用法律若干问题的解释》(以下简称《不正当竞争司法解释》)，但如果法律没有规定请求权基础，最高法的司法解释则不再是法律条文解释而是立法，所以一审稿之规定明显不合乎法理。那么延续修订草案二审稿的新法规定“依法承担民事责任”是否精准呢？毫无疑问，反不正当竞争法是涵盖对不正当竞争私权救济内容的经济法，那么就有必要对民事责任做出充分的规定而非轻描淡写，也不应该直接回归到侵权行为的认定和追责思路上。鉴于此，参考域外国家立法中相对成熟的私法救济制度。譬如，德国的《反不正当竞争法》第1条便规定：“行为人在商业交易中以竞争为目的而违背善良风俗，可向其请求停止行为和损害赔偿。”可见，德国以“停止行为”和“损害赔偿”共同作为民事责任的承担方式，同时第8条还规定了排除妨碍请求权；此外，德国还规定了利润收缴请求权，该责任形式实质是弥补了德国法中对不正当竞争行为行政控制的欠缺。[①] 日本对不正当竞争行为的私法救济不仅规定了停止侵害和损害，还确定了侵害人说明义务和恢复商业信用的救济措施。此外，韩国、瑞士、我国台湾地区等有关不正当竞争私法救济的规定中不仅包含赔偿损失，也纳入了停止侵害、排除妨碍以及恢复商业信用这些传统的民事侵权责任形式；[②] 除此之外，美国和我国台湾地区还采取了惩罚性损害赔偿的责任形式。可见，不管是采取何种法律控制模式的国家，均对不正当竞争案件私法救济形式予以了重视。亦有我国学者表示民事赔偿只是民事责任的一种方式，为周延起见，“承担民事责任”更为妥当。[③] 我国《侵权责任法》规定了十种承担民事责任的方式，而一般认为反不正当竞争法并不属于民法体系，如果改为“承担民事责任”，实质上又容易将反不正当竞争法作为其他专门法的口袋，忽视其特殊性。综合我国民事责任承担形式以及域外成熟的私法救济方式，笔者以为我国反不正当

① 参见邵建东：《德国反不正当竞争法研究》，中国人民大学出版社2001年版，第415~429页。

② 参见吕来明、熊英：《反不正当竞争法比较研究》，知识产权出版社2014年版，第287~288页。

③ 参见孔祥俊：《论反不正当竞争法的竞争法取向》，载《法学评论》2017年第5期。

竞争法有待明确除赔偿损失之外的“停止侵害”“消除影响”两种责任形式。

（三）惩罚性赔偿的引入问题

惩罚性赔偿制度是为惩罚和遏制被告不法行为，由法院判给原告的超过其所受损害数额的金钱。[①] 目前惩罚性赔偿的适用范围主要是在侵权与合同领域，具体法律规定包括《侵权责任法》《消费者权益保护法》《食品安全法》《旅游法》《商标法》以及《最高人民法院关于审理商品房买卖合同纠纷案件适用法律若干问题的解释》。其中，继1993年《消费者权益保护法》首次建立惩罚性赔偿制度后，2013年修订版第55条对惩罚性赔偿内容作了进一步丰富；[②]2014年《商标法》第63条第1款对恶意侵犯商标权的行为率先使用了惩罚性赔偿；[③] 以及2015年《食品安全法》第148条第2款、[④]2016年修订的《旅游法》第70条第1款[⑤] 均对惩罚性赔偿制度予以了完善。此外，新颁布的《民法总则》第179条规定的承担民事责任方式中规定了“法律规定惩罚性赔偿的，

---

① 参见金福海:《惩罚性赔偿制度研究》，法律出版社2008年版，第41页。

② 《消费者权益保护法》第55条：经营者提供商品或者服务有欺诈行为的，应当按照消费者的要求增加赔偿其受到的损失，增加赔偿的金额为消费者购买商品的价款或者接受服务的费用的三倍；增加赔偿的金额不足五百元的，为五百元。法律另有规定的，依照其规定。

经营者明知商品或者服务存在缺陷，仍然向消费者提供，造成消费者或者其他受害人死亡或者健康严重损害的，受害人有权要求经营者依照本法第四十九条、第五十一条等法律规定赔偿损失，并有权要求所受损失二倍以下的惩罚性赔偿。

③ 《商标法》第63条第1款：侵犯商标专用权的赔偿数额，按照权利人因被侵权所受到的实际损失确定；实际损失难以确定的，可以按照侵权人因侵权所获得的利益确定；权利人的损失或者侵权人获得的利益难以确定的，参照该商标许可使用费的倍数合理确定。对恶意侵犯商标专用权，情节严重的，可以在按照上述方法确定数额的一倍以上三倍以下确定赔偿数额。赔偿数额应当包括权利人为制止侵权行为所支付的合理开支。

④ 《食品安全法》第148条第2款：生产不符合食品安全标准的食品或者经营明知是不符合食品安全标准的食品，消费者除要求赔偿损失外，还可以向生产者或者经营者要求支付价款十倍或者损失三倍的赔偿金；增加赔偿的金额不足一千元的，为一千元……

⑤ 《旅游法》第70条第1款：旅行社不履行包价旅游合同义务或者履行合同义务不符合约定的，应当依法承担继续履行、采取补救措施或者赔偿损失等违约责任；造成旅游者人身损害、财产损失的，应当依法承担赔偿责任。旅行社具备履行条件，经旅游者要求仍拒绝履行合同，造成旅游者人身损害、滞留等严重后果的，旅游者还可以要求旅行社支付旅游费用一倍以上三倍以下的赔偿金。

依照其规定”。可见，近年来我国法律对惩罚性赔偿制度的适用逐渐增加，且适用领域不再局限于产品和服务欺诈、商品房买卖、食品致害、产品致害[①]。司法实践不断获得扩充和完善，如侵害商标权、包价旅游合同旅游者受损等。遗憾的是，该制度适用范围还是局限于民事领域研究，在竞争法领域依旧未出现，依旧未在竞争法领域适用，笔者认为应当根据我国司法实践对部分不正当竞争行为予以适用。

一项新的制度构建或引入，不仅是法律制度本身利弊的考量，本质上还是现实的需要。第一，现阶段司法实践对不正当竞争行为判决赔偿数额偏低。2014 年最高院发布的指导案例 30 号，兰建军、杭州小拇指汽车维修科技股份有限公司诉天津市小拇指汽车维修服务有限公司等侵害商标权及不正当竞争纠纷案，一审原告主张损害赔偿 63 万元以及必要维权费用 2 万余元，而一审仅判决被告赔偿经济损失及维权费 5 万元。原告上诉，二审判决赔偿经济损失额也仅增加 3 万元。2015 年指导案例 45 号，北京百度网讯科技有限公司诉青岛奥商网络技术有限公司等不正当竞争纠纷案，原告诉求三被告共同赔偿经济损失 480 万元及合理支出 10 万元，而一审判决其中两公司共同赔偿百度公司经济损失仅 20 万元。原告上诉后，山东省高院维持原判。2016 年最高院第 12 期公报案例，北京爱奇艺科技有限公司诉深圳聚网视科技有限公司其他不正当竞争纠纷案，爱奇艺主张被告赔偿经济损失 99 万余元以及律师费、公证费共计 6 万余元，最终判决被告赔偿原告经济损失 30 万元及合理费用 6 万元。梳理最高院公布案例可以发现原告诉求与最终判决数额差距悬殊，补充赔偿相对于原告损失轻如鸿毛。第二，满足政策落地的需要。2016 年 3 月李克强总理在政府工作报告中提出努力改善产品和服务供给，加快质量安全标准与国际标准接轨，建立商品质量惩罚性赔偿制度；此后，在 5 月份的国务院常务会议中形成了《关于开展消费品工业“三品”专项行动营造良好市场环境的若干意见》，提出“品质革命”以促进消费品

---

① 参见黄娅琴：《惩罚性赔偿研究——国家制定法和民族习惯法双重视角下的考察》，法律出版社 2015 年版，第 138 页。

工业增品种、提品质、创品牌，与此同时，建立企业黑名单、惩罚性巨额赔偿等制度。从这些措施中可以看出，一方面政府积极督促企业提高产品质量，提升品牌效应，以培育良好的市场环境；另一方面政府旨在打击假冒伪劣、搭便车等不正当竞争行为，以真正建立良好的社会主义市场经济秩序，保护消费者合法权益。让这些政策真正实现落地，还亟待相关法律进行及时的完善和修订，如明确惩罚性巨额赔偿制度及标准、同时降低消费者维权难度以及不良信用登记等。法源最接近的《产品质量法》规定的损害赔偿针对缺陷产品，不存在惩罚性赔偿制度，更多的是采取行政处罚和刑事责任对违法生产者、销售者进行追责；而《食品安全法》《消费者权益保护法》仅针对食品和满足生活消费的商品进行多倍赔偿。综合看来，前述法律对市场规制的范围局限性明显，即使其规定了惩罚性赔偿制度，也并不足以解决部分"中国制造"产品假冒仿冒、缺乏创新的根源问题，加之当前消费者维权举证难、执行追溯性不强，那么旨在保障社会主义市场经济秩序的《反不正当竞争法》正是上述政策实现落地的最契合的一部法律。由于《反不正当竞争法》更强调应然拟制状态，纳入惩罚性赔偿制度后，其预防功能更加突出，不仅可以解决其他法律无法有力保护受害者的困境，还可以弥补现行《反不正当竞争法》中不法经营者违法成本低于违法收益的不足。此外，惩罚性赔偿在《反不正当竞争法》中的适用不仅体现出该法对私人救济的鼓励，更彰显出国家对市场竞争行为的干预，对损害公平竞争秩序的不法经营者的严厉惩戒。最后，惩罚性赔偿可以作为经济法责任形式的补充。关于惩罚性赔偿的性质，无论是英美法系的民事性质说，还是大陆法系的刑事性质说，均有其道理。笔者更认同惩罚性赔偿责任本质上类似罚款、罚金等公法责任，而形式上则更类似于补偿性赔偿等民事责任的观点，换言之，该责任形式属于兼具民事和刑事责任或者公法与私法责任的特殊责任形式，更适合在经济法领域中加以运用，具体而言，惩罚性赔偿责任不仅与经济法的性质相符，同时符合经济法以社会为本位、维护社会公共利益的目的，并且也可以成为克服市场失灵和政府失灵的重要手段，最重要的是充分发挥其制裁与奖励功能，对经营者在市场经济活动中不法牟利行为予以规制。[①] 尽管消费者权益保护、食品安全保护以及产品质量责任追究不仅在民事法律有规范，也是经济法市场规制的对象，但纵览我国惩罚性赔偿的现有制度安排均在民事领域中。民事领域中不管是侵权责任还是合同责任，都强调补偿责任作为基础。损害填补具有囿于私人视角和忽视对社会性损害填补的局限性，和对恶意侵权的预防力量薄弱的特点。因此，并非否认惩罚性赔偿在民事领域的适用合理性，只是惩罚性赔偿制度在竞争法甚至经济法领域无所作为的原因必然与我国学界一直将其视为民事性质责任的做法有很大关联。习惯上所说的"竞争法保护消费者"是在法竞合适用的情况下成立的，所以在《反不正当竞争法》与《消费者权益保护法》第55条规定的三倍赔偿发生竞合时，法院应当支持消费者对不正当竞争行为人诉请的惩罚性赔偿责任。而在非竞合情况下，如商业贿赂，虚假宣传等恶意不正当竞争行为，消费者无法依据《反不正当竞争法》直接进行惩罚性赔偿保护。因为消费者只是作为判断经营者行为正当性的一个标准，反不正当竞争法所保护的消费者利益也只是实现竞争法目的的反射利益，其对消费者的保护具有想象竞合性。[②] 因此随着现代社会商业模式迅速发展，信息技术进步等客观环境的变化，法律调整逐渐精细化和专门化，反不正当竞争法也更具有自身的独立特性，而不总是作为其他专门法的补充衔接。由此《反不正当竞争法》规定惩罚性赔偿的特殊责任是符合实践之需要和要求的，也是对时代发展以不断丰富和完善自身做出的回应。

竞争法领域对惩罚性赔偿进行立法的主要有美国和我国台湾地区，美国《克莱顿法》第4条规定：任何因反托拉斯法所禁止的事项而遭受财产或营业损害的人，不论损害大小，一律给予其损害额的三倍赔偿、诉讼费和合理的律师费。我国台湾地区"公平交易法"第32条第1项也采用了三倍赔偿标准，对于故意的违法垄断行为则应根据其损害情节，在损害额之上酌定给予实际损害赔偿额三倍以下的赔偿。可见，一方面当前对竞争法立法采取此种特殊

---

① 参见金福海：《惩罚性赔偿制度研究》，法律出版社2008年版，第98~106页。

② 参见刘继峰：《竞争法学原理》，中国政法大学出版社2007年版，第131页。

的法律责任形式的国家屈指可数；另一方面惩罚性赔偿侧重于对市场竞争秩序破坏更为严重的垄断行为。尽管如此，但对于市场经济不够规范和企业自律意识较弱或者说正处于培育市场的我国而言，设立惩罚性赔偿制度而不是加大行政处罚力度或者提高刑事责任，是因为我国该制度所对应规范的行为较为严重和突出。[①] 结合我国国情，关注惩罚违法者、保护弱者这些价值观念的同时，在制度设计时充分考虑对受害人的激励，发挥“私人检察官”作用具有十分重要的现实意义。[②] 与此同时，鉴于经营者之间的不正当竞争行为隐蔽性强，举证、论证以及查处难度大，同时不正当竞争危害涉及的主体范围广且具有不确定性的难题，在反不正当竞争法领域规定惩罚性赔偿制度，不仅惩罚和威慑恶意进行不正当竞争的经营者、补偿受害人，而且也有利于激励受害人进行诉讼，补充工商执法及有关部门监督的欠缺。

三、新法对竞争执法与司法的积极影响

（一）新法修订对执法的影响

在现代市场经济条件下，国家对整个市场活动的监管主要是通过行政机关来完成的，在反不正当竞争和反垄断、维护市场竞争秩序的监管执法中，行政执法也成为广泛采用的主要手段。[③] 我国《反不正当竞争法》规定反不正当竞争执法主要机关就是工商局。自 2014 年工商局创新开展为期 3 年的集中整治不正当竞争突出问题的专项执法行动以来，以供水、供电、供气、公共交通、殡葬等行业为重点，查处了公用企业滥收费用、强制交易、强制服务、附加不合理交易条件、设置行业壁垒排除限制竞争等违法行为。2016 年立案 1267 件，结案 585 件，罚没金额 1.67 亿元，退赔多收费用及减少消费者经营

---

① 参见孔祥俊：《论反不正当竞争法的新定位》，载《中外法学》2017 年第 3 期。

② 参见陈年冰：《中国惩罚性赔偿制度研究》，北京大学出版社 2016 年版，第 137 页。

③ 陈高林：《论我国的〈反不正当竞争法〉及其执法中的若干关系》，载《四川大学学报（哲学社会科学版）》1998 年第 2 期。

者损失 4.7 亿元，并建议地方和有关部门取消公交、供电、供水、供气等行业涉嫌妨害公平竞争的政策、规定。[①]

反不正当竞争执法在我国已经有多年的执法经验，反不正当竞争法的修订将给反不正当竞争执法带来新的活力。例如，新《反不正当竞争法》第 25 条规定[②]对主动消除或者减轻违法行为造成的危害后果的经营者、违法行为轻微尚未带来危害后果的经营者可以减轻或者免除处罚。那么违法的经营者可能为了减轻处罚而承认自身的行为并且为减轻危害结果而做出及时、有效的制止行为，尽早使市场恢复公平竞争的状态。反不正当竞争执法因为违法经营者的配合而能提高结案的效率，促进竞争市场的建立。

新法的修订除了增强了民事责任的处罚，还有最明显的一个方面就是提高了行政责任的惩罚力度，增加了罚款金额，符合当下的经济发展水平。但是，我国《反不正当竞争法》虽然对不正当竞争行为规定了相对多的行政责任，但其中仍缺乏强有力的行政手段和措施，只有责令停止违法行为、没收违法商品、罚款、吊销营业执照这四种行政处罚手段，才能不致使查处违法手段软化，对当事人移转违法财务等行为，执法人员束手无策。[③]再者，反不正当竞争的行政执法机关并不是只有工商局一家，法律、法规规定的其他机构也可以进行行政执法。机构之间职责有重合，实践中就很容易造成利益明显的时候，争抢立案，而利益不大、烦琐的案件就互相推诿扯皮。虽然各种理论都在研究，如何限制行政机关的权利，特别是规范行政强制措施，但不可否认，强制性仍然是行政执法的特性之一，强制措施更是行政执法中不可或缺的有力手段。[④]

---

① 国家工商总局网站，最后访问时间：2017 年 11 月 22 日。

② 《反不正当竞争法》第 25 条：经营者违反本法规定从事不正当竞争，有主动消除或者减轻违法行为危害后果等法定情形的，依法从轻或者减轻行政处罚；违法行为轻微并及时纠正，没有造成危害后果的，不予行政处罚。

③ 参见增森：《我国〈反不正当竞争法〉的立法缺陷及其完善》，中国海洋大学 2008 年硕士学位论文。

④ 谢韶伟：《论我国反不正当竞争的行政执法》，中国政法大学 2011 年硕士学位论文。

面对现实中存在的这些问题，反不正当竞争的行政执法仍然需要遵守行政合法的原则。行政合法原则是现代民主法治最基本的要求和原则。首先，必须遵守《反不正当竞争法》的规定，对现实中出现的任何违反《反不正当竞争法》的行为追究法律责任。其次，对《反不正当竞争法》没有具体作出规定的地方，则应该按照《反不正当竞争法》的一般性原则和立法宗旨进行处理，并参考其他法律中规定的相关行为规定进行规制。对法律没有作出任何规定的行为，反不正当竞争执法机关应该考虑在《民法总则》《民法通则》等法律规定的基本原则的基础上，从有利于形成良好的竞争机制、促进公平竞争、促进效率的角度出发，做出恰当的裁处。

（二）新法修订对司法的影响

现行《反不正当竞争法》第 20 条对民事赔偿责任做出了原则化规定，司法判例中部分不正当竞争行为损害赔偿额的确定通常是将《不正当竞争司法解释》第 17 条[①]知识产权侵犯专利权、侵犯注册商标权的赔偿模式作为判定的参照，存在诉讼请求赔偿数额与判定数额差距过大的现象。同时，司法审判尤其是 2000 年以后的案件多以酌定赔偿为主，其他方式为辅，其中多数判决对酌定因素说理不足，[②]并且从上文梳理的指导案件中还可发现酌定赔偿数额较低。

由此，新法第 17 条第 3 款[③]明确规定了具体损害赔偿的求偿方法以及第 4 款[④]对商业秘密不正当竞争行为与混淆行为法定赔偿数额进行规定，对于司法

---

① 《最高人民法院关于审理不正当竞争民事案件应用法律若干问题的解释》第 17 条：确定反不正当竞争法第十条规定的侵犯商业秘密行为的损害赔偿额，可以参照确定侵犯专利权的损害赔偿额的方法进行；确定反不正当竞争法第五条、第九条、第十四条规定的不正当竞争行为的损害赔偿额，可以参照确定侵犯注册商标专用权的损害赔偿额的方法进行。

② 参见林文：《反不正当竞争法律制度与实务技能》，法律出版社 2014 年版，第 187~210 页。

③ 《反不正当竞争法》第 17 条第 3 款：因不正当竞争行为受到损害的经营者的赔偿数额，按照其因被侵权所受到的实际损失确定；实际损失难以计算的，按照侵权人因侵权所获得的利益确定。赔偿数额还应当包括经营者为制止侵权行为所支付的合理开支。

④ 《反不正当竞争法（修订）》第 17 条第 4 款：经营者违反本法第六条、第九条规定，权利人因被侵权所受到的实际损失、侵权人因侵权所获得的利益难以确定的，由人民法院根据侵权行为的情节判决给予权利人三百万元以下的赔偿。

实践具有重要的指导意义。首先，其肯定了一般赔偿方式，即侵害人应当赔偿被侵害的经营者的经济损失，受害人经济损失难以确定的，赔偿额为侵害人在进行不正当行为期间由此所获得的利润计算。其次，新法明确规定制止侵权行为所支付的合理开支应当包括在内，相较于旧法规定的因调查不正当竞争行为支付的合理费用[①]更有利于保护受害人。最后，考虑到受害人所受损失和侵害人所获利润均会有难以确定的情况，规定由法院综合考虑侵权行为的性质和情节、侵权后果等因素判决赔偿数额。事实上，按照损害填补原则，受害人所获赔偿应当是其所受的损失，并且是直接损失。而经营者损失的一定市场份额以及某种合法取得的竞争优势地位所对应的利润往往是不能求偿的，直接损失数额通常有限。那么针对商业秘密以及混淆行为特别规定法定赔偿制度从司法审判角度来讲，有助于发挥司法个案的公信力和影响力，也有助于维护公平竞争秩序。

四、结语

随着我国经济的发展和司法实践的成熟，新的《反不正当竞争法》针对市场竞争中现存的问题予以了适时的补充和更新。法律责任是制定法保障权利人权利实现、督促义务人履行义务的关键，尤其对于兼具公法和私法属性的反不正当竞争法。因此法律的修订更要保障合法竞争主体或者受害主体的权利救济，建立消费者的权利救济途径，明晰民事责任的具体形式。同时在反不正当竞争法纳入惩罚性赔偿制度，发挥其对市场规制的威慑作用。

---

① 目前没有法律和司法解释对“合理费用”做具体规定，但有部分法院为保持统一裁量，采取内部制定审判标准，通常包含：律师代理费，公证费，交通食宿费以及其他调查费等。

论形成判决视角下的物权变动合同撤销

闫仁河 ①

一、引言

本文旨在研究《物权法》第28条有关形成判决的规范与物权变动合同撤销规范之间的法律适用关系。根据我国民法通说，物权变动合同被撤销可以导致新的物权变动，即物权自动回归让与人。自《物权法》施行以来，我国学者对该法第28条规定的形成判决予以探讨，大都认为其包括人民法院、仲裁机构作出的撤销物权变动合同的判决或裁决等。② 而《最高人民法院关于适用〈中华人民共和国物权法〉若干问题的解释（一）》（以下简称《物权法解释（一）》）第7条规定："人民法院、仲裁委员会在分割共有不动产或者动产等案件中作出并依法生效的改变原有物权关系的判决书、裁决书、调解书，

---

① 闫仁河，北京物资学院劳动科学与法律学院副教授。

本文系北京物资学院高级别科研项目培育基金"返还原物请求权体系研究"的阶段性成果，项目编号：0541604657。受北京市教委科技创新提升计划项目"北京市商品流通管理政策法规后评估制度建设与应用"（项目编号：TJSHS201510037003）资助。

② 赞同法院或者仲裁机构作出撤销物权变动合同的法律文书属于形成性文书。例如，房绍坤：《导致物权变动之法院判决类型》，载《法学研究》2015年第1期；任重：《形成判决的效力——兼论我国物权法第28条》，载《政法论坛》2014年第1期；程啸：《因法律文书导致的物权变动》，载《法学》2013年第1期；赵振华、杨芳：《〈物权法〉第28条适用之思考——何种法律文书能直接变动物权》，载《社会科学》2012年第11期；徐同远：《物权法第28条中的"法律文书"的类别及其具体类型》，载《天津法学》2011年第1期；汪志刚：《如何理解物权法第28条中的"法律文书"》，载《西部法学评论》2011年第3期。

以及人民法院在执行程序中作出的拍卖成交裁定书、以物抵债裁定书，应当认定为物权法第28条所称导致物权设立、变更、转让或者消灭的人民法院、仲裁委员会的法律文书。”可见，第7条并未将物权变动合同撤销归为直接发生物权变动的形成判决之列。对此，最高人民法院民事审判第一庭在相关著作中指出，上述第7条规定的“分割共有不动产或者动产等案件”属于不完全列举，不限于分割共有物的案件，在其他形成之诉中所形成的改变原有物权关系的生效法律文书，也属于《物权法》第28条规定的法律文书。[①] 此语给人以直接发生物权变动的形成判决尚包括撤销物权变动合同的遐想。然而，相反观点却认为《物权法》第28条规定的形成判决应仅指分家析产等案件中的形成判决以及强制执行中的裁定。司法实践当中，人民法院往往只援引合同撤销规范而非该第28条来判决撤销物权变动合同，至于撤销合同后物权是否重新变动，有的法院判决物权重新回归让与人处，而有的则避而不谈，实有说理不明之嫌。这就令人思考《物权法》第28条关于形成判决的规定与物权变动合同撤销规范之间应当是怎样的适用关系。

二、《物权法》第28条形成判决的含义

首先，形成判决的含义。《物权法》第28条规定：“因人民法院、仲裁委员会的法律文书或者人民政府的征收决定等，导致物权设立、变更、转让或者消灭的，自法律文书或者人民政府的征收决定等生效时发生效力。”此处的“法律文书”之文义过于广泛，因而需要限缩其意义，局限于核心，以期正确适用，民法通说将其限缩解释为行使形成诉权胜诉的形成判决，即变动现存法律关系的判决。我国民事诉讼理论界一般认为，形成之诉是与确认之诉、给付之诉并列的三大诉讼类型之一。权威学者提出，形成之诉是指原告要求法院变动或者消灭一定法律状态（权利义务关系）的请求。就形成权发生的

① 杜万华主编：《最高人民法院物权法司法解释（一）理解与适用》，人民法院出版社2016年版，第221页。

纠纷，构成了形成之诉，其逻辑关系是形成权——形成之诉——形成判决——形成力。[①]但是，并非所有的形成权均可引起形成之诉并获得形成判决，也并非所有的形成判决均能引起物权变动。根据形成权的行使方式不同，形成权可以分为单纯形成权与形成诉权。单纯形成权是依照一方当事人的意思表示即可使法律关系发生变动的形成权。所谓形成诉权是指权利人必须以向人民法院提起诉讼并通过判决来确定其效力的形成权。单纯形成权不能引起形成之诉并获得形成判决，唯有形成诉权通过形成之诉来行使并胜诉获得的形成判决才能产生形成力。

其次，形成力与物权变动的关系。形成判决具有形成力，即形成判决所具有的创设、变更或消灭一定法律关系的效力。有形成力的判决以形成判决为限，给付判决及确认判决均无此效力。判决发生形成力后，一定的法律关系于裁判的范围内形成，即以前未存在的法律关系因而发生，或以前存在的法律关系因而变更或消灭，这种法律效果是任何人均不能否认的。可见，形成判决区别于给付判决和确认判决的一个性质是：形成判决一般具有对世效力，换言之，形成判决所形成的某种法律效果及于一般第三人。从这个意义上说，形成力是一种绝对效力。《物权法》第28条规定的形成判决直接产生物权变动，那么形成力与物权变动是否为同一概念。笔者认为形成力是物权变动的上位概念，不同性质形成判决的形成力所变动的法律关系不同，如身份关系形成判决所变动的是婚姻关系、亲子关系、抚养关系等，而财产关系形成判决所变动的是债权关系或物权关系。故此，仅就第28条而言，其形成判决产生形成力所变动的是物权关系，其与产生物权变动没有区别。在这一点上形成力颇类似于支配权，物权是支配权，人身权也是支配权，知识产权也是支配权，但在不同的具体权利领域，支配权所支配的客体与权利内涵是不同的。所以，《物权法》第28条规定的是“物权版”的形成判决。

最后，《物权法》第28条的形成判决如何引发物权变动。对此有三种不同解释。甲说认为依法院的判决发生的物权变动，性质上是依公法发生物权

---

① 张卫平：《民事诉讼法》，法律出版社2016年版，第188页。

变动，导致物权变动的法律事实不是法律行为而是法律文书。[①] 换言之，此种物权法律关系的变动既非当事人意思自治的结果，也非法律的明确规定，而是人民法院运用司法裁判权的结果。[②] 乙说认为形成判决能否导致物权变动，其根源并不在于程序法上的形成之诉或形成判决，而在于实体法上规定的形成权本身的形成力。[③] 如果形成诉权的成立要件已经具备，法院认定形成权人的单方意思表示有效，该意思表示自判决生效时起发生形成效力。[④] 丙说认为形成力的发生有赖于形成权人的法律行为与人民法院的形成判决之结合，缺一不可。就形成诉权而言，形成权人只能通过诉讼的公力方式才能行使，形成诉权也只有在判决具有既判力后才能发生效力。尽管形成诉权只能通过诉讼方式行使，但法院作出的形成判决有赖于形成权人的意思行为。[⑤] 我们认为，形成力的产生是当事人的意思表示与形成判决结合的产物。相反，如果形成判决仅仅是实体法上的形成权所致，行使形成权的行为是单独法律行为，根据物权变动的公示公信原则，应当对该物权变动加以公示。同样，如果否认形成判决本身的效力，也会混淆单纯形成权与形成诉权。应当说，形成力确实是形成权行使的一种效力。因此，若权利人行使的是单纯形成权，则自意思表示到达相对人时发生效力。但这种形成力通常并不具有对世效力或绝对效力，仅在当事人之间发生效力。但若相对人行使的是形成诉权，则形成力的发生须依赖于判决，而不取决于当事人的意思表示，而且这种形成力具有对世效力或绝对效力。[⑥] 总之，形成诉权并非纯正的实体上权利，而是一种混合构造或者称之为双重构造，即法律行为和国家行为相结合。

---

① 程啸:《因法律文书导致的物权变动》，载《法学》2013 年第 1 期。

② 吴光荣:《也谈依法律文书发生的物权变动——兼评〈物权法司法解释一〉第 7 条》，载《法律适用》2016 年第 5 期。

③ 王俣璇:《判决文书引起物权变动之限制与规则》，载《山东大学学报（哲学社会科学版）》2017 年第 2 期。

④ 房绍坤:《导致物权变动之法院判决类型》，载《法学研究》2015 年第 1 期。

⑤ 申海恩:《私法中的权力：形成权理论之新开展》，北京大学出版社 2011 年版，第 103~109 页。

⑥ 房绍坤:《论共有物分割判决的形成效力》，载《法学》2016 年第 11 期。

三、《物权法》第 28 条形成判决是否包括物权变动合同撤销

首先，并非所有的大陆法系国家民法都对因法律文书导致的物权变动作出了规定。德国与日本的民法典就完全没有对因法律文书导致的物权变动作出规定。瑞士民法典是大陆法系民法中最早对因法律文书导致的物权变动作出规定的民法典，其第 656 条第 2 款规定："因先占、继承、征收、强制执行或法院判决之情形而取得不动产的人，在登记前即成为所有权人，但是非经登记不得在不动产登记簿上进行不动产之处分。"我国台湾地区"民法典"第 759 条规定："因继承、强制执行、征收、法院之判决或其他非因法律行为，于登记前已取得不动产物权者，应经登记，始得处分其物权。"王泽鉴认为，此之所谓判决系仅指依其宣告足生物权法上取得某不动产物权效果之力，恒有拘束第三人之必要，而对于当事人以外之一切第三人亦有效力者（形成力，亦称创设力）而言，唯形成判决始足当之，不包含其他判决在内。此项足生不动产物权变动的形成判决，除分割共有物之判决，还有因暴利行为对不动产物权行为为撤销、因诈害债权对不动产物权行为为撤销的判决。①

其次，我国大陆学者对《物权法》第 28 条规定的形成判决是否包括物权合同撤销存在歧见。就笔者掌握的相关研究论文而言，学者大都赞同"分割共有物的判决""人民法院、仲裁机构依照合同法撤销当事人之间订立的有关设立、变更、转让和消灭物权的合同的法律文书""撤销债务人与第三人之间的物权转让合同的判决"三者属于可以直接发生物权变动的形成判决之列。多数学者认为判断能够产生形成力的形成诉权的主要标准是实体法关于形成权行使方式的规定，即只有以诉讼或者仲裁的方式行使的形成权才可能被归入第 28 条形成判决的范畴。《合同法》第 54 条规定："一方以欺诈、胁迫的手段或者乘人之危，使对方在违背真实意思的情况下订立的合同，受损害方有权请求人民法院或者仲裁机构变更或者撤销。"依据上述标准，学者大多将物

---

① 王泽鉴:《民法物权》，北京大学出版社 2010 年版，第 81 页。

权合同撤销作为《物权法》第 28 条规定的形成判决类型之一。但是《物权法解释（一）》第 7 条关于形成判决的规定却没有将合同撤销列入其中，不得不令人怀疑物权合同撤销是否被第 28 条淘汰出局了。“屋漏偏逢连夜雨”，有学者撰文提出，在通过人民法院或者仲裁机构行使合同撤销权的场合，也仅仅是因为该权利的行使对当事人的利益影响较大，对于该权利的行使必须经过法院的检查性判决或者对于符合法律设定的前提条件的确认性判决才能够实现变动法律关系的效果。此时当事人之间的法律关系发生变动都是当事人行使权利的结果，而非法院判决所致。总之，物权法第 28 条规定的能够引起物权变动的法律文书，应仅指分家析产等案件中的形成判决以及强制执行中的裁定。[①] 可见，此类观点将《物权法解释（一）》第 7 条指出的共有物分割判决视为完全列举，将共有物分割视为我国民法中仅有的物权形成权。

笔者认为,《物权法》第 28 条形成判决应当包括物权合同撤销，理由如下：

第一，合同撤销能否引发物权变动，大陆学界对此存在争议。甲说认为合同撤销权属于债权形成权，无法径直引起物权变动，而是先发生债法上的效果，有关债务的履行才可能引起物权变动。[②] 这一观点正是那些反对撤销合同会引起新的物权变动的学者所持的主要理由。实际上，对于物权变动合同被撤销能否导致新的物权变动，各个法院态度不一致。有的法院在判决撤销房屋买卖合同的同时，还判决已经登记过户给被告的房屋归原告所有，[③] 但也有法院判决撤销买卖合同时避而不谈所有权的归属，而是判决被告于本判决生效之日起若干日内协助原告将某房的房屋产权过户至原告名下。[④] 可见，司法实务至少并不否认物权合同撤销引起新的物权变动。甲说与司法实务明显

---

① 吴光荣：《也谈依法律文书发生的物权变动——兼评〈物权法司法解释一〉第 7 条》，载《法律适用》2016 年第 5 期。

② 崔建远：《限缩有理，滋蔓无据——法释〔2016〕5 号第 7 条的得与失》，载《甘肃社会科学》2017 年第 1 期。

③ 辽宁省盘锦市双台子区人民法院，赵某诉赵某 2 买卖合同纠纷民事判决书，案号：（2013）双民一初字第 00736 号。

④ 成都市成华区人民法院，唐素英与罗义房屋买卖合同纠纷一审民事判决书，案号：（2014）成华民初字第 2283 号。

不符，纯属臆测，实不可取。乙说认为，合同撤销并不必然引起物权回转。具体而言，其一，负担行为有效而处分行为无效，此时，权利人不能依无效的处分行为取得所有权，处分人得以所有权人身份请求返还。其二，负担行为无效而处分行为有效，按照抽象原则，权利变动的有效性与原因行为无关，因而，负担行为虽为无效，却不妨碍所有权移转。此时，产生不当得利返还请求权。[①] 按照乙说，只有物权变动合同被撤销时才能引起物权回归。而作为通说的丙说则认为，根据我国法律规定，按照所有物返还请求权的思路，合同被撤销后，基于合同发生的物权变动丧失基础，发生物权变动的回转，出卖人有权请求返还原物，性质属于物权请求权。当然，此时也存在两个不当得利请求权，一为使用他人之物的不当得利，一为占有他人之物的不当得利。[②] 可见，根据丙说物权变动合同被撤销能够引起物权变动。乙说和丙说之间实际上存在“交集”。根据乙说，只撤销债权合同而不撤销物权行为时，并不发生物权回归，而若债权合同与物权行为均被撤销或者只有物权行为被撤销时，即可发生物权回归。而根据丙说，将一个买卖合同从始至终视为一个整体，并不区分债权合同还是物权行为，只要撤销买卖合同，也就必然撤销了物权变动，实质上相当于乙说的一种情形。这样看来，二者的唯一区别也就在于，乙说认为存在债权合同有效而物权行为被撤销的情形，而丙说对此并不认可这一可能性或者根本未加考虑。总体来说，丙说观点更合乎司法实务，即物权合同撤销的判决能够引起新的物权变动，足以采信。

第二，合同撤销引发物权变动系法院判决的结果而非行使撤销权的结果。有观点提出，需要将形成判决与当事人通过法院行使形成权而获得的判决区别开来。形成判决的存在是因为当事人在程序法或者实体法上享有形成诉权，而非行使实体法上形成权的结果。当事人行使合同撤销权，当事人之间的法律关系发生变动是当事人行使权利的结果而非法院判决所致。之所以规定必

① 朱庆育:《物权行为的规范结构与我国之所有权变动》，载《法学家》2013 年第 6 期。

② 魏振瀛:《论返还原物责任请求权：兼与所有物返还请求权比较研究》，载《中外法学》2011 年第 6 期。

须通过人民法院或者仲裁机构行使合同撤销权，也是因为该权利的行使必须经过法院的检查性判决或者对于符合法律规定的前提条件的确认性判决才能够实现变动法律关系的效果。[①] 该学者认为合同撤销权是狭义的形成权而不是形成诉权。笔者不赞同该见解。在区分单纯形成权与形成诉权上，民法理论并无统一的标准。单纯形成权与形成诉权的区别在于，在单纯形成权的场合下，对于形成原因的司法控制是在事后进行的，而在形成诉权中则是在事前就对形成原因加以司法控制。简单地说，二者的主要区别就在于，形成诉权往往是民法规定必须经由诉讼或者仲裁才能行使的形成权。理论上认为，法律对此类形成之诉权作出规定，是为了对权利行使情况加以控制，也是为了避免在形成行为是否有效方面出现不确定性。特别是在行使形成权必须具备特定的理由的情况下，就会出现这种不确定性。[②] 所谓不确定性，即构成对秩序价值的冲击与破坏。关键是秩序价值的内涵与外延亦具有不确定性，正如学者指出，法律价值不是一个类似“法律规则”“法律行为”那样的实体范畴，而是一个关系范畴。不能把法律价值理解为独立于人（主体）和法（客体）之外的存在物。只有当法律符合或能够满足人们的需要，促成人们的利益的实现，在法与人之间形成价值关系，法律才有价值可言。[③] 故而民法理论基于秩序价值考量从而将哪些形成权定性为单纯形成权还是形成诉权是颇有差异的。正因如此，我国民法学者一般将合同撤销权归为形成诉权，解除权等归为单纯形成权，而德国民法与我国台湾地区民法均规定，包括合同等法律行为的撤销一般以意思表示为之，合同解除也可以意思表示为之，同时也规定了必须提起撤销之诉的某些例外情形，可谓风格迥异。既然形成诉权的范围确定主要是秩序价值判断的结果，而各国秩序价值理念又无法统一并且也没有必要统一，那么我们大可不必追随境外民法抉择形成诉权及直接发生物权变动效果的形成判决的范围，从而执拗地认为合同撤销权不是形成诉权。

---

① 吴光荣：《也谈依法律文书发生的物权变动——兼评〈物权法司法解释一〉第 7 条》，载《法律适用》2016 年第 5 期。

② ［德］迪特尔·梅迪库斯：《德国民法总论》，邵建东译，法律出版社 2001 年版，第 77 页。

③ 张文显：《法哲学范畴研究》，中国政法大学出版社 2001 年版，第 192 页。

四、物权变动合同撤销规范与《物权法》第 28 条的适用关系

首先,《物权法》第 28 条为物权变动合同撤销规范的填补性法条。我国民法通说认为,合同撤销能够引起物权变动,即所有权回转于让与人处。既往的理论很少从形成判决角度解释分析,相反却似乎认为合同撤销时物权变动是当事人行使权利的结果,而非法院判决所致。笔者认为,《物权法》第 28 条是合同撤销规范的填补性法条。从语言表达的角度看,法条可以分为完全法条和不完全法条。完整表述构成要件与法律效果的规范条件句就是完全法条,不是完整表述构成要件与法律后果,而是说明应用在其他法条中的概念或限定其他法条的适用范围或就构成要件、法律效果而参照指示其他法条的法条就是不完全法条。[①] 拉伦茨提出,法律通常都包含多数法条,其未必都是完全法条。说明性法条即属于不完全法条的一种,其或者详细描述应用在其他法条的概念或类型(描述性法条),或者在考量不同的案件形态下,将一般用语特殊化,或者更进一步充实其内容(填补性法条)。大多数描述性法条是针对构成要件要素所作的规定,而填补性法条则大多对法条效果作进一步的说明。[②]《合同法》第 54 条规定了重大误解、显失公平等情形下,当事人可以请求法院或者仲裁机构撤销合同。该法第 58 条规定了合同撤销的法律效果,即"合同无效或者被撤销后,因该合同取得的财产,应当予以返还;不能返还或者没有必要返还的,应当折价补偿。有过错的一方应当赔偿对方因此所受到的损失,双方都有过错的,应当各自承担相应的责任。"但是没有说明合同被撤销后物权归属这个非常重要的问题。如果仍然在受让人处,则出让人不可能行使物权返还请求权,反之,如果是合同被撤销后财产所有权自动回归于让与人处,则返还请求权可能是物权性质的也可能是债权性质的。如果系

① 舒国滢:《法哲学沉思录》,北京大学出版社 2010 年版,第 175~176 页。

② [德] 卡尔·拉伦茨:《法学方法论》,商务印书馆 2013 年版,第 138 页。

争法条不能单独地作为请求权的规范基础，则其应被评定为不完全法条。[①]《物权法》第28条则规定“因人民法院、仲裁委员会的法律文书或者人民政府的征收决定等，导致物权设立、变更、转让或者消灭的，自法律文书或者人民政府的征收决定等生效时发生效力。”其正面直接解决了合同被撤销时所有权归属这一法律效果问题，是对合同撤销及其法律效果的进一步说明，构成填补性法条。明确《物权法》第28条是合同撤销规范的填补性法条的意义在于，法院在判决合同被撤销时所有权归属或返还时，应当同时适用合同撤销的法律规范与《物权法》第28条，只有这些法条结合后，才构成一个意义关联的结构整体即“规整”。司法实践当中，有的法院只适用《合同法》第54条规定作为撤销房屋买卖合同且判决房屋所有权回归让与人的法律依据，[②]《合同法》第54条只是规定了合同撤销的构成要件，并未完整规定合同撤销的法律效果，更未提及所有权归属。假设判决仅仅援引《合同法》第54条甚至加上第58条作为法律依据，并不能发挥其规范功能。正如黄茂荣所说，法条需要先组合成法律规定才能发挥其规范功能，几乎没有一个法条是完全的。所谓完全的法条也常常需要其他法条来补充或说明。[③]

其次，物权变动合同被撤销时物权变动的溯及力问题。《民法总则》第155条规定：“无效的或者被撤销的民事法律行为自始没有法律约束力。”据此，合同被撤销具有溯及力。即物权变动合同被撤销，将溯及性导致物权变动也自始无效，应视为物权变动从未发生。而《物权法》第28条规定自法律

① 黄茂荣：《法学方法与现代民法》，中国政法大学出版社2001年版，第132页。

② 辽宁省盘锦市双台子区人民法院，赵某诉赵某2买卖合同纠纷民事判决书，案号：（2013）双民一初字第00736号。判决主文如下：“本院认为，因原告没有文化不识字，被告拿出事先打印好的房屋买卖合同及赠与协议时，原告并不知道该合同及协议的具体内容，是被告拿着原告的手签的字、捺的印。被告以欺诈的方式，在原告不知道该合同及协议的具体内容的情况下，陪同被告到房屋产权产籍管理处办理了房屋产权变更手续，该合同及协议不是原告的真实意思表示，该房屋买卖合同及赠与协议应予撤销。故原告要求撤销房屋买卖合同。依照《中华人民共和国合同法》第54条之规定，判决如下：一、撤销原、被告之间签订的房屋买卖合同。二、坐落在双台子区红旗街旭东委，建筑面积52.17平方米楼房一户归原告所有，房籍图号2-14-19-4-201。被告应协助原告办理变更产权登记，如被告不予协助，原告可自行办理，因被告不协助所发生的费用，由被告承担。”

③ 黄茂荣：《法学方法与现代民法》，中国政法大学出版社2001年版，第107页。

文书生效时发生物权效力，似乎并不认可形成判决的溯及力。合同被撤销时是否具有溯及力，对于让与人的返还请求权范围及第三人有影响。换言之，如果有溯及力，则自交付标的物之日起至判决生效前原物所生的孳息亦应归让与人，形成判决生效之前受让人将标的物转让，则构成无权处分，第三人只能根据善意取得制度获得所有权。反之，如果无溯及力，则判决生效之前原物所生的孳息归受让人所有，受让人将标的物转让者，构成有权处分，第三人无论善意恶意均可获得所有权。民事诉讼法理论一般认为，形成判决的形成力，有自判决确定时发生者，也有溯及既往生形成力者，具体要视实体法上的性质而定，① 同时也是一项旨在谋求该法律关系的安定性与彻底实现效果的必要性之间协调的活动。具体而言，如果认可形成判决的溯及力，那么在形成判决之前，以不变为前提构建起来的法律关系，将随着形成判决的确定全部遭到颠覆，因此，只有在需要彻底实现变动效果的情形下，才认可这种溯及性形成（如否认亲子关系，可以认可溯及性形成）。与此相反，当只要确实地、划一地做出变动即可，且因认可此前法律关系的不变而谋求利害关系人地位安定之必要性显得更为重要时，只要让权利变动效果面向将来发生即可。② 如我国台湾地区“民法典”第 998 条规定“结婚撤销之效力，不溯及既往”，因顾及身份关系的安全，以免所生子女成为非婚生子女。③ 笔者认为，因为合同撤销的溯及力主要是影响当事人双方的利益关系，所以撤销物权变动合同的形成判决所产生形成力应有溯及力。至于第三人利益，可借助善意取得制度获得保护，故撤销物权变动合同应自始而非自判决生效时发生物权回归。

最后，物权变动合同被撤销时让与人的返还财产请求权是否适用诉讼时效。《最高人民法院关于审理民事案件适用诉讼时效制度若干问题的规定》第 7 条第 3 款规定：“合同被撤销，返还财产、赔偿损失请求权的诉讼时效期间

---

① 杨建华:《民事诉讼法要论》，北京大学出版社 2013 年版，第 331 页。

② [日] 新堂幸司:《新民事诉讼法》，法律出版社 2008 年版，第 154 页。

③ 王泽鉴:《民法总则》，北京大学出版社 2009 年版，第 393 页。

从合同被撤销之日起计算。”该规定似乎表明合同被撤销时返还财产请求权的性质是债权请求权而非物权请求权，言外之意即合同被撤销时标的物所有权不会自动回归让与人。前已述及，根据《物权法》第28条规定的形成判决制度，物权变动合同被撤销时物权回归让与人。只要作为物权客体的“物”不动产或者动产存在并可以返还的情形下，所有物返还请求权（物权请求权）与不当得利返还请求权竞合。作为不当得利返还请求权当然适用诉讼时效制度，而按照《民法总则》第196条第2项规定“下列请求权不适用诉讼时效的规定:（二）不动产物权和登记的动产物权的权利人请求返还财产”。可见，如果被撤销的是不动产物权变动合同，让与人的所有物返还请求权不适用诉讼时效；如果被撤销的是动产物权变动合同，则未经登记的动产物权的让与人的所有物返还请求权适用诉讼时效。

五、结语

《物权法》第28条规定的是物权性形成判决，没有理由将物权合同撤销排除在外。合同撤销规范仅仅规定了合同撤销的构成要件与部分法律效果，而《物权法》第28条规定了物权变动合同被撤销后的物权归属这一法律效果。法院在判决撤销物权变动合同时，必须同时援引合同撤销规范与《物权法》第28条，才能构成一个完整的体系解释，说理才清楚透彻。同时，《民法总则》关于民事法律行为撤销的溯及力规定应当优先于《物权法》第28条得到适用。根据《民法总则》关于诉讼时效的规定，物权合同被撤销后让与人返还财产请求权不一定适用诉讼时效。

图书在版编目 (CIP) 数据

共享经济的法律规制 / 甘培忠主编 . —北京：中国法制出版社，2018.4

ISBN 978-7-5093-9388-8

Ⅰ. ①共… Ⅱ. ①甘… Ⅲ. ①商业模式—法律—研究

Ⅳ. ① D912.294

中国版本图书馆 CIP 数据核字(2018)第 071066 号

策划 / 责任编辑：任乐乐（lele_juris@163.com） 封面设计：杨泽江

共享经济的法律规制

GONGXIANG JINGJI DE FALÜ GUIZHI

主编 / 甘培忠

经销 / 新华书店

印刷 / 三河市紫恒印装有限公司

开本 / 710 毫米 ×1000 毫米 16 开 印张 / 24.75 字数 / 365 千

版次 / 2018 年 4 月第 1 版 2018 年 4 月第 1 次印刷

中国法制出版社出版

书号 ISBN 978-7-5093-9388-8 定价：79.00 元

值班电话：010-66026508

北京西单横二条 2 号 邮政编码 100031 传真：010-66031119

网址：http://www.zgfzs.com **编辑部电话：010-66071862**

市场营销部电话：010-66033393 **邮购部电话：010-66033288**

（如有印装质量问题，请与本社印务部联系调换。电话：010-66032926）